기독교 복음전달론

열방을 위한 진리 전달

다니엘 쇼우, 찰스 밴 엥겐 지음 | 이 대 헌 옮김

기독교문서선교회

기독교문서선교회(Christian Literature Crusade: 약칭 CLC)는
1941년 영국 콜체스터에서 켄 아담스에 의해 시작되었으며
국제 본부는 영국의 쉐필드에 있습니다.
현재 약 650여명의 선교사들이 59개 나라에서 180개의 본부를 두고,
이동도서차량 40대를 이용하여 문서 보급에 힘쓰고 있으며
이메일 주문을 통해 130여국으로 책을 공급하고 있습니다.
CLC는 청교도적 복음주의 신학과 신앙을 선포하는
국제적, 초교파적, 비영리 문서선교기관으로서, 하나님의 뜻에 합당한 책을 만들고
이 책을 통해 단 한 영혼이라도 구원되길 소망하며
이를 위해 주님이 오시는 그날까지 최선을 다할 것입니다.

Communicating God's Word in a Complex World
God Truth or Hocus Pocus?

by

R. Daniel Shaw & Charles E. Van Engen

translated by

Dae-Hyoun Lee

Copyright © 2004 by Rowman & Littlefield Publisher, Inc.

Originally published in English under the title as
Communicating God's Word in a Complex World
by R. Daniel Shaw & Charles E. Van Engen.
Translated by permission of Rowman & Littlefield Publisher, Inc.,
Lanham, Maryland U. S. A.

All rights reserved.

Korean Edition
Copyright © 2007 by Christian Literature Crusade
Seoul, Korea

차례

그림목록 7
한국어판 저자서문 9
역자서문 14
추천사 / 라민 사네(Lamin Sanneh) 17
저자서문 20
서론: 하나님 말씀의 전달가능성 28

제1부 신실한 복음전달 41
복음을 전하시는 하나님의 의도: 텍스트에 관한 이슈들

제1장 신실한 복음전달이 내포하는 의도 43
제2장 신실한 복음전달의 출처 61
제3장 신실한 복음전달을 통해 전달되는 메시지 95

제2부 적절한 복음전달 127
하나님께서 의도하셨던 메시지 전달하기: 이론적 문제들

제4장 신학적으로 적절한 복음전달 129
제5장 의사소통론적으로 적절한 복음전달 179
제6장 문화적으로 적절한 복음전달 223

제3부 상관성 있는 복음전달 263
하나님께서 의도하셨던 의미에 대한 수용자들의 이해: 상황적 이슈들

제7장 상관성 있는 복음전달의 모색 265
제8장 상관성 있는 복음전달 295
제9장 상관성 있는 복음전달의 추구 321

결론: 혼란한 세상 속에서 하나님 말씀 전하기 343

부록 I
해석학에 대한 성경적 일례: 예수, "하나님의 어린양" 363
부록 II
적절한 복음전달을 위한 담화분석 369

참고문헌 385
저자 소개 405

그림목록

그림 1.1. 다양한 상황 속에서 나타나는 하나님의 재-제시   47
그림 2.1. 역동적 등가에 대한 나이다의 개념   76
그림 2.2. 베드로후서에서 참조한 성경   80
그림 3.1. 테이프스트리로서의 성경: 하나님의 선교적 의도를 구성하는 날실과 씨실   111
그림 4.1. 해석학적 질문에 대한 세 가지 전통적 요소들: 저자, 텍스트, 복음전달자   133
그림 4.2. 하나님께서 의도하신 의미   134
그림 4.3. 복음전달 과정의 네 가지 요소들: 저자, 텍스트, 복음전달자 그리고 수용자   135
그림 4.4. 세군도의 해석학적 순환   140
그림 4.5. 해석학적 나선구조   151
그림 4.6. 선교적 해석학의 네 가지 지평: 첫 번째 단계   156
그림 4.7. 선교적 해석학의 네 가지 지평: 두 번째 단계   158
그림 4.8. 선교적 해석학의 네 가지 지평: 세 번째 단계   160
그림 4.9. 선교적 해석학의 네 가지 지평: 네 번째 단계   162
그림 4.10. 선교적 해석학의 네 가지 지평: 다섯 번째 단계   163
그림 4.11. 전 세계적 규모의 해석학적 공동체   172
그림 5.1. 의사전달에 대한 코드 모델   192
그림 5.2. 의사전달에 대한 추정 모델   196
그림 5.3. 절절한 의사전달을 위한 기술적 차원   208
그림 6.1. 문화유형과 하부조직들의 대조   239
그림 6.2. 표층적 행위패턴에 영향을 끼치는 신념과 가치   241
그림 6.3. 주창자와 혁신자   245
그림 8.1. 세계관 차원들에 적용된 크래프트의 대면 모델   300

그림 8.2. 성경에 의해 비평받는 문화 구조   301
그림 9.1. 복음전달에 대한 삼차원적 접근   324
그림 II.1. 담화 장르의 네 가지 우선적 유형   372
그림 II.2. 네 가지 최우선 장르의 특징들   378

한국어판 저자서문

이 책이 한국어로 번역 출간되는 것은 저자인 우리에게 큰 영광이라 아니할 수 없습니다. 이는 특히 지난 20여 년 동안 보여준 한국 기독교의 놀라운 성장과 선교에의 열정을 고려해 볼 때 더욱 그러합니다. 풀러신학교에서 가르치면서, 우리는 영어 프로그램 과정과 한국어 프로그램 과정에서 공부하는 한국 학생들의 수가 증가하는 것을 지켜보았습니다. 전 세계를 돌아다니면서, 우리는 세상 곳곳에서 한국 사람들의 자취를 발견할 수 있었습니다. 한국 사람들이 이 세상에 기여하고 있는 것을 고려해 볼 때, 이 책과 같은 유의 책들이 소개될 필요성에 대해 절감하게 됩니다. 세상 곳곳에서 복음을 효과적으로 전달하기 위해 한국 사람들이 해야 할 일은 무엇일까요? 이 책이 전제로 하는 것은, 하나님께서 이미 우리에게 복음전달에 대한 예를 제공해 주셨다는 것입니다. 주께서 허락하신 그 예를 올바로 깨닫게 될 때, 우리는 하나님과의 관계 뿐 아니라 다른 사람들과의 관계를 맺어가는 것의 진가에 대해 올바로 평가할 수 있게 됩니다.

이 책의 내용이 읽기 쉽지만은 않습니다. 우리는 이 책에서 복잡한 주제에 대해 다루고 있습니다. 그러나 우리가 이 책을 통해 탐구하는 핵심 내용은 매우 간단합니다. 그 간단함은 하나님께서 오늘날과 같은 혼란스러운 세상에서 살아가는 사람들과 관계를 맺으시면서 전하시고자 하시는 복음의 단순함(the simplicity of the gospel)입니다. 하나님의 형상에 따라 창조된 우리는 창조 때부터 하나님께서 우리에게 부여하신 창의성을 표현해 왔는데, 이 창의성은 오늘날 각종 다양성으로 표현되고 있습니다. 다양성이 우리 안에 새겨진 하나님의 창의성을 표현하는 것이기는 하지만, 동시에 이는 타락한 인간성-우리는 사탄의 유혹에 속았고, 그 결과 우리의 인간성은 우리를 향하신 하나님의 의도하심으로부터 벗어났습니다-을 대표하는 것이기도 합니다. 이와 같은 이중적 정체성 때문에, 한편으로 우리는 하나님의 말씀을 이해할 필요가 있고, 다른 한편으로는 사람들이 살아가고 있는 삶의 모든 상황과 상관성을 갖는 말씀에 대한 이해가 필요합니다. 우리의 이중적 정체성을 이해하는 것이 갖는 복잡함은 우리의 하나님이 되시고자 하시는 하나님의 단순함과, 하나님이 백성이 되고자 하는 신자들 그리고 우리 가운데 거하시고자 하시는 하나님의 성육신에 반영되어 있습니다. 이는 성경 전체를 통해 드러나고 있는 주제이기도(예, 겔 6:7; 계 21:3) 하면서, 이 책 전체를 통해 재조명되고 있는 주제이기도 합니다. 우리가 제1부에서 논의하고 있듯이, 일단 모든 사람들에게 신실하게 당신의 의사를 전하고자 하시는 하나님의 성품을 이해하고, 제2부에서 제시하고 있는 것처럼 어떤 특정한 상황에 처해 있는 특정한 사람들에게 뿐 아니라 모든 인류에게 당신의 의사를 전하시고자 하시는 하나님의 의사전달이 갖는 성격을 인식할 수 있다면, 우리가 제3부에서 권면하듯이 제1부와 제2부를 통해 얻은 이해를 오늘날 한국과 같은 특정한 시간과 장소에 상관성 있게 적용할 수 있을 것입니다.

한국의 상황을 상정해 보도록 합시다. 한국 사람들에게 있어, 하나님께서 한국 사람들의 참된 하나님이 되시는 바가 의미하는 것은 무엇입니까? 한국 사람들이 일말의 의심의 여지도 없이 하나님의 백성이 된다는 것이 의미하는 바는 무엇입니까? 하나님께서 한국 사람들 가운데 거하신다는 것이 의미하는 바는 무엇입니까? 만일 하나님께서 구약성경의 족장들, 선지자들, 복음선포자들 그리고 사도들에게 말씀하셨던 것처럼 한국 사람들에게 말씀하셨다면, 무슨 말씀을 하셨을 것이며 어떻게 말씀하셨겠습니까? 독자 제위께서 이 책을 한 페이지 한 페이지 읽어 나가실 때, 이 질문들을 마음에 담은 채 읽어주시기 바랍니다! 요약하자면, 성경 역사가 여러분의 민족 정체성과 개인사와 어떤 상관성을 갖느냐에 대해 숙고하면서, 하나님께서 여러분에게 어떤 방식으로 말씀하실지 숙고해 보시기 바랍니다.

우리는 이 주제에 대해 생각하면서 인류학자(사람이 살아가고 있는 상황 안에 주어진 하나님의 말씀에 대한 이해를 가지고)로서, 그리고 신학자(사람에 대한 하나님의 관점과 하님에 대한 사람의 관점 모두에 대해 숙고함으로써)로서 접근했습니다. 우리가 이 주제에 대해 접근할 때, 세상 모든 곳에 거하는 사람들이 하나님의 말씀을 그들을 위한 진리로 이해할 것을 열망하는 선교사의 마음을 가지고 접근했습니다. 또한 우리는 각기 특수한 성격을 가진 개별 사회 내에서 발생하는 진리의 적용에도 관심을 가지고 있는데, 이들 개별 사회에 내에서, 하나님께서 사람들과 더불어 상호작용하심을 통해 하나님을 아는 사람들이 발생-그리스도의 몸된 교회의 일원이 될 뿐만 아니라 해당 사회 내에서 교회가 세워짐을 통해-되게 됩니다. 한국 사람들에게 있어서 "하나님을 아는 지식"이 의미하는 것은 무엇입니까? 그리고 한국의 문화적 기대치, 한국적 감성과 표현들 그리고 한국적 가치들에 비추어 볼 때 그 지식이 제공하는 바 의미는 무엇입니까? 한국적 관점을 가지고 하나님을 이해할 때, 이 세상에 존재하는 나머지 교회들에게 하나님에 대한 다른 관점을 제공해 줄 것입니다. 하나님을 아는 것에 대한 한국적 인식은, 그리스도의 몸된 교회를 구성하는 비 한국인 기독교인들에게 하나님의 하나님되심에 대한 새로운 이해를 가져다 줄 것입니다.

세상의 다른 곳에 거주하는 사람들과 대조를 이루는 한국에 관한 이와 같은 아이디어는 이 책의 내용을 요약해 주는 중요한 개념을 설명해 줍니다. 이 개념은 하나님의 피조물로서 우리에 대한 큰 그림으로 사람들이 소유하는 공통점과 특정한 시간과 장소에 속한 특수성을 대조해 줍니다. 이런 인식이 제4장에서 설명하고 있는 네 개의 지평들에 대한 토론을 구성합니다. 그리고 우리의 논의가 점차 분명해져 가면서 선교적 표현, 즉 하나님의 메시지를 다른 사람들에게 가져가, 하나님께서 말씀하신 메시지가 그들에게 의미를 준다는 확신을 갖게 해주는 필연적 연결고리를 만드는 데까지 나가게 될 것입니다. 이 모든 과정을 통해 우리는 하나님께서 이 세상을 창조하실 때 시작하셨던 것, 즉 사람들과의 관계를 정립하시는 데 보이신 특별한 관심을 모방하는 방식을 모색하게 될 것입니다(시 8편).

우리의 기도는 독자들이 이 책을 읽어갈 때 번역자의 도움을 받은 다니엘 쇼우와 밴 엥겐의 전하고자 하는 말을 듣는 것이 아닙니다. 그보다 우리는 독자 여러분이 하나님의 음성을 듣고 하나님이 어떤 분이심에 대한 새로운 이해를 얻게 되기를 기도합니다. 그렇게 함으로써 독자 여러분이 하나님의 진리를 알아가고, 그렇게 함으로써 여러분이 속한 한국이라는 특별한 상황 속-여러분이 속한 핵가족, 확대가족, 여러분의 친구들 그리고 하나님과 더불어 관계를 맺고 있는 여러분의 것을 표현함을 통해 영향력을 확대할 수 있는 범위 내-에서 하나님의 진리를 나눌 수 있게 되기를 바랍니다. 만일 이 책을 읽는 독자가 목회자라면, 우리는 여러분이 섬기시는 회중들과 이 책이 전하는 아이디어를 나누기를 기도합니다. 그렇게 함으로써 여러분이 섬기시는 회중들을 신앙 안에서 굳건히 세워 그들로 하여금 기독교인이면서 동시에 더 나은 한국인이 되게 할 것을 기도합니다. 만일 이 책을 읽는 독자가 선교사라면, 우리는 여러분이 사역을 감당하고 있는 선교 상황에 속한 사람들로부터 하나님에 대한 새로운 통찰들을 얻어, 그 통찰들을 한국의 모(母)교회와 더불어 나누게 되기를 소망합니다. 독자가 누구이든 간에, 그리고 독자가 처한 형편이 어떻든지 간에 하나님께서 여러분과 더불어 관계를 맺으시고 또 여러분이 다른 사람들과 더불어 그 관계를 나누게 될 때, 여러분에게는 나눌 것이 많게 될 것입니다. 우리는 또한 독자 여러분이 모든 사람을 향하신 하나님의 선교적 의도를 인식하고, 그 인식을 하나님께서 여러분을 인도해 가시는 상황에 적용하게 되길 기도합니다.

우리는 이 책의 한국어판을 기꺼이 출판하기로 결정해 준 기독교문서선교회(CLC)에 진심으로 감사를 표하고 싶습니다. 또한 한국어 출판권을 기독교문서선교회로 양도한 로만 리틀필드(Roman Littlefield) 출판사에게도 감사의 마음을 전합니다. 또한 복잡하기 짝이 없는 영어를 자신의 모국어인 한국말로 옮기면서 우리가 이 책을 통해 전달하고자 하는 아이디어들을 명백하게 전하고자 한 번역자 이대헌 목사에게도 아낌없는 감사의 마음을 전하고 싶습니다. 이 과정은 도전과 위험 모두를 드러냅니다. 두 가지 언어가 정확히 일치하는 경우는 존재하지 않으며, 이는 한국어와 영어의 경우에도 마찬가지입니다. 이대헌 목사가 우리가 저술한 텍스트를 기초로 하여 우리가 생각하는 바 아이디어들을 한국어로 전달하기를 간절히 바람에도 불구하고, 서구의 직선직 사고(영어

구문들로 대표되는) 논리로 인해, 한국 사람들이 우리가 진행한 작업이 의도하는 바 의미를 효과적으로 이해하도록 하는 데 상당한 어려움이 있었으리라 사료됩니다. 이는 결단코 번역자의 실수가 아니라 번역 자체가 갖는 어려움 때문입니다. 전 세계 곳곳을 다니며 가르쳐 온 성경번역자이며 동시에 신학자인 우리는 의사전달 과정에서 발생할 수밖에 없는 함정들에 대해 잘 이해하고 있으며, 가능한 범위 안에서, 한국인 형제와 자매들이 의사전달의 흐름을 확신할 수 있도록 하기 위해 그러한 함정들을 제거하고자 노력했습니다.

  이 책의 대략적 개요가 제안하듯이 우리가 간절히 바라는 바는, 당신께서 의도하신 바를 신실하게 전달하시고자 하시는 하나님의 원의도(original intent)가 현대 한국 상황 속에서 살아가고 있는 독자 여러분에게 적절하고 상관성 있게 전달되는 것입니다. 하나님의 말씀을 최초로 들었던 청취자들이 그 말씀을 진리로 받아들였던 것처럼, 한국인들도 그들이 속한 상황 속에서 주의 말씀을 명확하게 듣게 되길 간절히 바랍니다. 우리는 이 책의 내용이 여러분에게 유용한 것이 되도록 하기 위해, 이 책에서 제시하고 있는 원리들을 따르고자 했습니다. 바라건대, 여러분이 이 아이디어들을 잘 취하여 여러분의 삶과 사역 속에서 사용하시기 바랍니다. 그렇게 함으로써 여러분은 세상 모든 곳에서 살아가고 있는 사람들에게 하나님의 진리를 전달하는 도구가 되실 것입니다.

2007년 8월
다니엘 쇼우

역자 서문

제가 이 책을 처음 접한 것은 약 삼년 전 풀러신학교 서점에서였습니다. 눈길이 끄는 제목에 이끌려 이 책을 살펴보게 되었는데, 서론 부분을 읽으면서 이 책의 매력에 깊이 빠지게 되었습니다. 다른 무엇보다 제 눈길을 끌었던 것은, 성경에 대한 우리의 이해에 앞서 성경을 통해 당신께서 의도하시는 바를 전달하고자 하시는 하나님의 의도에 초점을 맞춰야 한다는 내용이었습니다. 언뜻 봐서는 특별할 것도 없는 내용일 수 있습니다. 그러나 우리가 배우고 확신하는 바 신학적 배경이 아닌 우리가 처한 상황을 향하신 하나님의 의도하심에 초점을 맞춰야 한다는 주장은, 우리가 절대 진리처럼 확신하고 있는 바가 어쩌면 우리가 처한 문화적 상황의 소산일 수도 있다는 의구심을 들게 하여 결국 우리의 초점을 하나님의 의도하심에 맞추도록 한다는 점에서 놀라운 도전이 아닐 수 없었습니다. 오해 없으시기 바랍니다. 우리가 배운 바 신학적 지식이 모두 헛되다는 주장을 하고자 하는 것이 아닙니다. 저는 그 누구보다 보수적인 신앙 배경 속에서 성장한 과거에 대해 감사하고 자랑스럽게 생각하고 있는 사람입니다. 그러나 우리가 소유하고 있는 신학적(혹은 신앙적) 지식이 서구의 문화적 영향 속에서 자생한 서구신학과 우리 자신의 문화에 의해 오염되었을 수도 있다는 비판적 생각을 갖고 끊임없이 하나님의 말씀에 비추어 우리 자신을 교정하려는 겸손한 노력을 기울이지 않는다면, 우리도 모르는 사이에 문화적 영향과 진리를 혼동하게 될 것이고, 결과적으로 문화적 영향, 즉 비진리(非眞理)를 참과 거짓을 분별하는 척도로 사용하는 우를 범하게 될 것입니다. 한국의 문화적 상황과 전혀 다른 문화적 상황을 배경으로 하는 선교지에서, 한국적 토양에서 성장한 한국적 기독교를 판단의 척도로 삼아 선교지 교회를 비판하는 것이 그 한 예가 될 수 있습니다. 그런 점을 신학적, 인류학적 그리고 의사소통론적 입장에서 설득력 있게 깨우쳐 주는 이 책을 읽으면서 저는 매우 신선한 충격을 받았던 것입니다. 그 신선한 충격 때문에 이 책이 한국교회에 기여할 바에 대해 나름대로 확신을 가지게 되었고, 번역을 결심하게 되었습니다.

기본적으로 이 책의 내용은 결코 쉽지 않습니다. 이미 언급했듯이, 신학적 내용 뿐 아니라 인류학적 이론과 의사소통 이론(상관성 이론)이 혼합되어 책의 논리를 전개해 나가고 있기 때문입니다. 특히 제4장과 제5장의 내용과 부록 II의 내용은 소화하기가 쉽지 않을 것입니다. 그러나 복음전달 과정에서 드러나는 네 가지 지평, 즉 구약성경 지평, 신약성경 지평, 복음전달자의 문화적 지평, 수용자의 문화적 지평의 의미와 의의를 이해하시면서 인내심을 가지고 이 책을 읽어나가게 되면, 사역에 대한 새로운 지평이 열릴 것이라 확신합니다. 이 책은 성경의 하나님께서 성경적 상황 속에서 의도하신 바가 무엇인지를 파악할 것(주석)과, 동일한 의도가 현대라는 상황적 맥락 속에서 어떤 방식을 통해 전달되어야 하는지를 강조하고 있습니다. 즉 복음주의적 성경 해석학과 복음주의적 선교신학이 무리 없이 융합되어 강조되고 있습니다. 이 책에 대한 확신은 부분적으로 선교신학 분야에서는 밴 엥겐 박사가, 기독교 인류학과 의사소통 이론 분야에서는 다니엘 쇼우 박사가 각각 세계적 권위자라는 데에 근거하고 있습니다. 각 분야의 권위자가 힘을 합쳐 오랜 숙고와 논의 끝에 완성한 책이기에 그 내용이 지니는 가치는 매우 탁월합니다.

이 책을 읽으면서 확신하게 된 것은, 이 책의 내용이 비단 선교와 관련된 사역을 섬기는 사역자들에게 한정되는 선교학 서적이 아니라, 목회를 포함하여 하나님의 진리를 전하는 것을 목적으로 하는 모든 사역자들에게 유용한 책이라는 것입니다. 특히 새로운 사역의 활로를 모색하는 사역자들에게는 일독을 권하고 싶은 책입니다. 서론의 내용만 자세히 읽어보시기만 해도 이 책이 가지는 가치를 이해하실 수 있을 것입니다. 언뜻 회자되고 있는 상황화 신학의 내용과 크게 다르지 않지 않나 하는 생각을 가지실 수 있지만, 최근 새로운 시각으로 논의되고 있는 번역 이론을 적용한 책으로, 상황화 신학논의보다 진일보한 내용을 담고 있습니다. 아무쪼록 이 책이 한국교회의 미래를 위해 고민하는 많은 동역자들에게 새로운 통찰력을 제공하게 되기를 소망합니다.

마지막으로 졸역으로 인한 모든 오류는 역자의 부족한 탓임을 알려드립니다. 그렇더라도, 이 책이 귀한 동역자분들께 아름다운 도전이 되길 기도합니다.

2007년 8월 10일
이 대 헌 識

추천사

이 책의 추천사를 써달라는 분에 넘치는 요청을 받고 나는 매우 기쁜 마음으로 수락했습니다. 이 책을 쓰신 두 분의 저자들은 "혼돈"된 세상 속에서 복음을 전하는 일에 관하여, 복합적이고 의미 있는 구도를 제시합니다. 저자들은 복음의 내용을 의사소통 방식과 조건에 비추어 설명하는 일에 심혈을 기울이고 있는데, 이 점은 본서가 갖는 중요한 기여들 중 하나입니다. 저자들은, 단순히 복음에 헌신하는 것이 효과적인 복음전도자(communicators)가 되는 데 필요한 모든 것이라고 가정하기보다, 그러한 자세가 복음전도자가 갖추어야만 하는 출발점이라고 주장합니다. 말이 났으니 하는 말이지만, 열정이나 불굴의 의지만 가지고는 복음전도자의 일을 감당할 수 없습니다. 수많은 아이디어와 가치를 빛의 속도로 전달하는 정보 기술을 근간으로 하는 오늘날과 같은 세상에서, 단지 열정이나 불굴의 의지만으로 복음전도자의 일을 감당할 수 없기 때문입니다. 정말로 필요한 것은, 전달할 내용을 정확히 파악하는 것과, 또한 그 내용의 전달과 평가가 진행되는 환경에 대해 정확히 파악하는 것입니다.

오늘날 우리 사회에 만연한 후기 현대성(postmodernity)은 복음에 대해 좀 더 심도 있는 이해를 갖출 것을 요구하고 있습니다. 복음은 그 내용이 기록될 당시에도 번역과 해석, 적용 과정을 거쳤다는 사실을 기억해야 합니다. 이는 예수께서 복음서(the gospels)의 내용을 직접 쓰셨거나 누구로 하여금 받아쓰도록 구술하지 않으셨다는 것을 의미할 뿐만 아니라, 복음서 자체가 예수께서 하신 말씀과 가르치심, 그리고 행하신 것을 반영하는 것이라는 것을 의미합니다. 경건한 해석학(religious hermeneutics)은 복음서 안에 담겨진 하나님의 말씀과 그 말씀에 대한 신실한 응답 간의 간격을 좁히는 데 도움을 주었고, 그렇게 함으로써 각 세대가 하나님의 말씀을 듣고 행하는 것을 가능하게 했습니다. 바로 이 점이야말로 기독교만이 갖고 있는 독특한 성격입니다. 이 성격은 어떤 특정한 목적을 위해 만들어진 표현들과 용어들 속에 내포되어 있는데, 이들 표현들과 용어들은 교회에 속한 구성원들 뿐 아니라 교회 밖에 있는 사람들을 위해 만들어진 것이기도 합니다. 이 점은 또한 기독교가 전파되어진 각각의 문화 속에서 그 뿌리를 내려야 한다는 것을 의미합니다. 복음과 문화에 대한 논의는 문화로부터 격리되어 은둔자로 살아가는 기독교인들이 판단할 대상이 아닙니다. 이 논의는 기독교가 역동적 신앙(dynamic faith)이 되기 위한 원천이 됩니다.

이는, 한편으로는 복음을 문화에 쉽사리 종속시키려는 함정에 빠지지 않기 위해, 또 다른 한편으로는 문화로부터 스스로를 격리시키고자 하는 어리석음에 빠지지 않기 위해 비범한 감수성(uncommon sensitivity)을 갖출 것을 요구합니다. 문화에 종속되는 경우, 복음은 그 안에 싣고 있는 내용물들이 무엇인지도 모른 체 짐을 실어 나르는 화물선에 지나지 않게 됩니다. 다른 한편, 복음이 문화로부터 격리될 경우, 복음은 해당 문화 속에서 그저 외래적인 것으로 머물게 되며, 따라서 개종자는 밀항자에 지나지 않게 됩니다. 이와 반대로, 신실한 복음 선포는 교회가 자의적 반응에 기초하여 문화에 도전하고 변혁을 일으키며 해당 문화 속으로 침노해 들어갈 때 발생하게 됩니다. 복음의 도전과 그에 대한 현지 문화의 평가, 그리고 복음의 전달("주기")과 지역 문화의 수용("받기") 간의 균형을 유지하는 것이야말로 복음전달(Gospel communicating)의 핵심입니다. 수용자 문화가 복음을 어떤 방식으로 수용하느냐의 여부가 복음이 돌파구를 만들었느냐의 여부, 또 만들었으면 어떤 용어들로 표출되느냐의 여부를 결정하게 됩니다. 마지막 단계에서, 복음이 해당 사회의 문화와 역사 속으로 침투해 들어갔느냐의 여부는 복음을 받아들이는 지역문화의 선택에 의해 명백해질 것입니다. 지역문화가 복음을 받아들이는 것이야말로 의사소통의 한계와 복음에 대한 첫 인상 때문에 발생하게 되는 한계를 극복하는 복음의 능력을 증명하는 것입니다. 우리는 복음을 제시하고 승거할 때 전형적으로 나타나는 이러한 반응과 평가 과정을 기독교 역사에서 드러나는 확산 과정으로 설명할 수 있을 것입니다.

이 책은, 사람에게 복음을 전하시고자 하시는 하나님의 원의(the cause)를 어떻게 취급할지에 대해 설명하는 좋은 예가 됩니다. 깊은 신학적 관찰과 통찰력을 갖춘 이 책의 저자들은, 우리를 다양한 의사소통 이론과 방법의 세계로 인도할 것입니다. 그러나 그 모든 이론들은 하나님의 말씀을 신실하고 효과적으로 전달하고자 하는 유일한 목적을 위해 동원된 것입니다. 이 책에서 저자들은, 의사소통 이론에 관한 서적들을 숙독(disciplined reading)하는 것은 헌신된 기독교 증인과 제자양육을 위해 요청되는 사안들 중 하나라고 주장합니다. 저자들은 복음전도의 에큐메니컬한 차원들과 여전히 활용되고 있는 기회들에 대해 명확히 인식하고 있습니다. 저자들은 복음전달 사역을 더욱 생산적이고 효과적이게 하는 방법들이 무엇인지를 밝히기 위해, 여전히 개발되지 않은 분야들에 대해서도 관심을 기울이고 있습니다. 이 책은, 세상에 복음을 전할 때 수용자들이 친숙해하는 방식들을 통해 복음을 전달하는 교회의 모습을 지향하고 있습니다. 그러나 교회가 세상이 익숙해하는 방식을 통해 세상에 접근하는 것은, 결국 복음이라는 진주를 이 세상에 효과적으로 전하기 위함이라는 것을 명심해야 합니다. 이 진주가 없는 세상의 소망은 결국 헛된 것일 뿐이며 그 자랑도 허무한 것에 불과한 것이 될 뿐이기 때문입니다. 이 일은 결국 편리(문화의 무조건적 수용-역주)와 소외(문화에 대한 무조건적 거부-역주), 그리고 친밀과 적개 사이에 존재하는 좁은 선상을 걷는 일이 될 것입니다. 이 책은 "어떻게 하면 우리 안에 존재하는 영원한 소망을 온유함과 겸손함으로 설명하는 중단 없는 사역을 실천하는 데 필요한 것들을 갖출 수 있는가?"라는 질문에 대해 매우 실재적인 제언들과 생각들을 기초로 하여 정확한 방향을 제시해 주고 있습니다. 그런 면에서 본서는 모든 기독교 사역자들에게 추천되어야 할 책이라고 생각합니다.

라민 사네
선교와 세계 기독교 분야 D. Willis James 석좌 교수
예일대학교 신학대학원 역사학과
2002년 10월

저자서문

   이 책에서 우리는 원저자(the original author) 되신 하나님께서 의도하셨던 메시지를 전하는 일, 즉 광범위한 의미에서의 복음전달(Gospel communication)에 대해 다룬다. 복음전달은, 복음을 전하는 사람과 복음을 듣는 수신자들이 처해 있는 사정 뿐 아니라, 최초로 전해졌던 복음의 내용(the original communication, 원저자 되시는 하나님께서 최초의 수신자들에게 전하셨던 내용—역주)이 무엇이었는지를 설명하는 것을 포함한다. 이 모든 것들이 결합될 때 성경 본문에 대한 새로운 경험을 하게 하는데, 이 경험을 통해 복음전달 과정에 포함된 사람들, 즉 선포자와 수신자 모두의 세계관에 변화가 발생한다. 이 과정에 참여하는 사람들은 영원불변하며 신학적 사색의 기초가 되는 성경말씀과의 대화에 참여하게 된다. 그렇다고 해서 이 과정이 성경 텍스트에 다른 추가 내용을 첨부하는 과정인 것은 아니다. 그러나 이 과정을 통해, 그 혼잡함이 날로 더해 가는 이 세상에서 체득하는 다양한 문화적 경험 안에서 성경 텍스트의 적용에 관한 더 깊고 넓은 이해를 갖게 되는데, 이를 통해 모든 것을 상대화시키는 후기 현대성(postmodernity)의 영향에 대한 답변을 제시할 수도 있을 것이다.

   이 책의 저술 과정에서, 복음전달 과정을 형성하는 역동적 긴장들(the dynamic tensions)에 대해 탐구하는 중에, 복음전달자가 갖는 하나님 이해가 그들의 사역 환경을 이해하는 데 영향을 미친다는 사실을 명확히 인식하기 시작했다. 또한 복음을 수용하는 사람들이 갖고 있는 신학적 기대들의 중요성과,

그들이 성경의 메시지를 개념화하는 방식에 대해 신중히 고려하는 일의 중요성에 대해서도 인식하기 시작했다. 더욱이 우리는, 직·간접적인 방식을 통해 하나님의 말씀을 최초로 받은 사람들이 소유하고 있던 관점에 대해서도 살펴보지 않을 수 없었다. 마침내 우리는 다음과 같은 두 가지 질문을 제기하기에 이르렀다. 하나님은 어떻게 말씀하시는가? 하나님께서 최초로 인간들과 더불어 말씀하셨을 때 어떤 의도를 갖고 계셨겠는가? 바로 이 질문들이 우리가 이 책을 저술하는 출발점이 되었다.

이 책의 주제는 처음 우리가 생각했던 것보다 훨씬 더 확대되었다. 이 주제는 하나님과의 관계 속에 존재하는 우리가 어떤 존재인지, 창세로부터 시작된 유구한 시간의 흐름 속에서 하나님께서 인간들에게 전해 주시고자 했던 것이 무엇인지, 그리고 하나님이 어떤 분이신지에 대한 우리의 생각을 명확히 하는 여정으로 우리를 이끌었다. 하나님께서는 모든 사람들이 이해해야만 하는 메시지를 전하시고자 하셨다. 따라서 하나님께서 행하신 일들에 대해 이해하고 그 원리들을 선교적으로(missionally) 적용하는 것이 이 책의 목적이다.

현대 선교운동이 수세기에 걸쳐 진행되어 왔고 기독교 전통 또한 이 천년 이상의 장구한 세월 동안 발전해 왔다. 그럼에도 불구하고 복음을 전하는 사람들이 소유했던 다양한 전제(assumptions)가 그들이 말씀을 주석하는 방식과 또한 그들이 이해한 복음을 다른 이들에게 전달하는 과정에 끼친 영향이 무엇이었는지를 입증하고자 하는 노력이 거의 없었던 것이 사실이다. 성경 텍스트에 기초하기는 했으나 특정한 사회·문화적 환경, 즉 성경 텍스트와 텍스트가 전하는 메시지에 대한 문화의 영향 속에서 발달한 신학의 성격을 재고하고자 하는 연구는 더더군다나 드물었다. 우리가 제기하는 기본 질문은 다음과 같다. 복음전달자들의 관점이 그들이 성경을 보는 시각과 그 시각을 전하는 데 어떤 편견을 갖게 했는가?[3] 이 질문에 이어 다음과 같은 질문이 제기될 수 있다. 주어진 상황(저자들이 사용하고 있는 상황이라는 단어가 반드시 문화적 상황으로 제한될 필요가 없다고 생각한다. 물론 문화적 상황이 대단히 포괄적인 의미를 갖는 것도 사실이지만, 모든 것을 포괄하는 용어일 수도 없다. 따라서 이 책에서 저자들이 사용하고 있는 상황이라는 용어는 단순히 문화적 상황을 넘어서 모든 인간적 상황을 표현하는 것으로 이해되어야 할 것이다-역주) 속에서 발생한 교회가 갖는 복음에 대한 이해를 성장시키고 발전시키는 데 신학적 관점들이 끼치는 영향은 무엇인가? 복음을 전할 때는 성경 텍스트에 대한 연구, 의사소통 이론, 인류학, 언어학, 그리고 상황화 신학과 관련된 선교학적 연구를 통합적으로 고려하는 일이 필수적으로 요구된다. 이들 제반 분야들은 우리가 수용자들에게 성경적 개념들을 전하는 과정에서 발생하는 일들에 영향을 미친다. 이러한 이유로 인해, 우리가 이 책을 통해 제공하고자 하는 제학문간 상호 제휴적 대화(interdisciplinary conversation)의 필요성이 요구된다.

신학적 전제들과 의사소통 이론, 그리고 문화 인식들이 복음 선포에 어떤 영향을 끼치는가를 이해하고자 하는 것과는 별도로, 이 과정에서 역사하시는 성령의 역할에 대해 소홀해서는 안 될 것이다. 모든 새로운 상황 안에서, 모든 인류 뿐 아니라 어떤 특정 문화권에 속한 사람들에게 복음의 의미를 드러내시는 분이 바로 성령 하나님이시기 때문이다. 하나님께서 최초의 인간인 아담과 하와에게 당신의 뜻을 전하실 때 성령께서 함께하셨음을 잊지 말기 바란다. 그리고 특정한 상황 속에서 신앙 공동체 내부에서 뿐 아니라 해당 신앙 공동체 외부에 있는 사람들에게 진리에 대한 깊은 이해를 전하고자 할 때도, 동일한 성령께서 역사하신다는 사실도 잊지 말아야 한다. 만일 우리가 모든 풍성함으로 전 인류에게 진리를 전하시는 하나님을 목도할 수 있다면, 고착된 신학적 전제들에 대한 집착에서 좀더 자유로워질 수 있을 것이고, 성경 텍스트가 다루는 주제들을 그 말씀이 선포되어진 상황을 통해 이해할 수 있게 될 것이다. 바꾸어 말하면, 성령의 역사를 신뢰할 때 특정 문화권에 속한 사람들이 그들에게 선포된 하나님의 말씀에 친숙함을 느끼고 그 말씀을 이해하는 방식에 관한 새로운 통찰력을 얻을 수 있을 것이다.

이 책 전체를 관통하는 우리의 관심은 선교로서의 복음전달, 즉 특정한 상황 안에서 사람들로 하여금 하나님을 알게 하는 역동적인 과정에 대한 것이다. 이 과정은 총체적인 전이(또는 번역)과정을 포함한다. 실상, 이 과정은 선교학적 선포 과정을 의미한다.

이 책의 주제는, 오늘날 성경 메시지를 전하는 일에 대한 모델은, 성경 저자들이 그들이 처했던 상황 속에서 하나님의 말씀을 사람들에게 전하기 위해 기존하는 초기 텍스트들(earlier texts)을 활용하고 재구성했던 방식을 따름으로써 수립할 있다는 것이다. 복음을 전하는 일은 모든 선포 과정(최초로 전달된 복음 메시지, 복음전달자, 청취자)을 신중하게 취급할 것을 요구한다. 이 과정은 하나님에 관한 지식에 의해 영향을 받는데, 이 지식은 해당 문화가 소유하고 있던 모든 상관성 있는 신지식(神知識)에 대한 자료들(the relevant contextual data)을 통해 알려진다. 이 책의 저술 목적은, 신학적, 의사 소통론적, 인류학적 원리들을 해석(hermeneutical) 과정에 적용하는 것이다. 그렇게 함으로써 주님께서 우리에게 주신 말씀을 사람들에게 전할 때, 수용자들에게 적절하면서도 상관성이 있는 메시지로 전할 수 있다.

하나님께서는 불변하시는 분이시다. 그러나 바로 그 하나님께서 끊임없이 변하는 이 세상을 창조하셨다. 하나님께서는 당신의 형상을 따라 사람을 창조하셨는데, 그들은 자신들이 좋아하는 방식으로 모든 것을 적용시키는 일을 너무도 좋아하는 성벽의 소유자들이다. 오늘날과 같이 놀라운 속도로 변하고 있을 뿐 아니라 날로 다원화되어 가고 있는 세상 속에서(Newbigin, 1989), 사람들은 하나님께서 원하시는 것이 무엇이라는 것과 그들이 생활하고 있는 여러 가지 환경들을 하나님의 궁극적 이상들에 적응시킬 수 있는 방법이 무엇인지를 알아야 할 필요가 있다. 우리는 하나님께서 인류에게 전해 주신 말씀에 뿌리를 내리고 있다. 그 말씀은 하나님께서 창조하신 모든 것들과의 관계에 기초한 것으로, 모든 상황에 적용이 가능한 영원불변의 진리이다. 이와 동시에, 우리는 하나님의 말씀이 끊임없이 변화하는 특정 상황 속에서 선포되어야 한다는 사실 또한 인식하고 있어야 한다. 사람들이 너무나도 다양한 상황 속에서 살아가고 있기 때문에, 하나님에 대한 그들의 이해(신학), 그리고 그 이해를 그들의 삶의 상황에 어떻게 적용할 것인가(해석학)에 대한 이해는 사회마다 각기 다를 것이다. 그러므로 사람들이 정립하는 신학은 그들이 처한 각각의 상황과 하나님에 대한 그들 각각의 견해에 따라 매우 독특할 것임에 틀림없다. 그러나 신학(하나님에 대한 지식)은 하나님께서 알려주신 것임에 틀림이 없다. 사람들은 하나님 또는 하나님의 말씀을 자신들이 원하는 방식으로 해석해서는 안 된다. 사람들은 하나님의 말씀 앞으로 자신들을 이끌어가야 한다. 그리고 말씀을 통해 전해진 하나님의 의도하심이 그들에게 전해진 메시지를 이해하는 방법을 형성하도록 해야 한다.

궁극적으로 이것은, 원저자가 의도하신 메시지를 제시하고 다른 이들이 그 메시지의 내용을 이해하고 추론해 나가는 과정을 원저자 되신 하나님께서 동의하실 수 있는 방식으로 해야 한다는 점에서 복음전달에 대한 이슈이다. 우리는 이 책에서 의사소통 이론을 채용하고 있는데, 이 이론은 수신자들에게 상관성 있고 그들이 이해할 수 있는 방식으로 복음을 전하고자 하는 사람들에게 많은 것을 제공해 준다. 그렇다면 복음전달은 선교다. 여기에는 복음을 듣는 사람들이 하나님의 원의(the original intention)를 이해함으로써 하나님 나라에 더 가까이 근접해 가도록 하는 방식으로 하나님 말씀을 전하는 것이 포함된다. 이 책을 저술하면서, 우리는 오늘날과 같이 날로 번잡해져 가는 세상에서 날로 증식하고 있는 다양한 관점들 속에서, 신학적, 의사소통론적, 그리고 문화적 내용이 충분히 고려된 복음이 개발될 것을 권면하고 있다.

현대의 복잡성은 복음을 전하는 사역자들에게 엄청난 도전이 되고 있다. 그런 이유에서, 특정한 상황 속에서 시도되는 복음 선포는 그 내용을 듣는 사람들을 위하여 특별한 신학적 적용과정을 거쳐야만 한다. 선교학자로서 우리는 사람들이 자신들이 전해들은 메시지를 삶에 적용시킬 때 신학적으로 적용한다는 사실을 고려했는데, 그 신학은 그들이 그리스도의 형상에 순응하는 방식에 근거하여 수립한 것이다. 우리가 이 책에서 의도하는 것은, 성경에 충실하고, 수용자에게 적절하며, 적용 가능한 의사소통 방법을 사용함으로써 각각의 상황과 상관성을 갖는 하나님의 메시지가 무엇인지를 이해할 수 있도록 하는 것이다. 이 의도를 이해하게 되면, 사람들로 하여금 그들의 삶이 이루어지는 세상 속에서 하나님의 진리를 실천토록 인도하는 복음전달을 장려하게 될 것이다.

우리가 설정한 의도를 달성하기 위해, 우리는 이 책을 세 개의 부로 나누어 다루었다. 각 부에는 세 개의 장들이 포함되어 있다. 제1부는 하나님께서 의도하신 의미에 관한 논의에 초점을 맞추었는데, 하나님께서 허락하신 메시지를 충실히 전달하는 것과 성경 텍스트를 현대적 상황에 적용하는 것에 대한 신학적 관련성들에 특별히 초점을 맞추었다. 이 논의는 인류에게 복음을 전하시는 하나님의 의도에 대한 이해로 우리를 이끌 것이다. 성경 텍스트를 통해 복음을 전하시는 하나님의 성품을 이해하는 것이 제1부의 목적이다.

제2부에서는 복음전달자의 임무와 적절한 의사소통에 영향을 미치는 이론적인 이슈들에 대해 다룰 것이다. 이를 위해 우리 각자의 전문 영역인 신학, 의사소통 이론, 그리고 문화 분야를 적용할 것이다. 최근에 발달하고 있는 상관성 이론(relevance theory)은 주로 문화의 표면적 구조를 다루는 역동적 등가(dynamic equivalence, 나이다에 의해 처음 제창되고 크래프트에 의해 한층 더 발전된 기독교인류학 이론-역주) 이론보다 더 깊은 세계로 우리를 인도할 것이다. 또한 상관성 이론은 성경 텍스트가 담고 있는 좀더 심오한 개념을 이해하게 함으로써, 적절한 반응을 양산하는 데 도움을 줄 것이다. 성경 텍스트가 특정한 상황 속에서 전달된다는 점에는 예외의 여지가 없다. 제2부는 이 책의 다른 부분에 비해 좀더 이론적인 내용을 담고 있다. 이를 통해 제학문간 상호 제휴의 결과로 초래되는 상승 작용이 적절한 복음전달의 증진에 도움이 된다는 사실이 증명될 것이다. 복음전달자들에게 관심을 기울여야 하는 것이 의심할 여지가 없는 사실이긴 하지만, 수용자들 또한 결단코 간과해서는 안 될 대상이다.

제3부에서, 우리는 새로운 수용자들이 그들이 처한 상황 속에서 하나님께서 의도하신 의미를 이해하게 될 때 어떤 일이 발생하게 되는지에 대해 탐구할 것이다. 여기에서는 특정한 상황 속에서 말씀하시는 하나님의 상관성(relevance)에 대한 모델을 정립하기 위해 성육신적 관점을 사용할 것이다. 우리는 의사소통이 성사되는 대부분의 상황에서 드러나는 의사소통의 복잡한 성격을 신중하게 다룰 것이다. 또한 성경 텍스트를 신중하게 평가하는 동시에 특정한 상황이 담지하고 있는 문화적 풍성함을 신중하게 고려하는 팀 사역 개발의 필요성에 대해서도 다루게 될 것이다. 제3부에서 우리는 성경을 이해할 때 요구되는 깊은 경외심을 현 세계 속에서 살아가는 사람들의 생활을 평가하는 데 적용시켰다. 성경의 의도에 충실하면서도 수용자들의 문화적 처지에 대한 상관성을 유지함으로써 하나님의 말씀을 효과적으로 전달하는 방법을 찾을 것이다. 이를 위하여 특정 상황에 어울리는 방식과 양식들(styles)을 사용할 것이다.

이 책을 구성하는 세 부분은 우리가 발전시키고 적용하고자 하는 모델을 반영한다. 하나님의 말씀이 전달되는 다양한 상황을 평가해 봄으로써, 신약과 구약 저자들이 그들이 처했던 상황 속에서 하나님의 원의를 전하기 위해 사용했던 원리들을 현대의 다양한 상황 속에서 복음을 선포하는 임무를 수행하는 복음전도자들의 사역에 적용할 수 있을 것이다. 이러한 과정은 복음을 듣는 사람들로 하여금 그들이 이해할 수 있는 방식을 통해 하나님을 이해하고 그분에 대해 묵상할 수 있도록 도울 것이다. 우리에게 있어 성경 그 자체야말로 우리가 제시하고자 하는 해석학적 방법의 모델이 되기 때문에, 이 책도 동일 모델을 반영하도록 구성하였다. 각 부에서 우리는 신학적 관점, 의사소통론적 관점, 그리고 문화적 관점들을 사용하여 주제에 접근했다. 바라건대, 전 세계 모든 곳에 사는 모든 사람들이 그들이 처한 상황 속에서 그들의 언어를 사용하여 하나님의 말씀을 이해함을 통해 하나님에 대해 알게 되기를 소망한다. 하나님의 진리를 전달하는 사람들은 그 진리를 전해 듣는 사람들이 변형된 진리가 아닌 하나님의 진리를 들을 수 있도록 최대한의 노력을 경주해야 한다.

선교지에서 선교사의 자녀로 태어나 자랐을 뿐 아니라 타문화권에서 선교사로 섬기며 쌓은 다년간의 집약적 경험에도 불구하고, 우리는 우리가 살아가며 가르치고 사역하고 있는 북미 사회의 영향을 받은 현대성(modernity)의 산물에 속해 있음을 부인할 수 없다. 우리 모두는 도시화가 진행되고 있고, 상대주의적이며, 영적으로 매우 탐구적인 후기 현대적(post-modern) 실재 속에서 삶의 여정을 보내고 있다. 우리는 우리의 배경과 신학, 의사소통 이론, 그리고 인류학 분야에서 받은 전문적 훈련과 경험을 통합하여, 현대라는 문화적 상황에서 복음을 전하고자 하는 선포자들이 현 세계와 연관된 해석학적 이슈들을 붙들고 씨름할 때 도움을 줄 수 있는 뭔가 독특한(unique) 것을 찾아보고자 했다. 우리의 목적은, 그리스도의 제자들인 독자들이 복음을 전하기 위해 애를 쓰고 있는 각각의 상황과 더불어 상호작용(interact)을 할 수 있도록 돕기 위해, 우리 각자의 전문 영역에서 무언가 유용한 것을 도출해 내는 것이다.

많은 분들이 이 책의 발전 과정에 참여하였다. 그들 중에는 사랑하는 학생들과 가족들, 그리고 동료들이 있다. 여러 가지 신학적 내용들과 이 책의 일부가 된 다른 면들에 대한 우리의 논의에 대해 변함없는 인내심으로 귀를 기울여 준 그들 모두에게 감사를 전하고 싶다. 특히 뛰어난 컴퓨터 기술과 공학적 능력으로 이 책에 나온 모든 도표들을 도안해 준 제임스 조(James Zo)에게 감사를 표하고 싶다. 이 책의 서문을 써준 라민 사네(Lamin Sanneh)에게도 깊은 감사를 전한다. 이 책의 부제를 정하는 데 영향을 준 로빈 벌링(Robbin Berling)에게도 감사를 표한다. 그는 뛰어난 논문을 발표함으로써 인지 인류학자들이 의미 분석을 오용하고 있음을 호되게 비판했다(Burling, 1964). 사실 이 책은 우리의 평생 경험과 우리가 소속되어 즐겁게 사역하고 있는 학문 공동체를 반영하는 것이다. 이 책을 저술하는 모든 과정과 결과를 통해 오직 우리 주님만이 영광을 받으시길 원한다.

NOTE

1) 우리가 사용하고 있는 복음전달자라는 용어는 복음을 전하는 데 참여하고 있는 모든 사역자들, 즉 선교사들, 목회자들, 성경 번역자들, 교사들, 선교학 또는 신학 교수들, 그리고 타문화적 상황과 다원주의적 상황 속에서 복음을 전하는 문제들을 가지고 씨름하고 있는 학생들 모두를 포함하는 광범위한 용어다. 그리고 복음선포자와 번역자라는 단어도 복음전달자와 거의 동일한 의미로 사용하고 있다.

Communicating God's Word in a Complex World

서론
하나님 말씀의 전달가능성

복음의 제시는, 모든 가족, 종족, 언어와 민족에 속한 사람들이 하나님의 말씀에 귀를 기울이는 과정을 촉진시킬 수 있는 방안을 모색한다. 그 방안은 수용자들의 세계관 깊은 곳에 자리잡고 있는 의미에 영향을 미칠 수 있는 적절하고 상관성 있는 방법들이라야 한다.

파푸아 뉴기니의 토아리피(Toaripi) 지역에서, 마태복음 6장 4절과 요한복음 11장에[1] 대한 지나치게 폭넓은 해석으로 일종의 카고 운동(cargo movement, 파푸아 뉴기니 지역에는 구원자가 하늘에서 내려오는 물체를 타고 올 것이라는 믿음이 존재하고 있다. 그런데 식민 초기 시절 이 지역에 거주하던 원주민들이 유럽인들이 몰고 온 화물기를 보고는 자신들의 구원자가 도래한 것으로 생각하고 이를 신앙적인 대상으로 받아들였는데, 이를 카고 운동이라 부른다—역자)이 유발되었다. 어떤 한 사람이 환상 중에 신약성경, 그 중에서도 특히 위에서 언급한 구절들을 집중하여 읽으라는 소리를 들은 것이다. 장례식장에 앉아 있던 그 사람은, 그 환상을 접한 뒤 마을 사람들에게 마을을 깨끗하게 하고, 묘지 주변에 울타리를 치고, 죽은 사람에게 존중을 표하며, 다툼과 도둑질을 멈추라고 가르쳤다. 사실 그의 가르침 자체는 좋은 것이었다. 그러나 그의 가르침은 그가 중점적으로 읽은 텍스트 구절들이 의미하는 것과는 상관성이 없는 것이었다. 이런 이유를 들어 사람들이 그 사람의 가르침에 반발하자, 그는 자신이 단지 하나님께서 명하신 것, 즉 "성경이 이미 가르친 내용을 더욱 확고하고 명료하게 하라"는 명령을 따랐을 뿐이라고 항변했다(Ryan, 1969: 114).

위의 경우처럼, 성경의 가르침을 오해하여 일상에 적절치 못하게 적용하는 경우들이 허다하게 발생한다. 위의 경우는, 문화적으로는 적절한 적용이었을지 모르나, 그 기초가 되는 성경에 비추어 볼 때 전혀 적절하지 못한 적용의 사례를 보여주는 것이다. 확실히, 단순한 번역만으로는 그네들만의 독특한 상황 속에서 살아가고 있는 토아리피 마을 주민들에게 성경이 기록되었던 당시 상황에 대해 충분히 설명할 수 없다. 위의 예에 등장하는 사람은 나사로 이야기를 묘지 주변을 깨끗케 정리하라는 것과 동일시했고, 주님에 대한 마리아와 마르다의 반응을 단지 물리적 청결을 유지할 것을 가르치는 것으로 이해했다. 그리고 "은밀한 중"에 기도하는 것을 공동묘지의 적막 속으로 들어가라는 것으로 이해했다. 요약하자면, 그는 사도들이 서신을 보냈던 수신자들이 아니라 자신의 현재적 관심사에 기초해서 성경을 해석했던 것이다. 사람들이 하나님의 말씀을 어떻게 이해하느냐 하는 것은 그들이 성경이 기록될 당시의 문화, 언어, 그리고 신학적 맥락을 어떻게 인식하고 해석하느냐는 문제와 직결된다.

21세기라는 혼돈스럽기까지 한 환경 속에서 복음을 전하는 일은 결코 쉬운 일이 아니다. 희망에 찬 선교사들의 예견과 20세기 중반의 언어학자들의 다양한 예측에도 불구하고, 언어와 그 언어를 사용하는 사람들이 점차 사라져가기는커녕 오히려 더욱 증대하고 있고, 일원화되기는커녕 더욱 다원화되어 가고 있는 실정이다. 전 세계의 많은 나라들이 정부 부처 안에 종족인구분포를 전문적으로 다루는 부서를 설치하고 있다. 이러한 부서에서는 문화와 언어의 보존, 이중 언어교육, 축제를 통한 지방 풍속의 보전, 그리고 원주민들의 권리를 보장하는 등의 업무를 관장하고 있다. 이런 나라들 안에 존재하는 교회들도 이와 같이 복잡한 문제에 대해 그저 무시하는 식으로 대처할 것이 아니라, 문제의식을 가지고 신중하게 다루어야 할 것이다. 스테판 나이양(Stephen Niyang)은, 하우사(Hausa)어가 무역어(a trade language)로서 넓은 지역에서 광범위하게 사용되고 있음에도 불구하고 기독교 진리가 담고 있는 의미를 전달하는 데는 하우사 어가 아닌 일상생활에서 사용하는 지방 언어들과 방언들이 사용되고 있는 사실에 주목했다. 이런 현상은 각종 지방어로 번역된 성경의 사용으로 더욱 두드러지고 있다(Niyang, 1997).[2]

이와 유사하게, 급속하게 팽창하는 도심의 복잡성과, 역시 급속하게 증가되고 있는 세계화 현상이 복음을 전하는 데 영향을 미치고 있다. MTV가 전 세계 젊은이들에게 보편화된 젊은이 문화를 보급하고 있는 반면, 종족별 다양성과 부족주의(tribalism) 현상도 만연하고 있다. 좀더 나은 삶의 질을 고대하는 난민들과 이민자들의 폭주현상이 얼마 전까지만 해도 문화적 일관성을 유지하고 있던 사회 내에 다원주의를 증가시키고 있다. 사람들은 새로이 등장하는 다양한 사고방식에 대해 점차 개방적인 태도를 취하고 있다. 그러나 동시에 그들만의 편협성과 소심함 속으로 빠져들고 있기도 하다. 교회와 선교도 2차 세계대전 이후 급속한 변화 과정을 겪고 있다. 레오날드 스위트(Leonard Sweet)는, 후기 현대성(postmodernity)에 적응하기 위한 공식은 공전에 히트를 기록한 "누가 백만장자가 되고 싶은가?"(Who Wants to Be a Millionaire?)라는 텔레비전 쇼에 시청자들이 반응하는 방식과 비슷한 식으로 반응하는 것이라는 주장했다(Sweet, 2000: xxi).

현대의 복잡성은 복음을 전하는 일에 헌신하고 있는 사람들에게 가해지는 다양한 도전을 양산하고 있다. 복음전달에는, 그 형식이야 어떻든지 간에, 복음을 받아들이는 사람들을 위한 다양한 신학적 적용이 있게 마련이다. 즉 복음을 전하는 사람들은 수신자들에게 그 내용을 전하기 위해 성경을 번역하거나, 설교를 하거나, 성경에 등장하는 이야기들을 드라마 형식을 통해 보여주거나, 또는 그 내용을 찬양으로 바꾸어 전달하는 것 등 다양한 적용을 한다. 선교학자들로서 우리는 사람들이 복음의 메시지를 그들의 삶에 신학적으로 적용함을 통해 그리스도의 형상을 확증한다는 사실에 주목하고 있다. 우리는 그들의 이해가 그들로 하여금 창조주로부터 벗어나 진리를 살짝 왜곡하여 사람들을 "진리를 가장한 비진리"(hocus pocus)로 인도하기를 간절히 소망하는 사단의 품으로 들어가는 경로가 아니라, 참된 하나님의 진리를 받아들이는 경로가 되기를 바란다. 창세기 기사에 등장하는 뱀은 하와에게 다음과 같은 질문을 했다. "하나님이 참으로 너희더러 동산 모든 나무의 실과를 먹지 말라 하시더냐?" 하와 자신은 정확한 답변이 무엇인지 이미 알고 있었지만, 뱀은 진리를 거짓으로 바꾸어 버렸던 것이다(창 3:1-4).

오늘날은 교회사 중 어느 시기보다 효과적인 방식으로 복음을 전하기 위한 신중한 신학적 반추가 요구되는 시대이다. 복음에 대한 사람들의 반응은, 사람들이 그들을 자유롭게 하는 진리를 이해하는가의 여부에 달려 있다. 복음을 전달하는 사역자들은 신학적 반추를 통해 교회사를 통해 존재해 왔던 함정들에 빠지지 않도록 도와줄 수 있을 것이다. 교회가 그리스도께서 명하신 대위임령을 세상 모든 사람들에게 전하는 일을 완수하기 위해 어떤 방식들을 사용했는가를 반추해 봄으로써, 빠질 수 있는 위험한 함정들을 피하는 데 도움을 얻을 수 있을 것이다. 교회사를 통해 볼 때 수많은 시행착오가 있었음을 알 수 있다. 그러나 피조물을 돌보시는 하나님의 사랑에 집중할 것을 요구하는 부르심에 대한 성경의 성실함은, 각 세대가 그 부르심에 대해 새롭게 반응하도록 영감을 주었을 뿐 아니라, 구약성경의 선지자들이 표현했듯이 다른 사람들로 하여금 "주의 말씀을 듣도록" 영감을 주기도 했다.

데이비드 보쉬는 이런 접근법을 "비판적 해석학"(critical hermeneutics)이라고 불렀다(Bosch, 1991: 23; 또한 Van Engen, 1996b: 39-40도 보라.). 비판적 해석학은 성경이 기록될 당시의 상황과 언어, 그리고 후대 사람들이 해당 성경본문을 읽으며 그 본문 내용을 이해하고자 할 때 해당 본문이 기록될 당시의 상황과 언어가 미칠 수 있는 영향에 대해 가능한 정확히 인식할 것을 요구한다. 보쉬는 "오늘날 우리가 직면한 도전은 ... 이천 년 전에 발생했던 사건임에도 불구하고 항구적인 적실성을 갖는 예수 사건(과거사—역주)을 현재 상황에 의미를 제공해 주는 하나님의 통치(미래사—역주)와 연결시키는 것이다"라는 말로 이를 표현했다(위의 책: 20). 이 긴장은, 우리가 적실성과 의미를 제공하는 복음전달 방법을 개발하기 위한 새로운 이론을 구성하고자 할 때, 우리의 사고에 영향을 줄 것이다.

1. 번역, 복음전달의 한 가지 방법

우리가 시도하고자 하는 복음제시 과정에 대한 설명은, 다양한 형태의 번역(translation, 어떤 이들은 "재-전달"〈re-communication〉 혹은 "재-묘사"〈re-description〉라는 표현을 선호한다; Ricoeur, 1991: 177), 즉 설교, 성경공부, 상담 등에 대한 광범위한 견해로부터 유출된 것이다.[3] 이 책 전체를 통해, 우리는 가장 풍성한 의미에서의 "복음전달"-진리를 듣고, 그에 반응하고, 그 진리가 자신들의 삶에 영향을 미치도록 수용하는 사람들의 삶을 변혁시키기 위해, 성경이 가르치는 영원한 진리를 사람들이 살아가는 상황 속에서 제시하는 것-이라는 용어를 사용한다. 이것은 사네가 그의 책 『메시지 번역하기』(Translating the Message)를 통해 특히 강조한 내용이다. 그는, "번역가능성(translatability)은 기독교 이천년 역사를 통해 기독교 진리의 전파에 기여한 가장 두드러진 특징이 되었다"고 언급했다(1989: 214). 번역가능성은 좁은 의미로서의 성경번역사역(그 자체로 중요한)의 범주를 넘어서는 것이다. 일반적으로, 번역능력은 성경적 아이디어들이 무엇인지를 규명하는 것을 포함한다. 좀더 상세하게 말하자면, 궁극적으로 번역가능성은 성경의 원저자 되신 하나님에 대한 하나의 이해이다. "그러므로 특정지역의 언어를 선교적으로 채용한다는 것은, 메시지를 전달하기 위해 토착문화를 채용하는 것과 다르지 않다" (Saneh 1989: 3). 메시지는 신학적 정보를 담고 있게 마련이다. 따라서 복음전달자들은 그러한 이슈들을 사역 대상자들이 그들의 일상을 살아가고 있는 인간적 상황(human context)안으로 이해할 수 있도록 번역해 주어야 한다.

선교학적으로, 우리는 관계에 대한 사람의 이해를 다루고 있다. 지금 우리가 말하는 관계는 사람들 간의 수평적 관계를 넘어서는 하나님과의 수직적 관계를 포함하는 것이다. 그리고 하나님과의 수직적 상호작용은 복음의 전달과정에서 매우 중요한 자리를 차지하는 요소이다. 성경-그리고 성경을 기초로 한 메시지-이 또 다른 한 권의 책이거나 "삶에 대한 또 다른 지침서"가 아니라는 것을 이해하는 것이 중요하다. 성경이 나타내는 진리를 전달하는 방법을 찾고자 할 때, 매우 신중해야 한다. 우리의 오해로 인해 성경이 의도하는 메시지를 잘못 전달하거나 수신자들이 그 내용을 오해하도록 해서는 안 된다. 그 결과가 바로 "진리를 가장한 비진리"가 될 것이기 때문이다. 우리는 사람들이 하나님의 진리를 받아들이길 원한다. 즉 사람들이 하나님에 대해 이해하고 그들과 다른 사람들과의 관계 뿐 아니라 그들과 하나님과의 관계에 대해 깨달음으로써 하나님을 알게 되기를 희망한다.

파푸아 뉴기니의 사모족(the Samo)에게는 "사랑"이라는 단어가 없다. 그러나 집안의 수장은 롱하우스(longhouse, 사모족들의 씨족 공동체가 함께 모여 공동으로 생활하는 긴 집-역주) 공동체에 속한 모든 구성원들에 대한 관심과 배려를 보여준다.4) 사모족의 수장들이 보여주는 롱하우스 구성원들과의 관계를 인간관계 이상으로 확대해 볼 때, 피조된 하나님의 백성(개별적 존재로서의 개인 뿐 아니라 집단으로서의 사람들에 이르기까지)을 배려하시는 하나님에 대한 이해를 얻을 수 있다. 이 메시지는 언제 닥쳐올지 모를 식인종들의 공격에 대해 우려하며 다음 끼니를 위한 식사 거리를 구하면서 정글 속에서 생활하는 사모족들에게 매우 중요한 메시지가 된다(Shaw, 1996).

번역을 통한 복음전달은, 해석학적 이슈들을 가지고 씨름하거나 그러한 이슈들을 특정한 상황 속으로 전이시키는 것 이상의 일이다. 기독교는 단순히 지식을 전달하는 것 이상이다. 기독교는 적절한 삶, 존재, 성령의 계시적 역사를 통해 그리스도 예수 안에서 말씀하신 하나님과 각 사람 간에 맺어지는 적절한 관계에 대한 것이다. 기독교는 성육신에 대한 것이다. 이는 적절한 삶에 대한 것이다. 기독교는 불신자들이 적절한 삶을 살아가는 신자들 안에서 예수를 발견해 나가는 것에 대한 것이다. 맥컬한(McCulhan)은 이러한 신자들에 대해 "복음전달자가 번역 그 자체다"(1967)라는 또 다른 말로 표현했는데, 이는 "복음전달자가 메시지 그 자체다"라는 말로 표현될 수 있을 것이다. 다른 모든 사람들과 마찬가지로, 기본적으로 기독교 복음전달자들 또한 죄로 물든 상황 속에서 살아가고 있는 죄인들이다. 그들은 예수께서 오늘날과 같은 상황 속에 계셨다면 어떤 삶을 살아가셨을 것인가에 대한 그들 나름의 이해를 전해 주고자 한다. 그렇게 하기 위해서 복음전달자들은 먼저 예수께서 실제로 하신 일들에 대해 알아야 한다. 그 후에라야 그 지식을 적용할 수 있기 때문이다. 이런 이해를 가지고 난 다음에라야, 현재라는 삶의 맥락 안에서 그 내용을 번역해 낼 수 있기 때문이다. 이 일을 수행하기 위해서는 신학적 사고, 의사소통론에 대한 이해, 그리고 문화에 대한 민감성 등이 요구된다. 우리는 하나님께서 의도하셨던 메시지를 현재와 같이 다원화된 상황 속으로 재-전달(re-communication)해 가는 과정을 표현하기 위해, '복음전달'(communication)*이라는 용어를 사용하고 있다.

시대를 막론하고, 복음전달에 대한 이 관점은 진리를 제시해 가는 과정에 그 초점을 맞춘다. 문화와 시간, 그리고 공간은, 수용자들로 하여금 사람들에게 당신의 의지를 전달하고자 하시는 하나님의 의도를 적절히 이해하는 데 필요한 "주요 용어"(key term)를 찾는 번역자들에게 주는 영향만큼이나 설교 한 편을 준비하고 전하는 목회자들에게도 영향을 준다. 복음을 전달하는 모든 사역자들은 이 문제를 다룬다. 복음을 전달하는 모든 사역자들은 본문을 주해(exegesis)하는 것에 대한 이슈들 뿐 아니라, 특정한 상황 속에서 그 내용을 적실하게 해석하는 것(hermeneutics)과 관련된 이슈들 또한 다루어야 한다.

태초로부터 지금까지, 복음전달은 하나님의 말씀을 제시하는 일에서 핵심적 위치를 차지해 왔다. 세상을 창조하실 때 하나님께서는 말씀하셨고 그 말씀이 곧 창조로 표현되었다(창 1장; 롬 1장; Shaw, 1988, 9 참조). 태초 이래, 하나님께서는 사람들과 접촉하실 때마다 동일한 방식을 사용하셨는데, 하나님께서는 특정한 시·공간에 속한 특정 언어를 사용하심으로써 사람들과 접촉하셨다. 여러 가지 면에서, 어떤 특정 언어만을 사용할 것을 고집하는 것은 적절한 수준의 의사소통을 이루는 데 충분하지 않다. 성경번역이 이에 대한 좋은 예가 된다. 기록된 성경말씀을 통해 복음을 전달하는 방식은 당시 통용되고 있던 언어를 사용함으로써 최고의 효과를 발휘할 수 있었다(예를 들어 에스라, 느헤미야, 그리고 사도행전 2장을 보라). 신·구약 중간기에 헬라어가 통용되던 세계에 살고 있던 디아스포라 유대인들과 로마인들, 그리고 다른 이방인들은 히브리어로 기록된 토라(모세오경)를 이해할 수 없었다. 그런 이유로 70인역(LXX, 구약성경의 헬라어 역본)이 등장하게 되었다. 더욱이, 신약시대에 살고 있던 특정 수용자들(유대인) 뿐 아니라 다른 이방인들에게도 적절한 방식으로 복음을 전달하고 구약성경의 성구가 의미하는 바를 명확하게 전달하기 위해, 사도 바울과 다른 신약성경 저자들은 그 당시 널리 통용되고 있던 공용어인 헬라어를 사용했다(Hays, 1989). 따라서 번역을 통한 복음전달은 복음전달을 위한 좋은 모델이 된다.

초대교회는 열방의 민족들이 "그들이 사용하는 언어를 통해 하나님께서 하신 놀라운 일들에 관해" 들었을 때 시작되었다(행 2:11). 사네가 주목했듯이, "오늘날 아프리카에서 만개하고 있는 기독교 활동은 각 지방어로 번역된 성경으로부터 시작되었다"(Sanneh, 1989: 4). 왜냐하면 "언어야말로 문화를 명확하게 표현해 주는 본질적인 것이기 때문이다"(Sanneh, 1989: 3). 하나님께서는 사람들이 그들이 살고 있는 특정한 환경 속에서 당신의 말씀을 알고 이해하길 원하신다. 하나님께서 의도하신 의미를 보전하기 위해서는 신학적, 그리고 상황적 인식이 요구된다. 그리고 하나님 자신이 이 원리들을 활용하신다. 만일 하나님께서 이러한 원리들을 중요시 여기시고 성경이 기록될 때 이 원리들을 사용하셨다면, 하나님의 사랑에 신실하게 반응하기 원하며 주께서 명령하신 대로 제자를 삼아 주께서 가르치신 내용을 지키게 하기 위해 세상 모든 민족에게 복음을 전할 방법을 모색하는 사람들에게도 중요한 원리가 될 것이다(마 28:19). 우리가 이 책을 저술하는 이유는 바로 이 명령에 순종하기 위함이다.

2. 복음전달의 선교학적 목적

이 책에서 가장 심혈을 기울이는 일은, 모든 복음선포 과정에 의식적으로 선교학적 적용을 하는 것이다. 성경적/신학적, 의사소통론적, 그리고 문화적 상황은 서로 밀접하게 뒤엉켜 있다.5) 다른 책에서는, 이러한 상황을 "번역상황"(translation context)이라고 부르기도 한다(Shaw, 1988;1994). 각 측면은 다른 두 측면에 영향을 끼치는 각기 다른 관점을 반영한다. 우리의 목적은, 하나님의 메시지를 사람들에게 선포할 때, 듣는 사람들이 창조 역사와 사람과의 관계를 통해 드러난 하나님의 의도를 이해할 수 있도록 하는 것이다.

신학은 추상적이어서는 안 된다. 신학은 "진리에 대한, 진리 안에 존재하는, 그리고 진리로 향해 가는"(of, in, and on the way) 것이어야 한다(Van Engen, 1996a). 신학은 그리스도 예수를 그 중심으로 삼는 것이어야 하며(of the way), 시공 안에서 실제로 살아가고 있는 사람들 안에서 발생하는 것이어야 하고(in the way), 사람들로 하여금 그들이 처한 상황 속에서 하나님께서 원하시는 신앙의 여정을 걷도록 하는 것이어야 한다(on the way). 이 모든 것을 한 마디로 말하면 선교학(missiology)이 된다.

선교 연구가 사람들을 그리스도 예수에 대한 믿음으로 돌아오게 하기 위해 실재로 (문화) 장벽들을 넘어서는 선교적 행위와 혼동되어서는 안 된다. 이 책에서, 우리가 내리는 선교의 정의는 다음과 같다.

하나님의 선교(missio Dei)는 우선적으로 예수 그리스도 안에서 나타날 하나님 나라의 도래를 말과 행위로 선포하기 위해 교회와 비교회(nonchurch) 간, 그리고 신앙과 불신앙 간에 존재하는 장벽을 의도적으로 건너는 것을 포함한다. 이 사명은 교회가 사람과 하나님, 사람 자신, 사람과 사람, 그리고 사람과 세상을 화목하게 하는 사역에 참여하고, 또한 사람들로 하여금 성령의 역사하심 속에서 예수 그리스도 안에서 회개하고 믿음을 얻어 교회로 모이게 함으로써 성취된다. 교회는 그리스도 예수 안에서 임할 하나님 나라의 표적으로 세상의 변혁에 대한 관점을 소유한다(Van Engen, 1996b: 26-27).

사람들 사이의 상호작용은 다양한 기독교 원리를 형성하는 데 핵심적 요소가 되는데, 성령의 개입하심 안에서 성육신적(incarnational)인 것으로 변모한다. 이것이 복음전달 과정의 모든 것이다. 따라서 하나님의 형상(imago Dei), 성육신, 그리고 교회의 확장 등이 이 책에서 다루고 있는 중요한 대상들인 것처럼, 오늘의 현실을 해석하는 현대/후기 현대적(modern/post-modern) 전제들과 뒷집과 옆집 사람들을 포함한 모든 곳에 거주하는 사람들에게 하나님의 말씀을 제시하기 위한 방법을 모색하는 선교적 복음전달자들(missionary communicators) 또한 이 책이 다루는 중요한 대상들이다. 인류역사를 통해 하나님의 의도하심을 보여주는 창문 역할을 해온 성경 텍스트에 접근하기 위해서는 자성(self-examination)과 이해가 있어야 한다. 이와 같이, 점차로 복잡다단해져 가는 세상에 복음을 전할 때, 사람들에게 영향을 미치는 이슈들이 무엇인지에 대해 제대로 이해할 필요가 있다. 그렇게 함으로써 하나님의 말씀을 수용자들이 속한 다양한 상황 속에 전할 때, 우리 자신의 전제들이 전달 과정에 미칠 수 있는 영향을 가능한 최소화시킬 수 있다. 우리는 수용자들이 듣는 것이, 복음전달자들이 소유하고 있는 전제들이 아닌 하나님의 음성이기를 간절히 원한다.

성경본문에 뿌리를 내린 복음전달은, 기독교인들이 은연중에 만들어 낸 진리를 가장한 비진리(hocus pocus)를 피하는 데 도움을 줄 것이다. 이런 복음전달은 하나님을 따르고자 하는 모든 사람들에게 허락해 주신 영원한 진리의 전달을 보증해 준다. 하나님께서는 당신이 친히 제공해 주신 해답을 신뢰할 수 있는 자리로 사람들을 부르신다. 그 해답은 예수 그리스도이신데, 성부 하나님께서는 "모든 충만으로 예수 안에 거하게 하시고 그의 십자가의 피로 화평을 이루사 만물 곧 땅에 있는 것들이나 하늘에 있는 것들을 그로 말미암아 자기와 화목케 되기를 기뻐"하신다(골 1:19-20).

우리가 이 책에서 의도하는 바는, 성육신하신 그리스도를 인식할 수 있게 도움을 줌으로써 사람들이 하나님과 인격적 관계를 맺는 자리로 나가는 데 기여하는 것이다. 사회학적, 인류학적, 역사적, 언어학적, 그리고 문학적 모델들은 인간을 이해하는 데 매우 요긴한 것들이다. 그러나 학자들 중 그러한 모델을 하나님과 사람 사이의 수직적 관계에 적용시킨 예는 거의 없다. 각자의 전문분야에서 가르치고 저술하는 동안, 우리는 우리가 소유하고 있는 성경이 다양한 사회학적, 신학적 모델을 반영한다는 사실에 대해 인식하기 시작했고, 그 결과 이 원리를 복음전달 사역에 적용할 수 있는 다양한 방법을 모색하게 되었다. 수직적 이해와 수평적 적용은 정경이 기록될 당시 하나님께서 행하셨던 일에 대한 새로운 경외심을 불러일으킨다. 그렇다면 우리가 이 모델들을 복음을 전달하는 전 과정-성경저자들, 복음전달자들, 그리고 오늘을 살아가는 수용자들-에 적용하려 할 때, 이러한 이해가 어떤 도움이 될 수 있을 것인가?

우리는 하나님의 말씀이 농촌지역에서 동질성을 유지하며 살아가고 있는 사람들에게 뿐 아니라 언어, 문화, 인종, 그리고 세대적으로 뚜렷한 다원적 성격을 보이는 후기 현대적인 도시에 거주하는 사람들에게도 영향을 미치는 것을 보길 갈망한다. 다원성은 사역의 복잡성을 증대시킨다. 그러나 단순한 성경적 메시지의 내용, 즉 "하나님이 세상을 이처럼 사랑하사 독생자를 주셨다"는 메시지가 그러한 다원성 속에서도 동일하게 역사한다는 사실을 놓쳐서는 안 된다. 토아리피 사람들은 그리스도의 재림에 대한 간절한 기대 때문에 공동묘지라는 외딴 장소를 찾을 필요도, 마을을 청소할 필요도 없었다. 성경의 메시지는 단지 외면적이기만 한 것이 아니라 내면적이기도 하다. 즉 그들에게 전해진 하나님의 메시지를 이해하는 것으로부터 유래하는 영적인 고독함(spiritual solitude)이기도 하다. 하나님의 백성 가운데 거하는 하나님의 말씀은 각기 처한 상황에 따라 매우 다르게 보이기도 하고 느껴지기도 할 것이다. 왜냐하면 각 사회가 각기 다른 독특성을 유지하고 있기 때문이다. 모든 사람들을 향하신 하나님의 의도는 모든 이들이 하나님을 알고 그 분을 영원히 즐거워하는 것이다.

NOTE

하나님의 말씀을 서부 아프리카어로 번역하는 것에 대한 "번역가능성"(translatability)의 성격에 대한 라민 사네의 뛰어난 연구(1989)가 "의사소통가능성"(communicability)에 대한 우리의 견해를 형성하는 기초를 제공했다.

* 본서의 저자들은 의사소통이론(communication theory)에 관한 용어 뿐 아니라, 복음전달(gospel communication)에 관한 용어 모두 'communication'이라는 한 단어로 표현하고 있다. 번역본에서는, 특별히 의사소통이론이 강조되어야 할 경우를 제외하고는, 복음전달로 통일하여 번역하였음을 밝혀둔다. 같은 맥락에서, 'communicator'도 복음전달자로 번역했다.

1) 은밀한 중에 기도할 것과 죽은 나사로를 일으키시는 예수에 대한 이 구절들은 뉴기니 섬 전체에 두루 퍼져 있는 카고 숭배 사상의 일면을 입증하는 데 사용되기도 한다. 성경 번역자들이 부지불식간에 카고 숭배 "예언자들"을 이롭게 하는 경우를 발생시키곤 했는데, 이들 예언자들은 지역민들이 자신들을 따르도록 하기 위해 성경을 이용하곤 했다(Osborn, 1970; Stralen, 1977).

2) 스테판 나이양 박사는 나이제리아에서의 성경번역과 그 사용에 대한 논문을 썼다(1997). 2000년 1월의 비극적인 비행기 추락사고로 숨질 당시, 그는 연합성서공회(United Bible Society)의 아프리카 미디어 담당 제작과 진행 책임자였다.

3) 그랜 로저스(Gren Rogers)는 그가 성경의 "메타 주제"(meta-theme)라고 부른 것에 대한 이해에 관하여 의사전달이론과 해석학의 영향을 추적하는 논문을 썼다. 그는 이 메타 주제가 하나님과 모든 인간들과의 관계와 인간들 상호간의 관계라고 주장했다. 어떤 특정 상황 속에서 이것을 전달하는 것이 그가 "재-전달"(re-communication)이라고 부르는 과정이다. 이는 모든 곳에 거주하는 사람들에게 하나님께서 의도하신 바를 명확하게 밝혀주는 것이다.

4) 사모족들은 파푸아 뉴기니의 서부지역 열대우림지역에 거주하는 종족으로, 반유목적

(seminomadic) 원예농(horticulture)을 통해 생계를 유지하는 종족이다. 식민시대 후반기에 처음으로 발견되었고, 1969년에 이르러서야 공식적으로 평정된(다른 종족들을 습격하여 포로를 잡아먹는 식인풍습을 금지함을 통해) 사모족들은 인류학 연구에 놀라운 기회를 제공해 주었다(Shaw, 1990과 1996을 보라). 인류학적 연구가 뒷받침이 되어 이루어진 성경번역의 결과로 발생한 복음에 대한 그들의 반응 또한 놀라웠다(Shaw, 1981). 이 책 전체에서, 우리는 이 책의 공동 저자로서 사모족과 함께 거주하며 성경번역가로 사역했던 쇼우 박사의 경험과, 멕시코 치아파스 지역의 마야족 농민들과 함께 생활하며 선교사와 교사로 섬긴 이 책의 또 다른 공동 저자인 찰스 밴 엥겐 박사의 경험으로부터 예를 인용했다.

5) '선교학적'(missiological)이라는 용어를 사용함으로써, 우리는 구원의 중심성과 인간에 대한 하나님의 상호작용에 초점을 맞추고 있다. 이 개념은 "특정 지역의 경계" 너머에 거주하는 사람들에게 "복음을 설교"하기 위하여 훈련받은 사람을 "보내는 것"으로, 한정된 선교 개념을 훨씬 넘어서는 것이다. 이 개념은 사회과학의 성과들을 성경학자들이 가지고 있는 신학적 의사소통론적 관심들에 통합시킨다. 그렇게 함으로써 대위임령에 대한 열정을 사람들이 서로 상호작용하고 있는 모든 문화적 상황으로 밀어 넣는다. 밴 엥겐은 선교학을, "다양한 학문 분야에 존재하는 전제들에 대해 질문을 제기하여, 명확하게 하고, 통합하고, 확장시키는 역할을 하는"(1996: 18ff, 22) 것으로 신학을 통합하시는 핵심되시는 예수 그리스도께 초점을 맞추는 종합학문이라고 정의했다. 이 책에서 제시하는 신학, 의사소통론, 그리고 인류학은 이 종합학문의 세 가지 구성 분야이다. 우리는 우리가 이 책이 주장하는 바를 전하기 위해 위 세 가지 학문 분야를 사용할 것이다.

제1부
신실한 복음전달
복음을 전하시는 하나님의 의도: 텍스트에 관한 이슈들

이해한 것을 삶에 적용하게 하려는 하나님의 의도하심에 충실해야 한다. 제1부에서는 신실한 복음전달에 영향을 끼치는 신학적, 사회언어학적 역동성을 살펴보는 것이 갖는 중요성에 대해 설명할 것이다.

우리는 제1부의 논의를 통해, 성경 텍스트를 성경말씀이 주어진 상황이라는 틀 안에서 이해하고 평가하는 것의 필요성에 대해 소개할 것이다. 우리의 논의는, 하나님께서 복음을 전하신다는 것은 하나님께서 직접 말씀하셨다는 사실을 인식하고, 하나님의 목적과 의도하심으로부터 우리가 관심을 기울여야 할 가장 근본적 이슈가 유래한다는 사실을 인식하는 것으로부터 시작할 것이다. 이 사실을 깊이 명심하면서, 하나님께서 말씀하신 내용과 연계된 신학적, 의사소통론적, 문화적 이슈들과 상호작용하는 복음전달에 대한 논리적 근거를 정립할 것이다. 하나님의 말씀이 사람들이 살아가고 있는 특정 상황에 주어질 때, 하나님의 말씀과 그 말씀이 주어진 특정한 상황이 갖는 특징들, 그리고 양자가 서로 상호작용 할 때 드러나게 되는 특징들을 명확히 분별하기 위해 고려해야 하는 요소들이 있다. 이 면들을 다루기 위해 무엇보다 우리는 하나님의 말씀이 의도하는 바에 충실할 것을 요구할 것이고(제1장), 메시지의 출처가 어디로부터 기인했는지에 대해 인식할 것을 촉구할 것이며(제2장), 그런 전달 과정을 통해 전해지는 메시지가 내포하는 진리에 대해 이해할 것을 촉구할 것(제3장)이다. 우리의 목적은, 하나님의 말씀에 내포되어 있는 의도가 담고 있는 진리-사람들이 이해하고 그들의 삶에 적용시키도록 하나님께서 의도하신 것-를 밝히 드러낼 수 있는 명확하고 효과적인 방법을 제시하는 것이다.

Communicating God's Word in a Complex World

제1장
신실한 복음전달이 내포하는 의도

하나님의 목적 또는 복음을 전하는 것이 갖는 의도는 모든 사람들이 하나님을 아는 자리로 나오게 하는 것이다(롬 10:8-15).

폴과 도로시 메이어인크(Paul and Dorothy Meyerink)는 남부 멕시코 지방의 첼탈족(the Tzeltal people) 사람들을 위한 성경번역에 평생을 헌신하기로 작정한 선교사들이다. 몇 년 전, 이 책의 공동 저자인 찰스 밴 엥겐 박사는 폴의 거실에서 최근 폴이 직면한 중요한 번역문제에 대해 토론을 벌이고 있었다. 상당히 난감한 표정으로 폴은 자신이 직면한 문제에 대해 설명했다. "첼탈족 사람들의 언어에는 왕에 해당하는 단어가 없습니다. 그렇기 때문에 왕권에 대한 개념도 있을 리 없지요. 물론 씨족장들과 지방정부의 수장, 그리고 큰 목장의 소유주에 대한 개념들은 있어요. 그러나 그 개념들 중 하나님 나라에 대한 성경적 개념을 정확하게 반영할 수 있는 것은 없습니다." 그러고 나서 폴은, "왕에 대한 개념이 없이 어떻게 첼탈족 사람들로 하여금 하늘과 땅을 다스리시는 그들의 주되신 하나님에 대해 이해시킬 수 있겠습니까? '나라이 임하옵시고 뜻이 하늘에서 이루어진 것같이 땅에서도 이루어지이다' 라는 주기도문을 암송하면서 그들이 무엇을 이해할 수 있겠습니까?"라는 질문을 제기했다. 밴 엥겐 박사는 하나님의 의도가 첼탈족 사람들에게 분명하게 전달되어야 한다는 목적을 가지고 폴이 직면한 의사소통 문제에 대한 토론을 시작했다.

토론 중에, 밴 엥겐 박사와 폴은 그들이 다루고 있는 문제가 "역동적 등가"(dynamic-equivalence, 유진 나이다에 의해 최초로 제기되었고 찰스 크래프트에 의해 발전된 개념으로 선교인류학과 성경번역에 관한 중요한 개념-역주) 원리에 입각한 의사소통보다 훨씬 더 근본적인 무엇인가에 대한 것이라는 사실을 인식하기 시작했다. 근본적으로 폴의 질문은 인식론, 즉 하나님을 창조주, 섭리주, 그리고 하나님께서 당신이 다스리시는 온 우주를 감찰하시는 분이라는 것에 대한 인식, 그리고 일견 "왕"이라는 개념이 없는 독특한 문화적 상황 속에서 하나님을 알리는 것과 관련된 것이었다. 토론이 계속되어 감에 따라, 직면하고 있는 문제의 원인이 그 자신들-복음전도자들-에게도 일부 있다는 사실이 점차 명백해져 갔다. 성경적 개념 중에는 서구인들이 거의 이해할 수 없는 상당수의 개념들이 존재한다. 어떻게 하나가 셋과 같을 수 없다는 수학적 개념을 갖고 있는 서구인들이 삼위일체 하나님에 대해 이해할 수 있겠는가? 어떻게 우주에 대한 유물적이고도 현대적 관점에 함몰되어 있는 북미인들이 하나님을 "영"이라고 인식할 수 있겠는가? 어떻게 개인주의적인 사고에 익숙한 선교사들이 교회론을 다룰 때 사도 바울이 비유한 "몸"의 개념에 대해 이해할 수 있겠는가?[1]

폴과 밴 엥겐 박사는 상황화된(contextualized) 복음을 전하는 문제-기독교인들이 복음을 불신자들에게 전하는 것보다 훨씬 더 근본적인 문제-의 기저에 있었다. 근본적인 면에서 볼 때, 상황화된 복음을 전한다는 것은 특정한 상황이라는 제한(때로는 해당 문화권이 지닌 지혜로 인해 더 풍성해질 수 있기도 하다) 속에서 하나님을 아는 것에 관한 문제다. 사람의 문화를 통해 드러나는 하나님의 자기 현현(self-disclosure)은 계시로 주어진 것인 동시에 숨겨져 있는 것이기도 하다. 따라서 계시를 근거로 이해하는 하나님에 대한 우리의 지식은 제한적인 것일 수밖에 없다. 그렇다면 하나님의 말씀을 선포하는 데 있어 첫 번째로 제기될 수밖에 없는 질문은 복음을 전하는 것에 대한 것이 아니라 복음을 이해하는 것, 즉 특정한 상황 안에서 하나님에 대한 지식을 이해하는 것에 관한 것이다.

1. 특정한 문화적 상황 안에서 하나님을 아는 것

사람의 문화와 복음 간에 존재하는 차이(misfit)는 교회가 선교를 하면서 끊임없이 직면해 왔던 문제다. 사도 바울은, 피조 세계의 질서 속에 드러나 있을 뿐 아니라 예수 그리스도 안에서 하나님의 특별 계시를 통해 드러내셨음에도 불구하고 온전히 드러나지 않은 하나님의 자기 현현(God's hidden self-disclosure, 하나님께서는 항상 자신을 드러내시지만, 우리가 소유한 문화가 갖는 한계로 인해 그 계시가 온전히 드러나지 않고 감추어져 있는 상태를 언급하는 저자의 용어-역주)에 대해 언급했다(롬 1:20; 11:33-34). 드러난 감추임(revealed hiddenness)은 인간의 양심 속에 존재하는 거룩한 자기 현현에 대한 역설이며, 복음을 전하면서 부딪치게 되는 가장 어려운 부분이다.[2] 오직 믿음으로만 하나님을 알 수 있다는 바로 그 사실이 우리가 하나님에 대해 알아야 할 모든 것을 알고 있지 못하다는 사실을 말해 준다. 사실, 우리는 오직 거울을 통해 희미하게 볼 수 있을 따름이다(고전 13:12). 욥기 36장 26절, 시편 139편 6절, 사도행전 14장 16-17절, 로마서 11장 25절과 33-36절, 고린도전서 2장 7절, 에베소서 3장 3절, 골로새서 1장 15절과 26절, 디모데전서 1장 17절과 3장 16절, 그리고 요한계시록 10장 7절과 같은 성구들은 하나님에 대한 이러한 신비와 불가지성에 대해 강조하고 있다. 많은 신학자들이 하나님의 계시가 갖는 이와 같은 기본적 성격에 대해 확증해 주고 있다.[3] 그렇다면 복음전달은 다양한 사람의 문화 속에 존재하는 희미하게나마 드러나 있는 하나님의 자기계시에 대한 신비를 포함한다(Van Engen, 1996: 71-72).

오직 하나님의 감추어지심을 통해서만 드러나는 하나님에 대한 지식에서 기인하는 변증법적 긴장 속에서, 성경은 하나님께서 사람이 이해할 수 있는 언어라는 형식을 통해 말씀하길 원하신다는 사실을 확증해 준다. 이런 사실은 하나님과 사람 사이에 존재하는 밀접한(conventional) 관계를 반영한다.[4] 기독교인들은 자신들이 가지고 있는 성경에 대한 이해를 근거로 복음을 선포한다. 왜냐하면 기독교인들은 하나님께서 당신의 형상대로 지음을 받은 사람들에게 말씀하고 계신다고 믿기 때문이다. 그러므로 복음을 전하는 일은 하나님의 말씀-인간의 언어 속에 임하신 하나님의 거룩한 언어-에서 유래한다. 성경은 오직 하나뿐인 책이다. 하나님의 말씀과 행위에 대한 기록을 우리에게 전해 주기 위한 목적 때문에 기록된 책이 성경이다. 따라서 성경은 어떤 특정 종교에 대한 책도, 특정인의 종교적 묵상의 소산도 아니다. 성경은 사람을 향하신 하나님의 자기 현현을 기록하고 드러내는 것이다. 여기에 문제의 핵심이 있다. 어떻게 사람들이 그들의 눈으로 보지 못하는 하나님을 예배할 수 있을까? 어떻게 알 수 없는 하나님이 그분이 창조하신 사람에게 알려질 수 있을까?

이것이 우리의 출발점이다. 우리는 무한하신 하나님과 사람을 포함한 모든 피조물들의 유한함에 대한 이해로부터 시작한다. 창조 속에는 모든 피조세계를 돌보아야 하는 사람들과 관계를 맺기 위해 하나님께서 만드신 관계의 구조가 존재한다(Walsh and Middleton, 1984). 하나님께서는 지구라는 상황에 묶여 있는 모든 피조물을 돌볼 책임이 있는 사람과 더불어 친교를 나누실 목적으로 이 세상을 창조하셨다. 이 관계가 가지는 특징은 하나님께서 사람들과 대화를 나누시려고 그들에게 다가가셨던 에덴동산에서 명확하게 드러난다. 이 "대화 양식"은 성경 전체를 통해 나타나는 하나님과 사람 사이에 발생하는 모든 대화 양식을 특징짓는다. 사람들이 피조된 방식으로 인해, 하나님께서는 사람들과 더불어 친밀하게 상호작용하시길 원하신다. 창의적인 존재로 피조된 인간은 다양한 문화적 관점을 통해 그들이 소유한 창의성을 표현한다. 그러므로 하나님께서 사람들과 접촉하고자 하실 때는, 사람들이 소유하고 있는 특정한 문화적 코드를 통해 접촉하신다. 하나님께서는 하나님이 아니라 사람의 말을 통해 접촉하신다(에녹과 엘리야는 가장 주목할 만한 특별한 예외의 경우들이다).

1) 하나님께서는 성경적 상황들 속에서 당신을 드러내셨다

성경이 다음과 같이 근본 은유들(root metaphors)을 사용하는 방식에 대해 주목해 보라. "나는 너의 하나님이 되고 너희는 나의 백성이 될지라. 그러면 내가 너희 중에 거하리라."[5] 이것이 창세기와 요한계시록에 이르는 성경 전체를 관통하며 흐르는 표준 공식이다. 정경 전체를 통해 우리는 다양한 환경 속에서 각기 독특한 형태로 자신을 드러내시는 하나님을 발견하게 된다. 근본적으로,

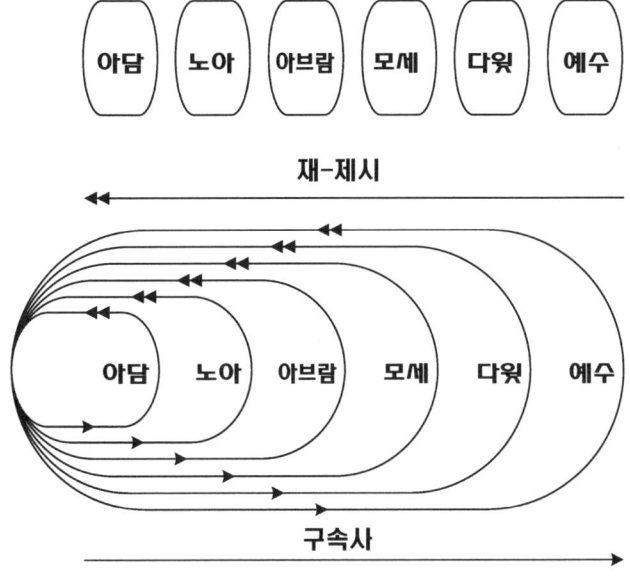

그림 1.1. 다양한 상황 속에서 나타나는 하나님의 재-제시[6]

하나님께서 동일하신 분이라는 것은 부인할 수 없는 사실이지만, 사람들이 살아가고 있는 각각의 상황이 보여주는 차이 때문에 하나님께서는 당신에 대해서 뿐만 아니라 당신과 사람과의 관계에 대해서도 새로운 모습들을 드러내신다. 그림 1.1은 계시의 개별 요소가 다음에 나타날 요소에 기여할 뿐만 아니라, 사람들로 하여금 예수 그리스도의 성육신으로 최고조에 이르게 되는 새롭고도 강력한 방식들을 통해 하나님을 경험하게 한다는 사실을 보여준다. 따라서 우리는 우리가 알아야 할 필요가 있는 하나님, 바꿔 말하면 관계의 발생을 위해 우리에게 알려져야 할 필요가 있는 하나님을 필두로 우리의 논의를 시작할 것이다. 특정한 상황 안에서 하나님을 안다는 것은 그 상황 속에 감추어져 있는 하나님에 대해 아는 것을 의미한다. 시공을 가로질러, 다양한 양상으로 드러나는 성경적 상황이 오늘이라는 이 시대에 이르는 동안 역사를 통해 투영하고 있는 것에 대한 보다 광범위한 이해를 얻을 수 있다. 제한적인 우리가 무제한적인 하나님을 완전히 알 수는 없다. 따라서 우리는 이 책을 통해 특정 상황 속에서 드러나는 하나님의 말씀을 전할 것을 권면하고 있다. 특정 상황을 통해 드러난 하나님의 말씀은 다른 다양한 상황 속에 숨겨져 있는 하나님의 감춰지심을 이해하는 데 서광을 비춰줄 것이다. 따라서 복음선포자들은 수용자들로부터 배운 것으로 인해 하나님에 대한 새로운 진리들을 발견하게 된다.

그림 1.1 속에서 우리는 아담, 노아, 아브라함, 모세, 다윗, 예수 그리고 다른 여러 인물들과 다양한 관계를 맺으심을 통해 당신을 드러내신 하나님을 목도하게 된다. 이들 인물들은 각기 다른 문화, 언어, 관계, 상황을 대표하는 사람들이다. 그들은 전혀 다른 유형에 속한 사회적 틀 속에서 자아를 형성한 사람들이다. 이와 동일한 근본 은유("내가 너의 하나님이 될 것이다…")가 복음서와 요한계시록을 통해 계속해서 명확히 드러나고 있다. 그리고 바로 그 은유가 오늘날 우리에게 이르기까지 계속되고 있다. 또한 이 은유는 은혜가 풍성하신 하나님과 더불어 관계를 맺을 수 있는 가능성에 대한 복된 소식을 전하고자 하는 모든 사람들 가운데서도 계속될 것이다. 각각의 상황은 그 상황이 갖는 사회적 유형, 의례, 상징이 형성되는 방식에 따라 전혀 다른 양상을 보인다. 그 양상은 쇼우 박사와 밴 엥겐 박사가 섬겼던 사모족과 마야인들 같은 혈족사회나 농촌사회에 속한 사람들로부터 시작하여 오늘날 급성장하고 있는 각양의 도시사회에 이르기까지 다양하게 나타난다. 그러나 그 근본 은유는 모두가 동일하다. 이것이 마틴 노스가 "재-제시"(re-presentation)-과거는 현재 속에서 다시 제시되어진다—라는 용어를 사용할 때 마음에 두고 있던 생각이다. 우리는 재-제시를 과거의 여러 상황 속에서 제시되어졌던 것을 현재라는 상황 속에서 다시 제시하는 것으로 이해한다(Noth, 1960).[7] 시공이라는 테이프스트리(tapestry)를 거슬러 올라가 보라. 그러면 그 끝이 어디인가와는 별도로 모든 상황 속에서 관계 개념(relationship concept)을 발견하게 될 것이다. 인류학자들이 이미 오래 전부터 인지하고 있는 것처럼, 사람에게 있어 관계는 핵심적인 것이다. 하나님께서 온 우주를 창조하실 때 관계를 창조의 과정 속에 프로그램화시키셨다.

동일한 언약 형식(covenant formula, "내가 너희 하나님이 될 것이다…"라는 근본 은유-역주)을 내포하는 다양한 계시들은, 비록 각기 전적으로 다른 상황들 속에서 드러났다 할지라도 동일한 관계를 보여준다. 예수 그리스도와의 관계로 귀결되는 이 형식은 구약성경이 신약성경의 기초임을 암시해 준다. 이는 메시아 언약에 대한 인식적, 그리고 상황적 배경을 제공해 준다. 신·구약 성경은 성경에 등장하는 인물들에게 뿐만 아니라 궁극적으로 세상 모든 사람들에게 드러난 하나님의 감춰지심(God's revealed hiddenness)이 된다. 이것이 우리가 이 책에서 말하고자 하는 내용의 신학적 핵심에 해당한다. 근본 은유(the root metaphor)는 세상의 모든 사람이 하나님과의 관계 속에서 그분을 이해할 수 있도록 하는 신학적, 의사소통론적, 문화적 환경을 반영한다.

2) 하나님께서는 성육신을 통해 당신을 "새롭게" 드러내셨다

예수의 성육신 사건은 "내가 너희의 하나님이 되겠다…"는 근본 은유의 또 다른 고백이라고 볼 수 있다. 예수께서는 구약을 완성하기 위해 오셨다. 그리고 그분은 유일한 분이셨다. 그분의 유일성(uniqueness)은 이전에 지나간 모든 것의 완성이다. 예를 들자면, 예수께서 "새 계명을 너희에게 주노라"라고 말씀하셨을 때 의미하셨던 것은 무엇이었겠는가? 헬라어에서는 "새로운"(new)이라는 의미로 번역되는 서로 다른 두 가지 단어가 존재한다. 하나는 '네오스' (neos)이고 다른 하나는 '카이노스' (kainos)이다. 이 두 단어가 성경에서 사용되었던 방식에 대한 이해는, 우리의 논의를 확장시키는 데 중요한 역할을 한다. 네오스는 철저한 불연속성을 의미한다. 신약성경에서 계시의 연속성에 대해 언급할 때, 이 단어는 겨우 두 번 내지 세 번 정도만 사용되었을 뿐이다. 변화의 와중에 존재하는 연속성을 표현하기 위해 사용된 단어는 카이노스로, 신약성경에서는 이 단어를 훨씬 자주 언급하고 있다. 이 단어가 의미하는 바는, 기존에 있던 어떤 것에 다른 무엇이 더해지는 것 정도가 아니라 완성 혹은 그 이상의 것이다. 즉 완성과 그 이상의 어떤 것을 의미한다. 예수의 유일성은 구약의 깊이를 한층 더해 주는 카이노스형의 유일성이다. 성경에서 카이노스가 불연속성을 의미하는 경우로 사용된 예는 한 구절도 없다. 이는 항상 기존의 것에 어떤 새로운 것을 더하는 의미로만 사용되었다. 말하자면, 같은 우물에서 퍼 올리는 물과 같다. 다만, 같은 우물 속 더 깊은 곳에 잠겨 있는 이제까지 아무도 맛보지 못한 물을 길러내는 것과 같다. 카이노스에 대한 이해와 복음을 의미 있게 전하기 위해 이 단어를 적용하는 일은, 제4장에서 다루게 될 네 가지

지평(the four horizons) 모델을 발전시키는 데 매우 중요하다. 제4장에서는 적절한 복음전달 방법을 정립하기 위해, "옛"(old) 이해를 "새로운"(new) 상황들에 진보적으로(progressively) 적용하는 일에 대해 다룰 것이다. 우리가 가치판단을 하지 않음에 주목하기 바란다. 왜냐하면 미래를 향한 진보가 반드시 더 낫거나 더 현명해질 것을 암시하지는 않기 때문이다. 이는 차이를 의미할 뿐이다. 이 차이는 근본 은유로 돌아갈 때 얻게 되는 의미를 갖춘 단순한 차이일 뿐이다. 궁극적으로 우리는 하나님-창조 시에 함께 계셨고 성경 전체를 통해 "생명의 말씀"으로 제시되신 그리스도 예수-을 아는 것과 관련된 모든 근본 은유 중의 근본 은유에 도달했다(참조. Van Engen, 1996: 81-83).

3) 하나님께서는 조명하심을 통해 자신을 드러내신다

오늘날 성도들은 아브라함과 모세와 더불어 동일한 역사의 연속선상 위에 서 있다. 구약 성경에 등장하는 인물들이 예수의 오심을 기대했던 것처럼, 우리는 그분이 초림하셨음을 기억한다. 기독교인들은 구약성경과 같은 연속선상 위에 있다(갈 3:29). 그러나 계시로 주어진 성경의 유일성을 십자가 사건 후에 발생한 사건들, 예컨대 부활사건, 승천사건 등과 구별해야 할 주의가 요구된다. 성경이야기의 일부를 구성하는 다양한 역사적 상황을 이해하는 일은 특정 공동체가 복음을 받아들이는 방식을 이해하는 데 중요한 역할을 한다. 바꾸어 말하면, 특정 상황에 처한 특정 신앙 공동체가 그들이 속해 있는 특정한 상황으로부터 얻은 해석학적 관점은 하나님의 복음전달 방식을 이해하는 데 영향을 미친다.

오늘날 전 세계, 특히 다수세계(the majority world, 서구세계가 아닌 아시아, 아프리카, 그리고 라틴 아프리카를 가리키는 용어)에 속한 기독교인들이, 부분적으로 성경번역 선교사들의 사역과 관련하여, 이전에 서구 기독교인들이 미처 이해하지 못했던 성경의 내용들을 발견하고 있다.[8] 마태복음 5장과 누가복음 6장에 등장하는 팔복을 예로 들어보자. 중·상위 계층에 속한 사람들로 구성된 미국교회의 구성원들은 거의 항상 마태복음에 등장하는 팔복을 선호한다. 반면, 라틴 아메리카의 농민들은 누가복음에 나타난 팔복을 선호한다. 해방신학이 그 이유를 이해하는 데 도움을 주는데, 이는 각자가 처한 상황이 그들에게 끼치는 영향 때문이다. 누가복음의 기사를 보면, 예수께서는 당신 주변에서 그 처한 사정이 비참한 사람들을 보며 행위를 통해, 즉 가난한 사람들을 돕고, 배고픈 사람들을 먹이고, 고통당하는 사람들을 격려하고, 병든 사람들을 치료하는 식으로 반응하셨다. 한편, 마태복음은 동일한 메시지를 평안한 분위기의 산상에서 전한 설교라는 좀더 추상적 방식으로 제시하고 있다. 오늘날 세대 가운데서, 국가와 제도화된 교회에 속한 부와 권력을 소유하고 있는 구성원들은 누가복음에서 제시하고 있는 바, 행함을 강조하는 가르침에 그리 깊이 공감하지 않는다. 그들은 마태가 제시하고 있는 명제적 내용들을 선호한다.

　교회의 신학은 각기 처해 있는 시대적 상황 속에서 다양한 양상으로 발전한다. 따라서 우리는 우리 자신이 교회의 선교 행위(the missionary activity)에 지속적으로 영향을 끼치는 일련의 상황과 대면하고 있음을 발견하게 된다. 스스로가 상대적으로 새로운 식민 이후 시대(postcolonial era)라는 시대적 상황 속에 처해 있음을 발견하는 서구교회는 다수세계에서 유래하는 모든 입력(inputs, 다수 세계의 상황을 반영하는 다양한 내용들-역주)을 어떻게 취급해야 하는지에 대해 여전히 인식하지 못하고 있다. 계몽주의의 다양한 표현들 중 하나인 현대성에 대한 개념들(the concepts of modernity)들을 추구하는(Newbigin, 1979; 1989; Middleton and Walsh, 1995) 서구인들은, 만일 무엇인가가 "참된" 것이라면 그 참됨은 모든 시공을 초월하여 진리로 인식되어야 한다고 믿는다. 그리고 만일 어떤 것이 "항상" 참된 것이라면, 그것은 불변하는 것이라고 믿는다. 이러한 추론은 한 상황에서 정립한 의미는 다른 모든 상황에도 그대로 적용되어야 한다는 믿음으로 연결되어진다. 불행하게도, 이러한 사고가 종교개혁 이래 교회의 대세를 이루어 왔을 뿐 아니라, 지난 세기 동안 복음주의 진영에 속한 교회 안에서도 유감없이 그 여세를 발휘해 왔다. 만일 "옛날 옛적에 발생했던 이야기"가 참된 것이라면, 그 이야기는 원형 그대로 전 세계 모든 사람들에게 전해져야 한다. 그러나 그 "진리"는 주로 서구세계라는 상황 속에서 발생한 것이기 때문에, 있는 그대로의 모습으로 비서구세계에 "불변의 진리"로 소개된다면, (문화적으로 전혀 다른 상황에 처해 있는-역자 첨부) 비서구 사회에 속한 사람들에게 의미를 거의 주지 못할 것이다. 이런 이유로 인해, 서구식으로 고착된 불변의 진리가 비서구 사회에 소개되었을 때, 해당 사회에 속한 사람들이 고민하는 삶의 문제와는 무관한 것으로 취급되는 경우가 흔하게 발생한다. 이런 사실은 다양한 신학의 등장이 필요함을 암시한다. 그러나 신학의 상황화 작업을 어느 정도까지 용인할 수 있을까? 진리(truth)가 모든 사람의 종교적 의견이 될 정도로까지 복음이 해체되는 데(fragmented) 얼마나 오랜 시간이 걸리겠는가(McCallum, 1996)? 이런 식의 해체를 막기 위해서는, 상황의 다양성에도 불구하고 있는 모습 그대로 전해져야만 하는 진리(a truth)가 있어야 한다. 다양한 것은 상황이지 진리가 아니기 때문이다.

이 시점에서 근본 은유(root metaphor) 개념이 도움이 될 수 있을 것이다. 근본 은유는, "다양한 분야에서 빌려온 은유들을 서로 연결된 의미의 영역들로 묶은 것이다. 다른 한편, 근본 은유는 광범위하면서도 새로운(잠재력 있는) 해석의 탄생을 가능하게 하는 능력이 있다"(Bailey, 2002: 41). 시간과 공간, 역사와 상황은 진리가 품고 있는 의미와 밀접한 관련성을 가진다. 이것이 바로 성경이 담고 있는 모든 것이다. 복음전달은 사람들로 하여금 그들이 살고 있는 상황 안에서 하나님께서 하신 말씀을 확신케 하는 것이다. 하나님의 말씀 선포는 항상 특정한 시간과 공간 속에서 발생했다(그리고 여전히 발생하고 있다). 다른 말로 하자면, 성경은 우리가 논의하고자 하는 것을 위한 명백한 모델을 제시해 준다. 다른 무엇보다, 하나님께서는 상황 안에 거하시는 하나님이시다. 하나님께서 창조하신 사람들은 새로운 문화 환경을 개발해 냄으로써 자신들이 창의성을 표현한다. 하나님께서는 주권적 선택으로 사람들이 처해 있는 각 환경 안에서 그들과 상호작용하시기를 택하셨다. 하나님께서는 당신을 드러내길 원하신다. 이 과정에서, 성령의 역사하심이 사람들의 하나님 이해를 조명해 준다.

사람들은 그들이 처한 상황 속에서 하나님에 대한 그들의 이해에 영향을 미치는 상황의 중요성에 대한 이해를 가지고 성령의 조명하심에 참여한다. 계시와 조명의 관계는 우리가 반복해서 다루어야 할 분야다. 왜냐하면 이 분야가 복음전달자들이 갖추어야 하는 정체성의 근간이 되고, 그 정체성은 감춰지심 속에서 당신을 드러내시는(revealed in hiddenness) 하나님과 맺는 관계의 성격과 연결되어 있기 때문이다.

2. 복음전달에 대한 신학적 발전

지나치게 단순화시킨 것일 수도 있지만, 신학은 "하나님에 대해 생각하는 것"이라고 정의할 수 있다. 이 정의에 따르면, 모든 사람들이 나름대로의 방식을 통해 하나님에 대해 생각하고 있기 때문에 그들 모두가 신학자라는 결론에 이르게 된다. 오늘날 우리는 후기 현대 시대라는 시대적 상황 속에서 하나님에 대해 생각하는 일을 지속하고 있다. 그러나 그런 우리의 행위가 정경(the canon of Scripture)에 무엇인가를 첨부하는 데까지 나가는 것이어서는 안 된다. 신학적 관심은 해석학적 적실성과 조화를 이루어야 한다. 여기에는 일련의 순서가 존재하는데, 주석(exegesis)이 있고 난 후 해석(hermeneutics)이 있어야 하고, 그리고 나서라야 비로소 신학(theology)이 존재할 수 있다.[9] 성경 텍스트에 대한 이해(주석)가 어떤 특정 공동체에 주어질 때, 주석은 해당 공동체 속에서 해석학적 과정을 거쳐야 한다. 그리고 그렇게 하여 얻은 해석학적 결과를 토대로 하나님의 말씀을 해당 공동체에 속한 실재(reality)에 적용할 때, 해당 공동체 속에서 새로운 신학이 발전하게 된다. 성경 텍스트를 새로운 상황에 제시할 때, 해당 텍스트에 대한 한층 광범위한 시각을 제공하는 새로운 이해를 얻을 수 있다. 한국의 신약학자인 김세윤 박사는 다메섹 도상에서 발생했던 바울의 경험이 바울로 하여금 구약성경을 급진적으로 재해석하게 한 결정적 근거가 되었다고 본다(Kim, 1982). 분명히 바울은 다메섹 도상에서의 개종 경험을 근거로 구약성경을 재해석하기 시작했다. 성령의 도우심 안에서, 바울은 그의 현재적 경험을 토대로 과거에 발생한 사건(구약)을 그가 속했던 시대적 상황에 적용할 수 있었다.[10] 바울은 바리새파에 속한 신학자였다. 그는 구약성경에 대해 잘 알고 있었다. 바울은 다메섹 도상에서의 체험을 토대로 구약성경을 재해석했다. 만일 이 과정이 구약을 해석하는 해석학적 공동체로서의 바울과 다른 신약성경 저자들에게 참된 것이었다면, 그 과정을 살펴봄을 통해 우리가 신·구약 성경을 바라볼 때 성령께서 우리에게 허락하실 자유에 대한 통찰력 있는 모델을 발견할 수 있지 않겠는가?

그렇다면 신학은 성경 텍스트를 보고 해석하는 일과, 또한 해당 텍스트를 특정한 시간과 공간과 연관성을 갖게 하는 일련의 과정을 포함하는 것이 된다. 각각의 시·공간은 특정한 문화적 적용을 제공하거나 사람들로 하여금 하나님을 조망해 볼 수 있게 해주는 일종의 상황화를 위한 렌즈(contextual lens)를 제공해 준다. 하나님의 백성이 텍스트를 통해 하나님께서 하신 말씀에 대한 정보를 얻고(주석), 그 얻은 정보를 그들이 속한 시간과 공간에 적용할 때(해석), 그 결과로 신학적 묵상이 주어지게 된다. 문화는 하나님에 관해 묵상할 수 있는 상황을 제공해 준다. 이것이 바로 일종의 렌즈, 즉 성경 이해에 영향을 끼치는 세계관인 것이다(Kraft, 1996: 19).

문화적 이슈들이 텍스트 자체(계시로 주어진 텍스트와 그것이 새로운 상황으로 전이되고 난 후의 텍스트)의 형성에 어느 정도나 기여할까? 성경 자체가 이와 같은 질문을 제기하곤 한다. 아서 글라서(Arthur Glasser)는 하나님에 대한 용어들에 관해 토론하면서 이 점에 주목했다.

> 고대 근동 지방에 기거하던 셈족 세계에서 신적 존재를 표현하는 가장 기본적인 단어는 엘(El)이었다. 이 단어는 또한 가나안 지방 만신전 안에 존재한다고 믿어졌던 최고신을 지칭할 때도 사용되었던 호칭이었다…이스라엘 사람들은 그 이름에 새로운 의미를 부여하여 사용했는데, 이는 유대인 번역자들이 구약성경을 헬라어로 번역하는 과정에서, 하나님의 독특한 자기 계시를 표현하기 위해 데오스(Theos)라는 용어를 택하고 난 뒤 그 의미를 변용하여 사용한 것과 매우 유사한 방식이었다(1989: 36).

성경 텍스트, 신앙 공동체 그리고 우리가 체계화할 수 있는 상황 간에 중복되는 부분이 많으면 많을수록, 해당 공동체 구성원들이 그들에게 의미를 줄 수 있는 관점을 사용하여 하나님께서 하시는 일을 이해할 수 있는 더 많은 기회를 얻게 될 것이다. 만일 우리가 새로운 상황 안에서 계시된 하나님의 말씀이 품고 있는 내용(source content)을 적절한 방식을 통해 제시할 수 있다면, 해당 상황 안에서 살아가고 있는 사람들은 말씀을 통해 각각의 환경 속에서 사람들과 상호작용하고자 하시는 하나님과의 관계를 세워가기 위한 더 나은 기회를 얻을 수 있을 것이다.

서구인들은 하나님과 초자연적인 것들에 대해 다수세계에 사는 사람들로부터 배울 것이 많다. 비서구인이 자연계시와 하나님께서 최초로 말씀하셨던 상황과 훨씬 근접한 종교적 체계를 통해 다양한 영적인 문제에 대해 서구인보다 더 깊이 있는 이해를 갖고 있는 경우가 있다. 그 결과 비서구인들이 성경적 상황에 대해 대부분의 서구인들보다 더 나은 평가를 내리곤 한다. 서구사상은 주로 그리스와 로마철학, 그리고 과학의 발달과 관련해서는 계몽주의식 가정들로부터 유래했다.11) 서구세계가 점차로 세분화되고 특수화되어 가는 반면, 서구를 제외한 나머지 세계는 총체적일(holistic) 뿐 아니라 통합적이고 응집력 있는 방식을 통해 하나님을 바라본다(이에 대한 기초적 논의에 대해서는 제6장의 내용을 참조하라). 다수세계에 거주하는 대부분의 사람들에게 있어, 하나님은 서구세계에 사는 대부분의 사람들에 비해 훨씬 더 이해할 만한 대상이다. 따라서 다수세계에 거주하는 대부분의 사람들은 성경시대에 살았던 사람들이 인식하고 평가하던 방식과 같은 방식을 사용하여 하나님의 계시를 이해할 수 있는 것으로 보인다.

3. 복음전달의 사회문화적 발전

인류 전 역사를 통해 볼 때 성경 텍스트와 상황, 그리고 신앙 공동체 간의 역동적 긴장이 의사소통 과정을 발생시켰음은 틀림없는 사실이다. 이 과정이 사람들과 하나님과의 거룩한 관계가 발생했던 다양한 상황들 속에서도 발생되었음은 물론이다. "성경 텍스트"에 대해 언급하는 순간부터, 우리는 주석과 해석 문제를 다룰 수밖에 없다. 이는 또한 전체적인 시·공 연속체(entire time-space continuum)를 통해 그 방식을 추적해 가는 신학적 이슈들을 야기한다. "상황"이라고 말했을 때, 우리는 다양한 인류학적 관심과 언어, 그리고 세계관(특정한 공동체 내에서 발생하는 텍스트의 의미에 대한 이해와 관련한 문화적 관점)과 관련된 문제들에 대해 말하고 있는 것이다. 이 모든 것들은 동시적으로 발생한다. 주석과 해석은 특정한 신앙 공동체 내에서 발생하는 의사소통 방식에 대한 정보를 제공해 준다. 최저점(the bottom line)은 하나님과 인간과의 관계와 관련된 것이어야 한다.

성경을 마치 다른 서적들처럼 취급하여 엄격한 문학적 방법론과 언어학적 방법론에 관한 원리들을 적용하면 신학적 문제가 야기되게 된다. 하나님께서 사용하신 의사소통 원리들은 동일한 언어와 문화를 공유하는 사람들의 수평적인 의사소통과 동일한 것이기는 하지만, 다른 어떤 문학작품들과는 달리 성경은 무제한적 번역을 가능하게 하는 무언가 독특한 면을 갖고 있다. 성경 그 자체가 성경이 소유하고 있는 유일성에 대해 확증해 주며, 사람들은 생사를 가르는 결과를 초래할 수도 있음에도 불구하고 하나님의 말씀에 순종한다. 사람들은 하나님께서 의도하신 바대로의 진리를 이해하거나, 아니면 진리를 왜곡시키고 사람들로 하여금 하나님과의 관계로부터 멀어지게 하는 광명의 천사(the angel of light)를 추구하도록 하는 종교적 전통들을 따를 것이다. 아담과 하와 이후로, 사람들은 끊임없이 에덴으로 복귀할 수 있는 방법을 모색해 왔다. 잃어버린 목가적 생활방식보다 더 심각한 것은, 사람들이 그들과 더불어 의사를 소통하길 원하시는 하나님과의 관계를 깨뜨렸다는 것이다. 원래의 상태로 복귀하는 것은 모든 사람들이 꿈꾸는 것이다. 그러한 상태로의 복귀를 꿈꾸는 일을 가능하게 하는 것이야말로 모든 시대를 통해 하나님의 진리를 전달하는 임무를 부여받은 복음전달자들이 직면해 왔던 선교적 도전이다. 복음전달에 대한 그들의 의도는 하나님께서 말씀하신 내용이 명확하다는 것을 확실히 하는 것이라야 하고, 또 자유를 주는 진리에 대해 알고자 간절히 열망하는 사람들이 속한 특정한 공동체 내에서 하나님의 말씀이 명확하게 이해되도록 하는 것이어야 한다.

신학적 이슈들과 문화적 이슈들을 반영하는 사회적 관심영역에서 사역하는 선교학자(missiologists)들은, 복음을 좀더 효과적인 방식을 통해 선포하고자 하는 의도에서 수용자들을 잘 분석하고 이해하기 위해 인류학과 언어학과 같은 세속적 학문분야들을 이용해 왔다. 그들이 발전시킨 다양한 모델은, 복음에 귀를 기울이는 사람들에게 의미를 줄 수 있는 방식으로 하나님의 진리를 전달하고자 하는 신학적 작업에 도움을 준다. 전통적으로, 신학자들은 다양한 사회

과학모델을 성경 텍스트와 연관시키는 일을 제대로 수행하지 못해왔다. 선교학자들은 궁극적 출처가 되시는 하나님께서 말씀하신 내용이 제공해 주는 의미에 대해 논의해 왔다. 이와 동시에 선교학자들은 또 다른 고려 대상인 수용자들에 대해 관심을 기울여 왔다. 그러나 양자 사이의 연관성이 거의 없다는 생각에서 양자를 서로 분리해 놓기도 했다. 그런 결과, 양자 사이에 존재하는 역동적 관계를 파악하는 데 느릴 수밖에 없었다. 성경 텍스트의 역할과 복음전도자들이 전제로 했던 다양한 가정들 또한 궁극적 출처가 되시는 하나님, 그리고 그분의 사랑과 복음선포의 대상이 되는 수용자들과 분리되어 별도로 연구되었다.

제2장에서 논의하겠지만, 이슈는 메시지에 대한 충실성(fidelity)에 대한 것이다. 우리는 하나님께서 의도하신 복음전달에 충실할 것을 추구한다. 하나님께서 의도하시는 복음전달에 충실하게 됨으로써, 하나님께서 의도하신 바에 대해 잘 이해할 수 있을 것이다. 우리는 광범위한 의사소통이론(제5장 참조)에 대해 스펄벌과 윌슨이(Sperber and Wilson, 1986: 1995) 발전시킨 상관성(relevancy)의 유용성에 대해 확증할 것이다. 그러나 이전 과정에서, 성경학자들은 너무도 쉽사리 수평적 관점(이 세상 내에서), 즉 사람으로부터 사람에게 전해지는 "아래로부터의" 의사전달을 전제로 하곤 한다. 그들은 사회과학이야말로 원문으로부터 수용자들에게 전달되는 과정을 이해하는 데 도움이 되는 유용한 도구라고 가정한다. 그들은 성경은 인간적 상황 속에서 다른 저자들이 기록한 다른 책들과 다를 것이 없다고 가정한다. 이런 결과, 그들은 문법적-역사적 해석 원리들을 사용하게 되면 성경 텍스트를 기록한 저자들의 원의(original intent)를 충분히 이해할 수 있다고 너무도 쉽게 가정하곤 한다. 우리는 성경 텍스트에 대한 신중한 문학적 분석, 주석 그리고 해석이 성경의 원의를 이해하는 데 필수적인 것이며, 그렇기에 그런 방법들을 사용함으로써 수용자들에게 의미를 전달할 수 있는 방식으로 텍스트 내용을 설명할 수 있다는 데 동의한다. 그러나 동시에 우리는 하나님께서 모든 성경 텍스트의 진정한 근원자이시며, 따라서 모든 성경 텍스트는 "위로부터" 주어진 것으로 다루어질 필요가 있다는 사실에 대해서도 확신하고 있다. 또한 우리는, 우리가 우리의 사역을 잘 감당할 때, 그 최종 결과물이 주석학적으로 응집력이 있을 뿐만 아

니라 수용자의 이해에 비추어 해석학적으로도 적절할 수 있을 것이라고 확신한다. 요약하자면, 우리는 우리 노력의 산물들 자체가 새로운 수용자들의 상황에 잘 일치될 뿐 아니라 그들이 처해 있는 상황과 적절한 상관성을 갖는 방식을 통해 전달될 수 있다고 생각한다.12) 그러나 분석은 양자, 즉 하나님의 말씀을 담지하고 있는 텍스트와 해당 텍스트를 대하는 수용자의 이해 모두에게 동일하게 적용되어야 한다. 다른 말로 하자면, 하나님의 원 메시지(original message)는 효과적인 복음전달이 발생하고 수용자들이 (부정적으로, 아니면 긍정적으로) 반응하는 과정 속으로 던져진다. 새로운 복음전달 또한 이와 동일한 상황 속에서 발생하게 된다. 이는 어떤 식으로든 하나님께 대한 반응을 촉진시키게 된다.

이것이 폴 메이어인크와 첼탈족 교회가 직면하고 있던 문제였다. 그리고 바로 이것이 전 세계 도처에서 발생하는 선교적 복음전달(the missional communication)에 영향을 끼치는 문제다. 하나님께서 전하시고자 하는 메시지에 충실하고자 하는 신실한 복음전달자들은, 수용자들이 감추어진 하나님의 모습(God's hiddenness)을 발견하여 그들이 처한 상황에 적용할 수 있다는 것을 확인하길 원한다. 이 사역을 이루기 위해서는 사람과 출처, 즉 하나님의 말씀이 갖는 성격에 대해 살펴볼 것이 요구되어진다.

NOTE

1) 찰스 밴 앵겐의 "The New Covenant"(1989: 74-75)에서 인용.
2) 예를 들어, 칼 바르트의 *Church Dogmatics*(1958, 2.1: 184)를 보라. 칼 바르트는 2.1권 중 한 단락 전체(27: 179-254)를 하나님에 대한 지식을 다루는 데 할애했다. 그는 이 단락을 두 부분으로 나누어 다루었는데, 하나는 우리에게 당신 자신을 계시하시는 은혜로 인해 진행되어지는 우리의 지식에 관한 부분(the terminus a quo)이고, 다른 하나는 감추어진 하나님에 대한 믿음으로 이끄는 우리의 지식(the terminus ad quem)에 관한 부분이다. 바르트의 *Dogmatics*의 이 부분과 1.2권 단락 17: 280-361, 4.1: 478-501, 그리고 4.3권 135-165를 비교해 보는 것도 중요할 것이다.

3) 예를 들어, 루이스 벌코프(1932: 1:17-19); G. C. 베르까우어(1955: 185-332); 에밀 부르너(1949: 117-136); 핸드릭스 벌코프(1979: 41-56, 61-65)를 보라.
4) 예를 들어, 핸드릭스 벌코프(1979: 105-111)를 보라.
5) 은유에 대한 최근의 저술들(Lakoff and Johnson, 1979, 1999; Nishioka, 1997; 그리고 Addai, 1999)은 선교학에 중요한 기여를 했다. 은유는 사람들로 하여금 그들이 알고 있는 것에 대한 경험을 통해 그들이 알지 못하는 것들에 대해 인식할 수 있도록 해준다. 가시적이고 감각적인 경험은 사람들로 하여금 비가시적이고 비감각적인 것들을 이해할 수 있도록 해준다. 명제적 접근들 이상으로 은유적 접근들은 실재에 대한 유비(analog)를 제공해 준다. 사람들은 하나님을 볼 수 없으나, 창조 과정에서 드러나게 되는 여러 다양한 양식들(modes)을 통해 표현되곤 하는 하나님을 체험한다. 시편 기자는 "하늘이 하나님의 영광을 선포한다!"고 했다. "인식 과정에 나타나는 이런 식의 비유는 지식을 구축해 가는 것에 관한 상호 일체적(intersubjective) 성격을 이해하는 데 대한 새로운 통찰력을 제공해 준다" (Nishiok, 1997:171).
6) 찰스 밴 엥겐, "The New Covenant"(1989)에서 적용.
7) 노스는, 재-제시(re-presentation)가 성경해석자로 하여금 단순히 과거를 돌아보게 하는 것일 뿐 아니라, 과거에 발생했던 하나님의 임재하심(presence)이 가져온 영향으로 인해 드러난 정보를 기초로 하여 미래에 있을 사건들에 대해 전망하는 것을 포함한다는 것에 주목했다. "재-제시"는, "하나님과 그분의 행위는 항상 현재적이라는 전제 위에 기초하고 있다. 그러나 사람들은 그들이 소유할 수밖에 없는 일시성이라는 한계로 인해, 예배를 통해 하나님과 그분이 행하신 일에 대해 반복적으로 "재-제시하는 것"(re-presenting)을 통해서만 하나님과 그분의 행위를 파악할 수 있다"(Noth, 1960: 85). 이것이 우리가 그림 1.1에서 찾고자 했던 것이다. 의사소통자들은 그들이 알고 있는 것으로 시작하여 이전에 발생했던 일들에 대한 정보를 얻는 방법에 대해 배움으로써 과거에 대한 많은 것들을 배울 수 있다. 이와 비슷한 방식으로, 성경에 기초하여 사역하는 복음전달자들도 성경 저자의 관점으로 시작함으로써 성경의 전체 담화(discourse)가 제공하는 폭넓은 관점에 대해 다룰 수 있을 것이다.
8) 우리는 계몽주의로부터 파생한 서구식 관점이 전 세계적 관점에서 볼 때 소수의 입장에 불과하다는 사실을 강조하기 위해 다수세계(majority world)라는 용어를 사용하고 있다. 또한 성경적 진리와 인간에 대한 하나님의 관점을 좀더 분명하게 반영하는 세계관의 영향 하에서 형성된 다양한 가정을 보유하는 사람들의 숫자가 훨씬 많다는 것을 강조하기 위해

이 용어를 사용하고 있다. 우리는 이 용어를 채택함으로써 제3세계(the third world)와 같이 경제에 기초한 개악적인 용어들의 사용을 피하고 21세기와 같은 "후기 현대"사회의 변동 구조를 좀더 정확하게 반영하고자 한다.

9) 이 순서는 매우 중요하다. 이외의 다른 모든 순서는 정경의 범주를 재개(reopen)하도록 할 뿐 아니라, 진리가 경험에 영향을 미치게 하지 않고 경험이 진리에 영향을 미치는 데까지 나가게 된다. 신학은 진리에 대한 해석 위에 세워지는 것임에 틀림없다. 그렇다면 신학은 출처가 되는 성경으로부터 나오는 것이어야 한다. 그렇게 함으로써, 경험이 진리에 영향을 미치게 될 때 그 결과로 나타나게 되는 이단성을 피할 수 있다.

10) 김세윤 박사는 최근 그의 중요한 저서를 개정 출판했다(Kim, 2001). 김 박사는 그 책에서 바울의 복음은 다메섹 도상에서 겪은 그의 급진적 개종경험과 예수의 가르침들을 그의 경험에 비추어 사용한 것으로부터 유래했다고 주장한다. 김 박사는 이것이 바울이 1세기 상황 안에서 제시한 복음의 기초가 되었다는 사실에 주목한다.

11) 예를 들면, 과학에 민감한 신학자들은 창조, 노아의 방주, 또는 홍해가 갈라지는 사건을 이해하는 데 어려움을 겪는다. 이들은 과학적 증거와 충돌을 일으키지 않는 몇 가지 성경적 이슈들에 대해서는 별다른 어려움 없이 이해한다. 과학적 설명으로 절충을 시도하고, 고지식하거나 생각이 얕은 사람으로 취급되지 않기 위해 과학 지향적 신학자들은 과학과 신학을 병치시키는 설명들을 발견해 낸다. 그러나 그런 식의 설명들은 성경이 기록되었던 원래 상황(original context) 속에서는 전혀 의도되지 않았던 것이었다. 이러한 설명은 특정한 서구적 세계관의 지배하에 있는 사람들을 만족시키기 위해 고안된 것이다. 그러나 더 광범위한 비서구 지역에 거주하는, 좀더 총체적(holistic)인 시각을 소유한 사람들은 이런 문제들을 문제로 인식하지 않는다. 그들은 성경 텍스트를 즐겨 읽으면서 그 내용 자체를 진리로 수용한다. 왜냐하면 그들이 소유한 세계관은 이 세상에는 초자연적 영향력이 만연해 있으며, 따라서 그러한 영향들이 사람의 노력에 많은 영향을 미친다는 전제를 갖고 있기 때문이다.

12) 우리는 제5장과 부록 II에서 의사소통이론과 텍스트 분석에 대한 이러한 요소들에 대해 심도 있게 다룰 것이다. 본 장에서는 그러한 요소들이 텍스트의 소통가능성과 주석의 본질에 중요하다는 것에 대해서만 소개하고자 한다. 원래 의도된 메시지는, 성경적 상황에서 뿐만 아니라 우리가 하나님의 말씀을 선포하고자 하는 현대 세계 안에서도, 메시지를 받은 사람들에 의해 이해되어진다.

제2장
신실한 복음전달의 출처

복음을 전하는 것의 궁극적 출처는 하나님이시다. 성경 텍스트가 중요한 이유는, 텍스트가 복음 제시의 출처가 되시는 하나님과 사람들과의 관계에 관한 정보를 제공하고, 그 관계에 기여할 뿐 아니라, 그 관계를 결정하기 때문이다(사 1:2; 렘 1:2, 4; 겔 1:3; 호 1:1; 욜 1:1; 암 1:3; 옵 1:1; 욘 1:1; 요 1:1; 히 1:1-2을 참조하라).

여호와께서 비로소 호세아로 말씀하시니라. 여호와께서 호세아에게 이르시되 너는 가서 음란한 아내를 취하여 음란한 자식들을 낳으라. 이 나라가 여호와를 떠나 크게 행음함이니라. 이에 저가 가서 디블라임의 딸 고멜을 취하였더니 저가 잉태하여 아들을 낳으매, 여호와께서 호세아에게 이르시되 그 이름을 이스르엘이라 하라. 조금 후에 내가 이스르엘의 피를 예후의 집에 갚으며 이스라엘 족속의 나라를 폐할 것임이니라. 그 날에 내가 이스르엘 골짜기에서 이스라엘의 활을 꺾으리라 하시니라. 고멜이 또 잉태하여 딸을 낳으매 여호와께서 호세아에게 이르시되 그 이름을 로루하마라 하라. 내가 다시는 이스라엘 족속을 긍휼히 여겨서 사하지 않을 것임이니라. 그러나 내가 유다 족속을 긍휼히 여겨 저희 하나님 여호와로 구원하겠고 활과 칼이나 전쟁이나 말과 마병으로 구원하지 아니하리라 하시니라. 고멜이 로루하마를 젖뗀 후에 또 잉태하여 아들을 낳으매, 여호와께서 이르시되 그 이름을 로암미라 하라. 너희는 내 백성이 아니요, 나는 너희 하나님이 되지 아니할 것임이니라. 여호와께서 내게 이르시되 이스라엘 자손이 다른 신을 섬기고 건포도 떡을 즐길지라도 여호와가 저희를 사랑하나니 너는 또 가서 타인에게 연애를 받아 음부된 그 여인을 사랑하라 하시기로…(호 1:2-9; 3:1; 벧전 2:10 참조).[1]

호세아에서 발췌한 텍스트는 매우 예외적이고 놀라운 내용을 담고 있다. 선지자는 음란한 여인(아마도 지방에 거주하던 창녀였을 것이다)과 결혼하라는 명령을 받는다. 하나님께서는 텍스트를 통해 당신과의 언약관계에 불성실했던 이스라엘(북왕국) 백성들이 살아가는 방식에 대해 하나님께서 가지고 계셨던 지극한 슬픔을 전달하시기 위해 실제 한 개인의 삶을 은유로 사용하신다. 이 은유는 매우 강력해 보인다. 왜냐하면 그 내용에 호세아의 개인적인 삶, 즉 그와 고멜과의 결혼, 자녀들의 이름을 짓는 것, 고멜의 불성실함으로 인한 호세아의 고통, 결혼생활에 대한 고멜의 불성실에도 불구하고 그녀를 기꺼이 다시 받아들이는 호세아의 모습 등이 포함되어 있기 때문이다. 호세아는 이스라엘의 하나님의 일면이 어떠하심을 전해 준다. "네 하나님 여호와는 자비하신 하나님이심이라. 그가 너를 버리지 아니하시며 너를 멸하지 아니하시며 네 열조에게 맹세하신 언약을 잊지 아니하시리라"(신 4:31).[2] 구약에서 발견되는 하나님의 은혜와 자비와 관련된 명제적 단어들이 호세아의 가정생활을 통해 이야기 형식으로 드러나고 있는데, 호세아의 이야기는 이스라엘에 대한 하나님의 의도를 전달하는 통로로 사용되고 있다.

1. 궁극적 출처 찾기

호세아서를 통해 이스라엘 백성과 대화하시는 내러티브를 통한 하나님의 접근은 궁극적 출처가 되시는 하나님의 관계, 하나님의 의도를 선포하는 통로로서의 텍스트, 그리고 하나님께서 당신의 의도를 전하기 위해 사용하시는 다양한 수단에 영향을 끼치는 수용자들의 상황과 세계관에 대한 단서를 제공해 준다. 그리고 호세아서에서 발견되는 하나님의 목적은 호세아와 고멜과의 관계가 아니라, 언약 안에서 새로워진 하나님과 이스라엘과의 새로워진 관계라는 것을 보게 된다. 호세아서의 이슈는 당신께로 돌아올 것을 청하시는 하나님의 부르심이다. 하나님께서는 호세아의 삶이라는 은유를 통해 당신의 백성인 이스라엘을 부르시는 당신의 부르심에 대해 말씀하신다. 하나님의 궁극적 목적은 연민으로 가득 찬 한 편의 삶의 드라마를 만들어 내는 것이 아니라, 이스라엘과의 관계를 회복하는 것이었다. 그러나 사람들은 그 연민 어린 삶의 드라마를 통해 그들과 더불어 그토록 친근한 관계를 이룰 것을 희망하시는 그분(the One)이 누구신지에 대해 심각하게 고려하게 된다. 겉보기에 그토록 희망이 없어 보이는 상황 속에 존재하는 희망의 메시지 이면에 존재하시는 출처는 누구이셨는가?

우리는 머리로는, 그리고 아마도 마음으로는 궁극적인 출처가 하나님이시라는 것을 알고 있다. 성경은 이 사실에 대해 끊임없는 반복을 통해 확증해 주고 있다. "그러므로 주께서 말씀하신지라" 그리고 "주의 말씀이 임하는지라"라는 표현들은 성경 전체를 통해 수백 번 이상 등장하는 표현들이다. 사실 이것이야말로 하나님께서 당신의 백성들에게 주시는 메시지의 핵심이다. 우리 모두는 하나님께서 사람들에게 말씀하셨다는 사실에 대해 동의한다. 그러나 우리 인간들은 특정한 문화적 틀 속에 매여 사는 존재들이다. 우리가 문화에 매여 살고 있기 때문에, 우리는 가지고 있는 것들, 즉 우리가 속해 살아가고 있는 문화가 보유하고 있는 것들에 대해서만 다룰 수밖에 없는 명확한 한계 속에서 살아가고 있다. 다른 말로 하자면, 우리는 지평면(horizontal plane)에서 살아가고 있는 사람들이다. 이와 동시에 우리가 인식하고 있어야 하는 사실은, 우리가 중심을 기울여야 하는 대상이 텍스트 말씀 그 자체가 아니라 하나님이시라는 것을 인식하는 것이다. 왜냐하면 성경 텍스트는 하나님의 뜻을 드러내고 있기 때문이다(representative of God).

그렇다면 하나님께서 사람들과 관계를 맺으시는 방식은 무엇인가? 하나의 예외도 없이, 하나님께서는 사람들이 그들의 삶을 영위하는 상황 속에서 그들과 더불어 관계를 맺으신다. 이것이 성경 전체가 말씀하고 있는 메시지다. 전적인 타자(wholly other)가 되시기에 우리의 힘으로는 도저히 알 수 없는 하나님께서 당신 스스로를 우리에게 드러내 알려주신다. 어떻게 그러신단 말인가? 어디에서 그러신단 말인가? 그분이 당신을 드러내 알려주시는 곳은 항상 사람들이 처해 있는 상황 속에서였다. 사람들은 그들이 살고 있는 삶의 상황 밖에서 하나님을 안 적은 결단코 한 번도 없다. 그렇기에 하나님께서 우리에게 당신의 뜻을 전하시기 위해 우리의 상황이라는 특정한 언어적, 그리고 사회문화적 환경을 사용하실 수밖에 없다. 하나님께서는 당신의 뜻을 전달하시기 위해 호세아서에서 발견되는 것처럼 비유적 문체나 은유 형식(the form of metaphors)을 사용하시기도 하신다. 하나님께서는 성육신(incarnation)을 통해 당신 스스로 특정한 문화 원리들을 수용하심으로써, 즉 사람의 특정한 문화적 상황 속으로 들어오심을 통해 당신이 전하시고자 하시는 메시지를 전하시기도 하셨다.

인간의 영역(human realm) 밖에서는 사람들과 더불어 상호작용하실 수 없기 때문에, 성경은 하나님께서 사람들이 처한 상황 안으로 들어오시는 이야기들로 가득 차 있다. 우리는 이를 하나님의 신현(神現, theophany)이라고 부른다. 예를 들어, 아브라함과 이야기를 나누기 위해 천사들이 아브라함을 방문한 사건이 이에 해당한다. 아브라함의 방문자들이 먼지로 뒤 덮인 길을 따라 어떻게 도착했는지 기억하는가? 선한 주인인 아브라함이 그들을 맞으러 나갔다. 아브라함은 그들을 멈춰 세우고, "저희 집으로 들어오십시오"라고 청했다. 아브라함은 문화적으로 매우 합당한 방식으로 그들을 청했다. 방문자들은 나무 아래에 좌정했고, 아브라함은 그들에게 저녁을 대접하겠다고 청했다. 그들은 "아니다. 우리는 할 일이 있다. 우리는 저녁을 먹기 위해 지체할 수 없다"라고 말하며 아브라함의 청을 거절했다. 이에 아브라함은 "잠시만 기다리십시오. 잠시만 머무십시오"라고 말하며 그들을 설득하기를 그치지 않았다. 아브라함이 속한 문화는 우리가 속한 문화처럼 부산스럽고 정신없는 것과는 매우 달라 보인다. 그러나 천사들의 행위도 문화적으로 적절한 것이었다. 마침내 천사들은 갈 길을 멈추고 머물기로 했다. 아브라함의 종들이 밖으로 나가 송아지를 잡았고, 사라는 그 고기로 요리를 했다.

이때 아브라함과 천사들은 일 년 후에 벌어질 사건, 즉 사라가 아기를 갖게 될 일에 대해 이야기를 나누었다. 그 대화를 우연히 듣게 된 사라는 그 대화의 내용이야말로 자신이 들은 일들 중 가장 웃긴 일이라고 생각했다. 그때 사라의 나이가 이미 구십 세가 넘었기 때문이다. 이미 경수가 끊어진 사라가 아기를 임신하게 된다고? 그렇다. 그녀는 정확히 그 말을 들었다. 천사들이 떠나가고 난 후, 선한 주인이었던 아브라함은 그들이 가는 길을 마중하기 위해 그들과 함께 길을 걸었다. 바로 이 장면이 한 사람과 그 사람이 속한 문화적 상황 속에 함께 계셨던 하나님을 보여준다. 이는 굉장한 사건이다! 천사들은 아브라함에게 받았던 대접과는 전혀 다른 대접을 받게 될 소돔을 향해 갔다. 소돔의 문화적 상황은 아브라함이 속했던 문화적 상황과는 전적으로 다른 것이었다. 우리가 여기에서 설명하는 과정은 하나님께서 당신의 의도를 전하시기 위해 택하신 방법이다. 무한하시고, 초자연적이시고, 초문화적이신 존재가 유한하고, 문화에 묶여 사는 사람들과 대화를 나누신 것이다.

만일 우리가 "출처"(source)라는 단어를 사용하면서 성경 텍스트의 유래가 어디로부터 온 것이냐에 관한 질문을 제기하기 시작한다면, 이는 우리의 시각을 성경과 그 이면에 존재하는 출처로까지 확대하기 시작한다는 것을 의미한다. 우리가 출처, 즉 원저자 되시는 하나님을 알 수 있을까? 도대체 의사소통을 위한 저자의 의도(author's communicational intend)는 무엇이었을까? 하나님께서는 어떤 방식을 통해 성경을 기록한 저자들(사람)과 신앙 공동체들의 삶과 언어를 통해 당신의 의도를 전달하셨는가?

이는 매우 중요한 문제다. 왜냐하면 궁극적으로 이 이슈는 하나님의 자기 계시에 대한 탐구이기 때문이다. 도대체 출처와 상황과의 관계는 무엇인가? 이 질문에 대한 답변을 하려는 시도에서, 일부 신학자들은 사람의 역사 속에 존재해 온 종교적 신념에 대한 과학적 관점을 설명하는 지평 범주(horizontal criteria)만을 사용했다. 그 결과 그들은 예수를 발견할 수 없었다. 그들은 출처를 발견할 수 없었다. 그들이 발견할 수 있었던 것은 예수에 대해 말하는 사람들뿐이었다. 그러나 그들은 정작 그리스도이신 예수를 발견할 수 없었다. 왜냐하면 성육신 사건을 역사적으로 타당하지 않다고 여겨, 그 개념을 빼버렸기 때문이다. 동정녀 탄생을 역사적, 그리고 과학적인 견지에서 지지할 수 없기 때문에, 그 개념을 빼버렸다. 사실 전적으로 지평적 정의들(horizontal definitions)에만 기초한 사회적이고 과학적 사실들에 대한 지평적 명단(horizontal list)은 자료들에 근거하여 합리적으로 작성된 것이기 때문에 그들은 예수를 발견할 수 없었다. 왜냐하면 메시아이신 예수는 그 자신을 객관화하거나 논리적으로 명시하는 일 따위를 용납하지 않으시기 때문이다. 계몽주의적 사고에 물든 사람들이 하나님은 실재하지 않는 존재라고 생각하기 쉬운 반면, 합리주의적 사고에 물이 덜 든 사람들이 더 용이하게 하나님을 발견한다는 것은 엄연한 사실이다. 다시 한번 강조하건대, 우리는 상황에 대해 다루고 있다. 왜냐하면 수용자들의 마음이야말로 예수께서 비유로 드신 씨앗이 떨어지는 토양의 일부가 되기 때문이다(마 13:3-10).

성경을 보면서, 우리는 성경의 주요 관심사 중 하나가 관계라는 사실을 발견하게 된다. "나는 너희의 하나님이 될 것이고, 너희는 나의 백성이 되니, 내가 너희 가운데 거할 것이다." 그런데 이러한 관계의 성격이 성경 전체를 통해 끊임없이 변화된다는 사실을 발견할 수 있다. 이는 성경이 변화하는 다양한 사회언어학적 상황들과 끊임없이 상호작용한 결과다. 의미론적 연의(semantic constellation)의 전체 범주는 사람들로 하여금 수평적 차원들에 잡혀 있게 했고, 그 결과 존재에 대한 수직적 적용(vertical implication)은 거의 시도하지 않게 되었다. 이런 상황의 차이들은 성경에서 문제가 되지 않는다. 왜냐하면 성경은 하나님께서는 당신께서 창조하신 우주로부터 떨어져 존재하신다고 가정하고 있기 때문이다. 사람이 하나님에 대해 말하는 것이 하나님의 성격을 결정하지 않는다.

문화와 신학 분야의 전문가로서 우리는 현상학적으로 사고하도록 훈련받았다. 그렇기 때문에 절대자(One)의 존재를 가정하는 것으로 시작하는 것은 매우 색다른 것이다. 우리는 자신에 관해 사람들이 사용하는 언어와는 다른 성품을 소유하시는 절대자의 존재에 대해 확신하고 있다. 이 절대자는 사람의 욕망이나 인간의 문화적 가치를 투영한 존재가 아니다. 성경적 메시지의 핵심은 우리를 실제로 존재하시는 그 절대자와 교제하는 자리로 부르는 것이다. 그 절대자는 스스로 존재하시는 하나님이시다. 이러한 시각은 성경을 해석하는 것 뿐 아니라 성경을 읽는 것에 대한 우리의 경험을 바꾸어 놓는다.

예를 들면, 당신은 모세처럼 신발을 벗어본 경험이 있는가? 모세는 그저 산 기슭에서 자신의 양떼를 돌보고 있었다. 그러던 중 갑자기 타오르는 가시떨기 나무를 목격했다(출 3:1-6). 그곳에서 모세는 스스로 존재하시는 절대자를 만났다. 모세는 그가 만난 절대자의 이름을 물었다. 그러자 하나님께서 "나는 스스로 존재하는 자"라고 대답하였다. 이에 모세는 "이스라엘 백성은 저를 믿지 않을 것입니다. 그들에게 당신이 어떤 분이심을 어떻게 말해야 합니까?"라고 말하며 재차 질문했다. 토마스 카힐(Thomas Cahill)은 이 장면에 대해 다음과 같이 말했다.

우리는 하나님의 이름이 명사나 형용사가 아닌 동사로 소개되고 있다는 사실로 인해 위로를 받는다. 하나님의 자기 묘사는 여정의 하나님(God of Journey)에 걸맞게 정적이지 않고 동적이었다. 야훼(YHWH)는 "~이 되다"라는 의미를 가진 동사의 고체(古體, archaic form)이다. 모든 주석을 참고해 보면, 해당 동사는 세 가지 가능한 뜻으로 해석될 수 있다. 이들 가능한 세 가지 해석은 서로 배타적이지 않다. 첫째는 '나는 스스로 있는 자'(I am who am)라는 해석이다. 이 해석은 고대 히브리어 성경의 헬라어 역본인 70인역(the Septuagint)의 해석이다. 70인역은 그 연대의 오래됨과 고대 헬라어로 기록되었다는 사실 때문에 상당한 권위를 지니고 있다. 13세기에 토마스 아퀴나스가 하나님의 도성의 신학을 정립할 때 따른 해석이 이것으로, 이는 하나님이야말로 존재하심을 그 본질로 하시는 유일한 분이라는 것을 강조한다. 다른 모든 존재들은 유일하시고 절대적 존재가 되시는 하나님께 의존하는 존재들이다. 이 개념에 대한 좀더 정확한 번역은 "모든 만물을 존재하게 하는 존재", 즉 "나는 창조주다"가 될 수 있다. 둘째는 '나는 스스로 존재하는 자'(I am who I am)이다. 다른 말로 하면 "네가 참견할 바가 아니다" 또는 "마치 네가 섬기는 씨족 신들 중 하나처럼, 내 이름(결과적으로 나의 본질)을 부른다고 해서 네가 나를 조정할 수 없다"라고 번역될 수 있다. 셋째는 당신의 피조물 가운데 지속적으로 함께 거하시는 하나님을 강조하는 것으로, 마틴 부버와 프란츠 로젠츠윅(Franz Rosenzweig)의 견해를 따른 폭스의 번역으로, "그가 그곳에서 우리와 함께 할 것이다"라는 번역이다(Cahill, 1998: 109).

히브리어가 되었든, 헬라어가 되었든, 영어가 되었든, 혹은 다른 어떤 언어가 되었든 간에 성경 전체에서 나타나고 있는 하나님의 성품은 우리가 사용하고 있는 언어를 가지고는 표현이 불가능하다. 성경을 기록한 저자 또는 복음을 받아들이는 수용자라 할지라도, 사람의 조건 위에, 그리고 그 너머에 계시면서 동시에 그것의 일부로 존재하시는 하나님의 성품을 결정할 수 없다. 카힐은 하나님의 이름과 존재하는 모든 것의 출처가 되시는 하나님에 대한 이러한 인식을 다시 한번 포착한다.

우리가 그 이름을 발견했을 때 어떻게 발음해야 할까? 물론, 어떤 사람은

YHWH(야훼)를 "주님"(아도나이, 고대 히브리인들은 하나님의 이름을 YHWH라고 기록해 놓고도, 그 이름을 함부로 발음할 수 없다고 생각하여 야훼라고 직접 발음하지 않고 아도나이로 발음했다-역주)이라는 대체어를 사용할 것이다. 다른 사람들은 주로 영어권에 속한 사람들이 일반적으로 발음하듯이 과감하게 "야훼"라고 발음하거나, 프랑스어나 독일어권에 속한 사람들이 발음하듯이 "야흐베"라고 발음할 것이다. 심지어 어떤 사람들은, 개신교 찬송가 속 여러 곳에 명확하게 적시되어 있고, 많은 중세 필사본에서 관습적으로 사용하고 있는 부적절한 이해를 근거로 한 "여호와"라는 부정확한 발음을 사용하기도 한다. 그러나 필자의 경우, (히브리어 원어에서 명시하고 있듯이-역자 첨부) 모음에 의존하지 않고 자음만을 발음하려 할 때, 그저 어떤 강세만을 가진 채 단지 숨을 들이마셨다가 다시 내뱉고 있는 자신을 발견하게 된다. 이 경우 하나님은 생명의 호흡이 되신다(Cahill, 1998:109-110).

그렇다면 성경이 기록되던 당시 세계에서, 하나님은 지역 상황이나 좀더 넓은 차원에서의 하나님-사람 관점(God-human perspective)을 이해하는 데 중요할 것이다. 요한복음 4장에서 언급하고 있는 것처럼, 예수께서 수가 성의 여인과 말씀을 나누실 때, 여인의 질문은 "이 하나님을 예배하기 위해 당신은 어디로 가십니까? 어떤 산으로 가십니까?"였다. 그 질문에 대한 예수의 대답은 예배를 드리기 위해 산으로 갈 필요가 없다는 것이었다. 하나님은 제단이나 산에 거하시는 분이 아니시다. 그분은 신령과 진정으로 예배를 받으셔야 하는 분이시다. 이제 잠시 이것에 대해 생각해 보자. 어떤 면에서 볼 때, 여인에게 있어 예수의 대답은 이해가 되지 않는 것이었다. 그러나 또 다른 면에서 볼 때, 예수의 대답은 그녀가 직면하고 있던 이슈들의 핵심을 때리는 답변이었다. 그녀의 삶에서 근본적인 이슈들은 무엇이었는가? 그녀는 가족에 대해 걱정하고 있었다. 그녀는 성적인 면에 대해 염려하고 있었다. 또는 좀더 정확히, 아마도 그녀가 아이를 낳을 수 없는 상태였기 때문에, 아기를 낳는 것에 깊은 관심을 가지고 있었을 수도 있다. 그녀는 남자에 대해 걱정하고 있었는데, 아마도 그녀는 여러 남자들에 의해 성적으로 유린당한 여인이었을지도 모른다. 그녀는 먹고사는 문제, 그리고 지금은 물을 기르는 것에 관심이 있었다. 그녀가 있었던 곳이 야곱의 우물가였다는 것을 보면 이 사실이 다소 분명해진다. 그러나 정확히 질문이 제기되던 바로 그 상황 속에서, 그녀가 관심을 가졌던 것은 사마리아적 유대주의(Samaritan Judaism)에 대한 것이었다. 그녀는 상당 정도의 신학적 지식을 소유하고 있었다. 그녀가 제기했던 모든 질문은 정확한 것들이었다. 복음서를 통해 알 수 있는 범위 내에서 말한다면, 그녀는 예수께서 "내가 메시아다"라고 명백히 밝힌 유일한 사람이었다. 그녀는 유대인의 지도자가 아니었다. 그리고 그녀는 남자도 아니었다. 그녀는 여인이었고, 사마리아인이었고, 사회적으로, 그리고 아마도 육체적으로 역기능적이고 버림받은 사람이었다. 그러나 이 대화 속에서, 예수께서는 모든 예배의 근원이 무엇인가를 명백하게 드러내 보여주셨을 뿐 아니라, 심지어 당신의 진정한 정체성에 대해서도 알려주셨다. 하나님께서는 그곳에 계셨으며, 그분은 신령과 진리로 예배를 받으시는 분이셨다(요 4:23).

대화의 막바지에 이르렀을 때, 예수께서는 그녀가 당신을 예배할 준비가 되어 있는지에 대해 물으셨다. 요한이 이 이야기를 증거하는 방식에 다시 한번 주목해 보라. 여기에는 여러 "세계들" 또는 지평들이 서로 충돌을 일으키고 있다. 이 이야기 속에는 사마리아 여인의 세계가 있다. 우리는 그녀를 수용자라고 부를 수 있을 것이다. 또한 이 이야기 속에는 성경적 세계가 있다. 사마리아 여인은 구약성경에 기록되어 있는 이야기들, 즉 야곱과 그의 영적이고 육적인 여정, 그가 물을 찾고 있었다는 것, 생계를 유지하기 위해 여러 가지 것들을 필요로 하고 있었다는 내용에 대해 잘 알고 있었다. 그녀는 또한 라헬의 고통에 대해서도 잘 알고 있었다. 이 이야기 속에는 또한 예수의 세계, 즉 선포자의 세계가 있다. 예수께서 하나님의 은혜를 "번역"하시며(translated) 그녀에게 하나님께서는 유대인의 인종적 벽보다 훨씬 넓으신 분이라고 말씀하셨을 때 하신 일에 주목해 보라. 복음의 메시지를 전하시면서, 예수께서는 당신이 처해 계셨던 신학적 상황을 이용하여 이단적 주장에 접근하셨다. 그리고 예수께서는 기존하는 몇 가지 신학적 범주를 위반하셨다. 그러나 그렇게 하심으로써 사마리아 여인에게 성경적 세계에 대한 새로운 이해, 즉 대중이 원하는 종교적 관점에 편승하길 원했던 바리새인들의 해석과는 정면으로 대치하는 새로운 해석을 줄 수 있으셨다. 바리새인들은 그들의 전통 때문에 원 출처(the original source)를 이해할 수 없었을 뿐만 아니라, 원 출처를 율법을 확장시킨 탈굼(Targum, 구약성경의 아람어 번역본-역주)으로 대체시켰다. 그들은 오직 자신들의 해석과 하나님께서 전해 주신 원의에 대한 자신들의 과대 망상적(expansive) 이해에만 몰두했다. 그들은 예루살렘과 예루살렘 성전에 대한 강조를 유지함을 통해 실질적 소득을 취할 수 있었다. 왜냐하면 예배하는 모든 사람들이 그들이 있는 곳으로 와야 했기 때문이다. 이에 반하여, 사마리아인들은 "아니오. 당신들이 우리가 있는 곳으로 와야 합니다. 시온으로 가지 마시오. 우리의 산으로 오시오"라고 주장했다. 독자들은 이 이야기 주변을 떠돌고 있는 민족주의적 이슈들이 보이는가? 바리새인들에게 있어, 그들의 상관성(relevance)은 자신들의 정체성과 그들을 위해 하나님이 계실 곳으로 세워진 예루살렘 성전 속에 함몰되어 있었다. 그러나 예수께서는 합리주의적이고 민족적인 장벽을 제거하시고 그들이 처해 있던 형편을 이해할 수 있는 새로운 길을 제시하는 방법을 통해 새로운 "번역"(translation)을 제공해 주셨다.

그렇다면 만일 예수께서 새로운 번역을 제시하는 분이시라면, 출처는 누구란 말인가? 성경 텍스트를 출처라고 생각할 수 있을 것이다. 아니면 하나님께서 출처이신가? 사마리아 여인과의 대면을 통해 예수께서 하신 일은 진정 놀라운 일이었다. 예수께서는 성경 텍스트에 대한 해석학적 이슈들을 존재와 영적 실재에 대한 해석학과 병치시키셨다. 예수께서는 사마리아 여인과 그녀의 친구들로 하여금 하나님과의 관계-예배 장소로서의 산이 아니라 하나님에 대한 신령과 진리-안에서 그들의 정체성을 볼 수 있게 도우셨다.

이와 같이, 우리도 그저 단순히 책 한 권만을 던져주고 마는 판에 박힌 지평주의자(horizontalist)들의 관점으로부터 출처의 성격이 무엇인가에 대한 기본적인 질문을 제기하는 수직적이고 더 깊은 차원의 관점으로 이동해야만 한다. 하나님은 누구이신가? 우리는 성경 텍스트를 단지 사람이 만들어낸 산물로만 해석하고 있는가? 아니면 성경 텍스트를 무슬림들이 코란을 취급하듯 너무도 거룩해서 만질 수도, 번역할 수도 없는 경전으로 보는가? 우리는 성경 텍스트를 출처가 되시는 절대자로부터 유래한 의사소통의 통로로 대하는가? 성경은 단지 한 권의 책이 아니다. 성경은 출처와의 새로운 관계를 제시한다. 성경 텍스트는 의사소통을 위한 통로이고, 출처와 수용자 간의 새로운 관계발전을 가능케 해주는 연결 끈이다. 외견상, 예수께서 하신 말씀을 수평적이고 인간적 상황에만 연결시키려고만 하면, 도저히 이해할 수 없는 말씀처럼 보이는 것이 사실이다. 그러나 "저자는 텍스트에 대하여 죽었다"라고 말한 리쾨르의 언급이 성경에 적용될 때 이 언급이 틀렸다는 사실이 드러난다(Ricoeur, 1981: 147). "살아 있는 텍스트"(living text)의 저자가 되시는 하나님께서 사람들과 더불어 맺은 수직적 관계를 의사소통이 발생하는 사건(the communication event)으로 만들어 가실 때, 이 사건은 모든 시대와 장소에 거하는 모든 사람들에게 동일하게 작용하게 된다. 에덴동산에서 시작된 이 사건은 우리가 알고 있는 바 이 세상이 끝나는 날까지 계속된다. 하나님께서는 피조된 모든 만물을 다스리시는 분이시다. 동시에 이러한 수직적 관계는 하나님께서 창조하신 지구와 그 안에 거하는 모든 만물을 돌볼 책임을 부여받은 사람들(우리 모두를 포함한)에게로 확대된다(창 2:28). 따라서 하나님의 수직적 관계는 수평적 상황에 영향을 끼치고, 예수께서 선한 사마리아인 이야기를 통해 보여주시는 것처럼(눅 10:25-37), 궁극적으로 모든 사람들에게로 확장된다. 하나님께서 성경 텍스트에 대해 죽으셨다는 말은 명백한 거짓이다. 오히려 반대로, 하나님의 의도는 텍스트에 제시된 말씀을 통해 당신 자신을 드러내시는 것이다.

예를 들면, 우리가 "영"에 대한 개념(the concept of "spirit")을 어떻게 제시해야만 할까? 초문화적이면서 피조되지 않은 존재에 대한 생각을 어떻게 전달할 수 있겠는가? 만일 우리가 문화적이고 지평주의적인 범주들에만 집착하면서 "영"에 대한 개념을 전하려 한다면, 그 시도는 아무런 설득력을 가지지 못할 것이다. 그러나 예수께서 "너희는 신령과 진리로 예배할지니라"라고 말씀하셨을 때, 수가 성 여인은 예수께서 하신 말씀이 실재(reality)의 수직적 차원과 수평적 차원을 결집한 영적인 여정(대화 초두에 나와 대화의 촉매제 역할을 한 "생수"에 대한 은유적 언급)에 대한 것이었음을 이해했다. 참으로 예수께서는 그녀를 위해 영을 성육화하시고 그녀의 눈을 가리고 있던 장막을 거두셨다. 그 결과 그녀는 수백 년 전 야곱이 하나님에 대한 새로운 이해를 갖게 된 바로 그 장소에서 구약의 하나님을 볼 수 있었다. 분명히 장소는 이슈가 아니었다. 참된 이슈는 영적인 통찰에 대한 것이다. 어떻게 하면 우리도 동일한 경외감, 놀라움, 영감을 창조해 내는 그러한 의사전달을 할 수 있을까? 중요한 것이기는 하지만, 우리는 먼저 지평 원리들(the horizontal principles)의 너머로 나아가야 한다.

성경은 동일한 출처에서 유래된 다양하고, 특별하고, 독특한 자료들의 모음집이다. 성경 그 자체가 이 사실에 대해 확인하고 또 확인해 준다. 성경은 너무도 독특한 책이기 때문에, 사실 성경을 정확무오하게(truly) 번역한다는 것 자체가 불가능한 일이다. 비록 지나친 말로 들려질 수 있지만, 우리는 이 책을 읽는 독자들이 성경에 대한 우리의 확신이 주는 감화(impact)를 느끼기 바란다. 정확히 표현하자면, 복음선포자들은 성경의 내용(the content of Scripture)을 전하는 것이 아니다. 그들은 하나님께서 응답하도록 부르신 사람들과 맺으신 사랑의 관계에 대해 제시할 뿐이다. 부르심을 받은 사람들을 변혁시키시는 분-그들 안에 피조되어 있는 형상을 확증하심을 통해-은 우주의 창조주이신 하나님이시다.

2. 다양한 문화 속에 내재하는 역사의 날줄들

성경은 단순히 종교적 경험들에 대한 기록도 아니고, 단순히 받아 적은 기록도 아니며, 영적인 경험의 지침에 대한 기록도 아니다. 성경은 영적인 출처에서 기인하여 전해진 진리에 대한 기록으로, 인류 역사의 기나긴 흐름 속에 존재한 다양한 문화와 사람들 가운데서 자신을 나타내신 하나님의 자기 계시에 대한 내러티브다. 성경은 실제 삶이 진행되는 상황 속에 나타난 하나님의 존재하심에 대한 계시다. 우선적인 측면에서 본다면, 성경은 역사에 대한 기록이 아니다. 구약성경의 많은 부분은, 특정한 시간과 공간 속에서 사람들이 제기한 질문들에 대답하기 위해 구조화시킨 동일한 이야기의 반복이다. 예를 들면, 사무엘상과 사무엘하는 유다의 바벨론 유수 이전의 상황에 대해 다루면서, 이스라엘의 왕들에게 의존하는 것이 아니라 하나님께 의존해야 할 이스라엘 백성에 대해 강조하고 있다. 열왕기상과 열왕기하는 바벨론 유수라는 비참함 속에 처한 이스라엘 백성들에게 그들이 누구인가를 기억하라고 권면하고 있다. 역대상과 역대하는 동일한 상황을 바벨론 유수로부터 돌아온 사람들의 관점에서 분석함으로써, 왜 그들의 아버지와 어머니들이 바벨론 유수라는 곤경에 처하게 되었는지를 기억하여 그와 같은 운명을 피할 수 있는 방법을 알 수 있게 돕고 있다. 역대상과 역대하는 그들에게 그들의 조상이 범한 것과 같은 실수를 되풀이하지 말 것을 권면하고 있다. 그렇기 때문에 역대상과 역대하는 역사 기록 그 자체가 아니라 하나님과 하나님께서 당신의 백성을 대하는 방식을 기억하는 데 초점을 맞춘다.

성경은 다섯 단계의 영성 훈련 매뉴얼과 다를 바 없는 심리학 매뉴얼이 아니다. 성경을 지평적 내용의 모음집 정도로 취급하게 되면, 많은 다른 책들 중 한 권에 불과하게 될 것이며, 따라서 실제로 다른 책들보다 더 나은 점이 있다고 말할 수조차 없게 된다. 예를 들면, 도서관의 표준도서목록을 찾아 성경을 어느 범주에 넣을 것인지를 파악해 보라. 그러면 모든 범주의 책장에 다 넣거나 아니면 한 군데의 범주에도 넣을 수 없거나 둘 중 하나를 택해야 할 것이다. 더욱이 성경처럼 역사와 사람, 그리고 문화와 사건들에 대해 말하는 잡다한 문서들이 조합된 책은, 그 책이 함유하는 다양한 내용 중 어느 한 가지가 성경이 말하고자 하는 메시지의 본질을 대표하지 못한다. 성경이 말하고자 하는 진짜 이슈는, "내가 너희의 하나님이 되고 너희는 나의 백성이 될 것이다. 그리고 내가 너희 중에 함께 거할 것이다"라는 것이다. 참으로 성경은 관계, 언약, 창조주와 피조된 것들과의 연결에 대한 책이다. 이 모든 지평적, 언어적 범주들을 가지고는 하나님의 의도하심을 충분히 전할 수 없다. 오직 우리가 하나님의 사랑을 통해 수직적 차원을 경험하게 될 때, 우리가 하나님의 존전 앞에 설 때, 우리가 하나님의 성령의 임재하심에 의해 조명을 받을 때, 그리고 우리가 하나님의 은혜를 체험하게 될 때라야 비로소 새로운 삶의 발견할 수 있다. 마찬가지로 출처(the Source)와의 관계는, 하나님께서 당신의 선포하심, 즉 "복음"을 듣게 하실 요량으로 우리에게 허락하신 성경에 나오는 이야기를 통해 알려지고, 인도되며, 범주가 정해지고, 설정되어진다. 이 모든 것을 전하는 일에 사용되는 성경 텍스트는 의미(meaning)를 품고 있다.

요한은 이를 설명하기 위해 로고스(Logos)라는 개념을 사용했다. 로고스는 태초에 계셨던 창조주시다(요 1:2). 그리고 로고스는 예수 그리스도, 곧 우리 중에 함께 거하시며 아버지의 영광을 드러내셨던 분이시다(요 1:14). 로고스는 예수 그리스도에 대해 기록된 말씀이다. 기록됨으로써 사람들이 메시아에 대한 신앙을 품을 수 있고, 그렇게 함으로써 참된 삶을 발견할 수 있게 된다(요 20:30). 요한이 그의 복음서 전체를 통해 설명하고 있듯이, 당신이 어둠 가운데 빛으로 오신 예수를 만나지 않는 한, 이 비유는 어떤 의미도 주지 못할 것이다. 그리스도께서는 당신의 백성들에게 오셨으나, 그 백성들은 그를 받아들이기를 거부했다. 거룩한 말씀이 사람의 형상으로 성육신하여 오셔서, 사람의 언어로 말씀하는 것은 논리적으로 불가능한 일이다. 그러나 그럼에도 불구하고 성육신 사건은 발생했다. 출처되시는 하나님으로 인해 성육신 사건이 발생했다. "누구든지 나를 본 사람은 내 아버지를 본 것이다"(요 14:9).

성경의 영감에 대해 묵상할 때, 존 칼빈은 성경 텍스트에 나오는 말씀 자체, 말씀의 창조 역사, 또는 그 말씀이 기록하고 있는 사건들로부터 시작하지 않았다. 그는 이 기록을 하나님의 말씀이라고 증거하시는 성령님에 대한 묵상으로 시작했다. 따라서 칼빈은 성경은 "스스로를 확증하는" 기록이라고 진술했다(Calvin, 1960: 78-81). 하나님의 백성들이 성경을 읽고 이해하고자 할 때, 그들은 성경의 원 출처에 대해 더 잘 알아야 한다. 그들이 출처를 알 때 그 의도한 바를 더 잘 전달할 수 있을 것이다. 이것이 성경의 세계(우리가 제4장에서 "지평들"이라고 부를 것)를 이해하는 것의 중요성에 비추어 보는 충실성(fidelity)의 문제로 우리를 인도한다.

3. 신실성의 이슈

원 출처와 그 출처가 최초 수신자들과 연결되는 방식에 대한 우리의 시각에 기초할 때, 성경 텍스트의 중요성이 새로운 국면을 맞이하게 된다. 번역된 책이나 이야기가 최초의 책이(original book)나 이야기가 말한 바와 동일한 내용을 말하고 있느냐는 더 이상 문제의 초점이 되지 못한다. 그보다 복음전달 상의 수신자들이 새롭고 개인적인 언약관계를 통해 출처에 대해 알게 되었을 때 충실성(fidelity)이 그 결과로 도출될 것이다. 따라서 여기에서는 신실성에 대해 설명하고자 한다. 신실성은 단순히 책을 이해하는 것이 아니다(복음전달의 표층구조〈surface structure〉만을 반영하는 지평적 이슈들). 근본적으로 신실성은 생명을 주시는 절대자(the One)와의 관계를 회복함을 통해 삶의 변화를 포함한다(적절한 삶을 야기시키는 책의 내용에 대한 심층구조-deep structure-의 적용으로 수직적 차원에 대해 설명한다). 단순히 성경만을 받아들이는 것이 때로 이단으로 귀결되었음을 기억하라. 단순히 텍스트를 읽는 것만으로는 복음전달가능성(communicability)이 보장되지 않는다. 단순히 성경 텍스트를 읽는 것이 가장 근본적 문제가 아니다. 야고보서가 명백히 밝히고 있듯이("너희는 도를 행하는 자가 되고 듣기만 하여 자신을 속이는 자가 되지 말라. 누구든지 도를 행하지 아니하면 그는 거울로 자기의 얼굴을 보는 사람과 같으니, 제 자신을 보고 가서 그 모양이 어떠한 것을 곧 잊어버리거니와, 자유하게 하는 온전한 율법을 들여다보고 있는 자는 듣고 잊어버리는 자가 아니요 실행하는 자니, 이 사람이 그 행하는 일에 복을 받으리라." 약 1:22-25), 출처를 알아가는 것이 핵심이다.

  신실성 이슈가 바로 바리새인들이 예수와 갈등을 겪게 된 원인이다. 그들은 오직 율법의 자구들(텍스트)에 대해서만 고려하길 원했다. 출처가 드러나게 되면, 문제는 전적으로 다른 것이 된다. 우리가 독자에게 이메일 한 통을 보내고 독자가 그것을 받았다고 생각해 보라. 독자는 컴퓨터 앞에 앉아 우리가 말한 것이 의미하는 바가 무엇인지에 대해 이해하려 할 것이다. 독자가 우리가 보낸 원문 텍스트를 읽고 있을 때, 갑자기 우리가 독자의 방으로 들어가 인사를 했다고 가정해 보자. 그때 독자는 어떻게 반응할 것인가? "누구십니까? 나는 지금 쇼우 박사와 밴 엥겐 박사가 보낸 이메일을 읽고 있습니다. 지금은 방해하지 말아주세요. 나는 그들이 보낸 이메일을 읽고 싶습니다"라고 말할 것인가? 바리새인들이 성경 텍스트를 읽은 방식과 같이 이메일 텍스트를 읽고자 하는가? 혹은 "와! 이메일을 보내신 분(source)이 여기에 있군요. 함께 이야기 좀 하시지요?"라고 말할 것인가? 핵심은 다음과 같다. 만일 출처와의 관계에 묶여 있지 않다면 우리는 메시지에 대해 신실한 의사를 나눌 수 없다(Rogers, 2002: 282).

  하나님의 말씀을 전달하는 일은 성령을 포함하는 매우 심도 깊은 영적 사건이다. 복음의 제시는 선교사적 행위다. 복음을 전달하는 사람들은 이 과정의 참여자들로서 밀접하고 개인적으로 참여한다. 그리고 최고의 복음전달자들은 성령의 음성에 귀를 기울이며 깊은 기도 속에서 이 일을 행한다. 성경의 무제한적 의사전달가능성(infinite communicability)에 대한 신비가 있다. 이 세상에 선포되어서 사람들을 변혁시키는 이와 같은 것은 존재하지 않는다. 성경 자체가 이 일을 하는 것이 아니다. 해석학적 공동체인 교회가 텍스트를 연구하여 그들이 받은 것에 대한 이해를 가져온다. 그러나 우리는 성경에 나타나는 이야기가 아닌 그 출처를 가지고 시작한다. 하나님께서 전달하신 것은 무엇인가? 하나님의 전달하심에 관해 텍스트가 말하는 것은 무엇인가?

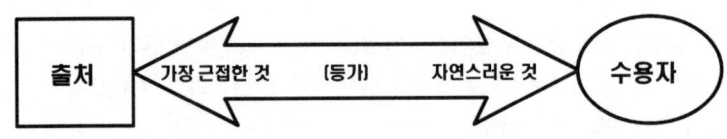

그림 2.1. 역동적 등가에 대한 나이다의 개념

유진 나이다가 역동적 등가에 대한 개념을 만들어 냈을 때 그는 신실성에 대한 개념을 다루고 있었다. 신실성에 대한 그의 정의는 "가장 근접한 자연스러운 등가"였다(그림 2.1을 보라). "가장 근접한"에 대한 나이다의 개념은 출처에 대한 개념이고(의미는 저자가 의도한 것과 일치해야 한다), "자연스러운"은 수용자에 대한 개념이다(수용자들에게 가장 적절하고 효과적인 복음전달을 위해, 그들에게 가장 자연스러운 형식들을 반영한다). 이 두 개의 용어가 역동성에 대한 아이디어와 연결된다. 복음전달이 가장 자연스럽게 발생하는 것은, 저자가 원래 전달하고자 의도했던 것을 새로운 수용자들에게 의미를 주는 방식을 통해 전달하는지 여부에 달려 있다. 다른 말로 하자면, 나이다는 가장 용이한 방식을 통해 메시지를 전달하는 복음전달에 초점을 맞추고 있었다. 출처가 새로운 상황 속에서 적절하게 해석되고 효과적으로 전달되기 위해서는 출처 자체가 신실하게 이해되어야 한다. 그리고 나이다는 이러한 전달 과정을 통해 의사전달이 가능한 "역동적"으로 나타나야 한다는 점을 의도적으로 드러냈다 (Nida and Taber, 1981: 12-14, 24).

그렇다면 "신실성"이 의미하는 것은 무엇인가? 우리의 답변은, "신실성은 사람들을 하나님과의 관계로 이끄는 것으로, 텍스트 안에 주어진 하나님의 의사전달에 성실하는 것"이다. 초점은 텍스트에 포함된 단어 자체가 아니라 텍스트 안에 반영되어 있는 하나님의 성품(nature of God)에 맞추어져 있다. 이 점이 성경을 독특한 것이 되게 하고, 따라서 그것을 전달하는 것은 선교적 활동이 된다. 다른 모든 종류의 텍스트를 제시하는 것은 단지 지평적 복음전달에 불과하다. 이런 식으로 정의를 내린다면, 신실성은 정경에 대한 더욱 적절한 이해로 우리를 인도하게 된다.

4. 정경성

사도 바울과 오늘날 성도들 간의 차이는 무엇인가? 어떻게 바울에게 발생한 일들은 계시(revelation)로 고려되는 반면, 우리에게 발생한 일들은 조명(illumination)이 되는가? 성경 자체가 특정한 패턴을 제공한다. 그것은 동일하신 성령님과 동일한 신앙 공동체다. 따라서 거기에는 연속성이 존재한다. 그러나 동시에 만일 우리가 우리 자신을 바울처럼 계시적 차원에 위치시키면, 우리는 매우 가파르고 미끄러워 떨어지기 쉬운 곳에서 과정을 출발하는 것과 같다.

웨인 그루뎀(Wayne Grudem, 1994)은 정경성(Canonicity)에 대한 질문에 답변을 제공하는 일련의 범주를 제시한다.[3] 일반적으로 우리가 정경에 대해 말할 때 초점은 성경이 포함하고 있는 책들에 맞추어진다. 그러나 초대교회에서 이 점은 관심의 대상이 아니었다. 대신, 적어도 신약성경에 관해서 "정경"은 교회가 권위가 있고 계시로 받아들일 책들이 무엇인지를 결정할 수 있는 척도로서 막대기, 잣대, 혹은 일련의 범주였다. 어떤 일련의 범주에 맞았기 때문에, 교회가 권위 있는 책이 어떤 것인가를 결정하는 데 대략 150년의 세월이라는 역사적 과정이 필요했다. 이 모든 것의 종합적인 결과가 "정경"이다. 이제 그루뎀이 제시한 범주에 대해 짤막하게 살펴보도록 하자.

1) 사도적 권위

그루뎀이 주목하는 첫 번째 범주는 사도적 권위다. 정경으로서의 권위를 갖기 위해서는, 예수 그리스도의 생애를 눈으로 목격한 증인들인 제자들에 의해 기록된 것이어야 했다. 이 범주 때문에, 바울 또한 그가 사도라는 것을 제시해야 했다. 바울의 저작들은 그가 예수를 실제로 만났기 때문에 정경에 포함되었다. 따라서 바울 또한 목격 증인(ocular witness)으로 간주되었다. 이 범주로 인해 히브리서와 야고보서가 정경에 포함된 것이 의문시되는 이유이다. 마가복음은 마가가 베드로의 기억을 기록했기 때문에 정경에 포함되었다. 그리고 누가복음과 사도행전은 바울이 그 권위를 인증했기 때문에 포함될 수 있었다. 초대교회 입장에서 볼 때, 이 범주는 매우 의도적이고 명백한 것이었다.

2) 예수 그리스도에 대한 목격

그루뎀이 주목하는 두 번째 범주는 예수 그리스도에 대한 목격이다. 신약성경에 포함된 모든 책들은 그리스도의 사역으로부터 유래한 이슈들과 직접적인 관계를 맺고 있어야 했다. 좀더 구체적으로, 신약성경에 포함된 책들은 그 초점이 예수께 맞춰져야 했다. 몇 세기가 흐른 후, 마틴 루터, 존 칼빈, 그리고 웨슬리 형제들은 텍스트들이 그들을 예수 그리스도께로 인도했다는 사실에 기초하여 성경 텍스트를 받아들였다.

이러한 성경의 기독론적 기초는 텍스트가 지향하는 절대자(the One) 되시는 예수에 대해 강조한다. 초대교회의 초점은 텍스트 자체의 타당성에 대한 과도한 강조가 아닌 그 내용에 맞추어져 있었다. 20세기에 이르러 이 점에 대한 변화가 발생했다. 많은 경우, 사람들은 기독론적 기초 때문에 텍스트를 텍스트로 받아들이지 않았다. 그리고 기독론적 기초를 여러 가지 형태의 비평론(텍스트비평, 역사비평, 형식비평, 자료비평, 편집비평 등)에 종속시켜 버렸다. 그들은 절대자를 지향하기보다는 텍스트 그 자체의 성격에 초점을 맞추었다. 그러나 신앙적 차원을 가치절하 하는 것은 성경 그 자체가 의도하는 바를 위반하는 것이다.

만일 복음서 저자들과 초대교회 사상가들이 기독론적 연결성을 중요하게 고려했다면, 20세기라는 시대적 상황 속에서 복음의 메시지를 전달하는 사람들에게도 동일하게 중요한 고려 대상이 되어야 하지 않겠는가? 여기에서 근본이 되는 이슈는 복음전달자들이 제시하는 메시지의 윤곽을 통해 수용자들이 예수 그리스도를 알게 되느냐에 대한 것이다. 복음서 저자들은 그들의 수용자들이 살아 계신 예수를 아는 것에 관심을 기울였다. 따라서 예를 들자면, 요한은 다음과 같이 기록하고 있다. "예수께서 제자들 앞에서 이 책에 기록되지 아니한 다른 표적도 많이 행하셨으나, 오직 이것을 기록함은 너희로 예수께서 하나님의 아들 그리스도이심을 믿게 하려 함이요 또 너희로 믿고 그 이름을 힘입어 생명을 얻게 하려 함이니라"(요 20:30-31). 이러한 관점이 오늘날에는 덜 진실한가? 이 점에 비춰볼 때, 우리는 복음의 선포는 본질적으로 선교학적 열정(missiological endeavor)이라는 사실을 이해하기 시작한다.

3) 성령의 능력

그루뎀이 제시하는 세 번째 범주는 성령께서 텍스트를 통해 인간의 영들에게 그 텍스트가 사실상 주님의 말씀이라고 증거하신다는 것이다. 존 칼빈은 이 성령론적 기초를 강조했다(Cavin, 1960: 74-81). 성령께서는 그리스도에 대해 증거하신다. 그리고 그에 대한 반응으로 사람들은 예수 그리스도에 대한 믿음을 통해 그들이 하나님의 자녀가 되었음을 인식한다(요 1:12). 텍스트를 통해 우리는 예수를 만나고, 그럼으로써 우리는 텍스트가 권위가 있음을 알게 된다. 성경을 읽을 때 "성령이 친히 우리 영으로 더불어 우리가 하나님의 자녀인 것을 증거"하신다(롬 8:16). 이 중요한 요소가 20세기 중반, "성경을 위한 전투"를 포함한 축자영감설(inerrancy) 논쟁에서 빠져 있었다. 일부 축자영감설 지지자들이 일련의 과학적, 역사적, 문법적, 논증적 그리고 합리적 범주들에 기초하여 성경의 타당성과 진실성에 대해 증명하려 했다. 이런 논리는 순전히 지평적 관점들만을 강조하는 것으로, (수직적 관점을 강조하는 성경적 관점과는) 전혀 다른 범주를 강조하는 것이다. 이러한 접근방법은 성령의 능력으로 전달되는 수직적 의사전달 방식인 성경이 인식하는 방식과는 상당히 다른 접근방식이다.

4) 성경이 성경을 인용한다

초대교회 신학자들이 설정한 네 번째이자 마지막 범주는 다양한 성경의 저자들이 서로를 인용하는 방식과 관련이 있다. 만일 성경 중 한 권이 다른 성경

베드로후서	참고 성구들		
2:1 2:5; 3:6 2:6,7 2:10	신명기 13:1-3 창세기 7 창세기 19 출애굽기 22:28	모세오경	구약성경
1:21 2:15	사무엘하 23:2 민수기 22:4-20	역사서	
1:19 2:15 3:8	시편 119:105 잠언 26:11 시편 90:4	시가서	
1:19 1:21 2:1 2:21 3:2 3:10 3:13	"선지서들" 예레미야 23:26 예레미야 6:13 에스겔 18:24 "선지서들" 이사야 34:4 이사야 65:17; 66:22	대선지서	
2:3	하박국 3:9	소선지서	
1:16-18 2:20 3:2 3:10 3:10	"증인들" 마 17:15 마태복음 12:45 "사도들" 누가복음 12:39 마태복음 24:43	공관복음(요한복음을 제외한 나머지 세개 복음서들)	신약성경
1:18 2:10	요한복음 17:3 요한복음 8:34	요한복음	
2:2 3:15	사도행전 16:17; 22:4; 24:14 사도행전 9:17; 15:55	역사서	
1:17 2:1 3:15-16 3:9 3:10	로마서 12:10 갈라디아서 2:4 "바울의 서신들"과 "다른 성경들" 디모데전서 2:4 고린도전서 1:8	바울서신들	
1:19 2:1 3:1 3:1 3:14	요한1서 2:11; 히브리서 2:2 유다서 4 "베드로서" 베드로전서 1:1 베드로전서 1:7	목회서신들	
1:19 2:4 2:9 2:15 3:9 3:10	요한계시록 22:16 요한계시록 20:15 요한계시록 3:10 요한계시록 2:14 요한계시록 2:21 요한계시록 21:1	묵시론	

그림 2.2. 베드로후서에서 참조한 성경

저자에 의해 인용되고 성경의 권위를 규정하는 세 가지 범주에 부합한다면, 그 성경은 신약성경에 속할 정도의 권위를 갖춘 책에 속할 자격을 갖춘 것으로 생각된다.

그루뎀은 초대교회가 신약성경에 속할 정경의 범주를 정하고 난 다음에는 다른 어떤 저작도 정경으로 용납하지 않았고, 이미 정경으로 채택된 성경의 권위에 대해 의문을 제기한 적이 없었다는 사실을 지적한다(Grudem, 1994: 66). 다른 책들(예를 들면, 바나바의 서신 등)은 사도들이 직접 기록한 것이 아니었기 때문에 채택되지 않았고, 예수 그리스도에 대해 충분히 지향하지 않았으며 다른 신약성경 저자들에 의해 인용되지도 않았기 때문에 정경으로 채택되지 않았다. 교회는 구체적이고, 명확하고, 의도적이며, 시험 가능한 범주를 정하고 있었고, 신약성경에 포함된 모든 책들은 정경 여부를 평가하는 척도에 부합되는 것들이었다.

베드로후서와 같은 책은 이러한 범주들이 어떤 특정한 책을 평가하는 방식에 대한 한 예가 된다. 그림 2.2에서도 볼 수 있듯이, 성경의 많은 부분이 베드로후서에서 언급되고 있다. 베드로후서를 조심스럽게 읽어보면, 구약성경 중 모세오경, 시문서, 역사서, 대선지서, 소선지서의 성구를 인용하고 있음을 볼 수 있다. 베드로후서는 또한 복음서들과 사도행전, 바울 서신서들, 그리고 심지어는 요한계시록 등 신약성경의 성구들을 인용하고 있다.[4] 베드로후서는 정경을 정하는 범주에 부합하기 때문에 신약성경의 일부가 된다. 베드로후서는 사도가 기록했고, 특히 예수를 지향하고 성령의 감동으로 기록된 것이고, 신약성경의 저자들과 성경의 다른 부분에서 인용하고 있기 때문에 정경의 조건을 갖추고 있다.[5]

그렇다면 정경성은 산물이 아니라 측정이 가능한 범주들이다. 산물과 측정 가능한 범주 사이에는 큰 차이가 존재한다. 정경성은 교회가 기초로 삼고 각 성경을 정경으로 받아들일 것인가(혹은 받아들이지 말 것인가)를 결정하는 범주이다. 정경성의 산물은 받아들인 책들이 모인 것, 즉 성경이다. 이렇게 구별하는 이유는 매우 중요한데, 그 방식이 논의를 구조화하기 때문이다. 결정 요인은 어떤 책들을 정경으로 받아들일 것인가의 여부에 대해서 묻기보다, 어떤 책을 정경에 포함시킬 것인가 아니면 배제할 것인가에 대한 기초 설정을 포함한다. 정경에 포함시킬 것인가를 둘러싼 논쟁은 그리스도의 유일성에 대한 논쟁으로 회귀된다. 그리고 그 논쟁은 다시 구약성경에 대한 우리의 이해에 대해, 그리고 구약성경에 포함되어 있는 자료들이 그리스도에 대해 어떤 언급을 하고 있는가에 대한 우리의 이해를 시험하도록 한다. 이것이 범주를 다루는 것에 대한 핵심 사안이다. 예수 그리스도(메시아)는 범주 구성의 핵심축이다. 왜냐하면 예수 그리스도야말로 정경 전체를 통해 하나님께서 의도하시는 모든 것이기 때문이다. 초대교회가 강조한 것이 이것이었고, 또한 우리가 지속적으로 전달해야 하는 것이다. 거룩한 계시에 기초해서, 우리는 예수 그리스도에 대한 새로운 이해, 즉 그분이 누구이시며 왜 오셨는가에 대한 새로운 이해를 얻게 된다. 성육신에 대한 성실한 전달은, 출처로부터 수용자들에게 전달하는 과정에 대해 신중할 것을 요구한다.

5. 성경적 복음전달 과정에서 은유가 갖는 가치

수직적 차원은 매우 중요하고 지평적 차원에 우선하기 때문에, 하나님께서 의사를 전달하신 방식을 신중히 취급하고, 그 방식을 우리가 마땅히 따라야 할 모델로 검토하는 일은 매우 본질적 작업이다. 인간으로서 우리는 인간의 특징들을 하나님께 투영시키는 신인동형론에 매우 익숙하다. 예를 들면, 하나님의 "강한 팔과 펴신 팔"(신 7:9; 민 11:23; 신 4:34; 시 44:3; 98:1; 렘 27:5와 비교해 보라)에 대해 언급하는 텍스트들을 살펴보자. 이 말이 하나님께서 실제 팔을 갖고 계시다는 것을 의미하는가? 그렇지 않다. 이 구절의 초점은 하나님께서 팔을 가지고 계시느냐의 여부나 다른 어떤 해부학적 비유가 아니라, 인간이 경험한 것이기에 우리가 알 수 있는 범주 안에서 깨달을 수 있는 하나님의 존재에 맞추어져 있다. 하나님께서는 은유적 언어(the language of metaphor)를 통해 문화화(enculturated)되신다. 성경은 하나님께서 우리를 아시는 것만큼 우리에게 당신을 알리시길 원하신다고 말한다. 하나님께서는 우리를 어머니의 모태에서 조성하셨다. 하나님께서는 우리의 머리카락을 세신 바 되신다. 하나님께서는 우리의 날 수를 계수하신다(시 139편). 그러나 하나님께서는 또한 그러한 지식이 오직 특정한 문화적, 그리고 언어적 상황 속에서만 발생할 수 있음도 알고 계신다. 그래서 하나님께서는 인간들에게 알려지신 바 되기 위해 의사전달 방식들을 사용하신다. 이 방식들 중 하나는 그림을 보듯 생생하게 전해지는(word pictures) 이미지, 즉 모든 언어 속에서 풍부하게 양산되는 은유다. 인간의 마음은 수많은 아이디어들을 산출해 내고 그러한 산출은 단어를 통해 실제로 표현되는 것보다 많은 것들을 양산하기 때문에, 우리는 단어의 "일반적인 사용을 넘어서서"(Ricoeur, 1976: 48) 그 단어가 가지고 있는 의미를 확장시켜야 한다. 은유는 문자적 의미와 비유적 의미 모두를 반영하며, 단어들이 텍스트 내에서 새로운 관계로 결합될 때 후자의 사용을 확대시켜 새로운 이해를 창출한다.

1) 성경적 비유

시편 27편 1절은, "여호와는 나의 빛이요 나의 구원이시니"라고 노래한다. 그리고 시편 기자는 다시, "주께서 옷을 입음 같이 빛을 입으시며"(시 104:2), "밤이 낮과 같이 비취나니 주에게는 흑암과 빛이 일반이니이다"(시 139:12)라고 노래한다. 이사야는 이를 취하여 다음과 같이 주목하고 있다. "다시는 낮에 해가 네 빛이 되지 아니하며 달도 네게 빛을 비취지 않을 것이요. 오직 여호와가 네게 영영한 빛이 되며 네 하나님이 네 영광이 되리니, 다시는 네 해가 지지 아니하며 네 달이 물러가지 아니할 것은, 여호와가 네 영영한 빛이 되고 네 슬픔의 날이 마칠 것임이니라"(사 60:19-20). 하나님과 빛에 대한 이러한 병행구절들을 발견할 때마다 우리는 이 은유를 통해 하나님을 인식하는 것에 대한 새로운 관점들을 얻게 된다. 이는 수천 가지의 의미를 함유한 의미론적 연어군(semantic constellation)을 형성한다. 의미론적 연어군은 그것이 말하는 궁극적인 출처(the ultimate source)와의 연계로 인해 상당히 확대된다. 따라서 요한계시록 21장에 등장하는 새 예루살렘에는 더 이상 태양이 존재하지 않는다. 왜냐하면 성자이신 예수 그리스도께서 빛이시기 때문이다. 바울은 우리가 하나님을 대면하여 볼 것이고 더 이상의 은유 또는 리꿰르의 용어를 빌리자면 다른 어떤 종류의 재설명(re-description)도 필요치 않을 것이라고 말한다. 왜냐하면, 그 때에 우리는 얼굴을 대면하여 보듯이 모든 것을 알게 될 것이기 때문이다(고전 13:12).

사람이 신화를 이용하는 방식으로부터 한 가지 예를 취하는 것이 이해에 도움이 될 것이다. 많은 면에서 이스라엘의 신화는 바빌로니아의 신화, 그리고 그들을 둘러싸고 있는 주변국의 신화들과 동일하다. 이스라엘의 이야기들은 차용한 이야기들이다(Cross, 1973). 그러나 이스라엘 백성은 그 이야기들을 하늘과 땅의 창조자되시는 참되신 하나님을 아는 지식에 비추어 재해석했다. 이스라엘이 바빌로니아 등지로부터 신화를 차용했다는 것은 그리 중요한 문제가 아니다. 진정 중요한 것은 아브라함과 이삭과 야곱의 하나님이 소유하신 성품이 반영된 스스로를 그들에게 드러내 보이신 하나님에 대한 이스라엘의 묘사(주변 문화로부터 빌려 온 이미지들을 사용한)인 것이다. 이 점이 우리로 하여금 다시 한번 신실성(fidelity)에 대한 정의에 주의를 기울이게 한다. 이스라엘이 그 주변 이웃으로부터 차용한 이미지와 은유는 차용 과정에서 급격한 변화(radical transformation)를 겪었다. 이스라엘은 은유와 이야기를 취하여 하나님의 계시라는 렌즈로 여과시키는 과정을 거쳤다. 이런 과정을 거쳐, 차용한 은유와 이야기는 이미지가 가리키는 출처를 이해하는 도구로 사용되었다. 그 출처는 하나님이셨고, 그분이 행하신 활동은 바벨에서 인간의 언어를 수많은 언어들로 흩으시는 것을 포함한다. 거의 대부분의 이웃 민족들이 동일한 이야기의 다양한 변형들을 소유하고 있었던 반면, 유대인들은 다른 민족들이 시도하지 않았던 방식을 통해 그 이야기를 이해했다. 하나님의 특별한 백성으로서 이스라엘 백성은 자신들이 하나님에 대한 특별계시를 받았다고 믿었다. 그리고 그 계시는 텍스트 안에 표현되어 있다고 믿었다. 따라서 텍스트를 받는 일은 영적인 사건이 되었다. 이해할 만한 방식으로 그것을 전달하는 것이 신실성에 대한 이슈였다. 그리고 아브라함 또는 모세로부터 유래한 것이 아닌 하나님으로부터 유래한 신화는 그들이 소유한 유산에 관한 궁극적 진리가 되었다.

사람들은 텍스트의 출처가 아닌 텍스트에 등장하는 이미지 또는 그 이미지에 대한 해설에 관심의 초점을 맞추는 것으로 시작하기 쉽다. 문제는 출애굽기에 등장하는 금송아지에 대한 이야기에서 잘 드러난다. 십계명을 아직 받지 못한 모세가 시내산 꼭대기에서 너무 오랫동안 머물자, 예전에 이집트의 노예로 살다가 출애굽한 이스라엘 백성들은 그들이 보지 못하는 하나님을 어떻게 예배할 수 있겠느냐고 묻기 시작했다. 이들은 아론의 도움을 받아 그들이 예배를 드릴 눈에 보이는 대상을 만들었다. 그러나 그렇게 하면서 그들은 바울이 지적했듯이 이미지를 실물의 형상으로 대체했다(롬 1:23). 하나님께서는 이스라엘 백성들이 출처를 인식하는 데 도움이 될 가시적 상징으로 성막(the Tabernacle)을 만드셨다. 그러나 하나님께서는 성막을 만드실 때 출처가 되시는 하나님을 대체하는 것으로 만들지는 않으셨다. 이는 하나님께서 당신의 백성들과 더불어 세우신 언약관계를 생생하게 드러내기 위한 표시였다. "내가 너희의 하나님이 되겠고, 너희는 나의 백성이 될 것이다. 내가 너희 가운데 거하겠다." 언약관계와 그것을 물리적으로 표현한 표상이 너무 근접하게 되어서, 나중에 요한은 하나님을 예수 그리스도 안에서 우리와 함께 "거하시는" (tabernacling, 성막에 해당하는 영어 단어가 Tabernacle임에 유의-역자 첨부) 하나님에 대해 말했다(요 1:14; 계 21:3).

성막을 기독론적 예표로 그 범주를 한정하는 것은 하나님께서 원래 의도하셨던 바를 잘못 이해하는 것이고, 이로 인해 현대 수용자들에게 심층적 차원의 혼란을 가중한다. 성막이라는 은유를 통해, 하나님께서는 이집트에서 탈출한 이스라엘 백성들에게 당신의 의도를 생생하게 전하시자 하셨다. 문제는, "가시적 이미지인 은유가 그들이 하나님을 알아가는 데 도움이 되었는가?"에 대한 것이다. "오늘날 하나님 알기를 열망하는 사람들에게 이 은유가 주는 관점은 무엇인가?" 성경은 이러한 이미지들로 충만하다. 은유를 사용하지 않고 "여호와는 나의 목자시니 내가 부족함이 없으리로다"로 시작하는 시편 23편을 써 보라. 시적 언어가 없다면 이 시편이 전하고자 하는 전체 의미를 상실하고 말 것이다.

여기에 성경의 놀라운 가치가 있다. 만일 하나의 이미지 또는 일련의 은유나 신화가 작동하지 않는다면, 그 역할을 감당할 다른 것들이 작동할 것이다. 성경에 드러나는 이미지는 상황에 따라 항상 다르다. 은유는 성경 전체를 통해 각기 다르게 상정되었다. 다니엘서 3장에 등장하는 바벨론 왕 느부갓네살을 한 예로 들어보자. 느부갓네살 왕은 왕의 신상에 절하지 않은 세 명의 유대인들을 던져 넣을 거대한 풀무불을 만들었다. 느부갓네살 왕이 풀무불 안을 들여

다봤을 때, 그는 그 안을 걸어다니는 네 명의 사람을 보았다. 이 일의 결과로 그는 가장 높으신 하나님을 알게 되었다. 그가 목도한 것은 네 번째 사람이었다. 그러나 어떤 면에서 하나님께서는 느부갓네살 왕이 하나님을 알아가도록 하게 하기 위해 풀무불 안에 던져진 세 사람(네 번째 사람과 함께 있었던)을 사용하셨다. 우리는 이미지나 은유를 경배하지 않는다. 말이나 표현은 우리가 예배할 대상도, 심층적 차원의 내용도 아니다.

이런 의미에서 텍스트에 포함된 단어들은 복음전도자들에게는 부차적인 것들일 뿐이다. 단어들은 심층적 차원의 이해가 아닌 표층적 차원을 나타낸다. 텍스트 안에 포함된 단어들 사이에 존재하는 담화 차원(discourse level)의 흐름은 텍스트의 중요성을 나타내는 매개체로 작용한다. 가장 우선적인 것으로 삼아야 할 것은, 수용자들이 텍스트(실제 사용된 단어들)를 받아들일 가능성이 있는 방식을 통해 심층적 차원의 의사전달(deep-level communication)이 이루어져야 한다는 것이다. 성경 텍스트와 그 텍스트를 받아들이는 청자 모두는 일종의 긴장관계 속에 처해 있다. 양자 모두는 텍스트가 포함하고 있는 단어와 문법 구조로 대표되는 심층적 차원의 개념 구조(the deep-level conceptual frameworks)에 영향을 끼치는 필수불가결한 상황적 국면들(integral dimensions of the contexts)이다.

단어는 유비와 은유, 그리고 이미지를 전달한다. 예를 들면, 예수께서 니고데모와 말씀하셨을 때(요 3장), 일부 오해는 니고데모가 예수의 말씀("거듭나야 하리라")을 문자 그대로 받아들였던 데서 왔다. 니고데모는 예수께서 하신 말씀을 명제적 차원에서 분석하려 했다. "사람이 늙으면 어떻게 날 수 있삽나이까 두 번째 모태에 들어갔다가 날 수 있삽나이까"(요 3:4). 예수께서 무엇에 대해 말씀하고 계셨는가? 니고데모는 말씀의 출처를 보기보다 단어의 문자적 의미에 대해서 초점을 맞췄다. 그런 이유로 예수께서 하신 말씀이 니고데모에게는 이상하게 들렸던 것이다. 그러나 예수께서는 하나님을 알기 위해서 니고데모가 경험해야 할 필요가 있었던, 그리고 동시에 성령의 사역을 통해 그리스도되시는 예수를 아는 데 필요했던 근본적이고, 총체적이며, 개인적 변혁과 관련된 심층적 차원의 진리를 전달하고 계셨다.

제자들과 더불어 이야기를 하시면서, 예수께서는 자기희생(selfgivingness)이라는 매개체를 통해 아가페 사랑에 대해 말씀하셨다. "너희가 서로 사랑하면 이로써 모든 사람이 너희가 내 제자인줄 알리라"(요 13:35). 예수의 선교적 명령(missiological injunction)을 따르기 위해서 교회는 다른 사람을 위한 자기희생이 사라진 상황 속에서 하나님의 자기희생적 사랑을 실천하며 살아가는 해석학적 공동체로서 하나님의 성품을 보여주어야만 한다. 그리할 때 교회 밖에 있는 사람들은 하나님이 사랑이시라는 것을 이해할 수 있게 될 것이다. 이 모델이야말로 제자들이 예루살렘에서 실천했던 바로 그것이다(행 2:42-47).

제1장에서, 우리는 우리가 오직 드러난 하나님의 감추이심(God's revealed hiddenness)을 통해서만 하나님을 알 수 있다고 언급했다(Van Engen, 1996c: 75비교). 우리는 하나님의 모든 것을 알지 못한다. 우리는 오직 거울을 통해서만 희미하게 볼 뿐이다. 그러나 핵심은 우리가 보고, 우리가 알 수 있다는 것이다. 그리고 우리의 앎과 봄은 우리가 아는 절대자의 성품을 결정하지 않는다. 만일 하나님의 성품이 하나님을 나타내는 말들로 정의된다면, 하나님은 의미론적 구조라는 제한 속에 갇혀 계시거나 축소되실 것이다. 결국 우리는 사물의 능력과 마술의 능력이 영매의 말에 의해 만들어지는 물활론적 사회에서 신적 존재에 대해 언급하는 것과 유사한 결론에 도달하게 될 것이다. 우리는 올바른 방식으로 정확한 말을 알고 사용해야 한다. 이 세상에 존재하는 대부분의 종교는 일종의 구술 주문(verbal formulae)-말, 마술, 거룩한 경구, 주문-을 소유하고 있다. 신비 종교들은 그들이 갖추고 있는 영적인 능력과 관련한 주문을 비밀리에 유지하고 있다. 그러한 주문은 결코 번역되거나 대중 앞에 공개된 적이 없다. 이와 달리, 성경은 살아 계신 하나님에 대한 진리를 지붕 꼭대기(또 다른 비유적 표현)에서 선포할 것을 요구한다(마 10:27). 예수께서는 로고스로 오셔서 문제가 되는 것은 주문이나 말 또는 마술이 아니라고 선포하신다. 사람들은 같은 말을 계속해서 반복할 필요가 없다.

우리와 함께 말을 나누며 우리 예배의 대상이 되시는 분은 존재하시며 우리의 목소리를 들으신다. 기도가 하나님의 성품을 결정하지 않으며, 성도의 기도에 대한 하나님의 반응을 전결하지도 않는다. 그러나 기도는 신뢰, 수용, 믿음, 그리고 제자와 주님 사이에 존재하는 기대감이 있는 관계를 형성한다.

2) 현대적 은유

　우리가 사는 세상에서는 다른 사람들에게 하나님이 의도하신 바를 전달하기 위해 현대적 이슈들을 사용하는 일은 본질적으로 중요하다. 우리는 하나님에 대한 진리를 전달하기 위해 사람들의 신화를 사용하거나 일단의 은유와 이미지를 사용할 수 있을 것이다. 예를 들면, 모든 사모 신화는 오무 코그와(omu kogwa, "조상들이 존재하기 오래 전")라는 말로 시작한다. 이 책의 공동저자인 다니엘 쇼우 박사가 이 문장을 이용해서 창세기의 첫 번째 문장을 번역했을 때, 사모인들은 창세기의 내용에 깊은 주의를 기울였다. 그들은 그들의 조상을 창조한 존재와 관계를 맺기를 원했다. 그들은 그 존재가 누구인지를 진정으로 알고 싶어 했다. 의사전달의 초점은 신화적인 방식으로 시작되는 문장이 아니라 그들이 진정으로 관계를 맺고 싶어 하는 신화의 출처에 맞춰져 있었다. 서구인들은 조상에 대한 개념을 갖고 있는 이 세상의 많은 문화로부터 배울 필요가 있다.

　페미니즘 운동은 은유를 사용하는 것에 대한 또 다른 현재적 예를 제공한다. 어떤 여성들은 하나님에 대해 "아버지"라는 용어를 사용하지 않으려 한다. 왜냐하면 그 용어가 학대하는 아버지나 다른 역기능적 남성관계가 초래한 부정적 이미지를 줄 수 있는 잠재성을 가지고 있기 때문이다. 어떤 특정한 청자들만이 있다면 이 용어가 줄 수 있는 부정적 추론에 대해 심각하게 고려해야 한다. 그러나 "아버지"라는 단어를 피하자는 주장을 하는 페미니스트들은 하나님께서 의도하신 내용도 함께 잃어버렸다. 하나님을 "아버지"라고 부르는 것은 하나님의 인격, 사랑, 돌보심, 공급하심 그리고 하나님께서 당신의 자녀들로 간주하시는 사람들과의 관계의 고무를 강조하는 것이다. 성경에서 하나님에 대한 관계적 언어는 그 언어가 지시하는 지시물을 가정한다. 우리가 하나님에 대해 "아버지"라는 단어를 사용했을 때, 우리의 육신적 아버지에 대한 경험 때문에 발생하는 모든 고통(baggage)을 투영하지 않는다. 그보다, 거기에는 어떤 실재, 어떤 지시대상이 있는데, 그분은 우리 주 예수 그리스도의 "아버지" 되신 분이시다. 우리 주 예수 그리스도의 성품은 우리가 그에 대해 사용하는 모든 단어들과는 구별된다. 우리는 하나님에 대한 진리를 말하고자 한다. 그러나 우리가 하나님에 대한 진리를 아는 오직 한 가지 길은, 하나님을 "아버지"라는 개념으로 설명되는 양식(fashion)을 통해 우리와 관계를 맺으시는 분으로서 아는 것이다.

궁극적으로, 우리는 수용자들이 우리가 말하는 그분에 대해 알게 되는 범주 안에서 복음을 전달할 수 있다. 그리고 그들이 하나님을 알게 될 때까지, 그들이 속한 상황 속에서 우리가 말하는 진리가 이해되지 않을 것이다. 이런 이유로 인해 진리를 확증하시고 사람들을 하나님께로 이끄시는 분이신 성령의 사역이 요구되는 것이다. 성령께서는 해석학적 공동체인 교회를 통해 일하신다. 성령의 사역이 갖는 한 가지 측면은 하나님의 상관성(God's relevance)을 전달하기 위해 모든 가용한 언어적 문화적 도구들을 사용하신다는 것이다. 수용자들이 출처에 대해 알게 하는 데 있어 사회과학만으로는 충분치 않다. 조명하심이 성령의 능력을 수반한다.

하나님의 말씀을 전달하는 데는 두 가지 방식이 존재한다. 하나는 놀라운 책임감으로 인해 압도되는 것이고, 다른 하나는 텍스트를 단지 인간적인 기록으로 대하는 것이다. 우리는 설교를 준비하면서 이 두 가지 측면 모두에 대해 고심했다. 여기에는 설교신학(a theology of homiletics)이 포함된다. 설교하는 것은 하나님의 말씀을 인간의 말을 통해 전달하는 한 가지 형식이다. 궁극적으로, 설교는 실수로부터 완전히 해방된 설교를 하는 것에 관련된 문제가 아니다. 진짜 문제가 되는 것은 설교를 통해 청중들이 하나님에 대해 알아가느냐의 여부다.

서구 복음주의 진영에 속한 우리들 대부분은 명제를 좋아한다. 우리는 가볍게, "하나님은 사랑이십니다"라고 말한다. 그러나 그것이 진정으로 의미하는 바를 전달하는 데는 어려움을 겪는다. 사실 "하나님은 사랑이십니다"라는 말은 하나님의 아들에 대한 언급을 하지 않고서는 이해될 수 없다. 실제로 "하나님은 사랑이십니다"라는 문구에 의미(역사적, 경험적, 그리고 관계적)를 주는 것은 십자가 위의 희생이다. 그렇다면 "희생"에 대한 개념이 없는 사람들은 어떤 방식을 통해 하나님의 사랑을 이해할 수 있겠는가? 이것이 파푸아의 사위족(the Sawi)들에게 하나님의 사랑을 전하고자 노력할 때 돈 리차드슨(Don Richardson)이 겪었던 유명한 어려움이었다. 그가 아주 우연한 기회에 "평화의 아이"라는 개념에 대해 부딪혔을 때라야 비로소 구속(redemption)의 의미를 전달할 수 있었다. 그는 후에 이 아이디어를 그가 "구속적 비유"라 부른 개념으로 발전시켰다(Richardson, 1974).

이러한 예들은 인식론적 이슈를 불러일으킨다. 복음전달은 하나님을 알아야 할 사람들과의 관련성 속에서 이루어져야 하는 것이다. 오늘날 복음전달을 효과적으로 하기 위해서는 하나님께서 성경적 세계 속에서 당신의 의도를 전달하셨던 방식을 차용할 필요가 있다. 기록된 텍스트가 되었든, 오디오가 되었든, 비디오, 인터넷, 혹은 다른 방식을 통한 것이 되었든 간에, 우리가 사람들이 하나님을 알아가도록 돕기 위한 방법을 모색할 때, 그들을 초청하여 하나님을 아는 자리로까지 이끄는 일을 포함하는 것은 매우 중요하다. 복음 제시는 성령의 능력을 통해 모든 사람들을 하나님께로 이끄는 출처를 사람들에게 소개하는 수단이다.

6. 계시에 대한 신학적 이해

목사들과 선교사들, 기독교 사업가들, 또는 교사들이 하나님에 대한 정보를 전달할 때 이 모든 것들이 어떤 영향을 끼칠 것인가? 이는 그들이 온전히 성령님만 의존할 것이기 때문에, 신학적, 역사적, 문화적, 또는 사회적 도구들을 사용하지 않을 것이라는 의미가 아니다. 그러나 이는 그들이 복음을 전달하면서 이러한 도구들을 적용하고자 할 때 사람들로 하여금 하나님을 알 수 있도록 하기 위해 유연성을 보일 수 있는 준비를 해야 하고, 어떤 당황스러운 일들이 발생할 것이라는 가능성에 대해 문호를 개방해야 하며, 전하고자 하는 상황 속으로 복음이 적절한 방식으로 전달되도록 하기 위해 의사전달요령을 기꺼이 도입해야 한다는 것을 의미한다.

광범위한 차원에서 이해하자면, 진리를 제시하는 일 그 자체가 목적은 아니다. 이는 또한 사람들로 하여금 하나님에 대해 생각하게 하는 데 사용된 방법론도 아니다. 오히려 이는 사람들이 하나님을 알 수 있는 자리로 나오게 하는 과정이다. 그렇다면 복음전달은 관계의 시작이라고 말할 수 있다. 바울이 고린

도후서 5장에서 주목하듯이, 우리는 사람들을 불러 하나님과 화목케 하는 직무를 맡은 그리스도의 대사들이다. 이 사실이 복음전달을 신학적이고 선교학적 과정-하나님에 대한 진리를 선포하는 과정-이 되게 한다. 그렇다면 비록 하나님을 사람들의 면전에 소개하는 것은 아니지만, 우리는 문화적으로 적절한 일련의 이미지들을 소개한다. 이 이미지를 통해 성령께서 하나님을 드러내실 수 있게 된다. 복음을 전달하는 일은 문화적으로 조건지어진 사람과 모든 것을 창조하셨기에 문화에 얽매이지 않으시는 하나님과의 사이에 관계를 설정하는 것에 대한 것이다. 우리는 문화에 대해 우리가 모을 수 있는 모든 사실과 지식을 사용하여 복음을 전달해야 한다. 우리는 해당 상황 속에서 가용한 모든 단어, 문장, 담화 그리고 의미론적 연어군(constellation)을 사용하여 복음을 전달한다. 사람들과 더불어 관계를 형성하는 것 뿐만 아니라 이 모든 것을 통해, 우리는 단지 텍스트를 주석하는 것이 아니라 출처와 더불어 맺는 관계를 전달하고 있다. 그러는 동안, 성령께서 임하셔서 죄, 의 그리고 심판에 대해 사람들을 확인시키신다(요 16:8). 성령께서는 복음전달이 발생하기도 전부터 이 세상 안에서 사역하시던 분이시다. 어떤 특정한 상황 속에서, 성령께서는 복음전달자가 가장 잘 사용할 수 있는 신인동형론, 비유, 상징 그리고 의사전달 유형이 무엇인지를 파악하도록 돕는 사역을 하신다. 성령께서는 수용자들의 영혼을 만지셔서 그들이 그리스도 예수 안에서 하나님과 더불어 인격적 관계를 맺도록 하신다.

성경 텍스트는 삼위일체 하나님께서 인간들에게 말씀하시는 과정의 일부다. 사람들은 그들이 속한 상황 속에서 하나님의 의도를 듣는다. 이는 의미냐 형식이냐에 관한 문제가 아니다. 이는 출처가 되시는 하나님과 더불어 맺는 새로운 관계에 대한 심층적 이해에 관한 문제다. 그들이 속한 상황 안에서 맺은 하나님과의 관계에 기초하여, 청자들은 그들을 향하신 하나님의 의도하심에 대한 단서를 얻는다. 신실성은 텍스트에 대한 의미론적 성실성 또는 텍스트에 대한 "자연스러운 등가"라기보다는 "상황 속에서 하나님을 알기 위해" 오는 수용자들로 정의된다. 텍스트는 각각의 새로운 수용자 그룹에게 말씀하시는 하나님의 말씀이 전달되는 두 번째 출처, 도관, 도구이다.

하나님께서는 특정하게는 이스라엘을 향하신 하나님의 관심을 전하시기 위해, 넓게는 세상 모든 사람들을 향하신 하나님의 관심에 대한 그림을 전하시기 위해 호세아의 힘든 개인적 경험을 사용하셨다. 사람들은 호세아가 겪은 고통을 통해 그들로 인해 야기된 하나님의 고통하심에 대해 인식한다. 사람들이 그 어머니의 태에 잉태되기도 전부터 그들을 알고 계셨던 하나님은 그들의 삶의 면면에 대해서도 알고 계신다. 이 창조주 하나님은 그들과 더불어 관계를 맺기를 원하신다. 왜냐하면 그렇게 할 때라야 사람들이 그들의 존재에 대한 근거를 완수할 것이기 때문이다(Hubbard, 1990을 참조하라).

이것이 우리가 다음 장에서 다룰 주제로 인도한다. 복음전달자들이 그들이 성경을 읽는 데 영향을 미치는 문화적 렌즈를 얼마나 심각하게 취급하고 있는가? 복음전달자들은 자신들이 읽은 것을 그들이 하나님과 관계를 맺어가는 방식에 조명하도록 하는가? 만일 텍스트가 사람들로 하여금 하나님을 향하게 하는 것이라면, 우리가 해당 텍스트를 받을 때 우리가 소유한 세계관이 미칠 영향에 대해 어떻게 설명해야 하는가? 제1장에서 우리는 출처에 대해서 살펴보았다. 제2장에서 우리는 사람들을 출처로 향하게 하는 복음을 전달하는 통로로서의 텍스트에 대해 고려했다. 그리고 앞으로 제3장에서 우리는 문화에 대해 고려할 것이다. 상황, 신앙 공동체 그리고 복음전달자의 개인적 신앙여정이 성경을 이해하는 데 어느 정도까지 영향을 미치는가?

NOTE

1) 지면의 제약 때문에, 여기에서는 호세아 3장의 내용이 1장에 등장하는 호세아의 소명에 대한 재-진술인지의 여부와, 호세아가 고멜과 처음 결혼했을 때 그녀가 호세아에게 성실하지 않았는지의 여부에 대해서는 따지지 않을 것이다. 호세아서에 등장하는 사건이 전적으로 상징적이고 비유적인 것인지 혹은 실제 호세아가 그렇게 산 역사적 사건이었는지에 대한 논의 또한 이 책의 범주를 넘어서는 것이다. 텍스트 내용의 의미론적 흐름 자체를 보면, 이것이 호세아 집안의 실제 생활이었고, 그의 삶 자체가 하나님께서 호세아를 통해 이스라엘 백성들에게 전하시고자 했던 메시지에 대한 실재적 비유가 되었다는 확실한 인상을 준다.

2) 이스라엘에 대한 하나님의 언약 관계에 대해서는 다음에 따르는 구절들도 참조하라.
출 34:6; 느 9:17, 31; 민 31:6, 8; 수 1:5; 왕상 8:57; 대상 28:9, 20; 시 9:10; 27:9; 71:9; 86:5; 103:8; 111:4; 145:8; 사 42:16; 욜 2:13; 욘 4:2; 히 13:5.
3) 정경성에 대해 논의하는 서적들이 너무 많기 때문에, 이 책에서 일일이 감당할 수 없다. 따라서 우리는 이 점을 논의하는 데 웨인 그루뎀이 제시한 탁월한 요약에 의존하고자 한다 (1994: 54-72). 이러한 범주들은 특히 신약성경의 정경성을 지향한다. 구약성경의 정경성에 대한 문제는 훨씬 더 광범위한 역사적 발전을 포괄하는 좀더 다른 일련의 범주를 포함한다. 우리는 새로운 상황들 속에서 복음을 전달하고자 하는 목적에서 성경의 텍스트를 다루는 사람들이 직면한 신학적 이슈들을 이해하기 위한 적용 범주 내에서 정경성에 대해 다루고자 한다. 오토 웨버(Otto Weber)의 책도 보라(19981: 238-368).
4) 베드로는 바울의 저작들이 성경 저자들의 인간성(humanity)에 대한 놀라운 증거일 뿐 아니라, 동시에 궁극적 출처가 되시는 하나님에 대한 인식을 보여주고 있다는 데 주목한다.
5) 신·구약 중간시대에 기록된 외경들은 한 가지 문제점을 노정한다. 예를 들면, 남미 성서공회는 가끔 외경이 포함된 역본들을 간행하곤 한다. 왜냐하면 남미 성서공회가 로마 가톨릭과 협력관계에 있기 때문이다. 외경들이 기록된 상황과 동시대에 유대인 공동체 내부에서 발생한 것에 대한 고려는 중요하다. 그러나 그루뎀이 제안한 범주들을 적용시켰을 때 드러나는 가장 중요한 문제는 어떤 다른 신약성경도 외경을 인용한 경우가 없다는 것이다. 더군다나, 외경들은 정경시대(the canonical era) 이후 삼백 년이 지나고 난 후에 그 윤곽들을 드러냈다(Grudem, 1994: 59-60).

Communicating God's Word in a Complex World

제3장
신실한 복음전달을 통해 전달되는 메세지

사람들은 그들이 소유하고 있는 문화라는 안경을 통해 성경을 읽는다. 이 안경이 성경 텍스트의 문화적 배경을 통해 전달되는 하나님의 의도를 이해하는 방식을 결정짓는다.

초대 선지자들 중 한 사람인 나단은, 다윗이 밧세바와 더불어 간음죄를 범한 직후 그에게 하나님의 말씀을 전하는 임무를 부여받았다. 다윗은 밧세바가 그로 인해 임신한 사실을 알고, 밧세바의 남편인 헷 사람 우리아를 죽일 음모를 꾸몄다.[1] 사무엘하 11장을 통해 우리는 이 이야기에 대한 여러 가지 자세한 정보를 볼 수 있다. 사무엘하 11장은 다윗에게 하나님의 말씀이 전달되는 장면이 설정된 무대다. 나단은 어떤 방식으로 다윗으로 하여금 그가 하나님과 밧세바, 우리아, 그리고 모든 이스라엘 백성들을 향해 죄를 범하였다는 사실을 이해시킬 수 있었을까?

주께서 나단 선지자를 다윗에게 보내셨다. 나단 선지자가 다윗을 만났을 때, 그는 다윗에게 다음과 같은 이야기를 했다. "한 부유한 사람과 가난한 사람이 한 마을에 살고 있었습니다. 부유한 사람은 수많은 양들과 소를 소유하고 있었으나, 가난한 사람은 그가 사서 정성을 다해 기른 어린 양 한 마리만을 소유하고 있었습니다. 그 양은 가난한 사람에게 자녀와 같이 소중한 존재였습니다. 그는 심지어 양과 같은 그릇에서 먹고 같은 컵을 사용해 물을 마시기까지 했으며, 그의 무릎 위에서 그 어린 양을 재웠습니다. 그 어린 양은 마치 그의 실제 자녀들 중 하나처럼 소중히 여겨졌습니다.

어느 날 누군가 부유한 사람을 방문했습니다. 그러나 그 부유한 사람은 자신이 소유한 양이나 소들 중 어느 하나를 잡아 손님을 대접하고 싶지 않았습니다. 그래서 그 사람은 가난한 사람의 양을 빼앗아 그것으로 손님을 접대하였습니다."

　그러자 다윗은 그 부유한 사람에 대해 크게 분노하며 나단 선지자에게, "살아 계신 하나님께 맹세하건대, 이 일을 한 사람은 죽어 마땅합니다! 그리고 그가 가난한 사람에 대해 어떤 자애한 마음도 품지 않았기 때문에, 빼앗아간 양 값의 네 배를 더해서 갚아야 할 것입니다"라고 말했다.

　바로 그때 나단 선지자가 다윗 왕에게 다음과 같이 말했다. "당신이 바로 그 부유한 사람입니다. 이제 이스라엘의 하나님 여호와께서 당신에게 말씀하시는 것을 들으십시오"(삼하 12:1-7).

　하나님의 메시지를 전하기 위해 나단 선지자가 택한 방식은 참으로 놀라운 것이다. 다윗은 목동이라는 문화적 배경을 갖고 있던 사람이었다. 가난한 사람이 그렇게 애지중지했던 어린 양을 잔인하게 빼앗음으로 가난한 사람을 억압했던 부유한 사람에 대한 이야기를 해 주는 것보다 다윗의 양심을 찌를 수 있는(그가 자신이 범한 죄를 이성적으로 이해하는 것과 더불어) 방법이 있었겠는가? 이 이야기는 다윗 자신이 저지른 상황에 대해 비애감을 갖게 할 의도로 설정된 것이었다(그 가난한 사람은 어린 양을 너무도 사랑했다). 나단 선지자는, "그는 그 어린 양을 직접 돌보았고 자기 자녀들처럼 키웠습니다. 그 양은 그와 같은 그릇을 사용하여 먹었고, 같은 컵을 사용하여 마셨고, 그의 품에서 잤습니다. 그 양은 그에게 딸과 같은 존재였습니다"라고 말했다.

　다윗의 반응은 나단의 이야기가 정곡을 찔렀다는 것을 나타낸다. "다윗은 매우 화가 나서, '여호와의 사심을 가르쳐 맹세하노니, 이 일을 범한 자는 죽어 마땅합니다. 그가 저를 불쌍히 여기지 않고 이러한 일을 하였으니 그 양 값의 네 배를 갚아야 할 것입니다'라고 말했다."

　이는 진실로 매우 훌륭한 내러티브신학이다! 하나님께서는 이야기를 통해 당신이 의도하신 바를 전하셨다. 그 내용은 이 이야기를 바로 뒤이어 정확하게 설명되었고 다윗 개인에게 적용되었다. 이 이야기가 이런 힘을 발휘할 수 있었던 것은 나단 선지자가 이야기를 전달할 때 다윗의 문화적 관점을 사용했기 때문이다. 오직 목자만이 이 이야기에 그토록 강하고, 정열적이고, 즉각적으로 반응할 것이다. 우리는 다윗 그 자신이 양을 돌본 경험이 있으며, 그 자신이 어린 양을 그 품에 품어 보호했다는 사실을 알고 있다. 다윗과 하나님과의 가장 깊은 신앙적 관계는 양과 목자라는 은유를 통해 표현되었다. 다윗은 그의 시편을 통해, "여호와는 나의 목자시니 내가 부족함이 없으리로다"라고 기록하고 있다.

나단 선지자가 이와 같이 적절한 은유를 사용한 이유는 단지 다윗의 주목을 끌기 위함이 아니었다. 나단 선지자는 다윗이 즉각적으로 이해할 수 있는 문화적 은유를 사용함으로써, 보다 근본적인 의미가 되는 하나님의 의도를 전달했던 것이다. 나단 선지자가 한 이야기의 문화적 배경은 전달하고자 하는 메시지와 무관하지 않았고, 메시지의 본의를 전달하는 것을 저해하지도 않았으며, 메시지의 본의를 왜곡시키지도 않았다. 이 이야기는 하나님께서 의도하신 메시지를 다윗의 마음과 생각에 전달하기 위해 사용된 본질적 도구였다. 복음을 선포하는 데 있어 메시지와 문화의 밀접한 관계에 대해 논하는 것이 본 장의 주제다. 서구 선교사들과, 목사들, 그리고 복음전도자들이 복음을 전달하는 과정에서 이 단계는 특히 중요하다.

1920년대 근본주의자들과 현대주의자들과의 논쟁 이후, 북미 복음주의자들은 신학이 문화의 영향을 받아서는 안 된다고 간주하는 경향을 보여 왔다. 진리는 오직 성경 안에서 발견되어야 했다. 성경은 명제적으로 이해되었다. 성경에 기록되어 있는 그 내용 자체가 성경이 전달하고자 하는 의도 그 자체인 것으로 이해되었다. 성경에 기록되어 있는 내용은 문자 그대로 받아들여야 했다. 이런 관점이 만연했기 때문에, 다음과 같은 질문을 제기한 사람은 거의 없었다. 지금 성경 텍스트를 읽고 있는 사람은 누구인가? 무엇에 근거하여 성경을 읽고 있는가? 사람들이 이해하고자 하는 것은 무엇인가? 우리가 성경을 이해하는 데 영향을 끼치는 문화적 가정(cultural assumption)은 무엇인가? 복음주의자들은, 신학이 아무런 문화적 부과물이 포함되지 않은 보편적 진리의 집합체로서, 문화와는 전적으로 분리된 것이라는 신화를 영구화하려는 경향을 보였다.

본 장을 시작하면서, 우리는 문화가 성경을 이해하는 데 영향을 끼치는 방식과 관련 있다는 중요한 신학적 사실을 강조하기 위해, 성경이 기록되었던 당시의 문화적 상황에 대해 강조했다. 성경은 문화라는 옷을 입고 있다. 뿐만 아니라, 성경이 기록될 당시의 문화적 상황 속에 내재해 있던 세계관은, 성경 텍스트가 다른 다양한 상황 속에서 이해되는 방식에도 영향을 미친다. 이런 사실로 인해 매우 중요한 신학적 다양성이 형성되게 되는데, 이는 성경의 계시 자체가 상황화된 것이기 때문이고, 성경의 메시지에 대한 사람들의 이해 또한 시대를 막론하고 그들이 소속된 문화의 영향을 받기 때문이다. 사람들은 하나님께서 말씀하신 메시지가 성경적 상황이 가지는 세계관의 영향 하에서 형성되었을 뿐 아니라, 시대를 막론하고 수용자들이 소유한 문화적 관점이 하나님의 말씀을 이해하는 데 영향을 끼친다는 관점을 가지고 해당 메시지를 이해한다. 사람들은 그들이 소유하고 있는 세계관 또는 문화적 편견들 때문에 나름대로의 관점을 가지고 특정 성경구절을 읽는다. 따라서 자신들의 관점에서 텍스트를 관조하고, 별반 의미가 느껴지지 않는 텍스트의 다른 측면들을 무시하기도 한다. 이런 선험적 편견들이 성경을 읽는 방법과 성경의 내용을 자신들의 실생활에 적용하는 방식에 영향을 끼친다. 우리는 이런 해석학적 이슈들에 관해 깊은 주의를 기울여야 한다. 왜냐하면 이런 해석학적 이슈들이 적실한 방식으로 전해진 복음에 대한 이해로부터 시작되는 신학 발달의 전체 과정에 근본적인 영향을 주기 때문이다.

1. 신학은 문화적 역동성에 의해 영향을 받는다

어떤 식이 되었든, 신학은 순전한 것이라고 주장하는 신화는 타락으로 오염된 문화의 실상을 무시하는 것으로, 이는 현대주의자들이 소유하고 있는 이분법적 세계관, 즉 사람들이 주어진 문화적 환경 속에서 사고하는 방식과 활동하는 방식을 분리시키는 현대주의적 세계관이 직접적으로 반영된 것에 따른 것이다. 만일 우리가 진리, 신학 그리고 하나님에 대한 지식이 문화로부터 독립된 것이라는 가정을 견지한다면, 성경에 기록된 사건들을 채색하는 문화적 배경을 다루는 일은 아무런 의미가 없을 것이다. 그러나 성경에 기록되어 있는 사건들이 언제나 문화적 상황 속에서 발생했고, 따라서 오늘날 하나님의 진리가 새로운 상황과 직면할 때마다 문화적인 측면이 설명되어야 한다.

순전한 신학이라는 것은 없다. 모든 신학은 특정 문화의 맥락 속에서 해당 문화의 영향 하에서 형성된 지역신학들(local theologies)이다. 이런 식으로 본다면, 서구신학은 모든 신학적 체계들 중에서도 문화와의 결속력이 가장 높은 신학 중 하나일 것이다. 아리스토텔레스학파의 논리와 계몽주의에 의해 깊은 영향을 받은 서구인들은, 아프리카나 아시아, 그리고 라틴 아메리카 또는 오세아니아에 사는 사람들과는 상이한 문화적 안경을 통해 성경을 이해하는 경향이 있다. 지난 150여 년간 전 세계에서 실시되어 온 신학교육의 진정한 문제는, 비록 선의에서 비롯된 것이라고는 하나 서구 선교사들이 신학은 서구적이고 명제적인 방식에 따라 체계화되어야 하기 때문에 다른 어떤 시간과 장소 또는 문화에 접목시켜 이해해서는 안 된다는 인상을 주었다는 사실이다. 신학교육은 불변하는 것으로 간주되었고, 현재 진행되고 있는 그대로 이 세상 끝까지 전파되어야 하는 것으로 간주되었다. 서구 신학적 체계에 대한 의문은 거의 존재하지 않았다. 전 세계 신학교에서, 학생들은 계속해서 "조직"신학을 배우고 있는데, 과거에 사람들(대부분이 서구인들)이 하나님에 대해 말한 내용들을 가감 없이 그대로 배우고 있다. 어떤 신학자가 독특한 신학사상을 발전시켰을 때, 그 관점에 대해 탐구할 것을 권장한 예가 거의 없으며, 그런 새로운 사고들이 해당 문화권에 살고 있는 사람들에게 어떤 영향을 미칠 것인지에 대한 질문을 제기하는 일도 거의 없었다.

다른 말로 하자면, 학생들은 특정한 신학 개념들을 도출해 내는 데 영향을 미치는 문화—그 시대의 사회학적이고 인류학적 문제들—를 고려해 보라는 도전을 받은 적이 거의 없다. 신학생들은 비록 한때는 상당한 상관성이 있었으나 시간이 흐름에 따라 또는 전혀 다른 가정들이 지배하는 새로운 문화로 흘러 들어갈 때 상관성을 상실할 수밖에 없는 신학적 사고의 결과물들만을 반복해서 배우고 있다. 안타깝게도, 비서구 문화권에 속한 학생들이 그들이 속한 문화를 분석하거나 성경을 그들의 문화적 상황에 적용시킴을 통해 여러 가지 신학적 사고를 개발하라는 격려를 받는 예는 거의 없다. 장 마크 엘라(Jean-Marc Ela's)의 책 『아프리카인으로서의 나의 신앙』(*My Faith as an African*)은, 전통 신학을 다루는 것이 용인되지 않고 외부인들이 행한 신학적 숙고의 결과물들을 자신들의 문화적 상황에 그대로 적용하도록 교육받은 사람들에게 가해진 상처에 대한 서글픈 주석이다(Ela, 1988).

계시는 진공상태 속에서 발생하지 않는다. 계시는 항상 어떤 특정한 세계관, 어떤 특정한 문화적 상황-아브라함이 마므레 상수리나무 아래 앉아 있었던 상황, 떠들썩하게 자신들의 눈으로 볼 수 있는 신을 구하던 사람들과 시내산 정상에 선 모세의 상황, 또는 다윗이 범한 죄가 얼마나 큰 것인지를 일깨우도록 돕는 나단 선지자의 상황 등과 같은 문화적 상황들-속에서 발생한다. 하나님께서는 언제나 사람들의 삶의 맥락 가운데로 찾아오셨는데, 때론 그런 하나님을 경이로움 속에서 경험했던 사람들 속으로 찾아오셨다. 성경은 언제나 문화 속으로 들어왔는데, 이것을 일컬어 크래프트는 문화 속의 기독교라고 말했다(Kraft, 1979). 성경은 언제나 무언가, 즉 문화에 의해 "감싸여져" 있다. 하나님께서 의도하신 바를 전하는 것은 언제나 문화적 사건이었다. 문화에 의해 전혀 영향을 받지 않은 계시의 존재는 불가능하다!

오늘날 많은 서구 기독교인들은 아직까지 자신들의 언어로 번역된 성경을 갖고 있지 못한 사람들을 위해 성경을 번역할 때 인류학적으로 타당하게 번역할 것을 지지하고 있다. 그러나 그들 자신들을 위한 성경을 택할 때는 문자적 해석을 택할 것을 주장한다. 이는 매우 아이러니한 사실로, 국내에서 복음을 전하는 방식의 효과에 대해 몇 가지 흥미로운 질문을 야기한다. 수많은 기독교인들에게 친근한 이들 역본들은 (비기독교인들은 차치하고라도) 오늘날 일반 기독교인조차 이해하지 못하는 용어들, 예컨대 "은혜", "속죄", "희생", "성화" 등과 같은 용어로 가득 차 있다. 베르까우어(G. C. Berkouwer)는 "성경에 등장하는 인물의 성격이 하나님의 말씀을 규명하는 데 부수적이거나 주변적이지 않다는 확신이 점차 더욱 강력해지고 있다…[우리는] 하나님의 말씀이 갖는 거룩한 요소에 대해 충분히 강조하려는 목적 때문에 성경에 등장하는 인간적인 요소들을 최소화하려는 경향이 있다. 그러나 이 두 가지 요소는 서로 전혀 상충되지 않는다"라고 강조했다(Berkouwer, 1975: 18, 19). 베르까우어는 계속해서 "기독교 신앙의 역사성은 특정 시대와 무관한 '복음선포'(kerygma)에 대한 주장을 불가능하게 한다"고 주장했다(Berkouwer, 1975: 109). 만일 우리가 효과적으로 복음을 전하려 한다면, 성경이 원래 전하고자 하는 의도를 어떤 특정한 상황 속에서 전하는 데 필요한 적절한 단어들을 사용해야 할 것이다.

만일 사람들이 그 단어들을 이해해야 한다면, 먼저 그 단어들이 갖는 의미들을 규명해야 할 것이다. 우리는 감추어진 하나님의 말씀을 드러내기 위해 메시지를 전달해야지, 일련의 전문용어를 사용함으로써 하나님이 의도하신 바를 감추는 일을 해서는 안 된다. 하나님께서는 온 지구상에 존재하는 모든 사람들이 사용하는 언어를 알고 계신다. 따라서 우리는 복음을 전달할 때 신학적 관심뿐 아니라 의사소통론적, 그리고 인류학적 문제들에 대해서도 동시에 관심을 가져야 한다.

2. 성경에 대한 접근방식들

제2장에서 우리는 계시의 종결성을 근본적인 신학적 전제로 삼아야 함에 대해 강조했다. 정경의 성립과정에 대한 수많은 서적들을 다시 열어보지 않고, 우리는 단순히 하나님께서 말씀하신 내용을 기록한 정경이 신학 성립의 출발점이 되어야 함에 대해 말하고자 한다. 복음선포를 위한 해석학적 과정이 반드시 성경으로부터 시작되어야 하는 것과 같이, 그 선포에 기초한 신학 또한 그 출발점으로써 종결된 정경을 기초로 삼아야 함이 당연하다.

신약성경은 예수 그리스도와 동행했던 사람들 또는 동행했던 사람들로부터 직접 말을 전해들은 사람들이 기록한 것으로, 이미 종결된 것이다. 따라서 예수의 유일성에 대한 기독론적 질문은 정경의 포함 여부에 중요한 단초가 된다. 중요한 해석학적 질문은 다음과 같다. 정경에 기초해 작업하면서 동시에 성경의 궁극적인 저자가 되시는 하나님께서 원래 의도하신 바를 일체 변형시키지 않고 현대인들에게 전달할 수 있는 방법은 무엇인가? 이 문제를 해결하기 위해, 현재 우리와 비슷한 문제를 갖고 있었던 신약성경 저자들이 구약성경을 다룬 방식에 대해 살펴보고자 한다.

1) 신학발전을 위한 성경적 모델

다른 사람들에게 진리를 전달하는 방법을 찾기 위해 신약성경을 연구하면서, 우리는 신약성경의 저자들이 구약성경을 다루는 방식을 보고 대단한 놀라움을 느꼈다. 신약성경의 저자들에게 구약성경은 오늘날 신약성경과 구약성경이 우리에게 주는 의미와 동일한 의미를 주었다는 사실을 기억하라. 신약성경의 저자들이 구약성경을 다룬 방식을 살펴봄으로써, 성령의 도우심으로 신약성경 저자들(바울과 같이 학식 있고 전문적으로 주석을 할 수 있는 능력이 있던 사람을 포함하는)이 구약성경의 배경 문화와 신약성경의 배경 문화 사이에 교량을 놓은 방식을 이해하는 데 도움을 얻을 수 있을 것이다. 신약성경이 구약성경을 다룬 방식을 알면, 현대라는 상황 속에서 성경을 이해하는 방식을 이해하는 데 도움이 될 모델을 제시할 수 있을 것이다. 그렇게 되면 성경 텍스트의 정확한 내용을 평가하고, 그 의미를 현대적 환경에 적용하며, 성경의 전달 가능성(communicability)에 대한 단초를 얻을 수 있을 것이다. 또한 신약성경 저자들은, 우리가 삶을 영위해 나가고 있는 현대라는 상황에 성경을 적용하는데 사용할 수 있는 다양한 방식을 제시해 줄 것이다.

예를 들면, 사도행전 2장과 15장에 대한 연구는 누가가 구약성경들을 유용하게 사용한 방식을 이해하는 데 도움을 줄 수 있다. 사도행전 2장은 어떤 특정한 일이 발생한 이후에 연속적으로 발생한 사건에 대한 기록이다. 성령의 임재가 그것이다. 연약하고 두려움에 떨던 사람들이 거리로 뛰쳐나왔는데, 그들이 하는 소리를 들은 사람들은 그들이 술에 취했다고 생각했다. 그리고 14절에서 베드로가 무리들에게 설교를 했는데, 이 설교는 상황적이고(contextual), 문화적으로 적절한 접근 방식에 대한 한 가지 예를 보여주었다. 베드로는 모인 무리들(하나님께서 행하신 놀라운 일들을 그들 자신의 언어로 듣고 있던 사람들, 행 2:11)에게 지금 시간이 오전 9시이기 때문에 현재 거리로 뛰쳐나와 복음을 전하는 사람들이 결코 술에 취한 사람들이 아니라는 사실을 환기시키는 것으로 그의 설교를 시작했다. 그리고 난 후, 그는 모인 무리들이 바로 그 순간에 목도하고 있는 일이 갖는 의미에 대해 설명하기 시작했다.

베드로가 확인해 주고 있듯이, 예루살렘에서 발생한 일련의 사건들을 통해 그들은 선지자 요엘이 예언한 예언의 내용이 완수되는 것을 경험했다. 베드로는 수세기 전 요엘 선지자가 장차 성령을 부어주시는 것으로 나타날 것이라고 약속했던 꿈과 비전들을 기억했다. 베드로는 사람들이 요엘의 예언과 예수 그리스도의 활동이 서로 연관된 것임을 확인할 수 있도록 적절한 설명(해석)을 제공했다. 기적과 이사, 그리고 수많은 증거를 통해 확인된 예수 그리스도께서 지난 수년 간 그들과 함께 지내셨다. 그런 후, 베드로는 이 이해를 모여든 군중들이 예루살렘에서 이제 막 경험했던 사실에 적용했다. 그는 예수를 하나님께서 설정하신 목적을 이루기 위해 유대의 권력자들에게 넘겨지게 하신 그 사람으로 설명했다.

이제 베드로는 구약성경에 관하여 참으로 대단한 해석을 내놓는다. 그는 "내가 항상 내 앞에 계신 주를 뵈었음이여 나로 요동치 않게 하기 위하여 그가 내 우편에 계시도다. 이러므로 내 마음이 기뻐하였고 내 입술도 즐거워하였으며 육체는 희망에 거하리니"(행 2:25-26)라고 말한 다윗의 고백을 인용했다. 그리고 나서 (누가가 기록하고 있듯이) 베드로는, 예수께서 죽음에서 부활하시고 그 육신이 썩지 않으셨기 때문에, 다윗이 고백하는 그 주가 예수시라는 주장을 펼쳤다. 그리고 그는 그와 다른 사람들이 이 일에 증인이 된 사람들이라고 선포하는 자리로 나갔다. 그러므로 지금 군중들이 보고 있는 것은 오래 전에 하나님께서 언약하신 것에 대한 확약이었다. 성육신과 구속은 나사렛 예수 그리스도의 삶과 죽음, 그리고 부활을 통해 표현된 것이기 때문에, 복음전도자들은 성령의 능력 안에서 모여든 무리들로 하여금 이 메시지를 놓치지 않게 해야 한다. 이러한 맥락에서 베드로는 현재 발생하고 있는 일의 정당성을 성경을 통해 확인해 주었다. 이것은 이미 예언되었던 것이고, 이제 그들은 그 예언이 이미 발생한 사건을 각자의 고유한 언어로 듣고 있는 사람들을 통해 성취되고 있음을 목도했다.

다양한 언어로 들려지는 이 고백은 더 많은 것들에 대해 증거하는 도구로 사용되었다. 사람들이 하나님께서 의도하신 바를 이해했다는 사실에 대한 확신을 주기 위해 성령께서는 그들이 가장 잘 알고 있던 언어와 문화양식을 통해 메시지를 전달해 주셨다. 베드로는 사람들이 적절한 반응을 보일 수 있는 방식으로 예언을 해석해 줌으로써, 요엘서가 의미하고 있는 바가 무엇인지를 사람들에게 전달했다. 메시지를 들은 사람들은 그 메시지를 자신들과 상관성이 있는 메시지로 받아들였다. 그리고 세례를 받음으로써 그들은 자신이 그 메시지의 내용을 믿는다는 반응을 보여주었으며 이를 통해 메시지에 대한 그들의 이해를 보여주었다. 120문도라는 적은 수의 믿는 무리의 수가 즉각적으로 3천 명 이상으로 늘어났는데, 이는 해석학적 원리를 적절하게 상황화하는 것에 대한 모범 뿐만 아니라 교회성장 원리에 대한 놀라운 모범을 보여주는 것이기도 하다.

누가복음은 베드로가 수용자들이 처한 문화적 상황 안에서 영향을 받을 수 있는 방식으로 복음을 선포한 것과, 그렇게 함으로써 사람들이 하나님의 메시지를 이해하도록 한 방식에 대해 서술하고 있다. 누가복음은 이 부분을 예루살렘에 있던 사람들이 "사도들로 인하여 발생하는 많은 기사와 표적들로 인해 두려워했다"(행 2:43)는 말로 끝맺고 있다. 누가복음은 예수께서 행하신 기적에 대한 베드로의 설명을 통해 요엘서의 구절(표적과 기사, 그리고 예언)이 성취되었음을 전달한다. 그러고 나서, 당일 많은 사람들이 더 많은 표적과 기사를 경험했다는 사실에 주목함으로써 누가복음 자체가 제시하고자 하는 의도를 나타내고 있다. 이와 같은 반복 과정이 일련의 신학화 과정(theologizing process)-텍스트에 대한 주석, 상황에 대한 이해, 현 상황에 맞는 텍스트의 의미를 새로운 해석학적 주석에 적용함-을 통해 제시되고 있다. 이와 같은 누가복음의 제시는, 우리가 제5장에서 제시하고자 하는 의사소통의 기술적 영역에 대한 이상적인 요약을 제공한다.

사도행전 15장 12-21절에 기록되어 있는 첫 번째 예루살렘 공회에 대한 설명은 신학의 발전으로 이끄는 주석학적/해석학적 과정에 대한 또 다른 예를 제공해 준다. 사도행전 10장을 보면, 성령께서 고넬료와 그 집안에 임하셨음을 볼 수 있다. 이 사건을 통해 사도 베드로는 하나님께서 고넬료를 사랑하실 뿐 아니라 유대인 성도들과 그리하시듯 이방인들과도 언약을 맺기 원하신다는 사실을 발견했다. 이런 이해는 예수 그리스도를 구약의 메시아로 믿던 1세기 유대인들에게 혁명적인 개념이었다. 이 사건이 있고 난 후, 야고보는 사도행전 15장에서 신학적 성찰을 단행한다. 야고보는 유대인들의 성경을 그가 속해 있던 당시 상황에 전달한다. 그는 하나님께서는 무너진 다윗의 집안을 재건하시겠다고 약속하신 결과, "그 남은 사람들과 내 이름으로 일컬음을 받는 모든 이방인들로 주를 찾게 될 것이라"(행 15:17)는 말씀에 주목하는 것을 시작으로 여러 선지서를 인용한다. 야고보는 선지서에 기초하여 이방인들이 하나님께로 돌아오는 것을 어렵게 하지 말아야 한다는 것이 그의 판단이라고 말함으로써 예언을 현실에 적용한다. 그런 후, 이방인들이 존중해야 하는 네 가지 기본 법칙을 제시해 줌으로써 나머지 유대인들도 이방인들을 각종 율례로부터 자유롭게 하는 데 동의하도록 했다. 이 결과로 예루살렘 공의회는 야고보의 제안을 수락했다. 이렇게 결정한 관점은 편지의 형태로 기록되었고, 안디옥과 수리아, 그리고 길리기아에 있는 모든 이방인 기독교인들에게 보내졌다. 예루살렘 공의회를 통해 "성령과 우리는 이 요긴한 것들 외에 아무 짐도 너희에게 지우지 아니하는 것"이 옳은 것임을 확정하였다(28절). 다시 한번, 우리는 동일한 모델을 보게 된다. 성경을 그 역사적, 문법적, 그리고 문화적 상황을 통해 주석하고, 현재 처한 상황에 대해 전환적 해석을 제공한 후, 양자를 연결시키는 신학적 원리를 도출해 내는 것이 그것이다. 이는 하나님께서 누가와 1세기 교회 지도자들에게 드러내고자 하신 것과 일치하는 성령의 조명하심에 대한 일례였다.

2) 성경에 첨가하거나 공제하는 것을 피하라

우리는 이 책을 통해, 성경을 이해하기 위해 오늘날 우리가 사용하는 방법론이 신약성경의 저자들이 그들이 처했던 1세기 상황에 구약성경을 적용하는 데 사용했던 것과 유사한 방식이어야 한다는 사실을 제시하고 있다. 우리는 신약성경의 저자들은 성령 하나님의 특별계시를 통해 신약성경을 기록했음을 믿는다. 성령의 계시는 우리가 제2장에서 주목했던 정경의 범주에 속하는 조건 중 하나다. 우리가 시도하는 성경해석이 정경과 같은 권위를 가질 수 없다는 것은 분명한 사실이다. 우리는 성령의 직접적인 계시를 받아 신학화 과정을 진행하지 않을 뿐 아니라, 우리가 저술하는 것이 정경이 될 수도 없다. 그러나 동일하신 성령께서 제자들을 조명하셨듯이 우리의 이해도 조명해 주신다. 성령께서는 제자들과 신약성경의 저자들에게 그러셨던 것처럼, 오늘날도 우리의 기억을 되새기게 하시고 우리로 하여금 예수의 말씀을 이해할 수 있도록 도우신다 (요 14:26). 따라서 우리는 동일하신 하나님께서 의도하신 바를 현대적 맥락에 전달하기 위해 신약성경의 저자들이 사용했던 해석학적 방법론을 빌려올 수 있다고 확신한다.

우리는 하나님의 메시지가 본질적으로 전달될 수 있는 것이며, 또한 성령의 조명하심 안에서 개방적 해석이 가능하다고 믿는다. 이 때문에 신학의 발전이 가능해진다. 라민 사네가 정확하게 지적했듯이(1989), 성경은 이슬람교의 코란처럼 다양한 해석이 불가능한 정적인 텍스트가 아니다. 성경은 역동적이고 "무한히 번역 가능한" 복음의 메시지다. 이는 비록 텍스트 그 자체는 절대로 손상시켜서는 안 되지만, 정보를 무한정 추가적으로 쌓을 것을 요구하지도 않는다.

예수 시대의 바리새인들에게 있어, 토라는 정적이고, 불변하며, 석화된 경전이었다. 자신들이 살고 있던 시대에 토라를 적용하려면, 바리새인들은 텍스트에 율법의 일점일획을 설명하기 위한 탈굼(Targums)을 추가해야 했다. 신약성경은 이러한 정적인 양상을 파쇄하고 매우 역동적이고, 생동감 있으며, 발전적인 작업을 했다. 이 역동적 모델을 "하나님의 말씀"을 현재라는 상황 속에 효과적으로 전달하는 데 적용하려는 것이다. 이 역동적 모델은 우리로 하여금 성경을 정적이고 불변적인 책으로 보게 하지 않고, 하나님께서 우리에게 보내신 서신으로 보게 해준다. 성경은 친히 창조하신 피조물과 더불어 상호작용하고자 하시는 하나님께서 보내신 사랑의 서신이다. 하나님께서는 그 상호작용을 통해 사람들의 삶에 깊은 영향을 끼치실 뿐 아니라, 그들을 불러 하나님을 기대의 대상으로 삼게 하시고, 복음을 선포할 때 신학적 숙고를 하게 하신다.

우리가 신약성경에 무언가를 첨부하려 해서는 안 될 뿐더러, 성경에서 무언가를 공제하려 해서도 안 된다. "공제한다"라는 말의 의미는, 성경의 가장 광활한 넓이와 깊이를 이해함으로써 하나님께서 전하고자 하시는 메시지를 적절하게 전달하는 것이 아니다. 교회는 성경이 신약성경과 구약성경의 역사적 발전을 통해 표현하는 하나님의 계시에 뭔가 유일무이(unique)한 것이 있다는 결론을 내렸다. 또한 이 계시가 사도 시대에 종결되었다는 데 대해서도 동일한 결론을 내렸다. 그러나 종결된 정경이 현 시대에 적용할 때는 역동적으로 해석되어야 한다. 성경이 담고 있는 깊은 의미는 후기 현대적 시대를 포함하여 오늘날 우리가 맞닥뜨리는 각각의 새로운 상황을 품기 위해 할 수 있는 한도 내에서 광범위하고 심도 있게 이해되어야 한다.

복음전달자들은 신학적으로, 그리고 성경적으로 균형잡힌 태도를 취해야 한다. 우리는 하나님께서 전하고자 하시는 메시지를 성경의 맥락에서 이해해야 한다. 그러나 우리는 두 가지 양극단을 피해야 한다. 하나는 우리가 받았다고 생각하는 계시에 무엇인가를 보태는 식의 정경에 대한 개방적 태도를 취하지 말아야 한다. 또 다른 하나는, 계시는 종결되었기 때문에 성경은 정적이고, 불변적이며, 오늘날 상황에 아무런 의미를 줄 수 없다는 식으로 이해해서도 안 된다. 우리는 하나님께서 전하고자 하시는 메시지를 21세기에 사는 사람들에게 선포할 방법을 찾아야 한다. 만일 우리가 과도하게 정경에 대한 개방적 입장을 취한다면, 우리는 보편주의(universalism)와 상대주의(relativism)로 나가게 될 것인데, 사실상 이는 진리인 성경의 가장 핵심적인 내용을 범하는 것에 다름 아니다. 그러나 만일 우리가 충분히 열린 자세를 취하지 않는다면, 성경은 마치 폐쇄된 상자처럼 되어, 최초로 선포된 상황을 제외한 모든 상황에 적용이 불가능한 불변의 문서가 되고 말 것이다. 만일 우리가 신약성경의 저자들이 구약성경을 사용한 방식을 따른다면, 그들이 세운 모델은 오늘날 성경을 대하는 우리를 인도해 주는 지침으로 삼을 수 있을 것이다. 성경 텍스트가 우리에게 새로운 관점을 제공해 주는 환경에 처할 때마다 우리의 이해를 확장시킬 수 있는 여지를 남겨두어야 한다. 상황에 초점을 맞추는 해석은 그 내용을 이해하기 위해 저자의 머릿속으로 들어가려는 시도를 한다. 최초로 복음이 전해진 상황과 또한 복음이 전해진 방식을 이해함으로써 우리는 저자의 의도를 유추해 낼 수 있다. 이를 위해 주석이 필요하다. 주석은 원문의 문법과 구조를 분석하는 것이다. 일단 원문에 대해 이해하고 나면 우리는 전해진 내용이 무엇인지를 알게 될 것이다. 그리고 나면 나름대로 특징을 가진 현대어와 문화로 원문의 내용을 번역함으로써, 그 내용을 현대적 상황과 연관시켜 전달할 수 있게 될 것이다. 요약하자면, 해석과 주석 모두 필수불가결한 것이다. 이는 어느 한 쪽이 필요하고 다른 한 쪽은 불필요하냐에 대한 문제가 아니라 양자 모두가 필요하다는 문제에 대한 것이다. 그렇다면 성경은 새로운 상황 속에서 신학의 발전을 위한 방법을 제공하는 항상 새로운 해석학적 이해의 근원이 되어야 한다. 데이비드 보쉬는 이러한 사고방식을 "비평적 해석학"(critical hermeneutics)이라 불렀다(Bosch 1991: 23).

3. 선교적 패러다임[2]을 통한 비평적 해석

1992년 뜻밖의 사고로 죽음을 맞이하기 전, 보쉬는 그의 걸작으로 손꼽히는 『변화하고 있는 선교』(Transforming Mission, CLC 역간)의 저술을 끝낼 수 있었다. 이 기념비적인 작품 중에서 가장 도움이 되는 부분들 중 하나는 그가 설명한 해석학적 방법론에 대한 것이다. 보쉬는 다음과 같은 말을 확증하는 것으로 해석학적 방법에 대한 그의 입장을 밝힌다.

> 신약성경에서 밝히는 예수 그리스도에게 관심을 돌리지 않는 한, 솔직히 말하거니와, 우리는 오늘날 선교가 의미하는 것이 무엇인지에 대해 생각할 수 없다. 왜냐하면 선교는 [예수 그리스도의 인성과 사역에 관한 것]이기 때문이다…물론 이를 확증하기 위해 우리가 해야 하는 일이 예수와 초대교회 당시에 의미를 주었던 선교가 무엇인지를 확인하고 현재 우리가 수행하는 선교를 그와 동일한 맥락에서 정의 내려야 하는 것이라고 주장하자는 것이 아니다. 다른 말로 하자면, 성경을 (해석 과정도 거치지 않고-역자 첨부) 있는 그대로 적용하는 것이 모든 산적한 문제를 해결할 유일한 방도라고 말하자는 것이 아니다… [그 당시와 현재 사이에 놓여 있는 역사적이고 사회학적 차이가 너무도 크기 때문에], 역사 비평학적 연구는 바울과 마가, 그리고 요한에게 선교가 의미했던 바가 무엇이었는가를 이해하는 데는 도움을 얻을 수는 있지만, 오늘 우리가 처해 있는 구체적 상황 속에서 선교에 대해 우리가 고려해야 하는 것이 무엇인지에 대해서는 직접적인 내용을 제시하지 않을 것이다 (1991:22-23).

그리고 나서 보쉬는 한스 큉과 데이비드 트래이시(Hans Küng and David Tracy, 1980)가 과학철학에서 응용한 패러다임 구축이론(theory of paradigm construction)을 통해 이 문제에 대해 새로운 접근방법을 제시한다.[3] 보쉬는 자의적 정의들이 성경 시대 뿐 아니라 오늘날 우리가 처한 현대적 상황 속에서도 내려졌다는 사실을 인식해야 한다고 주장했다. 따라서 "요청된 접근방식은 초대 기독교 저자들과 실제 행위자들이 내린 정의와 오늘날 이러한 초기의 증거들로부터 영감을 받고 인도함을 받기 바라는 신자들이 내린 정의 간에 상호작용이 있어야 한다"(1991: 23). 이는 성경에 대한 새로운 사회학적 분석을 다양한 상황들에 접합시키게 함으로써, 우리로 하여금 성경을 재해석하도록 하는 지점으로 나가도록 하는 것이다. 이 점을 배경으로, 우리는 오늘날이라는 특정한 상황 속에서 발생하는 의미 있는 선교에 대한 자의적 정의로 나가게 할 수 있다.

> 비판적 해석학의 접근방법은 초대 기독교인들이 내렸던 정의들을 명확하게 규명하는 (역사에 관심을 갖는) 탐구를 넘어서는 것이다…비판적 해석학은 초대 기독교인들이 내린 정의들과 이후 나타는 모든 정의들 간의 대화를 권장하는데, 모든 정의에는 우리 자신이 내린 정의와 우리와 같은 시대를 살아가는 동시대인들이 내리는 정의들이 포함된다…선교 연구에 대한 도전은…이천 년 전에 발생했음에도 불구하고 여전히 상관성을 갖는 예수 사건을 미래에 완성될 것이긴 하지만 오늘날에 의미를 주는 하나님의 통치에 연결시키는 것이다…
> 핵심은, 신약성경을 그저 단순하게 또는 있는 그대로의 형태로 현재 실행하고 있는 선교활동에 적용시켜서는 안 된다는 것이다. 성경은 그런 식으로 작용하지 않는다. 오히려 서로 상당한 긴장관계를 유지하면서도 타당한 다양한 형태의 대안적 방법들이 있을 것이다(Bosch, 1991: 23-24).

이러한 방법론을 따라서 보쉬는 그가 마태, 누가 그리고 바울의 "선교 패러다임"이라고 부르는 것들을 다룬다. 그러나 그는 그가 신약성경에서 발견한 바 서로 구별되는 패러다임들을 서로 일치시키려는 억지 시도를 하지 않는다. 즉 그는 비록 각 패러다임이 갖는 내부적 통일성과 연속성에 대해 제시하기는 하지만, 그가 다루는 패러다임들 사이에 존재하는 통일성과 연속성을 억지로 보여주려 하지는 않는 것이다. 사실 보쉬는 그 패러다임들이 갖는 차이의 크기가 신약성경의 패러다임들과 교회의 선교 역사를 추적하면서 그가 정립한 다섯 개의 선교 패러다임들 간에 새로운 연결성을 제공할 수 있다고 느끼는 것 같다.[4]

보쉬의 해석학 방법론에 기초해 정립할 수 있는 한 가지 방법은, 이 세상에서 발생하는 하나님의 역사에 대한 다양한 주제들과 하부주제들(sub-themes)에 대한 관점을 가지고 성경에 접근하는 것이다. 우리는 성경을 마치 다양하게 전개되는 상황에 다양한 주제가 서로 짜 집혀 있는 테이프스트리(tapestry)로 생각하는 것이 유용하다는 사실을 발견했다. 그림 3.1에서 성경은 하나의 테이프스트리로 제시되고 있는데, 그 테이프스트리는 "위로부터"와 "아래로부터"의 시각을 동시에 포함하는 하나의 관점을 양산한다. 역사 안에는 하나님의 역사하심이 분명히 존재할 것이기에, 성경의 주제는 위로부터 접근해야 한다. 또한 성경의 주제는 사람들이 살아가고 있는 상황, 즉 인간의 역사 속에서 발생하는 것이기 때문에 아래로부터 접근해야 한다. 성경을 서로 얼기설기 짜인 테이프스트리로 봄으로써, 우리는 성경을 모든 것이 합쳐진 총체적인 것이라고 확인할 수 있고, 또한 그렇게 한 결과 우리는 의도적으로 성경 상에 나타나는 다양한 역사와 문화를 다룰 수 있게 된다(Glasser, 1992: 9; Van Engen, 1991: 160-166). 이는 유비적인 접근방법도 아니고 완전히 문자적인 접근방법도 아니다. 우리는 사람들이 인식하는 필요에 대해 성경이 일대일로 대응한다는 식의 단순한 접근방법을 주창하지 않는다. 또한 이 방법론은 나이다와 타버(Nida and Taber, 1981)가 주장하고 크래프트가 정교화 한 "역동적 등가"(dynamic-equivalence)원칙(1979)과 동일한 접근방법도 아니다. 이 방법은 성경 텍스트가 기록된 최초의 상황과 오늘날 선교가 발생하는 상황 간에 교량을 놓는 특정한 주제를 매개물로 삼아 성경 텍스트와 새로운 상황 간의 밀접한 상호연관성을 발견하고자 하는 것이다.

이러한 방법론은 하나님께서 행하신 선교역사를 통해 말씀과 행위 사이에 창조적 상호작용을 제공한다. 비판적 해석학은 성경을 우리의 논증을 증명하는 자료로 사용하거나 우리가 정립한 선교 관련 논제들을 부연하기 위한 수단으로 사용하는 것을 방지한다. 또한 비판적 해석학은 선교학적 숙고(missiological reflection)를 위해 복음서에서 몇 가지 주요 성경구절들을 찾아내는 것 이상의 작업이다(Berkhof and Potter, 1964). 이는 하나님의 백성과 그들이 처한 상황에서 외적으로 드러날 수 있는 일련의 명령보다 더 깊고 넓은 것이다.

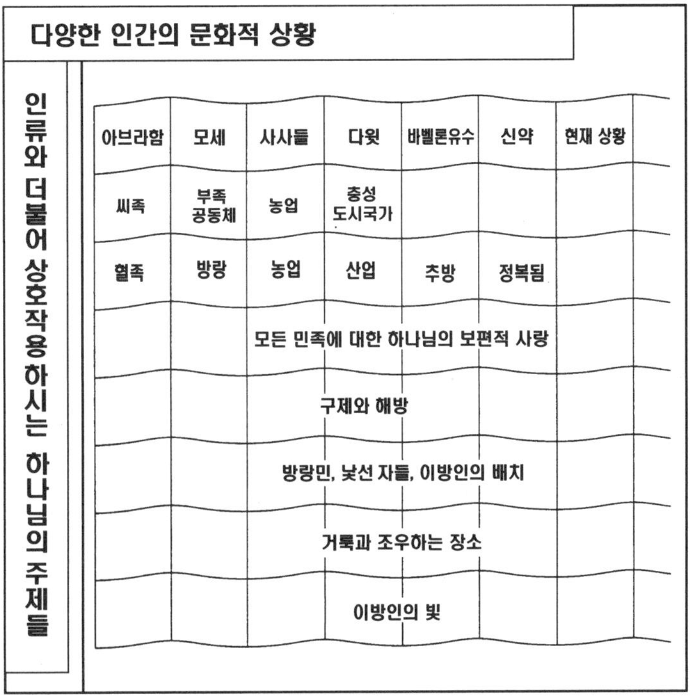

다양한 인간의 문화적 상황							
	아브라함	모세	사사들	다윗	바벨론유수	신약	현재 상황
	씨족	부족 공동체	농업	중성 도시국가			
	혈족	방랑	농업	산업	추방	정복됨	
	모든 민족에 대한 하나님의 보편적 사랑						
	구제와 해방						
	방랑민, 낯선 자들, 이방인의 배치						
	거룩과 조우하는 장소						
	이방인의 빛						

(좌측 세로 레이블: 인류와 더불어 상호작용하시는 하나님의 주제들)

그림 3.1. 테이프스트리로서의 성경: 하나님의 선교적 의도를 구성하는 날실과 씨실

성경을 하나의 테이프스트리로 접근하는 방식을 차용함으로써, 우리는 모든 성경적 상황이 갖는 독특함을 그 상황이 포괄하는 역사적, 사회학적, 인류학적 그리고 언어학적 특성에 비추어 신중하게 다룰 것을 요구한다. 그러므로 우리는 성경의 자료, 편집, 수사(rhetorical) 그리고 정경(canonical) 비평을 통해 우리가 배운 것들을 이용할 수 있어야 한다(Muller, 1991: 194-196). 그러나 우리는 그 이상을 넘어, 말씀과 행위를 통해 발생하는 하나님의 선교(Missio Dei)에 비춰 각각의 특정한 상황 안에서 하나님께서 의도하시는 것이 무엇인지에 대한 선교학적 질문을 제기하는 데까지 나아가 한다.(Bosch, 1991: 21). 이 방법론은 특정한 시간과 공간 속에서 살아가고 있는 하나님의 백성이 스스로를 규명하는 특정한 자기정의(self-definition)를 발견하는 비판적 해석학을 포함한다.

이제 이 테이프스트리 접근방법에 대해 좀더 자세히 살펴보도록 하자. 하나의 테이프스트리는 날실(수직선상에 짜여 있는 실)과 씨실(수평선상에 짜여 있는 실)로 구성되어 있다. 이 두 가지 실들이 서로 짜여질 때 테이프스트리와 같은 포괄적인 양식을 산출하게 된다. 수직적 실들과 수평적 실들은 각기 다양한 역사적 기간들과 성경적 주제들을 나타낸다(그림 3.1을 보라). 각각의 역사는 다른 양상을 형성하는 성경적 주제와 서로 상호작용하는 관계를 맺는다. 이 결합은 특정한 총체적 양식이나 그림을 나타내는 정교한 테이프스트리로 산출된다. 성경 각권들을 날실과 씨실이 얽혀져 짜인 테이프스트리로 봄으로써 우리는 성경을 하나로 합쳐진 전체로 확증할 수 있다. 그리고 동시에 성경에 등장하는 다양한 역사와 문화를 다룰 수 있게 된다(Glasser, 1992: 9). 우리는 다양한 주제 또는 은유가 새로운 상황 속에서 형성되는 것을 봄을 통해 신학의 지속적 발전을 목도할 수 있다. 만일 우리가 실을 한 쪽 끝에서 다른 쪽 끝까지 추적해 간다면, 그 실이 항상 새로운 수직적 상황들(씨실)에 어떻게 짜여 들어갔는지를 보게 될 것이다. 수평선상을 따라 이동해 가면, 각 씨실들이 테이프스트리의 넓이를 더해 가는 것을 볼 수 있다. 그리고 이 실들이 예전에 존재한 양식과 연결되어 그 양식의 일부를 이루고 있음 또한 볼 수 있다. 직공은 테이프스트리를 짜 가는 중간 지점에서 디자인을 바꾸지 않는다. 각각의 실들은 처음부터 마지막까지 하나의 양식을 따라야 하는 것이다.

이러한 테이프스트리를 성경에 적용할 때, 우리는 어떻게 특정한 아이디어가 동일한 개념(concept)을 유지하는 동시에 성경 전체를 흐르며 다양한 양상으로 드러날 수 있는지를 볼 수 있다. 어떤 특정한 생각이 성경을 흘러갈 때, 그 생각은 정보를 제공하기도 하지만 동시에 직공되신 하나님께서 드러내시는 자기계시(self-disclosure)의 지속적 과정에 의해 새로운 정보가 첨부되기도 하는 것이다. 그렇다면 성경을 테이프스트리로 보는 것은, 계시가 주어지는 각각의 역사적 상황에서 생각들이 어떻게 다른 개념들과 은유들, 비유들, 드러나는 것들, 그리고 행위들과 서로 짜이는지를 드러내지 못하는 단어 연구(word-study)나 단어의 쓰임에 대해 연구(word-usage approach)하는 것과는 대조를 이룬다고 할 수 있다.

1) 문화 주제들은 신학 발전에 영향을 준다

성경에 등장하는 나무를 통해 상황 속에서 하나님을 알아가는 것의 개념을 추적해 봄으로써 특정 주제의 발전과정에 관해 고려해 보도록 하자. 창세기로부터 요한계시록에 이르기까지 나무는 성경의 주제로 곧잘 등장하곤 한다. 창세기 초반부에서 우리는 "선악과"의 출현을 보게 된다(창 2:9; 3:2-3). 후일에, 아브라함이 그의 육체적 그리고 영적 여정을 떠났을 때, 그는 마므레 상수리나무 아래서 단을 쌓고 예배를 드렸다(창 12:6; 13:18; 14:13; 18:1참조). 분명히 나무는 아브라함에게 있어 특별한 계시의 장소였다. 계속해서 성경을 읽어 내려가다 보면, 우리는 솔로몬 성전의 구조를 형성하는 데 재료로 사용되었고, 또한 지혜문학에서 언급되기도 한 레바논의 삼나무를 보게 된다(왕상 5장). 시편 1편에 나오는 의인이 우물가에 심긴 나무로 묘사되었음을 기억하라. 또한 우리는 시편 96편 12절과 이사야 55장 12절에서 각종 나무들이 그들의 창조주를 찬양하는 것을 목도한다.

신약성경으로 가서, 우리는 예수께서 말씀하신 비유에 등장하는 나무들을 본다. 예를 들면, 예수께서는 열매를 맺지 못하는 나무를 꾸짖으셨다(막 11:12-24; 마 21:18-22; 사 34:4; 렘 8:13 참조). 예수께서는 사람이 그 맺는 열매를 통해 우리에게 알려진다고 말씀하셨다(마 3:10; 12:33). 이와 비슷하게 겨자씨 비유를 통해서도 교훈을 얻을 수 있다. 겨자씨는 매우 작고 중요치 않은 것으로 취급되지만, 나무에 깃들이는 모든 생명체에게 도움을 주는 데까지 자라난다(마 13:31). 요한복음 14장에서, 교회는 포도나무의 가지로 표현된다. 지상사역의 마지막 단계에 예수께서는 "나무"로 묘사되기도 한 십자가에 달리셨다(행 5:30). 로마서에서 바울은 이방인들을 "구원의 나무"에 접붙여진 존재로 언급하고 있다(롬 11:24). 그리고 요한계시록 22장에서, "그 잎들로 만국을 소성시키는" 생명나무에 대한 그림을 본다(계 22:2). 요한계시록은 중요하지만 극단적으로 다른 그림을 제공하는 생명나무에 대해 말하며 큰 반원을 그리며 창세기로 돌아온다. 그러나 이는 피조세계를 향하신 하나님의 의도에 대한 비유로서, 생명의 중요성을 강조한다는 면에서 창세기의 생명나무와 동일하다. 아담이 상실한 것을 그리스도께서 다시 획득하셨다. 그리고 우리는 이 땅이 아

니라 하늘에 있는 참된 나무를 발견한다.5)

　나무의 중요성은 현재까지도 계속된다. 많은 전통 종교들이 갖는 종교적 상징들 중에는 다양한 형태의 다산 나무가 포함되어 있다. 태평양 연안의 남서부 멕시코에 존재했던 오르멕스(Olmecs) 문명은 예수께서 초림하시기 전 수세기 동안 번영했다. 오르멕스 족들은 케이폭 나무(Ceiba, 우산모양으로 가지가 뻗혀 있는 거대한 나무-역주)를 다산 나무로 믿었다. 만일 어떤 여성이 불임일 경우, 케이폭 나무에 밤새도록 묶어 두면 임신할 거라고 믿었다. 심지어는 오늘날까지도 동일 지역에서 소를 키우는 목자들은 케이폭 나무가 목장 안에 있으면 소들이 건강한 송아지들을 많이 낳을 것이라고 믿는다.

　미국 삼나무에서 뿜어져 나오는 수목의 연령과 아름다움, 장대함, 그리고 신비감에 대해 깊이 느낄 수 있는 유일한 방법은 중앙 캘리포니아에서 자라는 미국 삼나무 아래서 몇 분간 서 있는 것이다. 이를 통해 오늘날 우리가 살아가고 있는 시대에서 아브라함이 그늘 아래 앉아 있곤 했던 나무들과의 연관성을 찾아볼 수 있다. 더욱이 아브라함이 그늘 아래 앉아 하나님을 만났던 나무는 오늘날 우리가 예수께서 달려 돌아가셨던 십자가를 한층 깊이 상고하는 데 도움을 준다. 이 부분에서 우리는 과거에 기록된 텍스트와 오늘날 우리가 살아가고 있는 현대적 상황을 연결시켜, 성경 저자는 결코 상상할 수조차 없었겠지만 하나님께서는 알고 계신 새로운 상황 안에서 과거에 쓰인 성경 텍스트가 가지는 새로운 의미를 전달하는 데 사용되곤 하는 담론의 의미론적 이미지로서의 "나무"의 중요성에 대해 이해할 수 있게 된다.

　날실과 씨실이 서로 연결하여 잘 짜인 테이프스트리는 성경의 총체성-인간들과 맺는 하나님의 무한하신 연결성(infinite connectability)-에 대해 보다 깊은 묵상을 하도록 해준다. 인간들을 향하신 하나님 사랑의 깊이는, 하나님으로 하여금 사람들 가운데 거하시도록 하고(성육신) 그들에게 구원을 베풀도록 한다(구속). 이 두 가지 놀라운 주제들이 성경 전체를 흐르며 서로 짜여 있다. 수많은 상황 속에서, 이 같은 주제는 우리에게 하나님의 의도에 대한 이해를 제공해 주고, 각기 다른 상황 속에서 살아가고 있는 사람들로 하여금 이 같은 주제를 자신들이 삶을 살아가는 상황에 적용하게 함으로써 신학의 발전을 가능하게 한다. 이 부분에서 우리가 발견할 수 있는 것은 언제 어디에서라도 발견될 수 있는 복음의 메시지가 갖는 무한한 의사소통가능성 속에 내재해 있는 신학의 역사적 발전이다.

성경에 대한 테이프스트리식 접근방법은, 하나님께서 당신이 의도하신 바를 사람들에게 전달하기 위해 활용하신 각양 상징이 발전하는 과정을 목도하게 한다. 점증하는 상대주의적이고 후기 현대적인 상황 속에서, 메시지 그 자체는 지속적인 것(하나님의 존재와 그분이 의도하신 것)으로 보여야 하지만, 다양한 상황 속에서 전달될 때 항상 변화하는 것으로 보이기도 해야 한다. 여기에는 이 세상에 대해 나름대로 특별한 가정을 견지하는 사람들에게 적절한 방식을 통해 복음에 대한 깊은 차원의 이해를 제시하는 노력이 포함된다. 거룩한 계시는 사람들이 살아가고 있는 상황들의 전거(the conduit)를 통해, 그리고 그 상황 속에서 하나님을 알고자 나오는 사람들의 삶 속에 역사하시는 성령의 조명하심을 통해 흘러들어온다.

2) 해석학의 제시로서의 계시

아서 글라서는 계시 그 자체가 역사—사실상 훨씬 더 긴—라는 사실을 지적한다. 성경 전체를 통해 우리가 확인할 수 있는 것은, 하나님께서 사람을 대하시는 강력한 움직임이 있다는 사실이다. 그 첫 번째 움직임은 창조를 통해서였고, 두 번째는 하나의 민족을 통해서였으며, 마지막으로는 이 세상을 뒤집어엎은(행 17:7) 일단의 사람들에게 영향을 미치신 신인양성일위(a God-man)를 통해서였다. 글라서는 이를 다음과 같은 말로 잘 표현했다.

> 심지어 계시 그 자체도 역사다. 왜냐하면 역사는 시대의 동향을 의미하며, 역사 안에서 유동하고 있는 계시는 하나님의 역사의 정점을 향해 움직여 가는 무언가 직선적인 것으로 간주되어야 하기 때문이다. 따라서 구약성경은 일반화된 윤리와 신학적 확증들, 질서정연하게 분석된 교리들, 또는 개인의 의무에 대한 공적인 설명들-시간, 문화 그리고 특정 상황에서 연유하는 다양한 특징들과 유리된-을 모아놓은 모음집이 아니다(1989: 34).

복음의 메시지는 특정한 상황 속에서 특정한 문화 수단들을 사용하여 특정인들에게 전달된다. 복음의 메시지는 항상 동일한 메시지인 것은 확실하지만, 어떤 특정한 형식이라는 옷을 입은 채 사람들에게 전달된다. 말씀이 육신이 되어 모든 곳에 존재하는 사람들 안에 거하신다(요 1:14).

우리가 전혀 예기치 못하는 방식을 통해 당신을 드러내시는 하나님의 수단에 대한 예는 포로기 때 기록된 시편에서 발견할 수 있다. 시편 137편 1-4절에서, 포로 된 이스라엘 백성들은 "우리가 바벨론의 여러 강변 거기 앉아서 시온을 기억하며 울었도다. 그 중의 버드나무에 우리가 우리의 수금을 걸었나니 이는 우리를 사로잡은 자가 거기서 우리에게 노래를 청하며, 우리를 황폐케 한 자가 기쁨을 청하고, 자기들을 위하여 시온 노래 중 하나를 노래하라 함이로다. 우리가 이방에 있어서 어찌 여호와의 노래를 부를꼬?"라고 울부짖는다. 텍스트는 포로로 잡혀간 사람들이 그들의 고향 땅인 팔레스타인 지역과 예루살렘과 성전에서 강제로 잡혀가면서, 그들이 그 머나먼 이국땅에서 주의 노래(the Lord's song)를 부를 수 없을 것이라고 생각했다는 사실을 암시해 준다.

그러나 이들은 자신들에게 주어진 성경을 주의 깊게 읽지 않았다. 만일 그들이 그들의 성경을 좀더 신중하게 이해하고자 했거나, 좀더 주의 깊게 성경이 하고자 하는 말씀에 귀를 기울였다면, 그들은 그들이 거주했던 예루살렘보다 현재 그들이 거주하고 있는 바벨론이 사실상 하나님께서 그들의 조상 아브라함을 불러내셨던 곳에 지리적으로 더 가깝다는 것을 인식할 수 있었을 것이다. 그들이 한 민족을 형성할 수 있었던 것은 예루살렘 때문이 아니라 그들이 이집트에서 집단적으로 경험했던 경험-또 다른 포로 되었던 장소-때문이었다. 포로로 잡혀간 이스라엘 백성은 한 민족으로서 그들의 존재가 한 특정한 지리적 장소가 아닌 하나님과의 관계와 밀접하게 연관되었다는 것을 알았어야만 했다. 따라서 위 시편에서 제기된 질문에 대한 정확한 답변은, "주님에 대한 찬양은 외지를 포함하는 모든 장소에서 불리도록 고안된 것이다. 유리하는 아람인들이 그들의 조상이었고, 따라서 그들 또한 외지인과 외국인이었을 뿐이다"(신 26:5).

성경, 특히 로마서 1장과 같은 성경말씀은 자연계시가 있음을 증거하고 있다. 사도 바울은 모든 사람들이 하나님을 알 만한 지식을 갖고 있기 때문에 핑

계하지 못할 것이라고 선언했다.6) 바울은 자연계시를 통해 그들이 볼 수 있는 것과 관련하여 그들이 지닌 자연적 성향 때문에 그들이 항상 창조주를 예배하기보다는 피조물을 예배한다는 사실을 지적한다. 바울이 로마서 1장과 2장에서 확증하고 있는 내용이야말로 구약성경과 신약성경을 통틀어 모델이 될 만한 것이다. 인간이 하나님에 대해 알고 있다는 것에 대한 몇 가지 증거가 있다. 물론 그러한 증거들은 충분하지 못하다고 간주될 수도 있다. 그러나 그러한 증거들이 모든 사람들에게 명확하게 들어났다는 것은 확실하다. 시편 기자가 말하듯이, "하늘이 하나님의 영광을 선포하고 땅이 창조의 때에 하나님이 하신 일을 드러낸다"(시 19:1). 계속해서 로마서 2장은 그들이 하나님이 천지를 창조하실 때 계획하셨던 것에 반대되는 것을 선택했다고 말한다. 사람들은 그들이 진리로 알고 있는 것, 그들의 신화를 통해 어느 정도까지 그들에게 알려진 것, 그리고 그들의 문화적 이상에 따라 살아갈 때 드러나는 것들에 대항해 반역했다.

연이어서 바울은 그의 서술 관점을 율법과 특별계시로 옮겨간다. 율법은 출애굽 당시 이집트에서 탈출한 다양한 민족으로 구성된 혼합집단에게 주어진 것이다. 그러나 하나님께서는 그들을 "하나님의 백성"으로 부르셨다. 하나님께서는 그들을 구별하여 세웠고 그들이 하나님이 누구이신가에 대해 확신하기를 원하셨고, 아브라함과 이삭과 야곱과 더불어 맺으셨던 특별한 관계에 기초하여 그들과 더불어 언약관계를 세우길 원하셨다. 로마서 전체 말씀을 통해 바울은 특별계시를 소유한 사람들이었음에도 불구하고 이스라엘 백성들이 하나님의 실체에 대해 오해하고 심지어는 부인하기까지 했다는 논쟁을 전개하고 있다. 사실, 일반계시와 특별계시는 성경 전체를 통해 함께 짜여 있다.

하나님의 일반계시는 하나님과 사람 사이의 연결점(a link)을 제공해 준다. 반면 하나님께서 어떤 특정한 사람들에게 드러내신 특별계시는 그들이 속해 있던 특정한 시간과 공간 속에서 그들에게 주어진 것이다. 하나님께서는 사람들이 언약에 기초한 하나님의 사랑이 그들이 속한 환경 속에서 그들에게 주는 의미가 무엇인지를 발견하길 원하신다. 이러한 일반계시와 특별계시의 상호작용은 성경이라는 테이프스트리를 통해 "하나님의 말씀"을 처음 듣는 사람들을 위한 격려의 근원으로, 그리고 역사를 통해 함께 짜여가며 반복적으로 등장하는 아이디어이다. 이는 또한 하나님의 말씀을 더 잘 알아야만 하는 사람들을 위한 응징의 표지(a note of chastisement)로 작용하기도 한다. 다른 말로 하면, 하나님께서는 모든 창조세계를 당신 자신을 계시하기 위한 무대로 사용하신다. 그리고 하나님께서는 당신의 의도하신 바를 새로운, 그리고 상대적인 방식을 통해 전달하실 것이다. 하나님께서 보다 심도 있는 중요한 의도를 전달하시기 위해 사용하시는 표면적 방식들은 다양하고, 놀라울 뿐더러, 우리의 기대를 항상 넘어서는 것이었다. 그렇기 때문에 바울은 "깊도다! 하나님의 지혜와 지식의 부요함이여! 그의 판단은 측량치 못할 것이며, 그의 길은 찾지 못할 것이로다. 누가 주의 마음을 알았느뇨? 누가 그의 모사가 되었느뇨?"(롬 11:33-34)라고 천명한 것이다.

성경은 사람들이 심층 차원에서 발생한 하나님의 자기계시를 새로운 방식을 통해 탐구할 수 있음을 보여주는 수많은 예들로 가득 차 있다. 요한복음 3장에서 예수께서는 니고데모를 만나 바람과 거듭남에 대해 말씀하셨다. 니고데모가 어리둥절해하기는 했지만, 예수께서 니고데모에게 진정으로 말씀하고자 하셨던 것은 하나님과 당신 백성간의 관계에 대한 주제 속에 감추어져 있었다. 하나님께서는 당신의 백성들을 바람처럼 그리고 어머니의 자궁처럼 감싸주신다. 하나님께서는 그들을 알고 계시며, 그들을 조성하시며, 그들과 더불어 관계를 맺기를 원하신다. 복음주의적 기독교인들은 가끔 요한복음 3장 16절을 인용하며 그들이 말하고자 하는 것, 즉 간결한 복음에 대해 알고 있다고 생각한다. 그러나 너무나도 자주 그들은 예수께서 말씀하신 내용이 니고데모의 교만한 자기 의라는 맥락 속에서 말씀되었다는 것(요한이 그의 복음서를 편집하는 것처럼)을 잊어버리곤 한다.

니고데모가 예수를 만나는 이야기의 전체 상황을 읽어보라(제2장에서 이미 제공된 바 있는). 예수께서 구약성경을 사용하신 방식을 보라. 예수께서는 니고데모의 이해를 위해 구약성경을 재해석하셨다. 예수께서는 구약성경의 진리를 니고데모의 개종과 변혁을 촉구하기 위한 것으로 표현하셨다. "네가 거듭나야 하겠다"(요 3:7)! 그리스도의 제자들이 이 세상 이곳저곳의 다양한 문화적 상황 속에서 살아갈 때 보인 것을 보면, 복음의 진수(nutshell Gospel)가 항상 다른 문화적 색깔을 덧입고 있음을 알 수 있다. 성경은 하나님의 형상으로 지으심을 입은 사람들이 살아가는 삶의 맥락 속-이 세상 어느 곳이라도 가능한-에서 하나님의 사랑을 드러낸다. 복음선포는 사람들을 이미 새로워진 관계-우선은 하나님과의 수직적인 관계로, 그리고 다른 사람들과의 수평적인 관계로-로 불러내는 것이다. 복음은 우리가 하나님을 찾을 필요가 없다고 강조한다. 왜냐하면 그분은 이미 우리를 발견하시고 우리와 더불어 관계를 맺길 원하시기 때문이다. "우리가 아직 죄인 되었을 때에 그리스도께서 우리를 위하여 죽으심으로 하나님께서 우리에게 대한 자기의 사랑을 확증하셨느니라"(롬 5:8). 이 사실이 우리를 우리의 부르심으로 돌아가게 한다. 우리는 사람들이 우리가 전한 복음을 기초로 하여 그들이 살아가고 있는 삶의 정황 속에서 하나님을 알아가도록 하는 신학을 정립해 나갈 수 있는 방법을 모색해야 한다.

4. 교의의 역사적 발전

앞에서 진행했던 논의를 통해, 우리는 하나님에 대한 기독교인들의 이해(신학적으로는 교리로 알려져 있는)는 역사적 발전과정을 거친다고 가정했다. 우리는 이제 기록된 텍스트 형태를 띠고 있는 성경에 대한 평가와 하나님의 의도하시는 바-일반적이고 구체적인 메시지-에 대한 평가 사이의 관계를 다루는 문제에 대해 논하고자 한다.

1) 새로운 보편성

교의의 역사적 발전개념에 대한 토론 중 가장 도움이 될 뿐만 아니라 효과적이었다고 평가되는 토론은 1960년대 초반 로만 가톨릭교회가 주최한 제2차 바티칸 총회에서 일어났다. 신학 교리들(교의)이 역사가 흐르는 과정에서 발전할 수 있느냐의 여부에 대한 질문은 개신교 신학자들보다 로마 가톨릭 신학자들 사이에서 토론과 신학적 숙고의 주제가 되어왔다. 이 문제에 대해 고민한 가장 뛰어난 개신교 신학자들 중 한 명은 베르까우어(G. C. Berkouwer)였는데, 그는 그의 로마 가톨릭 신학자인 한스 큉과 함께 작업했다. 베르까우어는 제2차 바티칸 총회의 모든 진행과정을 관찰하도록 초대받은 몇 명 안 되는 개신교 신학자들 중 한 명이었다. 그의 관찰에 기초하여, 베르까우어는 『제2차 바티칸 총회와 새로운 가톨릭주의』(The Second Vatican Council and the new Catholicism)라는 제목의 책을 저술했다. 이 책은 교의의 발전과정을 이해하는 데 도움이 될 만한 부분을 포함하고 있다(Berkouwer, 1965: 57-88).[7]

1870년에 개최되었고 교황의 무오설에 대한 강조로 유명한 제1차 바티칸 총회 후, 교황에 의해 일련의 발표가 공고되었다. 이 발표문은 '엑스 카세드라'(ex cathedra, 주교좌 또는 성 베드로의 거룩한 보좌로부터)에 대해 말하면서, 교황의 무오성을 변화 불가능한(unchangeable) 그리고 변화하지 않는(unchanging) 교의로 간주했다.[8] 변화 불가능하고 변화하지 않는 것, 이것이 제1차 바티칸 총회가 상정한 교회의 복음선포였다. 진리는 결단코 변화하지 않는다. 필경 변화할 수 없는 진리들을 표현하는 데 사용된 단어들은 언어학자들과 인류학자들이 "죽은 은유"(dead metaphor)라고 부르는 것과 동일한 것이 되어 버렸다. 이는 더 이상 상징적이지 않다. 단어들 자체가 의미를 함유하고 있다.[9]

제2차 바티칸 총회(1962-1965)는 교의의 역사적 발전에 대한 문제에 관해 재고할 것을 요구했다(Flannery, 1975). 총회를 끌어가는 개념은 "새로운 가톨릭주의"였고, 표어는 '아기오르멘토'(aggiornamento)였다. 이 총회는 역사를 통해, 그리고 교회의 중심에 계시는 성령에 의해 움직여지는 움직임이 있다는 견해를 견지했다. 역사가 흘러감에 따라 교회의 복음에 대한 이해도 더 깊어진다. 성경을 다시 기록하거나 변경시킬 필요는 없다. 그러나 교회는 성경에 대한 이해와 해석을 더 심오하게 할 수 있다. 이는 진실한 것은 변화할 수 없는 것이 아니라는 것을 의미한다. 어느 역사적 시점에서는 진리인 것으로 이해 될 수 있는 것이 다른 시점에서는 다르게 이해될 수도 있다. 역사적 발전에 대한 이러한 비판적 사고가 없이는 다문화적 복음전도(multicultural evangelism)도 불가능하다. 역사가 흘러감에 따라 신학이 발전할 수 있다는 개념이 없다면, 한 시대로부터 다른 시대로 또는 한 문화로부터 다른 문화로의 전달은 거의 불가능하게 될 것이다.

2) 변화에 대한 관점

 복음주의 개신교 선교활동은 번역과 상황화, 그리고 지역교회(local church)에 대해 높은 평가를 내린다. 따라서 복음주의 개신교 선교활동은 미국성경협회(the United Bible Society), 위클리프 성경번역선교회(Wycliffe Bible Translators) 그리고 다른 번역 단체에 소속되어 활동하는 언어학자들을 지지한다. 이들은 이들 언어학자들의 산출해 낸 것, 즉 사람들의 손에 들려 있는 다양한 번역 성경에 대해 매혹을 느낀다. 그러나 복음주의자들은 새로운 상황 속에서 복음을 전하게 될 때, 복음의 최초 의미(initial meaning)가 해당 상황에 맞게 변화될 수 있는 가능성에 대해 불편해하는 경향이 있다. 복음주의자들은 세상의 다른 지역에 존재하는 새로운 문화적 틀(cultural framework) 속에서 그들이 깨달은 의도를 해당 문화적 틀에 맞게 해석하는 것에 대해 확신을 갖지 못하고 있다.

 심지어는 유진 나이다조차 신실함(faithfulness)을 성경 텍스트를 통해 하나님께서 전해 주시고자 했던 의도인 신실한 관계를 드러내는 것으로 보기보다 성경 텍스트의 충실한 필사(문자적 번역)로 보는 경향을 드러낸다. 나이다에게 있어 성경을 번역할 때 특정한 언어와 문화 속에서 사용되어 온 정확한 단어(right words), 즉 "가장 자연스러우면서도 등가적인 단어"(the closest natural equivalent)가 무엇인지를 확인하는 것이야말로 매우 중요한 일이다(Nida and Taber, 1982: 12-13). 이 때문에 번역에 대한 점검과 주요 핵심 용어들에 대한 점검 과정이 그렇게 중요한 것이다. 그러나 이러한 접근방식을 그 논리적 귀결까지 따라가면 텍스트 자체에 얽매이게 되고, 결과적으로 단어 자체를 연구 대상의 핵심으로 삼고 집중하게 된다. 일단 주요 용어가 정립되고 나면, 그 용어 자체가 "기능적 역가"(functional equivalent)가 되므로 어떤 경우를 막론하고 사용되어야 한다(de Waard and Nida, 1986).

 반대로, 우리는 명제 구조(the propositional structure)에만 집중하기보다는 하나님의 의도가 가지는 관계적 측면들에 집중하는 것의 중요성을 강조하고자 한다. 신약성경은 "진리는 예수 그리스도와 동일하다"고 주장하지 않는다. 오히려 부활하시고 살아 계신 예수 그리스도께서 "나는 진리요"(요 14:6)라고 말씀하신다. 그러므로 로마서에 드러나는 바울의 접근방법에 대해 논의했던 것처럼, 메시지 또한 사람들을 그리스도께로 인도하기 위한 목적 하에서 새로운 상황 안에서 발생할 수 있는 새로운 이해에 비추어 상황화시키고 적응시킬 수 있다. 로마 가톨릭 진영에서 고수하는 교리의 불변성은 명제의 불변성을 의미했다. 이와 유사하게, 복음주의 권내에서는 성경 텍스트 자체를 지나치게 성스럽게 취급하는 경향이 나타나곤 한다. 성경 텍스트는 성스러운 것으로 보존되어야 할 것이지 변형될 대상이 아니라는 것이다.

복음전달자들이 이 같은 입장을 취할 때, 다른 문학 작품들과 마찬가지로 성경을 수평적 방식(a horizontal fashion-상황을 전혀 고려되지 않고 원전의 문어적 전달에만 치중한 전달 방식)으로 다루려는 성향을 띠게 된다. 그들은 최초로 성경의 메시지가 전해졌던 정황에 대해서는 거의 고려하지 않은 채, 단지 성경에 기록되어 있어 진리로 간주되는 명제적 메시지만을 전하는 데(성경 번역선교도 이와 같은 맥락에서 이루어지는 경우도 간혹 있다)만 관심을 갖는다. 이들은 성경의 메시지가 전해져야 하는 선교지의 상황들을 전혀 고려하지 않은 채, 그저 명제적 메시지만을 전하려 한다. 이런 식의 전달방식에서 누락되는 중요한 고려 요소는, 수용자들이 그들을 향하신 하나님의 의도를 이해하는 자리로 나아갈 수 있느냐에 대한 고려이다. 이런 식의 가정에 근거하여, 번역자들과 설교자들은 새로운 청중에게 성경이 원래 의도했던 개념을 전달할 수 있다고 믿는 등가적 단어들(equivalent words-"등가적"이라는 단어는 나이다와 크래프트에 의해 사용된 용어로, 새로운 청중들 내에서 원어와 거의 동일한 역할을 한다고 믿어지는 단어를 지칭할 때 사용된다-역주)을 찾아내려 할 것이다.[10] 그렇게 함으로써 복음전달자들은 성경 원어가 갖고 있는 의미에 대한 자신들의 깨달음에 근거하여 진리(또는 신실함)를 판단하는 판단자들이 된다. 그 결과, 새로운 수용자들이 성경 텍스트가 전하고자 했던 원래 의도를 파악할 수 있느냐에 대한 질문이 빠져버리게 된다. 복음전달자들은 그들이 정립해 놓은 신학적 가정들과 편견들 때문에 하나님께서 성경적 상황 속에서 말씀하실 때 품고 계셨던 의도를 이해하는 데 방해를 받을 수 있다. 이런 경우 선포자들은 자신들이 가지고 있던 신학적 가정들에 대해 재심해 볼 필요가 있다. 이 주제에 대해서는 제6장에서 자세히 다루도록 하겠다.

전형적인 접근방법은 텍스트를 명제화하는 것과 새로운 청중들이 소유한 언어 중에서 가장 근접한 등가적 단어를 찾는 것을 포함한다. 이러한 접근방법은 궁극적으로 전달자들이 소유하고 있던 것과 유사한 결정들을 축적하도록 만든다. 결과적으로 특정한 신학을 명제적으로 반영하는 복음전달이 되고 만다. 물론 이러한 복음전달방식을 통해 성경의 원래 의도를 반영할 수 있다. 그러나 반대로 아닐 수도 있다. 새로이 조성되는 교회가 하나님께서 원래 의도하셨던 바를 온전히 이해하기보다 복음전달자가 소유하고 있던 관점, 즉 특정한 신학적 관점에 한 차례 투영된 메시지를 이해하게 될 수 있다. 만일 이런 식으로 전달된 것에 대한 수용이라면, 과연 새로운 청중들이 그들과 그들이 속한 세상을 향하신 하나님의 사랑을 이해하고 그에 반응했다고 말할 수 있을까? 과연 그들이 "주의 말씀"을 받았다고 할 수 있을까? 이러한 질문을 염두에 둘 때, 복음전달자들은 새로운 수용자들의 언어 속에 존재하는 등가적 단어와 명제만을 발견하는 데서 그치기보다, 기존에 형성되어 있는 이해들을 좀더 근본적으로 시험하는 데로 나가려 할 것이다. 이것은 상황 속에 존재하는 신앙과 신학, 그리고 하나님을 아는 것에 대한 문제이다.

5. 요약

신실한 전달은 해석학적 작업이다. 해석학적 작업은 복음을 전달하는 것이다. 복음을 전달하는 것이 선교다. 이러한 선포를 위해서는 지역교회에 대한 고려가 반영될 필요가 있다. 때로 예수를 믿게 된 수용자들이 그들이 처한 새로운 환경 속에 하나님께서 의도하신 바를 보다 정확히 전달할 수 있는 등가적 개념들을 신학적으로 발전시키는 데 도움을 줄 수 있다. 그렇게 될 때 우리는 복음을 전달하는 일은 해석학적 공동체, 즉 예수의 제자들이 모여 구성된 공동체로서의 교회를 세우는 일을 포함하게 된다.

만일 신실한 복음전달이 명제에 근거하지 않고, 하나님께서 전하시고자 하시는 메시지가 갖는 의도를 제시하는 것이라면 다음과 같은 질문이 도출되게 된다. 새로운 청중들이 하나님을 더 잘 알 수 있을까? 이것은 인식론적 질문이다. 하나님께서 바라시는 것은 수용자들이 복음전달자들이 가지고 있던 것보다 더 깊은 차원으로 하나님을 아는 데까지 나아가는 것이다. 이렇게 된다면 복음전달자들은 복음을 전달하는 과정에서 그들이 이전에 알지 못했던 하나님의 의도에 관한 뭔가 새로운 관점을 얻는 일이 발생할 수도 있다. 그들이 복음을 전하는 상황이 하나님에 대한 인간의 이해와 견해에 다른 빛을 비춰주는 계기가 되기도 한다.

비로 이와 같은 일이 선지자 나단이 새끼 암양과 그에 대한 주인의 극진한 사랑에 대한 이야기를 말할 때 나타났다. 이 이야기를 하면서 나단 선지자는 그가 이전에 미처 알지 못했던 하나님의 자비하심에 대한 모습을 일견할 수 있었다. 그리고 나단 선지자를 통해 이 이야기가 다윗의 마음에 부딪혀 왔을 때, 다윗은 하나님에 대해 더 잘 알게 되었다. 우리는 시편 51편을 통해 통회 자복하는 회개의 말들을 부르짖는 다윗의 모습을 보며 그 사실을 확인하게 된다. 우리는 그 이야기를 말하고 적용하는 과정에서, 전달자인 나단과 수용자인 다윗 모두가 하나님의 메시지에 대해 더 풍성하게 알게 되었다고 생각한다. 이제 제2부를 통해 적절한 복음전달이 발생하게 하고자 할 때 갖게 되는 복음전달자의 임무에 대해 좀더 자세히 다루어 보자.

NOTE

1) 이 이야기 속에 드러나고 있는 타문화적(cross-cultural) 이슈에 주목하라. 헷 사람이었던 우리아는 가나안 지방에 오랜 세월 동안 살았던 사람으로 인종적으로나 문화적으로 이스라엘 사람들과는 구별되는 사람이었다. 우리아의 이름은 그가 이스라엘 사람들이 소유하고 있던 신앙으로 개종했다는 것을 암시해 준다. 그리고 사무엘하 11장은 그가 다윗에게 충성을 다하던 의로운 사람이었다고 설명하고 있다.
2) 이 부분은 밴 앵겐(1996b: 39-42)의 책에서 인용한 것이다.
3) 예를 들면, 벨보어(1974), 쿤(1962, 1977), 라카토스(1978) 그리고 머피(1990)를 보라.
4) 데이비드 보쉬의 접근방법은 동일한 이슈를 인류학적 관점으로 접근한 폴 히버트의 접근방식과 매우 유사해 보인다. 폴 히버트는 그의 방법론을 "비판적 상황화"라고 불렀다(P.

Hiebert, 1987; 1989a; 또한 Hibert and Shaw, 1995참조).
5) 나무에 대한 이런 참고들은 또 다른 근본적 비유(root metaphor)를 반영한다. 나무와 그 나무의 현존 때문에 발생하는 영적인 것 간의 관계를 추적해 보라. 그러면 독자는 에덴동산에서 아담과 하와가 선악과로 인해 잃어버렸던 것을 골고다의 나무를 통해 회복하시려는 하나님의 열망의 대상인 사람들과 성경의 관계성에 대한 놀라운 예증을 보게 될 것이다.
6) 좀더 자세한 논의에 대해서는, 밴 엥겐, 1996: 159-187을 참고하라.
7) 제2차 바티칸 총회의 핵심은 교회론이었다. 그리고 이 교회론에 대한 논의는 참으로 교리의 역사적 발전에 대한 것이었다. 슈레이터가 저술한 『새로운 가톨릭』(*The New Catholicity*, 1997, 특히 제2장 pp. 28-45)을 보라.
8) 19세기 말에 이르러 궁극적으로 교황이 이교적인 것으로 선언한 근대주의 운동이 로마 가톨릭 교회 안에 중요한 문제를 야기했다. 근대주의 운동은 교의의 역사적 발전을 주창했다. 이 중 일부는 진화론적 패러다임과 진보에 대한 낙관주의에 기초하고 있었다. 이러한 개념들은 새로운 발견들과 새로운 교의의 창조를 지지하는 것처럼 보였다.
9) 우리는 또한 복음주의적 합리주의에 대해 설명하고 있다. 복음주의적 합리주의는 교황만큼이나 가톨릭적이다. 올바른 단어들이 사용되는 한, 그리고 그 단어들이 "진리"를 포함하고 있는 한, 그 단어들 자체가 하나님이 의도하신 바를 전달할 수밖에 없다. 다른 말로 하자면 그 단어들은 은유적인 것이 아니다. 그 단어들 자체가 진리의 "뿌리"를 간직하고 있는 것이다. 의사전달을 위한 적용은 근본적인 것이다. 그 자체로 변화하지 않고 정적인 것이 된다.
10) 성경을 사람들이 기록한 다른 책들과는 다른 것으로 취급하는 것이 원인이 되어 발생하게 되는 논의에 대해 제2장에서 했던 논의를 기억해 보라. 우리는 성경 텍스트를 재 전달(re-communicate)할 때 수직적이고 수평적인 관점에서 이를 진행하도록 해야 한다. 그렇게 함으로써 사람들과 하나님 그리고 사람들 각자 간에 맺어지는 관계에 영향을 미칠 수 있다.

Communicating God's Word in a Complex World

제2부
적절한 복음전달
하나님께서 의도하셨던 메시지 전달하기: 이론적 문제들

복음선포자들은 복음을 선포할 때 해석학적, 의사소통론적 그리고 문화적 가정들을 가지고 한다는 사실에 대해 알고 있어야 한다. 복음전달자들의 전달 방법론은 성경의 문맥 속에서 발전된 하나님께서 의도하신 방법에 적합한 것일 필요가 있다. 제2부는 복음전달자들의 임무와 그 임무가 어떻게, 그리고 어디에서 발생하는지에 대해서도 설명할 것이다.

제2부에서 우리는 하나님께서 의도하셨던 메시지를 충실하고 적절하게 전달하는 복음전달자들의 임무에 대해 다룰 것이다. 우리는 제2부를 통해 (제1부에서 제시한) 성경 텍스트가 담고 있는 원리들(the textual principles)의 전달을 촉진하는 방법을 이해하는 데 도움을 주는 수단을 제공하는 신학적, 의사소통론적 그리고 문화 모델들을 개발시키는 데 필요한 몇 가지 주요 이론적 접근 방법들을 제시하고자 한다. 이런 개념들은 복음전달자들이 말씀을 선포하고자 할 때 알아야 하는 것들을 이해하는 데 도움을 주기 위해 개발된 것들이다. 하나님께서 말씀하셨던 성경적 지평들은 하나님께서 말씀하신 상황 속에 존재했던 의사소통론적, 그리고 문화적 문제들에 대해 알게 됨을 통해 좀더 잘 이해되어질 수 있다(제4장). 복음전달자들과 그들의 청자들 양자 모두의 문화적 상황 속에서(제6장) 하나님께서 말씀하신 텍스트에 의사소통 모델들을 적용시킴을 통해(제5장) 복음의 전달성을 증진시킬 수 있다. 제2부에서는 성경 텍스트(제1부)와 그 텍스트가 전달되는 상황(제3부) 모두에 대한 우리의 이해를 특징짓는 주요한 구성요소들에 대해 제시하도록 하겠다.

Communicating God's Word in a Complex World

제4장
신학적으로 적절한 복음전달

성경 텍스트에 대한 신학적 가정들과 텍스트에 대한 해석학적 접근들은 복음전달자들이 성경을 이해하는 방식과 그 성경을 통해 하나님께서 의도하고자 하신 바를 이해하는 방식에 영향을 미친다. 하나님께서 의도하신 바에 대한 다양한 관점들을 상호 연관시키기 위한 건설적인 방법은 네 가지 "지평들"(horizons)을 동시에 조우하는 것이다.

샘 호프만(Sam Hofman)과 헬렌 호프만(Helen Hofman) 부부는 40년의 세월을 남부 멕시코에서 살아왔다. 그들은 치아파스 주 산악지대에 거주하는 첼탈(Tzeltal) 마야인의 문화와 세계관에 침잠한 채 40년의 세월을 살아왔다. 첼탈인들과 더불어 지냈던 세월의 마지막 시기에 이르러, 샘과 헬렌 부부는 첼탈인 목사들을 이끌고 첼탈어 성경을 개정하는 책임을 맡아달라는 부탁을 받았다. 이 프로젝트를 진행하는 중에, 샘은 다음과 같은 글을 기록했다.

어제 나는 잠언에 등장하는 "지혜"라는 단어의 번역 문제를 가지고 하루종일 씨름했다. 예전에 이 단어는 스비질 오타닐(*sbijil o'tanil*), 즉 "지혜-마음"이라고 번역되었었다. 그러나 번역 위원회는 기존에 등장하는 "지혜"에 해당하는 대부분의 단어를 스비질 콥(*sbijil c'op*), 즉 "지혜-말"로 바꾸었다. "지혜"에 해당하는 단어가 말로 언급되는 격언이나 선한 충고를 언급할 때에는 바뀐 단어가 더 적절했지만 이 단어가 하나님에 대한 신앙과 하나님의 명령에 대한 복종, 그리고 결정할 내용들에 대해 식별하는 것 등 지혜-마음을 포함하는 의미로 잠언에서 사용될 때에는 그 깊은 의미를 온전히 드러내지 못했다. 첼탈어에는 세 번째 단어, 즉 지적인 것과 배우는 것에 관련되어 "마음-머리"로 번역되는 스비질 졸(*sbijil jol*)이라는 단어가 있다. 따라서 어제 나는 잠언을 통독해 나가면서 이 세 가지 첼탈어 중에서 잠언의 각 구절에 알맞은 것이 무엇인지를 결정해 나갔다. 그리고 번역 위원회에 갔을 때 모든 사람이 그 단어의 선택에 찬성했다.

잠언에서 지혜라는 단어는 사람과 하나님과 맺는 관계-하나님을 아는 것과 그 아는 것이 일상생활을 통해 실천적으로 살아가는 것 양자를 포괄하는-와 상관있는 신학적으로 중요한 개념들 중 한 가지다. 한 예로, 브라운(Brown, 2000)은 (구약성경 전체를 통해 사용된 많은 사용들 중에서) 잠언에 등장하는 "지혜"에 해당하는 단어가 갖는 의미들의 범주를 (바로 다음에 등장하는 주요한 예들을 제공하는 구절들과 더불어) 다음과 같이 규정한다.

- 일을 처리해 나가는 과정에서 보이는 지혜로움(20:26)
- 영민하고 교활하며 간사함(30:25)
- 특정인의 눈에 비친 지혜로움(3:7; 26:5, 12, 16; 28:11)
- 신중함(16:14; 11:29; 29:8, 9, 11)
- 도덕적, 종교적으로 지혜로움(10:8; 16:21; 10:1; 15:20; 13:1; 23:24; 25:12)
- 배우는 자의 지혜(14:15; 17:28; 12:15; 1:5; 18:15; 21:11; 10-14; 15:31; 9:8-9)
- 지혜로운 선생, 현자(15:7; 12:18; 15:2; 16:23; 13:14; 13:20)
- 지혜로운 자는 번영함(21:20; 14:3; 3:35; 14:24; 24:5)
- 지혜로운 자는 다른 사람들에게 복이 되는 자임(11:30; 21:22; 15:12)

잠언에 등장하는 "지혜"가 가지는 다양한 "의미들" 중 대부분이 텍스트의 의미론적 흐름 내에 존재하는 전자의 의도에 대한 해석으로부터 도출되었음에 주목하라. 그러나 영어를 이용하여 그 개념을 전달하기 위해서는 개별적 히브리 단어들 대신 전체 문구를 해석해야 한다.

다른 한편, 샘 호프만은 첼탈어가 자신이 사용하는 영어보다 더 정교하다는 사실을 발견했다. 그리고 수용자들(첼탈인들)은 개념들에 대한 의미론적 흐름이 잠언서에 등장하는 "지혜"라는 단어가 의도한 의미에 영향을 끼쳤다는 사실에 주목했다. 필자는 "첼탈어 중 어떤 용어를 사용할 것인지를 선택하는 기준이 무엇이었습니까?"라고 질문했다.[1] 샘은, "저는 세 가지 용어들 모두를 사용해야 한다는 사실을 발견했습니다. 텍스트를 첼탈의 상황 속에서 읽어 내려가면서, 저는 텍스트가 주고자 하는 가장 적절한 단어-무엇이 되었든 가장 잘 일치하는 것을 말입니다-를 선택해야 한다는 것을 깨달았습니다. 텍스트가 가르치고자 하는 지혜가 어떤 유의 지혜일까? 저는 이 점에 대해 신중하게 생각해야 했습니다. 왜냐하면 첼탈어는 제가 사용하는 영어의 세계관과 언어적 특징에 비해 언어학적으로 더 정교하기 때문입니다."

명백히, 구약성경에 등장하는 지혜에 대한 다양한 개념들을 비교해 볼 때, 신약성경에 등장하는 "지혜" 또한 그 의미가 매우 다양하다. 따라서 지혜의 개념에 관련해서, 샘은 우리가 이 장에서 설명하고자 하는 네 가지 "지평들" 모두에 대해 다뤄야 함을 발견했던 것이다.

1. 성경에 대한 해석학적 접근

그랜트 오스본(Grant Osborne)은 해석을 "원리를 파악하고 정확하게 설명하는 과학 또는 개별 저자가 의미하는 바를 해석하는 방법"으로 정의했다 (1991: 5). 고든 피(Gordon Fee)는 그의 책 『신약성경 주석』(*New Testament Exegesis*)을 통해 주석과 해석의 차이를 다음과 같이 설명했다.

> "주석"이라는 용어는…성경 텍스트의 의미에 대한 역사적 성찰을 언급하기 위해 제한적으로 사용된다. 그러므로 주석은 다음과 같은 질문에 대한 답변을 준다. 성경 저자가 의미하려 했던 것이 무엇인가? 주석은, 저자가 말한 것이 무엇인가(내용 그 자체)와, 어느 특정한 시점에 그가 그런 말을 한 이유가 무엇인지(문학적 맥락)를 알아내는 것과 관련된 것이다. 더 나아가, 우선적으로 주석은 의도성에 대해 관심을 갖는다. 저자가 최초의 독자들에게 이해시키려고 의도했던 것은 무엇인가?
> 역사적으로 주석을 포함하는 해석학(the science of interpretation)을 지칭하

는 좀더 광범위한 용어는 해석학(hermeneutics)이었다…해석학은 텍스트의 실존적 실재로서의 의미, 즉 고대에 기록된 성스러운 문서들이 오늘날을 살아가는 우리에게 주는 의미가 무엇인지를 밝혀내는 데 초점을 맞춘다(Fee, 1993: 27).

성경에 대한 해석학적 접근과 관련하여, 몇몇 학자들은 성경 텍스트가 오늘날 우리가 거의 알지 못하는 고대의 상황 속에서 작성된 것이기 때문에 그 원래적 의미를 밝혀낼 수 없으며, 따라서 오늘날 우리가 살아가고 있는 다양한 상황 속에서 텍스트가 의미하는 것이 무엇인지를 정립해 가는 것으로 해석학의 범주가 제한되어야 한다고 느낀다. 한편, 다른 많은 학자들 중에서 오스본은 "원래의 의미를 밝혀내는 것은 적법한 것일 뿐만 아니라 필수적인 것이기까지 하다. 해석학은 텍스트가 원래 의미했던 것(그 때)과 지금 의미하는 것(현재) 모두를 밝혀내는 것을 포괄한다"라고 주장했다(1991: 5).

카이저(Kaiser)와 실바(Silva)는 이 주장에 기초하여, 성경구절을 연구할 때 "어떤 특정 구절이 갖는 의미에 대한 질문은 다양한 차원으로 고려할 수 있다"(1994: 20)는 사실에 대해 설명했다. 이들은 다음의 여덟 가지 차원들에 대해 설명했다.

1. 언어적 차원: 성경 원어를 번역하는 것
2. 역사적 배경(문화, 지정학 등)
3. 현대 독자들을 위한 성경구절 가르치기
4. 내러티브의 역사성
5. 내러티브가 발생하는 상황의 문학적 배경
6. 더 광범위한 정경적 상황: 어떤 특정 구절이 전체 정경과 어떤 연관을 갖는가?
7. 해석의 역사: 교회사를 통해 이 구절은 어떻게 이해되어 왔나?
8. 이 구절의 현재적 중요성(Kaiser and Silva, 1994: 20-22)

우리는 여기에 두 가지를 더하고자 한다.

9. 복음전달자의 세계관에 비교해 본 것으로서 성경 텍스트가 갖는 문화적 세계관
10. 자신들의 세계관을 소유하고 있는 수용자들의 귀에 들리는 복음전달자의 메시지가 주는 의미와 그 의미의 중요성

전통적으로, 해석학에는 그림 4.1에 나타나는 세 가지 요소들에 대한 검토와 숙고, 그리고 그 세 가지 요소들이 상호간에 맺는 역동적인 관계를 파악하는 것까지 포함한다.

그림 4.1. 해석학적 질문에 대한 세 가지 전통적 요소들 : 저자, 텍스트, 복음전달자

제1장에서 성경은 사람이 쓴 것일 뿐만 아니라 하나님의 계시에 따라 기록된 것이라는 사실에 대해 확증했다. 카이저와 실라는 "성경은 하나님께서 계시하신 말씀이기 때문에, 그 의미를 파악하는 일은 누군가가 성경의 기록 목적, 범위, 또는 이유를 이해하기(신학) 전까지 종결되지 않는다"(1994: 34)라고 했다. 특히 구약성경에 관해, 로버트 허바드(Robert Hubbard)는 다음과 같이 언급했다.

성경 텍스트 전체의 문자 그 자체를 초월적인 주장들로 받아들이는 방법론은 모든 가능성, 심지어는 역사 속에 초자연적 활동들이 존재한다는 가능성에 문호를 개방하는 방법론보다는 훨씬 진실되고 객관적인 방법론일 것이다. 사실, 성경을 문자 그대로 읽는다면, 성경은 일상사에 직접적으로 관여하시는 하나님을 보여줄 것이다. 구약성경에 등장하는 "믿음"의 다양한 영역들을 진지하게 고려하는 방법론만이 진정한 "역사적 주석"-즉 텍스트에 등장하는 모든 차원에 대한 최선의 정의를 제시하는 주석-이라 할 것이다(R. Hubbard 외 1992: 35).

따라서 우리가 시도하고자 하는 해석학적 작업은 하나님께서 의도하신 것이 무엇인지를 인식하는 것을 포함해야 한다. 우리는 앞서 그림 4.1에서 제시한 것에 한 가지 내용을 추가할 필요를 느낀다.

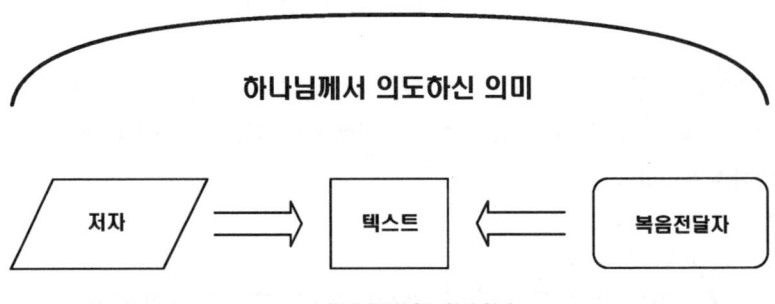

그림 4.2. 하나님께서 의도하신 의미

카이저와 실바는 복음의 전달 과정에 수용자를 포함시켜야 할 필요성에 대해 강조했다.

오늘날 우리가 살아가고 있는 20세기가 해석학 논쟁에 기여한 위대한 요소는, 과거에 주어진 계시가 오늘날에 주는 의미를 따지는 현재적 적용과 중요성에 대한 우리의 관심을 증진시킨 것이라는 데는 의심의 여지가 없다는 것이다. 그러나 저자가 의도했던 의도를 따라가는 것과 텍스트에 드러나는 원리와 현대적 환경 사이에 보이는 어떤 연결점을 명확히 하는 작업을 함에는 신중에 신중을 기할 필요가 있다. 텍스트의 중요성에 대한 집중이 실제로 성경에서 가르치지도 않는 새로운 의미를 제안하는 것으로 나가는 것이 되어서는 안 된다. 그렇게 하는 것은 텍스트의 권위를 위험케 하는 행위다. 왜냐하면 그러한 유추는 기록된 텍스트가 가지는 본질을 드러내는 것이 아닐 것이고, 따라서 현대적 상황에서 어떤 권위도 갖지 못할 것이기 때문이다…힐시(Hirsh)가 지적했듯이, 특정 성구가 가지는 의미에 대한 타당성 여부는 저자가 의도한 의미(즉 인식) 내에만 존재할 수 있다(1994: 44-45).

선교학적이고 의사소통론적 관점에서 볼 때, 우리가 시도하는 해석학에서 중요한 위치를 점하는 부가적 요소가 한 가지 더 있다. 그것은 수용자다. 그림 4.3에서 보이듯이, 우리는 수용자들이 그들의 상황과 공동체, 그리고 세계관에 기초하여 그들에게 전달되는 복음의 내용에 대해 깨달은 바, 그 의미에 대한 인식에 대해서도 설명해야 할 것이다.

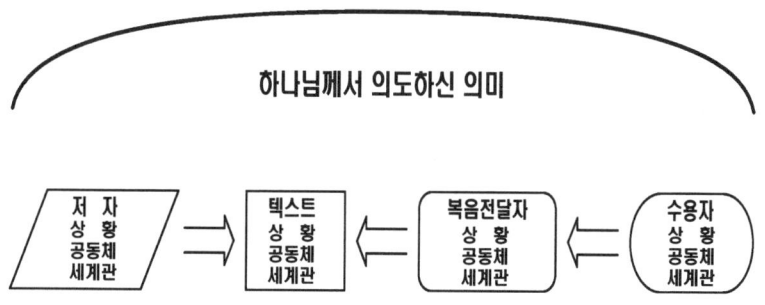

그림 4.3. 복음전달 과정의 네 가지 요소들: 저자, 텍스트, 복음전달자 그리고 수용자

2. 현대 해석학 개략

오스본이 "현대 해석학의 아버지"라고 부르는 프리드리히 슐라이어마허(Friedrich Schleiermacher, 1768-1834)로부터 시작하여 빌헬름 딜시(Wilhelm Dilthey, 1833-1911)에 이르기까지, 해석학 논쟁의 핵심은 해석학적 연속체들(저자, 텍스트, 또는 해석자) 중 어떤 부분이 강조되어야 하느냐에 초점이 맞추어져 있었다. (대략적으로 말하자면) 슐라이어마허와 딜시가 저자 중심적 해석학을 강조한 반면, 한스(Hans)와 게오르그 가다머(Georg Gadamer)는 텍스트의 지평과 해석자의 지평 사이에 존재하는 "지평들의 융합"(a fusion of horizons)에 대해 말하면서, 텍스트를 강조하는 해석학을 이끌었다. "따라서 언어와 텍스트는 그 자체로 생명력을 갖는 자율적 실체들이다"(Osborne, 1991: 369).[2)]

지난 세기 중반 즈음에 이르러 저자보다는 수용자들에게 관심의 초점을 두는 해석학에 대한 관심이 대두되기 시작했다. 이러한 해석학의 대두는 의미론에 대한 관심을 증진하는 프랑스 구조조의자들과 독자의 반응을 중요시하여 해체를 향해 나가는 해석학의 주창자들에 이어 등장한 후기 구조주의자들의 작업들을 포함한다. 이들 모두는 해석의 연속체(the continuum) 상에서 수용자들이 감당하는 역할에 대한 논의를 촉진시켰다. 이런 대화는 독자의 주관성을 통해 텍스트를 들여다보는 방식(a near eclipsing)을 촉발시켰다. 오스본은 다음과 같은 결론을 내렸다.

> 처음에는 현상학에 기초하고 그 다음은 구조주의에 기초하여, 강조점은 [저자의 관심을 확증하는 것에 대한 가능성]으로부터 독자가 텍스트와 조우했을 때 가지게 되는 선 이해(pre-understanding)에 대한 강조, 그리고 뒤이어서는 최초의 의미에 대한 존재론적 대체(an ontological displacement of original meaning)에 대한 강조로 옮겨갔다. 이러한 움직임은 독자 스스로가 새로운 텍스트를 재창조해 내는 독자의 반응에 기초한 비평주의와 독자와 텍스트 모두가 해체되어버리는 해체로 그 결론을 맺게 되었다(Osborne, 1991: 385-386).

다행스럽게도, 일부 중도적 주장들이 저자의 의도와 텍스트가 가지는 자율성 모두에 대한 재평가를 요구하고 있다. 해석학적 과정의 적용에 대해 논하는 수많은 주장들이 있었지만, 우리는 그랜트 오스본(Grant Osborne)과 앤토니 티슬톤(Anthony Thiselton)의 주장에서 이 책이 목적으로 하는 바에 도움이 되는 내용들을 발견했다.[3] 이 두 사람은 저자의 의도를 유지하는 것에 관심을 가지는 동시에 독자의 문화적 지평이 독자가 텍스트를 이해하는 데 미치는 영향에 대해서도 관심을 가지고 있다. 이런 관심이 티슬톤으로 하여금 '두 개의 지평들'(*The Two Horizons*, 1980)이란 개념을 발전시키게 했고, 오스본으로 하여금 '해석학적 나선구조'(*Hermeneutical Spiral*, 1991)에 대한 아이디어를 제시하게 했다. 우리는 이 두 명의 이론가들이 세운 이론을 토대로 이 책의 논의를 끌고 나가고자 한다.

그렇다면 성경의 특정 구절을 택하고 그 구절의 의미를 살펴본다는 것이 의미하는 것은 무엇인가? 카이저와 실바는, "성경이 의미하는 바를 직접적으로 살피는 것을 계속하기 전에, 우리는 '의미'(meaning)라는 말 그 자체에 대해 조심스럽게 살펴볼 필요가 있다…이 단어가 가지는 다양한 느낌은 해석학의 중요한 다른 몇 가지 개념들과 밀접하게 연관되어 있다. 그 개념들은 지시대상(referent), 감각(sense), 의도(intention) 그리고 중요성(significance) 등이다"(1994: 34).

이 책의 저자들에게 있어 주석은 저자가 말한 것-실제 기록되어 있는 단어들, 구절들, 문장들 그리고 전체 의미론적 담론(discourse)-이 무엇인가에 대해 연구하는 것과 관련되어 있다. 해석학은 적용될 수는 있으나 형식과는 상관이 없을 수도 있는 의미에 대한 해석에 영향을 끼치는 (문화적, 방법론적, 의미소통론적 그리고 신학적) 전제들에 대한 시험이다. "해석학"이라는 단어는 이제 몇 가지 다양한 의미로 사용되고 있다. 따라서 이 단어를 사용함으로써 우리가 이루고자 하는 목적을 달성하기 위해 "해석학"에 대한 다양한 접근방법들에 대해 간략하게 소개하고자 한다.

3. 다양한 종류의 해석학

명확히 하고자 하는 목적에서, 우리는 다섯 가지 다른 종류의 "해석학"에 대해 간략하게 설명하고자 한다. 처음부터 우리는 다음과 같은 점에 대해 명확히 하고자 한다. 해석학은 항상 상황적 이슈(contextual issue)이긴 하지만, 해석학적 질문들이 상황화와 관련된 문제들과 연계되는 데는 중요한 차이점들이 존재한다.

1) 시대의 조짐들 해석하기

최근까지 해석학이라는 단어가 사용된 방식은 현재라는 역사적 순간을 해석하는 것(reading)과 관련이 있었다. 이는 어떤 특정한 상황에 처해 있는 사람들이 세상 속에서 하나님의 사역을 적용시키고자 할 때 해당 상황 안에서 나타나게 되는 다양한 요소들이 지니는 중요성과 의미를 이해하고자 하는 것과 관련이 있다. 그리고 세상 안에서 발생하는 하나님의 사역에 교회들이 어떤 식으로 참여해야 하는 가에 대한 결론을 유추하는 것과도 관련된다.

1950년대 이후 세계교회협의회(WCC)가 말하는 해석학은 역사를 통해 시대의 조짐들을 해석하는 것을 의미했다. 이런 접근방법은 역사적 과정과 현재 상황에 대한 분석 모두를 포괄하는 것이었다. 이는 하나님께서 역사 안에서 무엇을 하셨는가를 분별하고 그 일에 참여하는 것을 의미했다. 2차 세계대전 후, 호켄디직(J. C. Hoekendijik)의 회의주의적 태도에 깊이 영향을 받은 이 관점은, 선교의 순서를 하나님→교회→세상에서 하나님→세상→교회로 바꾸어 놓는 결과를 초래했다. 호켄디직에 따르면, 여기서 문제가 되는 것은 샬롬(평화)의 현재성이다.

> 세상과 하나님 나라는 서로 상호연관 되어 있다. 세상은 하나의 일체로서 하나님의 위대하신 역사의 장으로 이해된다. 세상은 하나님과 화목되었다(고후 5:19). 세상은 하나님의 사랑의 대상이며(요 3:16), 그분의 사랑이 극복한 대상이다(요 16:33). 세상은 하나님 나라의 씨앗들이 뿌려진 들녘이다(마 13:38). 세상은 결과적으로 하나님 나라가 선포되는 장이다(Hoekendijk, 1952: 333).

호켄디직은 하나님의 나라와 샬롬, 그리고 세상 속에서 이루어지는 섬김이 선교와 전도의 핵심적 위치로서의 교회를 대체하길 원했다. 호켄디직의 강조는 사회경제적 해방과 정치적 해방에 관해 교회가 할 수 있는 가능한 역할에 대한 점증하는 인식에도 힘을 실어주었다. 교회가 세상 속에서 하나님께서 행하셨던 것에 대해 깨달았더라면(현재의 역사적, 경제적 그리고 사회정치적 상황에 대한 해석을 통해), 교회는 이런 하나님의 "선교"를 지지하는 행위를 하도록 부르심을 받았다는 것을 알았을 것이다. 다른 말로 하자면, 만일 교회가 할 어떤 역할이 있었다면, 그것은 공리주의자가 되는 것이었다. 교회가 혁명적 변화를 불러일으키는 데 적절한 도구로 유용하게 사용되었더라면 아마도 수용되었을 것이다. 이러한 공리주의적 교회론은 특히 남미 해방신학에서 강력하게 주장되었다(Van Engen, 1996b: 155).

이러한 시각은 세계교회협의회의 선교학적 향방에 강력한 영향을 끼쳤다. 1952년 윌링겐(Willingen)에서 있었던 국제선교사협의회(IMC)를 필두로 하여, 1991년 캔버라에서 열린 제7차 세계교회협의회 총회까지 그 영향력이 점증적으로 증가되었다. 이런 시각이 갖는 핵심은, 현재라는 역사적 상황에 대한 "해석"을 수행하는 것에 대한 구체적인 접근방법이다. 복음주의 선교학 입장에서 볼 때 이러한 접근방법에는 문제성이 있다. 이런 관점은 성경적 상황과 사람들을 억압으로부터 해방시키는 현재 상황을 동일시하려는 경향이 있다—지금 여기 이 세상에서 하나님께서 하시는 일은 하나님께서 이미 성경적 상황 속에서 하신 일과 동일시된다. 이러한 접근방식을 따르게 되면, 성경은 현재의 사회정치적 문제들에 비해 부차적인 것으로 취급받게 되고, 교회는 사회변화를 일으키는 여러 대리 기관들 중 하나로 가치가 절하되게 된다. 이런 "해석학"은 하나님께서 의도하신 바의 가치를 절하하는 반면 성경을 읽는 현대인에 대한 강조를 매우 중시한다.

2) 해석학적 순환

지난 40여 년 동안, 남미인들은 두 번째 해석학 유형의 최전방에 위치하고 있었다. 이는 학자들, 특히 후안 루이스 세군도(Juan Luis Segundo, 1976)에 의해 재조명되고 재해석된 "해석학적 순환"(hermeneutical circle)과 관련이 있다.[4] 남미 해방신학의 해석학적 순환은 가난한 사람들에 대한 관심을 최우선시하는 것에 헌신하는 방향으로 나아감으로써 의도성을 띤 해석학 과정의 선두에 섰다. 그렇게 함으로써 그들은 성경이 드러내고자 하는 의미를 오늘의 상황에 비추어 재해석하는 것에 대해 개방적인 태도(중요성에 중점을 둔 해석학)를 취했다. 이러한 방법론은 그들에게 사역 현장의 상황을 재해석할 수 있는 새로운 렌즈를 제공했다.

세군도는 사람들이 살아가고 있는 현재 상황으로부터 시작하여 네 가지 결정적 단계를 발전시켰다. (1) 특정한 사람들의 세계관 또는 환호구조(plausibility structure, 한 사회에 속한 구성원들이 기쁘게 수용할 수 있는 구조를 나타내는 말로, 세계관을 나타내는 피터 버거의 용어-역주)는 특정한 문제나 질문으로 나가게 된다. (2) 특정한 사람들에 대한 문제, 질문, 또는 실존적 관심은 텍스트에 대한 접근방법의 틀을 제공한다. (3) 특정한 사람들이 품고 있는 문제에 대한 관점을 가지고 텍스트를 이해하는 것은 상황에 대한 특정한 적용을 제공한다. 그리고 (4) 그런 적용은 상황에 새로운 문제 또는 질문을 제공하게 되는데, 이를 통해 동일한 단계를 반복하게 된다. 이 과정은 순환적 구조로 유지되는데, 현재 상황이 텍스트의 의미를 제공하며 전체의 순환적 흐름-"해석학적 순환"-을 유지시킨다.

  세군도의 방법론에 따르면, 어떤 개념들은(세군도는 이를 "이념들"이라고 불렀다) "의심의 해석학"(hermeneutics of suspicion)[5]을 포함하는 견해를 소유한 해석자가 점검한 특정 상황에서 기인한다. 그렇다면 이런 개념들은 해석자의 관점, 즉 그런 상황(들)에 처한 사람들이 사용하는 은유(들)에 대한 질문(들)을 강요하는 형편에 대한 해석을 반영하는 것으로 볼 수 있다. 따라서 해석자들은 이런 재검토 과정을 통해 얻은 상황에 대한 새로운 통찰력에 기초하여 성경을 재해석해야 한다. 해석자들이 성경을 재해석할 때, 그들은 예전에 그들이 마주치지 못했던 사안들에 대해 목도하게 된다. 왜냐하면 그들은 새로운 상황

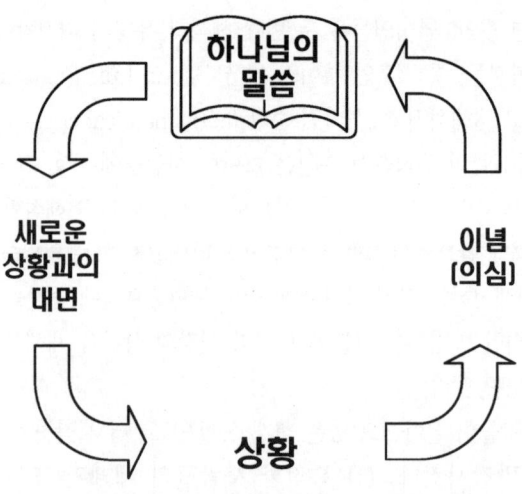

그림 4.4. 세군도의 해석학적 순환

에서 유래한 새로운 이해를 반영하는 새로운 질문들을 마주 대하게 되기 때문이다. 해석자들은 성경에서 얻은 새로운 통찰들 때문에 그들이 처해 있는 상황을 새로운 관점을 가지고 대면하게 된다. 그림 4.4는 이 과정에 대한 도표를 제공한다.

이 구조를 따라가며, 일부 신학자들은 실재(세계교회협의회가 의미했던 것과는 여러 면에서 상당히 다른)를 인식하는 패러다임을 나타내기 위해 "상황주석하기"(exegeting the context)라는 용어를 사용하고 있다. 이 과정은 도시선교의 진행에서 매우 중요하다. 도시가 어떻게 보여지는지가 해석되어야 하기 때문이다. 즉 도시가 보여주는 상징들과 은유들이 해석되어야 하기 때문이다. 도시 거주민들의 근본적 은유(들)는 무엇일까? 만일 도시의 근본적 은유가 "혼란"이라면 이는 구조의 결함, 그리고 궁극적으로 군중속의 고독-무의미함-이 존재하고 있음을 반영하는 것이다. 반대로, 만일 근본적 은유가 "질서"라면, 강조점은 권력, 법, 질서 그리고 권력을 쥔 자들을 지지하고 변호하는 것에 대한 이슈들로 이동하게 된다. 만일 근본적 은유가 "조화"라면, 도시에 대한 접근방법이 다시 한번 급진적으로 변하게 될 것이다.[6] 이들 각각의 은유-혼란을 의미로 변혁하고, 질서를 상호작용으로 변혁하는 것-는 선교학과 창조주 하나님과의 조화를 위한 적용점을 제공해 준다. 해석학적 순환은 현대적 상황과 성경 텍스트간의 역동적 상호작용을 추구한다.[7]

3) 복음의 해석자로서의 지역교회

레슬리 뉴비긴은 "해석학"이란 단어를 전혀 다른 방식으로 사용했다. 뉴비긴은 회중을 세상을 위해 복음을 해석하는 해석자의 중심에 자리매김했다(Newbigin, 1989). 이런 교회론적 접근방식은 회중이라는 도구를 통해 세상이 복음을 이해하는 것에 대한 모델을 제공한다. 요한복음 14장에서 예수께서는 "너희가 서로 사랑하는 것을 보며 모든 사람들이 너희가 내 제자인 줄 알리라"라고 말씀하신다. 모든 사람이 회중을 "해석"할 것이다. 그리고 회중 안에서 의미를 발견할 것이다. 무엇이 사랑인가? 사랑은 어떻게 표현되는가? 각 회중에 속한 사람들이 사랑의 의미에 대해 다른 상징과 관계를 가질 것이므로, 다양한

"해석들"로 도출될 것이다. 요한복음 14장을 해석할 때, 제자들 또는 신자들의 공동체가 곧 복음을 표현하는 것임을 인식해야 할 것이다. 뉴비긴은 다음과 같이 언급했다.

> 기독교인이 대중에게 영향력을 미치는 것에 대해 설명할 때, 가장 우선적인 실재로 보여주어야 할 것은 다른 아무것도 아닌 기독교인 회중이다…복음의 유일한 해석자는 복음을 믿고 그에 따라 살아가는 남성들과 여성들로 구성된 회중이다…내 생각에, 이 공동체는 다음과 같은 여섯 가지 특징들을 가지게 된다.
>
> • 이 공동체는 찬양의 공동체가 될 것이다.
> • 이 공동체는 진리의 공동체가 될 것이다.
> • 이 공동체는 그 자신을 위해 살지 않는 공동체가 될 것이다.
> • 이 공동체는 세상 안에서 제사장 됨을 연습하기를 중단하지 않는 공동체가 될 것이다.
> • 이 공동체는 상호간 서로에 대해 책임을 지는 공동체가 될 것이다.
> • 이 공동체는 소망의 공동체가 될 것이다.
>
> (뉴비긴의 주장을 요약한 것임, 1989: 227-233)

4) 성경적 의미를 재-제시하는 것으로서의 해석학

전통신학에서는 개인적으로 성경을 묵상하는 것을 출발점으로 해서 각각의 성경공부 단계를 거쳐 성경신학을 연구하는 데까지 나가는 일련의 과정이 존재한다. 주석은 텍스트의 기술적 구조(technical structure), 즉 단어와 문법을 다루는 작업이다. 주석은 의미를 추적하기 위해 텍스트를 구성하는 방식—주석은 단어가 말하는 바가 무엇인지를 설명하는 것이지 그 의미가 무엇인지를 설명하는 것이 아니다—을 모색한다. 종합(synthesis)은 성경 묵상으로부터 주석에 이르기까지의 과정을 통해 증가된다. 핸드릭스 벌코프(Hendrikus Berkhof, 1985)는, 단순히 성경을 읽는 것으로 시작하지 않는다면 어떤 신학자도 종합적인 신학을 이룰 수 없다는 견해를 주장했다. 교조주의자들은 신학적 종합을 성취하는 데 실패하곤 한다. 왜냐하면 주석은 단어에 대한 이해를 산출하는 작업이고 해석학은 그 다음 단계를 설명하는 것임을 모르기 때문이다.

이로 보건대 주석과 해석학 사이에는 구별이 존재한다. 명제적 선포는 단어가 말하는 바가 무엇인지를 성명하는 것으로, 주석을 반영한다. 그러나 우리는 성경 속에 등장하는 내러티브(narrative)가 각각의 단어만큼이나 계시적이라는 사실 또한 알고 있다(Osborne, 1991: 149이하). 이 두 가지가 합쳐져 표층차원의 의미와 심층차원의 의미를 전달하는 말과 행위의 결합체를 산출한다. 행위는 말에 상관성과 변혁과 구체성을 부여한다. 말은 의미와 중요성, 그리고 행위의 목적에 대해 설명한다. 우리는 텍스트를 다룰 때 구조분석방법을 통해 다루지 않는다. 우리는 텍스트의 최초 상황(original context)과 복음전달자가 처한 상황을 포함한 현재 상황(present day context)의 맥락 모두를 다루는 해석학으로 옮겨가야만 한다.

해석학은 하나님께서 이 세상과 나누시는 대화에 대한 더 깊은 이해로 우리를 이끌어 간다. 일단 전체 텍스트를 다루기 시작하면, 의미에 대한 신학적 이해와 답변을 요구하는 해석학적 차원에 서 있는 것이다. 그렇게 되면 우리가 이전에 시도했던 방식과 이후에 시도할 방식(우리가 제1장에서 토론했던 것처럼)에 비추어 다시 한번 텍스트로 돌아가서 텍스트를 다시 읽게(reread)하게 된다. 따라서 우리는 심층차원의 의미들에 대해 질문할 필요가 있다. 즉 우리는 텍스트를 신중하게 다루고, 그렇게 다룸을 통해 도출되는 신학(원저자의 의도에 충실하면서 동시에 현재적 맥락을 신중하게 다루는)을 세우는 접근방법을 택할 필요가 있다.

5) 성경적 그리고 신학적 해석

우리가 강조하는 마지막 접근방법은 저자의 의도를 탐구하는 것을 포함한다. 즉 특정한 성경적 상황 안에서 기록되었던 텍스트, 즉 하나님과 그분의 계시를 받아 텍스트를 기록한 인간 저자들이 품고 있던 의도를 이해하는 것을 포함한다. 그러므로 신학적 정립을 위해 텍스트에 주석학적으로(exegetically)

접근한다.8) 주석적 작업이 적절하게 수행된 후, 하나님의 계시가 주어진 상황에 대한 해석학적(hermeneutical) 탐구로 나가게 된다. 이 과정에서는 텍스트가 말하는 것(주석)보다는 텍스트가 의미하는 것(해석)에 대해 강조한다. 전통적 주석은 저자의 의도에 비춰 원의를 찾아내려 노력한다. 그러나 모든 메시지는 어느 정도까지 그 의미 결정에 영향을 미치는 특정한 상황 속에서 주어진다. 그러므로 주석은 텍스트가 표면적 차원에서 드러내는 것, 즉 구약성경과 신약성경 저자들이 의도했던 의미(우리가 곧 지평 Ⅰ과 수평 Ⅱ로 정의할)를 전달하는 데 필요로 하는 형식을 찾는 점진적 연구(progressive search)가 된다. 이와 대조적으로 해석은 항상 상황에 대해 민감하고 심층적 의미를 연구하는 데 집중한다. 모든 메시지는 특정한 상황이라는 맥락 속에서 전달되기 때문에, 강조는 우선적으로 텍스트가 제시되는 일단의 환경을 적용하는 것에 주어진다. 이와 같은 이해는 복음전달자로 하여금 텍스트의 메시지를 새로운 환경, 즉 복음전달자와 하나님의 말씀을 받아들이는 특정한 사람들 속으로 전사하도록 한다(지평 Ⅲ과 Ⅳ).

만일 이것이 참이라면, 우리는 텍스트가 주어진 원래의 상황에 관한 질문을 제기해야 하는데, 그 질문에는 성경 전체를 통해 발견되는 다양한 문화적 상황에 대한 질문도 포함된다. 이와 유사하게, 복음전달자의 상황과 그가 성경을 이해하는 방식에 미친 영향, 그리고 메시지가 이해되는 수용자들의 상황도 심중하게 취급해야 한다. 복음전달자들의 임무는 텍스트의 문맥 안에서 판별되는 원의(原意, original meaning)를 이해하고 그 내용을 수용자들에게 전달하는 것이다. 그리고 복음을 전할 때 복음전달자가 소유한 문화적, 교회론적 그리고 신학적 편견에서 기인하는 개인적 가정들이 지나치게 투영되지 않도록 해야 한다. 신학적으로 적절한 복음전달은 모든 차원과 모든 지평이 갖는 의미에 관심을 기울인다.

특정한 구절을 해석학적 관점을 가지고 대하는 것으로부터 시작하여, 우리는 성경 저자가 의도했던 신학적 원의도(原意圖, original intention)를 판별하는 시도를 한다. 바꾸어 말하면, 저자의 의도는 성경의 나머지 부분과 분리해서가 아니라 성경의 나머지 부분과 연결하여 고려되어야 하는 것이다. 목사나 번역자는 성경의 나머지 부분과 유리된 특정한 텍스트만을 설교하거나 번역해서는 안 된다. 그렇게 되면 텍스트를 통해 저자가 원래 의도하고자 했던 것을 잃게 될 뿐 아니라, 성경의 나머지 계시와 연결하는 데도 실패하게 된다. 이러한 광범위한 연결은 성경 역사에 대한 일반적 이해를 요구한다. 그 이유는 각 성경이 우리가 앞서 제2장을 통해 논의했던 정경의 범주에 부합되어 정경으로 받아들여진 전체 성경의 일부이며, 특정한 시간과 장소에서 주어졌기 때문이다.

이 때문에 특정한 성경 안에 인용되어 있는 다른 성경구절들을 참조하는 것은 저자가 전하고자 하는 메시지를 전하는 데 있어 매우 중요하다. 저자가 살고 있던 시대(성경 시대-역주)에는, 이러한 인용들이 해당 성경이 성경 전체와 연결되어 있다는 것을 증명해 주는 역할을 했다. 성경의 각 권은 성경 전체와 분리된 상태로 이해될 수 없다. 아서 글라서(Arthur Glasser)는, 오늘날 선교사들과 복음전도자들이 상황화의 표현으로 진행하는 일은, 전체로서의 하나님 말씀에 온전히 순종하고자 하는 노력을 반영하는 것이어야 한다고 경고했다. 그렇지 않으면 복음전도자들이 하는 일 자체가 진리를 왜곡하고 하나님께서 관심을 기울이시는 핵심적 내용으로부터 벗어나 파괴적인 역할을 한 성경에 등장하는 거짓 선지자들처럼 된다(Glasser, 1989). 물론 진정성과 편향성에 대한 문제는, 부록 II에서 소개하는 담론분석을 신중하게 취급하는 것이어야 한다.

이와 같이 광범위한 해석학적 접근방법에 대한 한 가지 예는, 누가가 기록했고 신약성경에 포함된 두 권의 책에서 발견될 수 있다. 복음전달자가 구약의 선지서와 구약신학 역사, 그리고 하나님의 역사하심 속에 존재하는 말씀과 행위의 결합에 대해 다루지 않는다면, 누가의 메시지가 전달하고자 하는 총체적 의미를 적절히 이해할 수 없다. 선지자들이 품고 있던 원의도(original intent)를 이해하지 않으면, 성령의 인도하심을 받은 누가가 그의 독자들에게 제공하고자 했던 유익을 전달하기 위해 텍스트를 활용할 수 없다.

이와 유사하게, 베드로에 대한 이야기와 베드로가 기록한 베드로전후서와 연결되어 있는 영적인 순회에 대해 이해하지 않으면, 마가복음이 베드로의 기억을 기반으로 해서 기록된 것으로 받아들이는 것에 심각한 결함이 드러나게 된다. 이런 이해가 없이는 마가복음의 내용을 적절히 이해할 수 없다.

성경 전체와 연결되지 않고 홀로 존재하는 텍스트는 존재하지 않는다. 우리는 성경 한 권 자체를, 마치 그 자체가 나머지 성경 전체와 고립된 채 존재하는 독립적인 것으로 취급하며 설교할 수 없다. 성경 각 권의 저자들이 성경을 기록할 때(그림 2.2를 참조하라. 베드로후서 일부를 발췌하여 예로 제시했다) 계시의 다른 부분들에 대해 깊이 명심하는 중에 기록했음을 명심하라. 만일 성경 저자가 참고 구절을 인용한 의도가 전체 성경의 맥락에서 볼 때 참된 것이라면, 어떤 특정한 구절을 고려하는 일에 훨씬 높은 중요성이 부여된다. 우리는 어떤 특정한 관점이나 신학적 시각을 보강하기 위해 성경의 맥락으로부터 어떤 특정한 구절만 뽑아내는 일을 피해야 한다. 성경의 각 부분은 그 부분이 포함되어 있는 좀더 큰 사회언어학적 그리고 신학적 맥락에 비추어 이해해야 한다.

이러한 신학적 해석과정에 기초하고, 교회역사를 통해 다른 사람들이 동일한 텍스트에서 발견했던 의미들에 대해 고려해 봄으로써 다음 단계로 나가고자 한다. 그들의 생각이 기독교인들(교회)의 삶 속에서 어떻게 "해석"되었는가? 이 질문은 우리가 제3장에서 주목했던 교리의 역사적 발전과 관련이 있다. 역사적 해석들이 현재 기독교인들이 살아가고 있는 사회적 상황과 어떻게 연계될 수 있을까? 이런 질문에 대한 답변은, 구체적으로는 특정한 텍스트들(texts)이, 그리고 일반적으로는 성경(Scripture)이 드러내는 의미에 대한 우리의 이해에 보탬—복음이 전파되는 모든 상황을 포함하는 더 광범위한 해석학적 영역으로 토론의 범위를 옮겨감을 통해—이 된다. 따라서 우리는 앞서 제2장에서 제시했듯이, 텍스트 원문의 성격을 고려하고 난 후, (제3장에서 발전시킨 것처럼) 고대와 현대를 막론하고 텍스트를 수용자들이 처한 상황과 연결시켜야 한다.

이와 같은 과정은 이스라엘 백성에게 선포되는 하나님의 말씀을 다루는 호세아의 방식에서 명백하게 드러난다. 오순절 날 군중에게 행한 베드로의 설교도 또 다른 예로 들 수 있다. 베드로는 선지자 요엘의 텍스트를 주석하여 오순절 날 군중들이 접했던 특별한 현상에 적용했다. 베드로는 자신이 성경 텍스트에 충실하고 있다고 믿고 있었고, 그의 설교를 듣는 청중들에게 새로운 영향을 주는 의미를 발전시켰다. 그러자 바로 그 날에 교회에 삼천 명의 새로운 개종자들이 더해졌다. 이보다 더한 예는 예수를 하나님의 어린양으로 보는 개념 속에서 발견할 수 있다. 성경적, 그리고 신학적 해석에 대한 예로서 이 개념이 제공하는 성경적, 그리고 신학적 발전에 대한 확장된 토론 내용은 부록 I를 보라. 한 발 더 나아가, 우리는 이런 역동성을 오늘날 사모와 마야라는 특정한 사회문화적 상황 속에서 살아가고 있는 청중들에 적용했다. 샘 호프만은 첼탈어로 성경을 번역했던 경험을 통해 "지혜"에 대한 새로운 이해를 발견할 수 있었다. 이런 예는 우리가 메시지의 전달성(이 책 전체가 강조하는 핵심 개념)에 집중할 필요를 느끼게 한다. 전달되는 의미는 원문 텍스트(the source text)가 말하는 의미와 동일해야 한다. 그러나 그 의미가 전혀 다른 시간과 장소 속에서 전해지므로, 원문 텍스트가 전해졌던 것과는 전혀 다른 방식(totally different package)으로 전해져야 한다. 이제 우리가 제공한 해석학적 접근방식을 신학적으로 적절한 복음전달방식의 발전에 적용해야 한다.

4. 해석학적 나선

이 책에서 우리는 다양한 상황 속에서 하나님께서 의도하신 자기 계시의 의미를 재-제시(re-presentation, 지금 처한 상황 속에서 성경이 의도하는 바를 다시 제시하는 것)하는 것에 대해 강조했다. 성경을 읽으면서 우리는 성경적 상황과 우리가 처한 현재 상황 모두를 개념화하는 근본적 은유들(root metaphors)을 찾아낼 수 있다.

1) 나선 개념의 발전

후안 루이스 세군도(Juan Luis Segundo)는 성경적 상황과 현재 라틴 아메리카가 처한 상황으로부터 유래하는 다양한 질문에 비추어, 실재에 기초한 해석학적 순환을 발전시켰다. 이같이 새로운 질문과 통찰력은 새로운 행동을 유발하는 논리적 근거를 제공한다. 세군도는 신학적 탐구에서 진보적 발전을 가능하게 했다. 로마 가톨릭 제2차 바티칸 총회 이후 세대에 속하는 세군도의 신학적 주제는 교리의 역사적 발전에 대한 가능성에 그 근거를 두고 있었다. 그가 제시한 모델에 근거하여 신학적 실재를 경험하는 새로운 방식이 등장했다. 왜냐하면 그는 실재를 새로운 시각으로 조명해 보았기 때문이다(Segundo, 1985).

올란도 코스타스(Orlando Costas, 1979)는 해석학적 나선에 근거하여 해석에 대한 역설적 접근방식을 발전시켰다. 그의 해석학은 라틴 아메리카의 가난한 사람들이 사는 상황으로부터 시작했다. 라틴 아메리카의 가난한 사람들과 더불어 상호작용하면서 올란도는 경제적, 사회적 그리고 정치적 압제라는 상황 속에서 살아가고 있는 그들의 고통을 느꼈다. 그는 이런 관점을 가지고 성경을 다시 읽어 내려갔다. 이렇게 해나가는 와중에, 올란도는 성경에 등장하는 가난한 사람들의 위치를 "발견했다." "가난한 자들은 항상 너희와 함께 있을 것이다"(마 26:11). 일단 새로운 관점을 성경을 가지고 읽기 시작하자, 하나님께서 가난한 사람들을 더 선호하시는 경향이 있다는 데 관심을 갖게 되었다. 이런 관심이 올란도로 하여금 억압받는 자들과 일체성을 갖게 했고, 이렇게 가진 억압받는 사람들과의 일체성이 또 다른 시각을 가지고 성경을 읽어가도록 자극했다. 이런 식으로 성경을 보는 태도는 신학적으로 신중한 자세가 요구된다. 이런 식의 나선형 과정만 따라가다 보면, 텍스트에 드러나 있는 하나님의 자기계시라는 중심성이 흔들리기 쉽기 때문이다. 그러나 이 과정은 현 시대 상황과 비슷한 양상이 명백히 드러나는 성경에 등장하는 상황을 연결시키는 모델을 제공해 준다. 이와 같은 나선화(spiraling) 현상은 현대적 상황 속에서 새로운 신학적 발전을 양산시키는 데 기여할 수 있다.

그랜트 오스본(Grant Osborne) 또한 최초 수용자들에게 전달된 텍스트를 광범위한 상황에 통합시키는 나선구조로서의 해석학에 대한 아이디어를 제공했다. 오스본은 여기서 끝내지 않고, 텍스트가 특정한 상황 속에서 살아가면서 그들이 처한 상황이라는 렌즈를 통해 텍스트가 드러내는 의미를 해석해 가는 현대인들에게 영향력을 발휘하도록 하는 데까지 해석학의 영역을 확장해 갔다 (1991: 323-326). 무엇보다 오스본은 사람들이 처한 상황이 아닌 텍스트에 근거해서 해석을 진행하는 과정의 필요성에 대해 인식했다. 여기에서 우리는 영감에 대한 오스본의 복음주의적 평가를 확인할 수 있고, 성경에 대한 해석과 그 해석을 근거로 신학을 형성하고 있음을 확인할 수 있다. 해석학의 최우선적 근거는, 각양의 사고 형태와 특정한 상황 안에서 드러나는 행위, 그리고 텍스트를 기록하는 인간 저자들이 소유하고 있는 세계관을 통해 특정한 시공간 속에서 살아가는 사람들을 위해 설정하신 당신의 목적하심을 이루시기 위해 그들과 더불어 교통하시는 하나님이시어야 한다. 그분이 바로 텍스트의 원저자이시기 때문이다. 일단 이러한 관점이 이해되고 나면, 위로부터 전해진 메시지는 어떤 상황에라도 적용될 수 있게 된다. 각 상황이 지니는 특수성 때문에, 모든 상황에 처해 있는 사람들에게 성경이 전하고자 하는 메시지를 새롭게 이해시키기 위해 복음전달자가 텍스트에 대해 재검토하는 것은 필수적인 일이다. 이 메시지는 인류 역사를 통해 모든 새로운 상황 속에서 새롭게 이해되어짐을 통해, 옛 이야기에 대한 새로운 의미를 제공해 왔다.

성경 텍스트와 선교학적 영향을 끼치기 위해 우리가 복음을 전달하고 있는 사회언어학적 상황을 더 잘 이해하기 위해, 지금까지 설명했던 것보다 한 단계 더 나가는 과정에 대해 제시하고자 한다. 세군도의 해석학적 순환과 코스타스와 오스본이 제시한 해석학적 나선구조로부터 아이디어를 끌어내어, 성경 텍스트가 궁극적으로 예수 그리스도를 지향하는 것임을 증명할 수 있다. 만일 텍스트를 현대의 문화적 상황과 연결시킨다면, 텍스트와 상황 간의 대화, 즉 양자에 대한 우리의 이해에 새로운 정보를 더하는 대화를 시작하게 된다. 그렇게 함으로써, 우리는 옛 것(텍스트)으로부터 새 것(상황)으로 움직여 갈 수 있게 된다. 그렇게 함으로써, 우리는 옛 것에 대한 우리의 이해를 구성할 뿐 아니라, 동시에 우리가 삶을 영위하고 있는 현재에 대한 한 단계 앞선 이해로 나가게 된다.

우리는 이 나선구조가 "위로부터의 신학" 또는 "아래로부터의 신학"이라는 특정한 신학적 관점을 가지고 이해되지 않도록 많은 주의를 기울이고 있다. 우리가 나선구조를 통해 목도하는 것은, 한편으로는 문화적인 것이고 다른 한편으로는 계시적인 것이다. 그리고 그 각각은 다른 편에 유용한 정보를 제공해 준다. 더 심층적 차원으로 들어가면 갈수록, 동일한 계시의 샘에서 새로운 물을 퍼 올릴 수 있다. 나선구조에서 볼 수 있는 각각의 결합지점(sewing)은 텍스트와 상황에 대한 새로운 이해를 제공한다. 이렇게 함으로써, 놀라우신 하나님에 대한 더 큰 그림과 하나님의 창조에 대한 더 깊은 이해를 그려낼 수 있다. 이것이 그림 4.5에서 제시하고 있는 일종의 나선구조를 구성한다.

2) 나선구조의 선교적 의도

선교학적 해석(missiological hermeneutics)의 나선화 과정(spiraling process)은 선교적 의도(missional intention)로부터 시작된다. 선교학적 해석의 나선화 과정이 가지는 목적은, 다양한 장벽들을 넘어서서 복음을 선포하는 것이다. 예수께서 그러셨던 것처럼, 복음을 전하는 전달자들은 어떤 특정한 상황 속으로 들어갈 때, 그들이 오랜 동안 "성육신적 선교"라고 불러온 것이 의미하는 바에 따라 해당 상황 속으로 "내려가야 한다." "성육신적 선교"는 복음전도자들로 하여금 수용자들과 자신들을 동일시(identification)하는 곳으로 이끌어간다. 크래프트는 이를 "수용자 지향적 의사소통"이라 불렀다(Kraft, 1979: 147). 명칭이 어떻든 간에, 이러한 동일시는 어떠한 상황에서라도 우리가 배운 것에 기초하여 성경을 다시 읽는(reread) 데까지 나가게 함으로써, 신앙의 새로운 차원들을 발견하게 해준다. 또한 우리는 성경을 다시 읽음으로써 수용자들에 대한 이해를 가능하게 하는 새로운 선교학적 관점을 갖게 될 뿐만 아니라, 복음전도자들과 수용자들 사이에 새로운 일체성을 창출하게 된다. 이런 일은 성육신적 선교사역으로 한 발짝 더 나가게 하는 계기가 될 뿐만 아니라, 한층 더 발전된 수용자 지향적 복음전도와 텍스트에 대한 새로운 이해로 나가게 하는 계기가 된다. 증진된 수용자 지향적 복음전도는 특정한 상황 속에서 교회(믿음의 공동체)가 어찌해야 함에 대한 새로운 인식을 창출하게 되는데, 이는 텍스트를 선교학적 시각으로 읽는 자리로 인도해 준다. 이는 또한 하나님의 선교에 대한 새로운 이해를 가능케 해주고, 그럼으로써 하나님의 선교가 발생하는 실재에 대한 새로운 이해를 가능케 해준다. 바꾸어 말하면, 선교는 중단 없이 계속되는(ongoing) 해석의 역동성에 대한 새로운 이해로 인도해 준다. 결국 나선구조는 하나님의 백성이 되기 위해 오직 그리스도 안에서만 발견되는 화친(reconciliation)을 결사적으로 희구하는 상처뿐인 세상에 다가가기 위한 이러한 과정들-텍스트, 상황 그리고 선교적 선포와 같은 과정들-이 진행되는 절차이다.

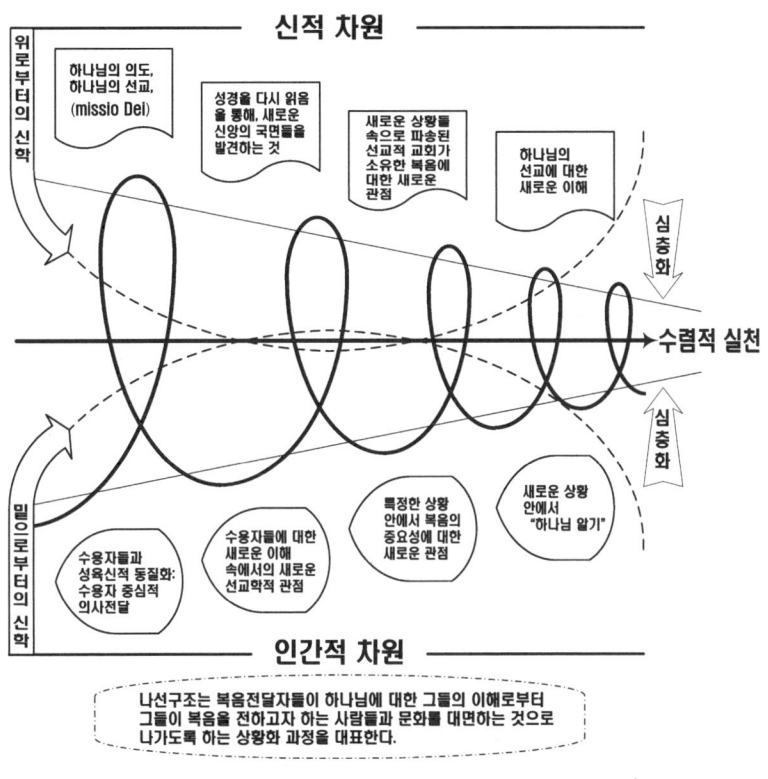

그림 4.5. 해석학적 나선구조

해석학적 나선구조를 보는 또 다른 방식은 텍스트와 상황 간의 나선구조를 살펴보는 방법으로서, 세계관 관련 주제들에 대해 생각하며(제3장에서 논의한 것처럼, 은유와 의미론적 집단 속에 반영되어 있는 세계관적 주제들) 텍스트의 의미론적 흐름에 대해 연구하는 것이다. 이는 여전히 텍스트의 핵심을 점하는 움직임을 외면화하는 것이다. 우리는 텍스트에서 사용된 단어들과 문법으로부터 자유로울 수 없다. 텍스트는 텍스트로 남아 있다. 그러나 상당부분을 상황에 의존하는 의미론적 구조에 대해서 고려해야 한다. 시·공간적으로 제한된 사회문화적 환경과 언어적 환경이 텍스트가 형성되는 바탕이 되었기 때문에, 오늘날 현대적 상황에서 텍스트를 이해하고자 하는 사람들에게도 영향을 줄 것이다. 만일 복음을 전달하고자 하는 사람들이 텍스트 안에 깊이 잠재되어 있는 인간미 넘치는 은유들을 발견하게 된다면, 이러한 은유들은 내러티브와 성경신학, 그리고 새로운 질문들을 통해 텍스트 안에 잠재되어 있는 진리를 현재 상황에 드러내는 방식들을 제공해 줄 것이다. 결과적으로, 이는 우리가 새로운 상황에 처했을 때 텍스트를 다시 한번 읽을 수 있는 기반을 제공한다(이제 우리는 나선구조화 과정을 경험한다). 그렇게 함으로써 우리는 여전히 텍스트에 충실하게 된다. 그러나 우리는 텍스트와 상황이 상호작용한 결과로 발생하는 해석에 대한 이해의 깊이를 더해 간다. 따라서 우리는 해석학에 대한 최초 정의를 명심하는 동시에 새로운 통찰과 관점을 획득하게 된다.

이제 우리는 해석학적 순환 이상으로 나아가고 있다. 우리는 특정한 상황 속에서 주어진 어떤 의제(agendas)를 텍스트 해석의 기초로 사용하려 하지 않는다. 오히려 오스본의 의견을 따라, 텍스트를 상황 속으로 가져가고자 하는 것이다. 그러나 이 일을 할 때, 성경 안에서 발생한 유사한 상황을 찾아보고, 그 상황 속에서 제기됐던 문제들에 주의를 기울일 필요가 있다. 이런 이슈들과 상호작용함을 통해, 하나님을 현재 상황 속으로 모시고 들어가는 방법을 모색한다. 하나님께서는 전에도 이와 같은 일을 하셨고, 이후에도 다시 하심으로써 사람들을 향하신 하나님의 의지를 조명해 주실 것이다. 하나님께서 당면한 문제들에 대해 뭐라고 말씀하셨나? 상황 안에 존재하는 적절한 근본적 은유들은 무엇인가? 우리는 유사한 은유들이 등장하는 장면을 성경 속에서 찾아볼 수 있고, (그 장면을 다시 한번 현재화하는 방법을 사용하여) 새로운 상황 속에서 근본적 은유들을 다시 한번 제시할 수 있다. 우리는 성경 속에서 오늘날을 살아가고 있는 사람들이 당면하고 있는 문제들에 대해 말씀하시는 하나님을 발견해야 한다. 그리고 그 텍스트가 사람들이 처한 상황 속에서 그들에게 직접 말씀하도록 해야 한다.

그러나 동시에, 수용자들이 제시한 복음을 수용할 때, 그리고 그들이 텍스트를 읽어 나갈 때, 실재에 대한 그들 나름대로의 이해와 세계관을 통해 성경이 의미하는 바를 인식하게 하는 상황이라는 안경이 있다는 사실 또한 명심해야 한다. 텍스트는 변하지 않는다. 그러나 텍스트에 대한 지역적 해석은 변할 수 있다. 결과적으로, 결과로 주어지는 신학(resulting theology)은 실재에 대한 수용자들의 인식과 텍스트의 의도가 상호작용한 결과인 것이다. 따라서 사람들이 텍스트를 이해할 때 제기하는 문제와 환경을 상당 정도까지 반영하면서 선포하는 메시지나 성경번역은 매우 가치 있는 작업일 뿐만 아니라 옳은 것이다. 이런 과정을 통해, 복음을 전하는 전달자들은 새로운 정보와 성경에 대한 새로운 이해를 얻게 된다. 이러한 새로운 인식이 이 장에서 우리가 발전시킨 해석학적 나선구조의 열매로 얻어진다. 해석 과정을 설명하는 다른 방법은 네 가지 지평들(horizons)이 상호작용할 때 발생한다.

5. 선교적 해석학으로써의 네 가지 지평들

프리드리히 니체(Friedrich Nietzsche)와 에드먼드 후설(Edmund Husserl)의 영향을 받았으며, 1949년부터 1968년까지 하이델베르그대학의 철학 교수로 있었던 한스 그레오르그 가다머(Hans-Georg Gadamer)는 (a) 특정한 역사적 상황 속에서 살아가는 사람이 소유하고 있는 관점과 (b) 그 사람이 연구할 수 있는 것으로, 과거 어느 한 시점의 역사적 상황에서 작성된 텍스트에 대해 설명하고, 양자를 연결시키는 방법으로 "지평들"에 대한 아이디어를 제시했다. 가다머의 작업은 19세기에 유럽(특히 독일)을 풍미했던 역사주의 사상을 넘어서는 것이었다. 가다머는 독자의 현재적 지평과 독자가 연구하는 과거의 역사적 상황이라는 지평을 연결시키는 "지평 융합"(fusion of horizons)을 포함하는 역사연구를 진행시켰다 (Kurt Mueller-Vollmer, 1985: 269-273을 보라). 유르겐 하버막스(Jurgen Harbermax)는 그가 "해석학적 의식의 존재론적 구성"이라고 부른 관점을 가지고 가다머를 비판했다. 하버막스는 가다머의 두 가지 "지평들"이 혼합되거나 구분되지 않을 때가 있다는 이유를 들어 가다머를 비판했다(Mueller-Vollmer, 1985: 294-319).

가다머가 제시한 "지평들의 융합"이 드러내는 무익한 점을 피하면서, 앤소니 티셀톤(Anthony Thiselton)은 성경 텍스트와 상황 속에 존재하는 해석자라는 각각의 두 가지 지평을 상호 분리시키면서도 서로 상화작용하게 하는 방식을 제안했다. 두 가지 지평이 존재한다는 것은 확실한 사실이고, 또한 두 가지 지평은 서로 독립적으로 존재한다는 것도 사실이지만, 양자가 서로에게 영향을 미친다는 것 또한 확실한 사실이다. "성경적 해석학의 목적은, 해석자의 지평이 새로이 형성되고 확대되는 방식을 통해 해석자와 텍스트가 서로 활동적이고 의미 있는 방식으로 상호작용하도록 하는 것이다"(Thiselton, 1980: xix). 그랜트 오스본은 티셀톤의 관점을 다음과 같이 요약했다.

> 티셀톤은 "텍스트 객관주의라는 환상"(the illusion of textual objectivism)이 명확하게 드러나는 네 가지 차원을 발견했다. (1) 해석학적으로, 전이해(preunderstanding) 현상은 해석 행위에 지대한 영향을 미친다. 이러한 주관적 요소는 부정될 수 없다. (2) 언어학적으로, 의사소통은 메시지를 보내는 자와 그 메시지를 받는 자들 간의 접촉점을 요구하는데, 이런 구별이 텍스트의 의미를 회복하는 데 주요한 장애 요소가 된다. 각기 다른 상황이라는 특수성은 수용자가 완전히 객관적인 해석을 하는 것 자체를 불가능하게 한다. (3) 이런 문제는 내러티브가 전개되는 시간(narrative-time), 줄거리의 전개, 성격 묘사와 대화가 등장하는 도서를 통한 의사전달(library communication) 차원에서 가장 극명하게 드러난다… (4) 철학적으로, 의미는 결코 상황으로부터 유리될 수 없다. 의미는 메시지를 보내는 자와 받는 자 사이에 존재하는 다양한 무의식적 가정을 그 기반으로 하여 형성된다. 이런 연결고리들이 존재하지 않을 때, "문자적 의미"의 성립이 불가능하다고 말할 수 없더라도, 그 성립이 매우 어렵다는 것은 사실이다. 왜냐하면 의미는 상황을 벗어나서는 성립될 수 없기 때문이다"(1991, 386).

결과적으로, 오스본은 그가 "성경 해석에 대한 해석학적 나선구조"라고 부른 것을 발전시키기 위해 티셀톤으로부터 많은 영향을 받았다(1991). 오스본의 나선구조는 "두 개의 지평"관점("two-horizon" perspective)을 넘어서는 것일 뿐만 아니라, 의미와 관련하여 시간이 흘러감에 따라 텍스트와 공동체, 그리고 상황 간에 역동적이고 지속적이며 끊임없이 변화하는, 상호작용하는 것임에 대해 인식한다. 오스본은 의미에 대한 이슈들이 저자-텍스트-독자가 서로 연관을 맺게 될 때, 그 관계로 인해 등장하는 문제들에 도움이 되는 개관(a helpful overview)을 제공해 준다(1991: 366-415).

마지막으로, 칼슨(D. A. Carson)이 논쟁에 끼어들어 세 번째 지평-수용자-을 더했다. 역시 티셀톤으로부터 영향을 받아 칼슨은 다음과 같은 내용을 지적했다.

> 타문화권에서 복음을 증거하는 기독교인이라면 누구나 할 것 없이 '두 가지' 지평 뿐 아니라 '세 번째' 지평에 대해서도 관심을 기울여야 한다. 증인된 자들은 그들 자신이 소유하고 있는 이해의 지평을 텍스트의 지평과 융합시키는 시도를 해야 한다. 그 일을 마치고 나면, 텍스트로부터 정보를 얻고 교훈을 얻은 그들 나름대로의 이해의 지평과 그들이 섬기는 사람 혹은 사람들이 가지고 있는 이해의 지평 간에 존재하는 간격에 교량을 세우는 시도를 해야 한다(Carson, 1984a: 17).

칼슨의 말은 우리가 이 책 전체를 통해 제기하고 있는 복음을 전하는 것에 관한 문제, 즉 저자를 텍스트 뿐 아니라 수용자와도 연결시키는 문제와 매우 유사하게 들린다. 청자들은 고대에 살았던 사람들(원 수용자들을 반영)일 수도 있지만 현대를 살아가는 사람들(오늘날의 수용자들을 반영)일 수도 있다. 따라서 우리가 논의한 모델을 좀더 심화시킬 필요가 있다.

우리는 네 번째 지평을 제안함으로써 지평에 대한 개념을 좀더 확장시키고자 한다. 우리가 "지평"에 대해 언급함을 통해 의도하고자 하는 것은, 가다머가 강조한 인식론적 관점이 아니라 다양한 상황 안에서 다양하게 표출되는 다양한 양식의 세계관에 대한 것이다. 의미에 관한 네 가지 지평 또는 관점-(1) 구약성경의 계시를 통해 볼 수 있는 것으로, 하나님께서 특정한 상황을 통해 드러내신 의미, (2) 하나님께서 신약성경을 통해 드러내신 의미, (3) 복음전도자들, 그리고 (4) 현재라는 상황 속에서 살아가고 있는 수용자들-은 하나님의 말씀에 대한 기독교인의 이해를 형성하는 데 기초가 되는 정보를 제공한다. 다음에 등장하는 몇 개의 그림을 통해, 우리는 일련의 단계를 따라 형성되는 "네 가지 지평" 접근방법을 발전시키고자 한다. 네 가지 지평에 대한 접근방법은 이 책을 통해 우리가 촉구하고 있는 내용에 대해 되새겨 볼 수 있는 발판을 제공할 것이다. 각 단계(step)는 네 가지 지평 개념(four-horizon concept), 그리고 우리가 살아가고 있는 이 혼돈스러운 세상에서 하나님의 말씀을 전하는 데 필요한 효과적인 해석을 위해 네 가지 지평 개념을 적용하는 것에 대한 새로운 이해를 보여줄 것이다.

1) 첫 번째 단계

이제 우리는 인간성(humanity)과 관련하여 상호보충적인 관계를 가지는 두 가지 요소를 인식하는 것으로 논의를 시작하고자 한다. 모든 인간이 상당 수준의 공통점을 공유하기는 하지만, 그들이 삶을 영위하고 있는 문화들 간에 다양한 현상적 차이가 실재하고 있음도 사실이다. 공통된 인간성과 문화적 다양성. 이어지는 장들에서 논의하겠지만, 인간됨에 대한 이 두 가지 상호보완적 특징들이 문화, 언어학, 그리고 의사소통에 관한 문제들에 적용될 때, 표층차원의

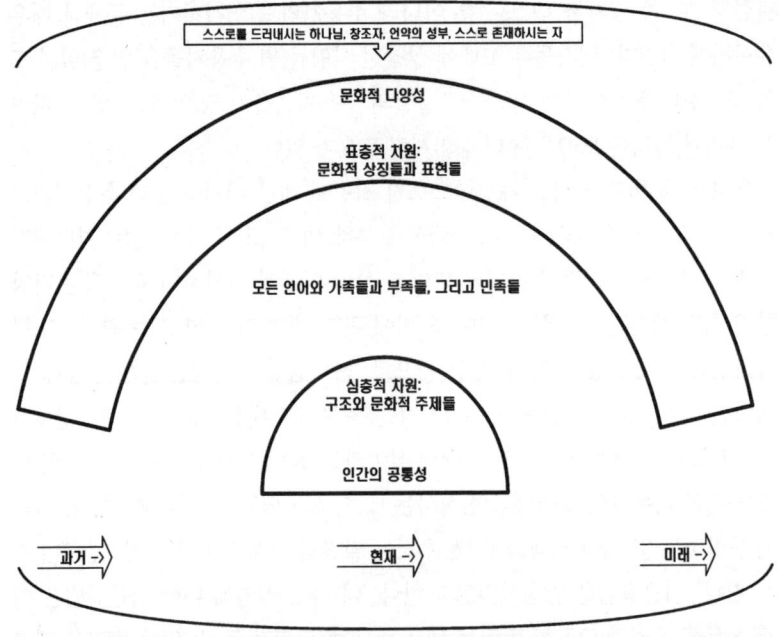

그림 4.6. 선교적 해석학의 네 가지 지평: 첫 번째 단계

의미가 갖는 구조(문화적 상징과 표현을 포함하는)와 심층차원의 의미가 갖는 구조(문화적 주제와 은유를 포함하는) 사이에 엄청난 차이가 존재한다는 사실 인식의 기초를 형성한다(그림 4.6을 보라).

우리는 심층적 차원의 구조가 표층적 차원의 구조와 그 반대의 경우도 마찬가지로 양자가 서로 밀접하게 연관되어 있음에 대해서도 설명해야 한다. 왜냐하면 표층적 차원의 의미는 어떤 특정 문화 속에서 살아가고 있는 사람들로부터 유래하는 것일 뿐 아니라, 그들이 소유한 세계관의 형성에도 기여하기 때문이다. 따라서 심층적 차원의 구조와 표층적 차원의 구조는 서로 역동적이면서도 밀접하게 연관되어 있다. 다음에 따라 나오는 그림들을 통해 독자는, 각 "지평"이 표층구조와 심층구조 양자로부터 도출된 내부적으로 서로 연관된 의미집단을 대표한다는 것에 주목하게 될 것이다. 다른 문화에 속해서 살아가고 있는 사람들은 임신과 출생, 통과의례 그리고 죽음을 다른 방식으로 취급한다. 그들은 매우 다양한 방식으로 영적 이해에 대해 다룬다. 경제적, 사회적, 정치적 그리고 언어적 구조가 문화에 따라 각기 상당히 다르게 표현된다. 그러나 이 모든 다양성의 표출은 (각 사회를 위한) 적절한 행위를 유발하는 동기가 될 뿐 아니라, 과거와 현재, 그리고 미래에 속한 모든 공동체를 함께 묶는 심층적 신념과 가치를 반영한다. 우리는 이러한 다양성이 우리들 각자가 하나님의 형상에 따라 창조되었다는 사실, 그리고 우리 모두가 공통된 인간성을 공유하고 있다는 사실과 관계있다고 믿는다. 이런 사실 때문에 성경은 모든 인간 언어를 통해 전달될 수 있고, 또한 모든 사람들과 상관성을 갖게 된다. 이는 사람이 살아가는 모든 상황 속에서 전달될 수 있는 창조주되시는 하나님에 대한 메시지를 반영한다. 성령께서는 모든 상황 속에 있는 사람들로 하여금 모든 것을 창조하신 하나님께서 그가 피조하신 대상들을 위해 의도하고 계신 바가 무엇인지를 이해할 수 있도록 도우신다. 따라서 성경은 아담과 하와를 지으신 창조의 시점으로부터 시작하여 모든 인간 역사가 정점을 이루게 될 새 예루살렘에 이르기까지 모든 인간들이 공통적으로 품게 되는 연결점을 제공한다. 하나님께서는 당신께서 성경시대에 그러셨던 것처럼, 오늘날에도 하나님의 사람들 안에서 상호작용하신다. 성경적 내러티브는 시간과 공간 속에서 존재하시는 하나님에 대한 이야기를 펼쳐내는데, 이는 다른 상황 속에서 하나님께서 하실 수 있는 것이 무엇인지에 대한 예를 제공해 준다.

2) 두 번째 단계

네 가지 지평 해석학(a four-horizon hermeneutic)을 세워가는 과정의 두 번째 단계는 성경 텍스트의 신적 기원에 대한 인식을 포함한다. 우리가 제2장에서 강조했던 것처럼, 성경은 두 명의 저자(신적 저자와 인간 저자)에 의해 기록된 텍스트로 간주할 수 있다. 따라서 우리는 텍스트 속에서 하나님의 의도를 마주 대하길 원한다. 그러나 동시에, 사람에게 주어진 하나님의 메시지는 항상 다양한 문화 상황 속에서 살아가고 있던 사람들을 통해 전해졌다.

이러한 이중성은 하나님 계시의 연속성과 불연속성을 인식하게 한다. 그림 4.7에 나와 있는 도표는 시간이 흐르고 있는 것을 나타내 주는데, 왼쪽에서 오

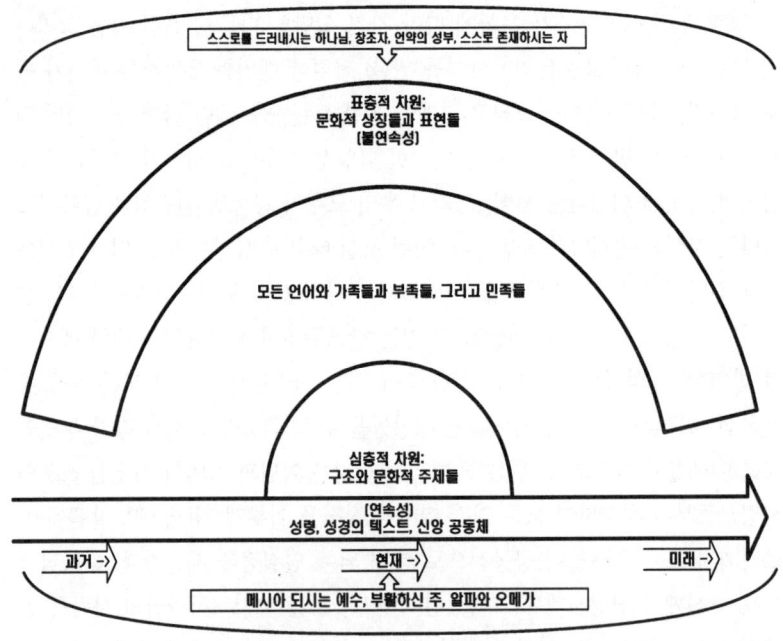

그림 4.7. 선교적 해석학의 네 가지 지평들: 두 번째 단계

른쪽으로 갈수록 과거에서 미래로 향하는 것을 의미한다. 시간이 흘러가면서 하나님의 메시지가 각기 다른 세계관을 반영하는 다양한 문화들 속에 존재하는 표층적 차원의 상징들을 덧입게 될 때, 불연속성이 발생하게 된다. 이 그림에 나타나 있는 화살표들은 매우 중요한 의미를 담고 있다. 이 화살표들은 점진적 계시(progressive revelation)를 나타내는 것이며, 성경이 기록된 이후 역사를 통해 계속적으로 발전되어 온 하나님의 계시에 대한 교회의 이해를 나타낸다.

그러나 성경 텍스트 스스로가 보증하는 연속성 또한 존재한다. "나는 아브라함, 이삭, 그리고 야곱의 하나님이다"(출 3:6)라는 구절은 연속성을 전제로 한다. 성경 전체를 통틀어, 창세기로부터 요한계시록에 이르기까지 말씀하시는 분은 동일하신 하나님이시다. 성경 그 자체의 내용은 한 가지 위에 다른 한 가지가 쌓여지는 점증적인 것이어서, 그 관계 속에 연속성이 존재한다고 가정할 수 있다. 이 외에, 처음과 나중 되시고 성령을 통해 그 연속성을 지속하시는 예수에 관해 성경이 보증하는 기독론적 확증들도 있다.

이 모든 것들은, 끊임없이 변화하고 다양성이 무한한 표층구조의 문화적 상징들(ever-different surface-structure cultural symbols)로 형상화되고 표현되는 텍스트의 통합성과 연속성-현저하게 차원에 따른 주제들과 은유들, 그리고 의미들로 표현되는-을 가리킨다.

3) 세 번째 단계

세 번째 단계는 하나님의 계시가 발생하는 모든 "지평들"에 대한 인식을 요구한다. 우리가 대양 한가운데 떠 있는 거대한 배에 타고 있다고 상상해 보라. 우리가 배 안에서 볼 수 있는 것은 바닷물 빼고는 아무것도 없다. 만일 맑은 날 우리가 바라볼 수 있는 가장 먼 거리를 바라본다면, 멀리 약간 타원형으로 굽어 있는 선을 볼 수 있을 것이다. 그것은 지구의 둥근 형태 중 일부분(the curvature of the earth)이 반영되어 보이는 것이다. 그리고 하늘과 물이 만나는 곳에서, 우리는 지평선이라는 둥근 선을 보게 될 것이다. 그러나 며칠 후 우리가 뱃머리에서 바라보았을 때 지평선의 둥근 선 위로 거무스름한 어떤 형체가 떠오르는 것을 보았다고 상상해 보라. 그때 우리는 육지에 다다르고 있음을 인식할 것이다. 몇 시간 후, 우리는 바깥을 바라보다 배가 육지로 접근하고 있음에 주목하게 될 것이다. 그리고 그 육지의 산마루에 건설되어 있는 건물들을 보게 될 것이다. 또 다시 두세 시간이 흐르고 나면, 우리는 항구와 부두, 다른 배들, 창고들, 호텔들, 식당들, 그리고 사람들을 볼 수 있을 정도로 가깝게 다가갈 것이다.

지금까지 우리는 이들 네 가지 시각들에서 각 지평에 대해 인식했다. 언급한 대로 각각의 지평은 제각기 서로 다르다. 네 가지 지평 모두가 실질적인 것이다. 그리고 그 네 가지 지평은 상호간 서로 모순되지도 않는다. 그러나 우리가 갖는 관심의 목적, 즉 우리가 중요한 것이라고 보는 정보, 다른 말로 하자면 우리가 본 것을 관찰한 결과로 주어진 관점에 대한 우리의 반응은 현저하게 다르다.

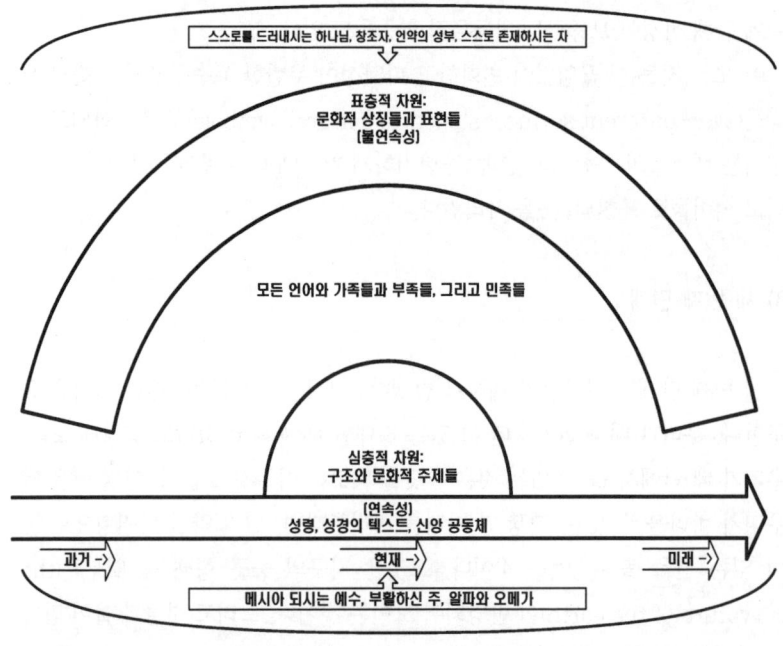

그림 4.8. 선교적 해석학의 네 가지 지평: 세 번째 단계

그림 4.8에서 보이듯이, 성경 해석에 대한 우리의 접근방식이 이와 같은 경우에 해당된다. 독자는 우리가 네 개의 지평들을 그려놓았음에 주목해야 한다. 이 그림은 각 지평이 가지는 표층적 차원의 의미들과 심층적 차원의 의미들 양자 모두를 포함하는, 상호연결된 의미집단(the interconnected constellation of meaning)을 그래픽으로 나타내기 위한 시도이다. 우리는 (I) 구약성경, (II) 신약성경, (III) 복음을 전달하는 복음전달자 그리고 (IV) 수용자를 네 개의 지평들로 개념화한다. 각각의 지평 내부에는 다양한 상황들이 존재한다. 그 각각의 상황은 우리가 성경을 테이프스트리에 비춰 제3장에서 제시했던 것처럼, 나름대로의 시각과 이해를 소유하고 있다. 각각의 상황 안에 내재된 개별적 불연속성과 다양한 상황들에도 불구하고, 하나님의 말씀은 모든 상황 안에서 공동의 기원과 하나님과의 관계를 표현해야 한다.

그림 4.8에서 네 개의 지평들은 도표 안에 나열되어 있고 아래와 위에서 유래하는 요소들에 의해 형성되어 있다. 각 지평의 위쪽에 해당하는 좀더 넓게 벌어져 있는 끝부분에서, 독자는 심층구조(도표의 아래쪽에 위치한)가 특정 문화 속에서 형상화됨으로 나타나게 되는 상징과 다양한 현상으로 구성된 소위 표층구조라고 불리는 것을 볼 것이다. 지평들은 심층구조와 표층구조가 상호작용하는 것을 나타낸다.

4) 네 번째 단계

모델을 발전시키는 이 시점에서, 우리는 네 개의 "지평들"이 항상 동일한 순서로 나열되어 있지 않다는 것을 인식할 필요가 있다. 그림 4.9에서, 지평 I과 지평 II는 정경 안에서 발견되는 계시의 유일성과 관련해서 질적인 면에서 지평 III과 지평 IV와는 다르다. 우리가 제2장에서 주목해 보았듯이, 복음주의자들로서 우리는 정경을 개방하는 데 주저하는 경향이 있다. 우리는 구약성경(지평 I)에 비교해서 신약성경(지평 II)이 지평을 대표할 만한 것이라고 알고 있다. 그러나 지평 I과 II는 하나님의 말씀으로서 우리에게 규범이 되는 정경을 구성하는 요소일 뿐 아니라, 우리의 믿음과 실천을 위한 유일한 근거가 된다. 우리는 이 점에 대해 두 장을 할애하여 다루었다. 지평 III과 IV는 전달된 메시지가 발생한 장소가 어디이고 시점이 언제이며, 또한 누가 그 메시지에 반응을 했는지에 상관없이, 적절한 복음전달을 위해 필수적으로 요구되는 과정이 무엇인지를 나타낸다. 이제 우리는 다섯 번째 단계로 눈을 돌리고자 한다.

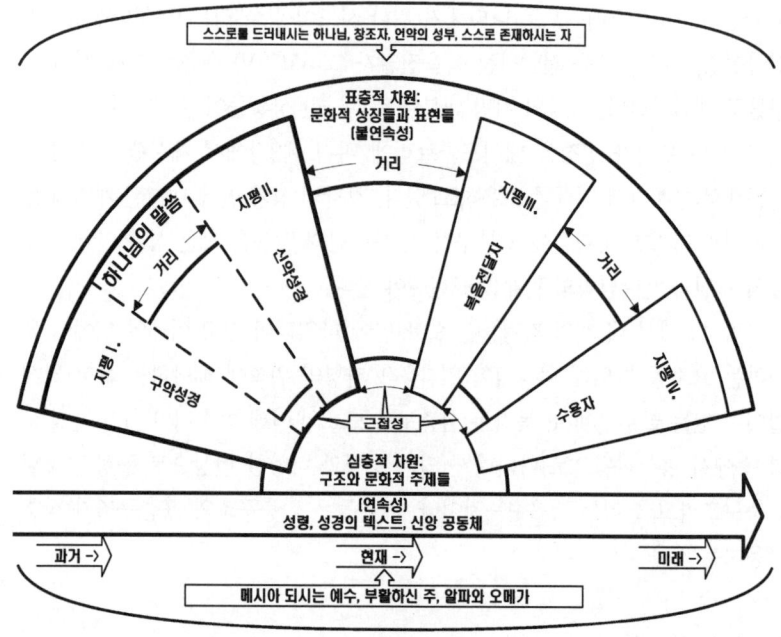

그림 4.9. 선교적 해석학의 네 가지 지평: 네 번째 단계

5) 다섯 번째 단계

우리는 해석 과정을 네 개의 움직임이 진행되는 과정으로 볼 수 있다. 그림 4.10에서, 네 개의 움직임은 지평 III과 지평 I, 그리고 지평 II의 상호작용을 제시하는 것으로 볼 수 있다. 신약성경 저자들이 구약성경을 해석하는 패턴을 따르자면, 지평 III에 해당하는 복음전달자는 텍스트의 담화 차원의 의미론적 흐름 속에서 표현된 상징이라는 표층 차원에서 텍스트에 접근한다.

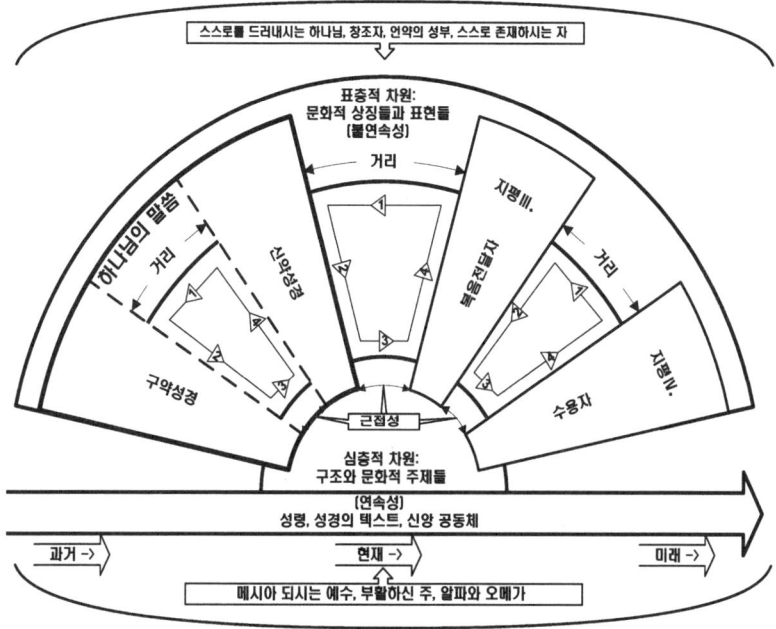

그림 4.10. 선교적 해석학의 네 가지 지평: 다섯 번째 단계

(1) 움직임 1(Ⅲ: 1에서 2로)

이 첫 번째 움직임에서 우리는 특정한 상황 속에서 자신을 표출하시는 하나님의 의사전달을 액면 그대로 읽어내려 간다. 여기에서 복음전달자들은 그들 자신이 속한 세계와 성경 텍스트가 기록되고 읽혀졌던 세계 사이에 존재하는 역사와 문화, 그리고 세계관 사이에 존재하는 거리감에 대해 인식한다. 그러나 복음전달자들이 텍스트와 상호작용하며 텍스트의 사상세계(thought-world)에 침잠하게 될 때, 두 번째 움직임으로 나가게 된다.

(2) 움직임 2(Ⅲ: 2에서 3으로)

두 번째 움직임은 하나님의 자기 계시가 발생하여 텍스트가 기록될 당시의 모든 상황들(인간적, 사회적, 문화적, 역사적)에 대해 고려할 것을 요구한다.

복음전달자들이 지평 I과 II에 해당하는 성경적 사고 속에 침잠되면, 특정한 시간과 장소라는 상황 속에서 드러난 신적 저자와 인간 저자가 의도한 것과 밀접한 관련을 맺고 있는 텍스트의 의미에 대해 더욱 깊이 연구하게 된다.

(3) 움직임 3(III: 3에서 4로)

세 번째 움직임은 텍스트 안에 내재되어 있는 심층차원의 의미구조들과 복음전달자들이 소유하고 있는 사상세계와 비교하는 것으로 시작한다. 이에 대한 한 가지 예는 자신을 내어주는 아가페 사랑에 대한 예수님의 명령이다. 당신이 활동하시던 시대의 것과는 상당히 다른 신명기 시대의 표층적 차원에 속한 구조로부터 이 명령을 도출하신 예수께서는, 다른 사람의 안녕에 헌신하게 될 때 소유하게 되는 자신을 내어주는 사랑이 갖는 차원의 의미를 당신이 살고 계시던 세상에 전달하셨다. 비록 자신을 희생하는 사랑의 표층적 차원의 행위는 예수께서 사시던 시대와 오늘날을 비교해 볼 때 차이가 날 수 있기는 하지만, 심층적 차원의 명령은 모든 지평에서 거의 동일하게 드러날 것이다. 예수 그리스도 안에서 보여주신 자신을 내어주는 하나님의 사랑은, 제자들을 변화시켜 그들로 하여금 다른 사람들을 위해 자신을 내어주는 사랑을 실천하며 살아가게 했다. "너희가 서로 사랑하면 이로써 모든 사람이 너희가 내 제자인줄 알리라"(요 13:35). 이는 시대와 문화에 상관없이 진리이기는 하나, 이것을 실천하며 살아가는 표층적 차원의 양식은 어떤 문화적 배경에 놓여 있는가에 따라 매우 다양하게 나타난다.

(4) 움직임 4(III: 4에서 1로)

네 번째 움직임은, 복음전달자가 속한 지평 속에 존재하는 표층적 차원의 상징들과 표현들을 복음에 대한 복음전달자의 새로운 이해에 맞춰 변혁시키기 위해, 심층적 차원의 의미를 복음전달자가 처한 상황으로 전이시키게 한다.

6) 지평 III과 IV간의 선교적 움직임

그렇다면 해석과 선교적 의사전달 과정에 대해서는 어떻게 할 것인가? 이들 네 가지 움직임은 복음전달자가 복음이 갖는 의미를 새로운 수용자들이 처한 상황 속에서 상관성을 갖게 하고자 할 때 다시 반복해 발생한다. 그러나 움직임들의 방향은 다양하다. 왜냐하면 복음전달은 복음전달자들(III)이 아닌 수용자들(IV)로부터 시작해야 하기 때문이다. 그림 4.10에서 나타나는 것처럼, 지평 IV와 지평 III간에는 특별한 관계가 있다. 복음전달자들이 새로운 수용자들과 상호작용하기 시작할 때, 그들은 수용자들이 자신들이 처한 상황 속에서 세상을 어떻게 이해하고 있는지에 대해 듣고 배우려 할 것이다. 그렇게 되면, 다시 한번 해당 상황 속에서 살아가고 있는 수용자들과 동일한 상황 속에서 복음을 전하려는 전달자들, 그리고 궁극적으로는 해당 상황 속에 존재하는 텍스트 사이의 상호작용이 발생하고, 그 결과로 해석학적 나선구조가 발생하게 된다. 과정은 명백하다. 하나님에 대해 알고자 하는 열망이 하나님께서 의사를 전달하시고 성령의 역사를 통해 사람들과의 관계를 지속하시는 지평에 대한 평가로 나아가는 과정을 설정하게 된다.

새로운 수용자들에게 다가갈 때, 그림 4.10에서 보이는 화살표들의 방향이 중요하다. 만일 복음전달자들이 수용자 지향적이라면, 그들의 출발점은 수용자들이 소유한 표층적 차원의 구조에 직면하는 것이 될 것이다. 일단 복음전달자들이 새로운 수용자들의 지평을 최소한 표층적으로 이해하기 시작하면, 복음전달자들은 두 번째 움직임에 참여할 수 있을 것이다. 수용자들의 질문을 심층구조에 속한 의미들과 연계시키는 방법을 모색함으로써, 복음전달자들은 수용자들로 하여금 주제, 은유, 질문, 또는 이슈에 관한 지평 I과 지평 II에 대한 이해로 움직여 나갈 수 있게 한다. 지평 IV라는 새로운 상황은 지평 III에 속한 복음전달자들로 하여금 I과 II라는 성경적 지평에 대한 그들의 해석을 재평가하도록 한다. 이 과정은 근본적 은유(root metaphor) 또는 근본적 이슈를 재진술(restate) 또는 재창조(re-create)하도록 돕는다. 이러한 두 번째 움직임이 표층으로부터 시작해서 다른 상황 속에서라면 다른 새로운 은유를 통해 제시되어질 수 있는 관점들과 근본적 은유들에 대해 심도 깊은 시험을 하도록 한다. 또한 우리 인간들이 지닌 공통점은 이런 일이 의미 있게 발생하게끔 작용한다.

자신이 속한 지평의 관점을 다른 이들이 체험한 경험, 그들 자신들이 소유하고 있는 상징체계들, 그리고 실재에 대한 그들의 이해와 연결시키지 않는다면, 복음전달자들은 그들이 제기하는 질문들(성경과 현대적 상황을 포함하여)을 도저히 이해할 수 없다. 텍스트는 현재라는 상황에 주어지고 그 상황으로부터 도출되는 새로운 이해를 수반하게 된다. 우리는 텍스트에서 상황으로, 그리고 또다시 이를 반복해 나감으로써, 교리를 역사적으로 발전시켜 나갈 것을 권면한다. 이 과정은 동일하신 하나님과 동일한 언약, 그리고 동일한 신앙의 공동체를 제시하는, 계시의 연속성을 산출해나가는 과정이다. 그러나 새로운 상황 속에 처할 때, 하나님께서는 항상 새로운 방식을 통해 알려지시고 이해되신다. 모든 이들은 그들이 처한 상황 속에서 하나님을 이해한다.

 이러한 심층적 차원의 생각이 진행되어 감에 따라, 복음전달자들은 목전에 놓인 이슈와 관계되어 있는 수용자들의 지평 속에 존재하는 심층적 차원의 구조적 의미들에 대해 추정하기 시작한다. 이것이 세 번째 움직임이다(IV: 3에서 4). 잘 되면, 세 번째와 네 번째 움직임이 복음전달자들과 수용자들 간에 서로 공감할 수 있는 대화를 포함하게 된다. 바라건대, 복음전달자들은 텍스트를 평가할 필요가 있는 수용자들에게 단순히 성경 지식만을 전달하는 것을 피하게 될 것이다. 일단 복음전달자들과 수용자들이 그러한 대화에 참여하기만 하면, 그들은 네 번째 움직임에 대해 고려하게 될 것이다(IV: 4에서 1). 그렇게 함으로써 세 번째 움직임에서 발견된 심층적 차원의 구조적 의미들이 수용자들이 속한 공동체가 소유한 표층적 차원의 의미들 속에서 새로운 형태로 표현된다.

 여기에서 요약해 놓은 과정은 각 상황이 역사적으로 불연속성을 띨 수 있다는 것을 어느 정도까지 고려해야 한다. 그러나 각각의 상황 내에는 동일한 신적 계시에 대한 재진술(restatement)이 존재한다. 그리고 그 재진술의 결과로 주어지는 지속적인 조명하심이 있다. 따라서 비서구 문화 출신 기독교인들은 서구인들에게 그들이 속해 있는 새로운 상황들이 포함된 텍스트에 대한 새로운 평가를 어떻게 제공할 수 있는가에 대한 정보를 제공할 수 있다. 복음을 전달하는 사역자들은 끊임없이 새로운 질문을 제기할 필요가 있다. 예수 자신께서, "내가 떠나가지 아니하면 보혜사가 너희에게로 오시지 아니할 것이요, 가면 내가 그를 너희에게로 보내리니…내가 아버지께로서 너희에게 보낼 보혜사 곧 아버지께로서 나오시는 진리의 성령이 오실 때에 그가 나를 증거하실 것이요"라고 말씀하셨다(요 16:7; 15:26).

복음전달자가 속해 있는 지평의 관점을 가지고 우리가 예시한 과정은 새로운 수용자들의 지평으로 옮겨질 수 있다. 그러나 초점은 옮겨지나 과정은 그대로 남아 있다. 새로 세워진 교회의 구성원들은 하나님께서 의도하신 의미를 찾는다. 그들은 자신들이 품고 있는 질문들을 가지고 성경 텍스트를 대한다. 그리고 그들은 계시에 대한 그들의 이해를 그들이 소유하고 있는 환호구조(structures of plausibility) 내에서 시험한다. 그들은 복음전달자가 그들에게 하는 말에 의존할 필요가 없다. 그들 스스로가 텍스트를 접할 수 있다. 또한 복음전달자가 이미 알고 있는 것을 통해 필요한 유익을 얻을 수도 있다. 이것이 진행하는 하나님의 말씀이 갖는 무한한 의사소통 가능성이다. 수용자들 또한 하나님의 말씀을 들을 수 있다. 그들 역시 그들이 들은 바를 다른 사람들에게 전할 수 있다.

따라서 이전의 각 지평으로부터 새로운 이해를 끌어냄으로써 동일한 과정이 다시 시작된다. 구약성경이 갖는 관점이 신약성경이 갖는 새로운 관점으로 해석된다. 신약성경 저자들은 고대 히브리어 텍스트로 하여금 헬라어와 라틴어를 구사하는 다양한 로마제국 내의 상황과 상호작용하도록 했다. 그렇게 함으로써 신약과 구약성경은 수용자들에게 의미를 전달하고자 하는 복음전도자들에 의해 재해석된다. 시간이 흐름에 따라, 수용자들 자신들이 복음을 전달하는 전도자가 된다. 그리고 오늘날 새로운 수용자들은 하나님께서 말씀하시는 바를 듣고, 그들 또한 세상의 기초가 세워지기 이전에 세워진 계획 속에 그들 자신 또한 포함되어 있다는 사실에 놀라움을 금치 못하게 된다.

6. 네 가지 지평 해석학의 성경적 예

누가복음 4장 21-30절은 어떻게 복음서 저자가 네 가지 지평 해석을 선교적 의사소통에 적용했는지에 대한 예를 보여준다. 이 구절은 해당 구절이 누가복음 텍스트가 갖는 전체 의미론적 구조를 포착하고 있다는 점에서 매우 중요하다. 이 구절은 누가가 예수의 선교에 대해 제시할 때 처음으로 등장했다. 따라서 우리는 이 구절이 주는 신학적, 그리고 선교학적 적용들에 관심을 기울일 것이다. 예수께서 이사야의 말씀을 읽으신 후, 누가는 사람들이 그들이 들은 것으로 인해 매우 놀라-그들은 경외감에 빠졌다-있었다고 말한다. 그때 예수께서 설교를 시작하셨다. 예수께서는 "선지자가 고향에서 환영을 받는 자가 없느니라"(눅 4:24)고 말씀하셨다. 그리고는 그들이 이미 알고 있는 두 가지 이야기-사렙다 과부를 상대하는 엘리야 이야기, 그리고 문둥병 환자였던 나아만의 치유 이야기-에 대해 짧게 언급하셨다.

이 짧은 설교의 결론 부분에서, 누가는 사람들이 예수를 회당에서 끌어내어 절벽에 밀어 떨어뜨리려 했던 일에 대해 기록하고 있다. 그 짧은 순간에 예수에 대한 그들의 시각을 바꾸게 했던 것이 무엇이었을까? 예수께서 인용하셨던 텍스트들을 살펴봄으로써 이에 대한 단서를 얻을 수 있다. 예수께서는 엘리사 당시 이스라엘에 많은 과부들이 있었음에 대해 강조하셨다. 그러나 엘리사는 이스라엘인 과부 중 하나가 아니라 이방인 과부에게 갔다. 당시 이스라엘에는 수많은 문둥병자들이 있었다. 그러나 이방인 장군만이 치유를 위해 선택받았다. 예수께서는 하나님 은혜의 수혜자들과 하나님의 선교를 수행하는 수행자들이 중심이 아닌 주변부에 위치한 사람들일 수 있음에 대해 말씀하고 계셨던 것이다. 사실, 예수께서 언급하신 이야기 속에 등장하는 사람들은 이스라엘 사람들이 결코 아니었다. 1세기 팔레스타인 유대인들에게 있어 이런 주장은 도저히 받아들일 수 없는 것이었다. 예수께서 이야기를 시작하셨을 때, 나사렛 사람들은 그들이 속한 나사렛 지역이 낳은 사람이 그들에게 그들이 얼마나 위대했었는가에 대해 이야기할 것을 기대하고 있었다. 그들은 그들의 품을 열어 그를 환대했다. 그러나 바로 그때 예수께서는 그가 오신 목적이 버림받은 사람들과 이방인들을 위해서라고 말씀하셨다. 인용한 이야기들에 대한 묵상은 이사야서를 해석하는 예수의 방식을 강화하는 것이었다. 그때 가서야 나사렛 사람들은 예수께서 그들에게 하고 있는 말이 무엇인지를 비로소 이해했다. 그런 이유 때문에 그들은 예수를 죽이려 했던 것이다.

본문의 이런 배경을 기억하면서, 이제 지평 모델을 적용할 수 있다. 본문에서 누가는 예수께서 나사렛 사람들과 상대하신 일과 예수께서 문둥병자였던 나아만에 대해 이야기하실 때 나사렛 사람들이 보였던 반응에 대해 상술하는 것으로 그의 이야기를 진행한다. 이는 두 가지 텍스트에 대한 분석을 요구한다. 즉 서로 다른 상황 속에서 발생했던 누가복음 4장과 열왕기하 5장에 대한 분석이 요구된다. 나사렛과 실제 나아만의 이야기가 발생했던 장소 간에 존재하는 표층적 차원의 차이는 실로 상당하다. 예컨대, 다른 장소(나사렛 산지 대 요단 강), 다른 시간(두 사건 간에 적어도 6백 년의 차이가 난다), 다른 언어(아람어 대 히브리어), 그리고 다른 문화(고대 히브리 농업사회와 시리아의 도시국가 사회 대 헬라화된 그리스-로마 문화권의 팔레스타인)가 그것이다. 그러나 주변화되고 억압받는다는 것(나아만의 집에서 하녀로 잡혀 있던 작은 이스라엘 소녀, 사렙다의 불쌍한 과부)은 로마의 지배하에 있는 이스라엘이 처해 있던 사정에 대한 명백한 근본적 은유(the root metaphor)이다. 이 이야기를 들을 때, 모든 나사렛 사람은 자신들을 이 이야기 속에 쉽게 대입할 수 있었다. 예수께서 하셔야만 했던 모든 것은 구약성경에 등장하는 이야기들을 말하는 것이었고, 사람들은 예수께서 권력과-문둥병 환자들, 이방인들, 그리고 낯선 자들의-소속, 소외 그리고 추방에 대한 이슈들에 대해 말씀하고 계심을 이해했다. 이스라엘 사람들이 품고 있던 이러한 심층주제들이 예수께서 하신 이야기 속에 모두 담겨 있었다. 나사렛 사람들도 이 텍스트의 일부였던 것이다. 나사렛 사람들은 예수께서 정확히 무엇을 말씀하고 계셨는지를 알고 있었고, 또한 그들이 그 말씀하시는 바를 싫어했기 때문에 예수를 죽이려 했던 것이다.

구약성경과 현대적 상황 모두에 대해 알고 있었기 때문에 누가는, 양자를 병치하기 위해 이야기를 전하고 있다. 누가는 예수께서 "엘리야 시대에 이스라엘에 많은 과부가 있었으되…선지자 엘리사 때에 이스라엘에 많은 문둥이가 있었으되"라고 말씀하셨다고 언급하고 있는데, 이는 1세기 현재 나사렛 상황 속에 많은 과부와 문둥이가 있었다는 것을 암시하기 위함이었다. 예수께서는 이 이야기를 통해 하나님께서 수행하시는 선교의 수용자들과 대리자들로 선택함을 입은 이들은 소외받고 외면당하는 주변부 인물들이라는 사실을 확인해 주신다. 후에, 누가는 예수께서 랍비와 같이 행동하고 거룩한 장소에 자주 나타나기보다는 소외된 자들과 가난한 사람들, 사회로부터 비주류로 취급받는 사람들(세리와 죄인들)과 어울려 시간을 보낸다는 명목으로 얼마나 자주 공격을 받았는지를 보여주고 있다(눅 15:1). 누가는 여기에서 구약성경 상황과 신약성

경 상황 간 뿐 아니라, 신구약성경의 상황들과 수용자들 간의 관계를 해석하는 해석자로 행동하고 있다.[9]

이제 우리는 지평으로서의 복음전달자에 대한 논의로 나가도록 할 것이다. 수용자들을 위해 누가가 한 일은, 오늘날 복음전달자가 그들의 수용자들을 위해서 해야만 하는 일, 즉 예전에 주어진 계시를 새로운 수용자들에게 선포하는 일이다. 복음전달자들이 이 일을 하길 원하면서 수용자들이 처한 상황을 온전히 이해하지 못한다면 복음전달을 원활하게 할 수 없다. 식민지화된 세계에서 살아가고 있는 사람들, 특히 억압받는 처지에 놓인 사람들은 이러한 고통을 겪지 않는 사람들보다 이를 더 잘 이해할 수 있다. 이렇게 세상에서 소외된 채 삶을 살아가고 있는 사람들은 억압에 대한 은유를 이해하고, 그렇지 않은 형편에 있는 사람들보다 그 메시지를 더 잘 받아들일 수 있을 것이다. 그렇다면 근본적 의미(root meaning)는 무엇인가?

이 부분에서 우리는 주의를 기울여야 한다. 우리는 심층의미를 표층의미와 완전히 분리하여 심층의미가 단지 은유적 또는 비유적인 것이 되는 것을 바라지 않는다. 텍스트의 정경적 흐름(canonical flow)이 근본적 의미들(root meanings)을 드러내야 한다. 텍스트가 우리를 인도하도록 해야 한다. 우리는 반대 방향으로 나갈 수 없다. 우리는 은유가 주어질 때 어떤 텍스트로 그 은유를 지지할 것인가를 물어서는 안 된다. 오히려 텍스트가 근본적 은유를 담도록 하여, 그 은유가 우리 뿐 아니라 수용자들에게 말하도록 해야 한다.

상황에 따라 억압에 대한 은유가 다양하게 나타난다. 그러나 그 각각이 각기 다른 형태를 띠고 있다 하더라도, 그 모두는 동일한 심층적 차원의 의미를 표현하고 있는 것이다. 근본적 은유는 그들에게 모든 것을 말한다. 그 처하셨던 환경에도 불구하고, 예수께서는 모든 사람들을 돌아보셨다. 예수께서 고향 마을 군중들에게 그들이 들은 이사야 말씀이 그들의 현실 속에서 실현되었다고 말씀하셨을 때, 그들은 경외감을 느꼈다. 그러나 예수께서 그들에게 그가 오신 목적은 억압받고 소외된 사람들을 돌보기 위함이라고 말씀하셨을 때, 그들은 예수를 절벽 아래로 밀어 떨어뜨리려 했다. 군중들이 품고 있었던 감정과 상징에 대해 해석하는 것은, 현재라는 상황 속에서 이 선포가 의미하는 바를 온전히 이해하기 위해 필수적이다.

더욱이 이 구절을 누가복음의 전체 맥락에 비추어 선교적으로 적용되는 바를 전하는 것이야말로, 복음을 적절히 전달하는 데 필수적으로 요구되는 것이다. 예수께서는 당신이 감당하고자 하시는 선교사역에 대한 중요한 신호, 즉 하나님께서 이 세상을 이처럼 사랑하셨다는 신호-우선은 유대인에게 그리고 또한 헬라인에게도…이 단어는 외부인들, 심지어는 모든 시대와 장소를 통틀어 존재하는 비유대인들을 포함하고 있다-를 보내고 계시다. 그리고 이 세상이 바로 네 번째 지평-마땅히 소유할 권리를 빼앗기고 소외된 가난한 사람들과 난민들-을 구성한다.

1) 해석학 과정으로서의 네 번째 지평

오늘날 복음전달자들의 위치는 어디인가? 만일 누가가 그가 처했던 상황 속에서 구약성경 텍스트를 다룰 수 있었다면, 우리도 그렇게 할 수 있지 않을까? 우리는 먼저 계시(revelation)와 조명(illumination)을 구분해야 한다. 우리는 우리가 계시를 받고 있다고(under revelation) 말할 수 없다. 심지어 바울 사도조차 신적 계시에 대해 특별한 주의를 기울였다. 그러나 동일한 텍스트와 동일한 성령께서, 우리가 성경을 이해하고자 할 때 우리의 마음을 조명해 주신다.

16세기 종교개혁은 만인제사장설(the priesthood of all believers)을 확증했다. 종교개혁자들은, 예수를 믿는 모든 성도들이 성경 해석의 정당성 여부에 대해 살펴볼 수 있다고 올바르게 강조했다. 따라서 믿음의 공동체는 복음을 전하는 사역을 실행할 것이다. 믿음의 공동체에는 성령의 역사하심을 필요로 한다. 다양한 문화를 대표하는 전 세계 모든 기독교인들은 그들이 성경을 읽고 해석해 가는 문제에 관해 상호 협력할 필요가 있다. 텍스트가 의미하는 바를 도출해 내기 위해 상호 조화롭게 일할 필요가 있다.

이것은 오늘날 전 세계에서 서로 다른 언어를 구사하며 전 지구적 다양성 속에서 성경에 대한 심층적 이해를 도출해 내는 15억 명의 기독교인들이 다양한 방식으로 성경을 읽고 해석하고 이해하고 있다는 것을 의미한다. 동일하신 하나님, 동일하신 주님, 동일하신 성령께서는 다양한 상황, 언어 그리고 세계관

안에서 동일한 성경을 무한하게 재해석(reread)하도록 교회를 부르신다. 성경을 읽는 사람들은, 성경이 역동적인 문화적 상황에 영향을 미칠 때 하나님에 대해 새롭고 더 깊은 이해를 얻게 되는 전 세계적 해석 공동체의 구성원들이다. 바로 여기에 무한하게 전달이 가능한 예수 그리스도의 복음이 갖는 놀라움이 있다.

그림 4.11이 보여주듯이, 전 세계적 규모의 기독교인들이 동등하게 텍스트를 해석한다. 해석학적 공동체로서의 전 세계적 교회는 선교적 선포-하나님에 대해 우리가 이해하고 있는 모든 것들을 수많은 새로운 상황 속에서 살아가고 있는 사람들에게 선포하는 것-에 참여하고 있다.

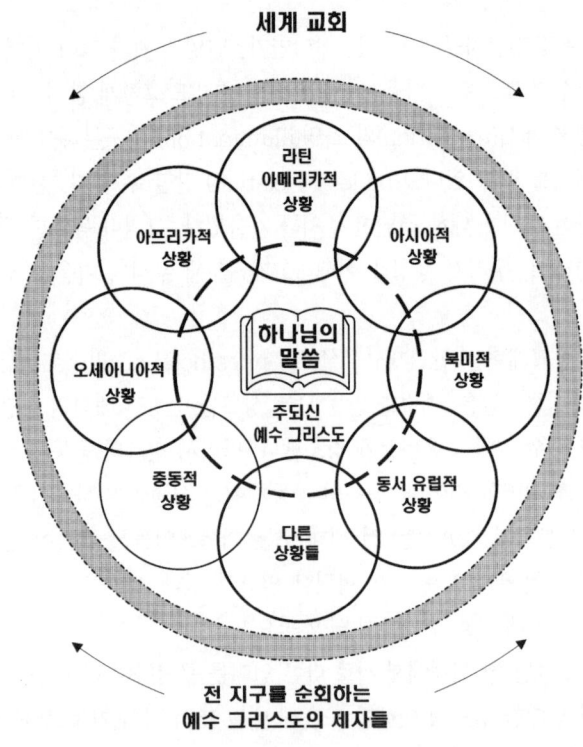

그림 4.11. 전 세계적 규모의 해석학적 공동체

7. 요약

하나님께서 성경을 통해 말씀하시며 행하신 일들은 우리들 눈에 한없이 경이롭게 보인다. 우리는 하나님께서 당신의 피조물을 통해 당신이 의도하신 바를 전하시고자 하실 때 가지셨던-창조주께서 당신의 형상대로 지으심을 입은 피조물 중 으뜸인 사람들을 포함하는 피조물과 말씀하시면서 가지셨던-창조에 대한 하나님의 관점으로부터 시작한다. 의사전달로서의 말씀은 창조적 행위만을 산출하는 것이 아니라 지속적인 상호작용을 위한 수단으로도 사용된다. 하나님께서는 당신의 백성들 가운데서 말씀하셨다. 하나님께서는 위험을 감수하면서 하나님께서 보여주실 땅을 찾아 떠난 아브라함에게 말씀하셨다. 하나님께서는 모세와 점차 한 나라를 형성하게 될 어중이떠중이들이 모인 한 떼의 난민들에게 말씀하셨다. 그리고 성경 전체를 통해 이와 동일한 일들이 반복되어 나타난다. 하나님께서는 하나님께서 의도하신 바를 사람들에게, 그리고 사람들을 위해 선포하셨다. 우리가 성경을 읽기를 계속해 갈 때, 점차 어떤 패턴-언약, 의사전달 과정을 통해 관계를 특징짓는 근본적 은유-이 나타나게 된다. "너희로 내 백성을 삼고 나는 너희 하나님이 되리니, 나는 애굽 사람의 무거운 짐 밑에서 너희를 빼어낸 너희 하나님 여호와인 줄 너희가 알지라"(출 6:7).

이 혼란한 세상에서 하나님의 말씀을 선포하고자 열망하는 복음전달자들로서의 우리는, 한편으로는 하나님께서 말씀하신 바를 이해하는 것에 대한 도전과 또 다른 한편으로는 어떻게 그 이해를 오늘날의 다양한 상황에 전달하느냐에 대한 도전에 직면해 있다. 우리는 이런 도전을 해결하기 위해 다양한 학문 분야에서 도출해 낸 기술과 지혜가 요구된다는 사실을 밝혔다. 물론 이런 고려는 전통적으로 복음을 전하는 사역의 일부로 생각되지 않았던 부분이다. 이 일의 복잡성은 지평들의 역동적 상호작용이라는 말로 잘 이해될 수 있다. 메시지의 의미를 전달하는 데는 최소한 네 가지의 지평들이 존재한다. 다른 무엇보다 모든 과정의 시초가 되시며 근원이 되시는 초문화적 하나님이 존재하신다. 하나님께서는 특정한 상황 속에서 사람들에게 말씀하셨다. 따라서 우리는 하나님께서 최초로 말씀하셨던 상황에 대해 분석해야 한다. 복음전달자들의 상황은 복음전달자들이 소유하고 있는 전제의 형성과 그들이 메시지를 전할 때 품는 의미의 형성에 영향을 미친다. 그리고 새로운 수용자들의 독특한 경험들과 세상에 대한 그들의 이해, 그리고 그들이 처한 상황은 하나님께서 그들에게 말씀하실 때 그들이 하나님의 말씀을 듣는 방식을 형성한다. 이 과정에서 삼위일체 하나님의 역할(계시, 성육신 그리고 조명하심)은 오늘날 복음전달자들이 다변하는 세상 속에서 불변하는 진리를 전하는 방법을 찾고자 할 때 지침을 제공한다. 이런 사실 속에 교리의 역사적 발전을 복음에 대해 한층 깊은 이해를 발견하는 과정으로 보는 가치가 있다. 특정한 상황에서 얻어진 새로운 정보는 고대에 기록된 텍스트를 조명하는 데 새로운 관점을 제공해 준다.

하나님께서는 또한 하나님께서 당신의 의도를 전하시면서 그 의도가 전달되는 상황에 맞게 적절한 조정을 하셨다는 사실 또한 주목할 만하다. 만일 하나님께서 그리 하셨다면, 오늘날 하나님의 말씀을 다른 이들에게 전하고자 하는 복음전달자들 또한 그리해야 할 것이다. 이와 같이 말씀과 상황과의 대화는 새로운 수용자들이 성경의 메시지를 듣고 그에 반응하며 새로운 관점, 즉 기독교인들이 이전에는 보지 못했던 새로운 지평을 제공할 때 지속적으로 확장된다. 이것이 모든 나라와 방언과 백성들로 대표되는 요한계시록 7장에 나타나는 장면이다. 각각의 나라와 방언과 백성은 그들만이 가진 관점을 더해 줄 것이고, 이것이 모두 합쳐져서 구원자되신 주님께 찬양과 영광을 돌릴 것이다.

티셀톤의 지평 모델로부터 도출하고, 신학적, 의사소통론적, 그리고 문화적 이슈들에 대한 이 책의 이론적 초점에 기초하여, 우리는 선교에 대한 새로운 이해를 창조하고자 하는 노력에서 네 가지 지평들에 대해 제시했다. 새로운 이해들이 오늘날 교회의 확장으로 인해 가능해졌다. 기독교인들은 그들이 보고 들은 것을 다른 사람들에게도 유용하게 만들어야 하고, 그렇게 함으로써 다른 이들 또한 시간과 공간을 초월하여 드러나는 충만한 진리 속에 거하시는 하나님을 알아가게 된다. 사람들이 지닌 공통점에도 불구하고 그들이 지닌 놀라운 다양성으로 인해, 복음전도자들은 그들이 복음을 전하는 수용자들로부터 배울 수 있는 특권-고대에 기록된 텍스트가 전하는 것에 대한 새로운 통찰력들-을 누린다. 모든 상황이 그 상황 안에 존재하는 사람들로 하여금 특정한 방식으로 텍스트를 인식하게 하도록 만들기 때문에, 각각은 다른 사람들로부터 배우고 하나님에 대해 사람들이 이해하도록 하나님께서 의도하신 것에 대한 새로운 이해를 얻을 수 있다. 각각의 새로운 이해는 전능하신 하나님의 사역에 대해 다른 이들이 가질 수 있는 이해를 풍성하게 할 것이다. 첼탈인들을 도와 하나님의 지혜에 대해 이해하도록 도왔던 샘 호프만은, 거꾸로 첼탈인들로부터 지혜에 대한 새로운 면모들을 배웠다.

하나님께서는 모든 사람들로 하여금 당신과 더불어 관계를 맺게 하기 위해 만드셨다. "만일 그들이 하나님에 대해 결코 들어본 적이 없었다면, 어떻게 그들이 주님을 믿을 수 있으며, 그분께 구원을 구할 수 있겠는가? 그리고 만일 그들에게 누군가가 말하지 않는다면 그들이 어떻게 들을 수 있단 말인가?"(롬 10:14). 메시지는 항상 특정한 상황 속에서 명백히 드러난다. 복음은 어떤 특정한 문화적 바탕 속에서 이해된다. 하나님께서는 특정한 시간과 장소에서 독특한 방식으로 언어와 문화를 사용하신다. 의사소통론적으로, 그리고 문화적으로 적절한 선포를 개발시키는 데 포함되는 이슈들에 대해서는 다음 두 장에서 다루도록 할 것이다.

NOTE

1) 2002년 12월 찰스 밴 엥겐과 샘 호프만 사이에 있었던 전화 통화.
2) 해석학에 대한 이러한 철학적이고 언어학적 접근방법의 발전에 대한 훌륭한 요약은, 오스본(Osborne 1991: 365-396); 티셀톤(Thiselton 1980: 326-356); 카이저와 실바(Kaiser and Silva 1994 12-13장); 그리고 뮬러-볼머(Muller-Vollmer 1985: 1-53)를 보라. 이러한 발전에 대한 신학적 고찰은 오토 웨버(Otto Weber 1981: 308-345)를 보라.
3) 오스본은 폴 리꿰르(Paul Ricoeur), 데이비드 트래이시(David Tracy), 브레발드 차일즈(Brevard Childs), 그리고 제임스 샌더스(James Sanders)를 언급한다. "'의미'(전체 의미론적 분야에 기초하여 텍스트를 이해하는 행위)와 '중요성'(그 의미를 현대문화와 같이 다양한 상황 속에 삽입하는 행위)을 분리하는" 힐쉬(E. D. Hirsch)의 작업 또한 중요하다. 또한 데이비드 켈시(David Kelsey)와 루디비히 비트겐슈타인(Ludwig Wittgenstein)의 후기 저작 등도 그에 못지않게 중요하다(Osborne, 1991: 393).

4) 예를 들면, 크로도비스 보프(Clodovis Boff 1987: 63-66; 132-153); 레오나르도 보프와 크로도비스 보프(1987: 32-35); 길레르모 쿡(Guillermo Cook 1985: 104-126); 세베리노 크로아토(Severino Croatto 1987: 36-65); 사무엘 에스코발(Samuel Escobar 1987: 172-179); 딘 펌(Dean Ferm 1986:25-26); 이스마엘 가르시아(Ismael Garcia 1987: 12-16, 28); 구스타포 구띠에레즈(Gustavo Gutierrez 1974: 13); 로저 헤이트(Roger Haight 1985: 46-59); 호세 미구에즈 보니노(Jose Miguez Bonino 1975: 90-104); C. Rene Padilla(C. Rene Padilla 1985: 83-91); 로버트 슈레이터(Rober Schreiter 1986: 75-94); 후안 루이스 세군도(Juan Luis Segundo 1976: 7-38); 로든 스파이크맨 외 (Gordon Spykman et al. 1988: 228-230); 존 소브리노(Jon Sobrino 1984: 1-38); 그리고 폴 비대일스(Paul vidales 1979: 48-51) 등을 보라.

5) 세군도의 생각에 따르면, 해석학적 순환에 영향을 미치는 네 가지 결정적인 순간 또는 요소가 존재한다.

    (1) 실재를 경험하는 우리의 방식이 있다. 이 방식을 통해 우리는 이념적 의심을 품게 된다. (만하임의 세 가지 요소들은 첫 번째 단계에 대한 세군도의 이해 안에 포함되어 있다. (a) 구체적 체험으로부터 기인한 신학에 대한 평가; (b) 자신의 신학을 소유한 신학자의 의지적 행위; (c) 이러한 의지적 행위로 인해 유래되는 새로운 문제들을 취급하는 것의 방향성)

    (2) 일반적으로는 전체 이념적 초월구조에 대한, 상세하게는 신학에 대한 우리의 이념적 의심이 적용된다.

    (3) 신학적 실체를 경험하는 새로운 방식이 등장하는데, 이는 우리를 주석적 의심, 즉 성경에 대한 일반적인 해석이 자료의 중요한 부분을 설명하지 않고 있다는 의심으로 인도한다.

    (4) 우리는 새로운 해석학을 소유하고 있는데, 이는 우리가 원하는 새로운 요소들을 가지고 우리 믿음의 근원(예를 들면, 성경)을 해석하는 것에 대한 새로운 방식이다 (Segundo, 1976: 7-38).

6) 이것은 플레처 틴크(Fletcher Tink)의 박사학위 논문(1994)의 주제다.

7) 밴 엥겐과 티엘스마는 이 방법론을 도시선교와 관련된 선교학적 해석학에 적용했다. 밴 엥겐(Van Engen 1994: 241-270; 1996b: 90-104)을 보라.

8) 칼 바르트(Karl Barth 1958, I.2, p.466). 이 내용은 또한 오토 베버에 의해서도 언급되었다(Otto Weber 1981: 310).

9) 아마도 누가는 헬라화된 유대인, 즉 하나님을 경외하는 사람이었을 것이다. 따라서 누가는 헬라의 관점을 반영하기는 하지만 히브리 세계관이 갖는 근원적이고 심층적 차원을 이해하고 있었을 것이다. 그가 글을 써 전개하는 방식, 그의 유머, 그의 저술을 구성하는 방식은 모두 히브리식이고 구약성경에 많이 의존하고 있다. 누가복음 4장에서, 그는 아람어를 사용하는 나사렛에서 히브리적 배경, 특히 선지자들에 대해 다루고 계시는 예수를 소개하고 있다.

Communicating God's Word in a Complex World

제5장
의사소통적으로 적절한 복음전달

> 의사소통 현장에 대한 이해는 복음전달자가 텍스트를 읽고 그 메시지를 현대적 맥락에 전이하는 방식의 특징을 확정지어 수용자들로 하여금 "주의 말씀"을 듣도록 한다.

이 책의 공동 저자인 댄 쇼우가 인도하는 성경공부 그룹은 매주 화요일 저녁 시간에 모인다. 그 모임은 서로 상관성이 없는 사람들의 모임이었기 때문에 그들을 한 자리에 모이게 해서 그들이 종종 토론하곤 하는 세상의 문제들에 대한 성경의 영향력에 대해 묵상하도록 하는 데는 상당한 어려움이 따르곤 했다. 어느 날 저녁, 그룹 멤버들 중 한 사람(신학생이었던)이 사무엘하 11장과 12장에서만 발견되는1) 다윗과 밧세바에 대한 이야기를 토의주제로 준비해 왔다. 진행자가 주제에 대해 소개하고 이어서 신학생이 진행을 이어받았다. 댄은 그가 사무엘하 11장과 12장에 대해 본격적으로 다루기 전에 이미 한 시간 이상이 흘렀음에도 모든 사람들이 마치 마법에나 걸린 듯이 이 능숙한 의사전달자에게 매료되어 있는 것을 보고 매우 놀랐다. 그는 성경 단어 한 가지에 대해서조차 언급하지 않으면서도 주석과 해석학의 핵심적인 내용들을 작은 성경공부 그룹에게 설명해 주고 있었다. 정말이지 훌륭했다. 그는 다음과 같은 방식으로 자신이 준비한 내용을 전달했다.

어떤 특정한 구절이 의미하는 바를 이해하기 위해선, 그 구절을 전체 성경 맥락의 흐름 속에서 살펴보아야 합니다. 사무엘하는 유대인들이 몇 가지 매우 중요한 질문에 대답할 수 있도록 돕기 위해 고안된 유대인들의 역사서입니다. 예를 들면, 제사장의 유래는 무엇인가? 성전의 유래는 무엇인가? 그들이 어떤 방법으로 왕들을 얻었는가? 선지자들의 유래는 무엇인가? 등의 질문입니다. 만일 우리가 유대인들의 역사를 이해한다면, 우리는 성경이 의미하는 바에 대해 더 많은 것을 알 수 있을 것입니다. 유대인들은 자신들의 역사를 창세기 12장에서 하나님께서 아브라함을 부르시는 사건으로부터 출발시킵니다. 그들은 이집트의 포로생활에서 풀려났습니다. 그리고 광야를 헤매다 마침내 하나님께서 아브라함에게 약속하셨던 땅을 정복하고 상당 기간 동안 사사들에 의해 통치를 받았습니다. 이제 우리는 사무엘로 시작되는 유대 국가의 역사를 대하게 됩니다.

그리고 나서 우리의 용감한 복음전달자는 구약성경이 어떻게 기록되었고, 두루마리 위에서 어떻게 둘로 나눠지고 번호가 매겨졌는지-사무엘상하, 그리고 열왕기상하-에 대해 설명하기 시작했다. 그는 출애굽과 관련해서 저자들의 지위가 얼마나 중요한지에 대해서도 설명했다. 왜냐하면 유대 역사에서 매우 중요한 분기점이 되는 이 사건으로 전후 저자들이 품은 저술 목적(agenda)이 상당히 달라지기 때문이다. 그는 성경 전체에 나타나는 족보-그의 탄생을 예시해 준 룻의 이야기로 시작하여 마태복음에 등장하는 예수의 족보에 이르기까지-에 이스라엘의 위대한 왕이었던 다윗이 포함된 이유에 대해 설명했다. 그리고 난 후, 그는 사울과 다윗과 사무엘의 관계에 대해 설명하고, 뒤이어 사무엘에 대해 좀더 상세한 설명을 하고 난 뒤, 다윗과 밧세바에 대한 이야기가 이 부분에서만 제시되어야 했던 이유를 설명했다. 왜냐하면 사무엘하 저자는 이런 질문들에 대한 답변을 제공하는 데 집중했기 때문이다.

강조점은 왕들을 세우기도 하시며 폐하기도 하시는 하나님에 대한 것이었다. 또한 왕들이 아니라 하나님께서 주장하고 계셨다는 사실에 대한 것이었다. 당시의 지배적 문화에 따라 솔로몬보다 나이가 많았던 왕자들이 왕위를 계승하지 않고 솔로몬이 다윗의 뒤를 이어 왕위를 계승했던 이유를 이해하는 것은 매우 중요한 일이며, 이를 위해서 솔로몬의 어머니인 밧세바에 대한 이야기가 빠질 수가 없었던 것이다. 제사장이며 동시에 선지자였던 사무엘은, 비록 그가 사울을 왕으로 세우기 위해 그의 머리에 기름을 부었지만, 이제 다윗의 머리에 기름을 붓고 있다. 이 텍스트 기록하면서 저자는 하나님께서 어떤 편견이 있으신 분으로 제시할 수 없었다. 저자는 다른 사람들이 볼 수 있는 겉으로 드러나는 양상 뿐 아니라 "그 마음"도 살펴봐야 했다. 저자는 다윗과 밧세바에 대한 이야기를 해야 했다. 그리고 다윗도 다른 모든 사람들과 같이 죽음을 면할 수 없는 한 인간에 불과하며, 그 결과 항시 드러나는 유혹과 죄에 노출되어 있는 사람이었다. 따라서 이러한 맥락에서 볼 때 다윗과 밧세바 이야기는 왕국의 분열과 바벨론 유수, 그리고 그에 대한 사람들의 반응을 포함하는 유대 역사를 이해하는 데 있어 매우 중요하다. 이런 주변 설명을 다 마치고 난 후, 마침내 그 신학생은 본문 내용에 집중하기 시작했다. 나는 주위를 돌아보았다. 시간이 상당히 흘렀다. 그러나 그곳에 앉아 있는 사람들 중에서 하품을 한다거나 졸린 눈으로 앉아 있는 사람은 없었다. 오히려 새롭고 흥미로운 방식으로 성경을 이해하는 것에 대한 놀라움과 그에 대한 많은 질문들과 의견들이 제시되었다. 우리의 복음전달자는 사무엘하 11장과 12장에 대해 자세히 설명하기보다, 한 가지 숙제를 내주는 것으로 성경 읽는 방식에 대한 짧은 가르침을 주었다. 다음의 내용이 그가 말한 것이다.

우리가 성경을 읽을 때, 우리 자신을 역사의 흐름 속에 집어넣어야 합니다. 무슨 일이 발생했는가? 어떤 일들이 포함되어 있는가? 그것은 무엇이었나? 이 이야기가 이 부분에 포함되어 있는 이유는 무엇일까? 우리의 첫 번째 목적은 저자가 청중으로 삼은 사람들에게 이해시키려고 했던 의미가 무엇이었는가를 이해하는 것입니다. 그리고 난 후, 최초의 청중들에게 이해된 의미가 무엇인지를 이해하고 나서, 우리는 우리 자신과 하나님과의 관계에 비추어 그 내용을 우리의 관점으로 이해하려고 노력할 필요가 있습니다. 만일 하나님께서 성경의 진정한 저자이시라면, 그리고 당신의 메시지를 전달하시기 위해 다양한 사람들을 사용하셨다면, 그리고 오늘날 우리가 하나님의 사람들이라면, 우리를 위해 하나님께서 의미하시는 것은 무엇이었는지를 알아야 합니다. 원칙적으로 볼 때, 우리는 성경을 목소리 높여 읽어야 할 것입니다. 성경 자체가 원래 구두 형태로 전달된 것이기 때문입니다. 따라서 집으로 돌아들 가서 사무엘하 11장과 12장을 큰 소리로 읽어보십시오. 동일한 내용을 하나의 이야기 형식으로 다섯 번 내지는 여섯 번 반복해서 읽으십시오. 한 장의 마지막까지 읽을 때까지 읽기를 멈추지 마십시오. 계속해서 읽으십시오. 왜냐하면 성경이 쓰였을 때는 장 별로 분화되어 있지 않았기 때문입니다. 그리고 난 후, 각 문장 또는 두 문장 단위의 구절로 구성된 텍스트에 대한 질문을 시작하도록 하십시오. 도대체 왜 왕들은 봄에 전쟁에 나갔는가? 요압은 누구인가? 왜 다윗 왕은 군대를 스스로 이끌고 나가는 대신 군대를 "파견"하였는가? 그들이 무너뜨린 암몬 족속들은 누구인가? 그리고 랍바는 얼마나 멀리 떨어진 곳에 위치했는가? 지도를 보십시오. 그리고 절이 바뀔 때마다 질문이 쏟아져 나올 것입니다. 더 나아가서, 이 이야기가 다양한 등장인물들이 등장하는 한 편의 드라마인 것처럼 대하십시오. 당신이 이 이야기를 읽어내려 가면서, 당신 자신을 이 이야기 속에 대입시켜 보십시오. 어떤 느낌이 올 것 같습니까? 이 이야기의 자세한 내용들에 대해 당신이 배울 수 있는 것이 무엇입니까? 한 주 동안 이 게임을 해보도록 하십시오. 그리고 난 후, 다음 주 모임에서 11장의 첫 번째 다섯 절에 대해 이야기해 보도록 합시다.

정말이지 대단히 탁월한 방법이지 않은가! 다음 주 모임에 모든 사람들이 다시 참석했다. 주어진 텍스트를 여러 차례 반복해서 읽을 시간이 없어 숙제를 하지 못한 당혹감에 참석하지 못한 한 자매를 빼놓고는 더 많은 사람들이 참석했다. 그럼에도 불구하고 그녀는 참석을 권면받았다. 그리고 그녀는 이 작은 성경공부 모임 안에서 이후 여섯 주 동안 생동감 있게 공부한 사무엘하 11장과 12장 공부에 한 번도 빠지지 않았다. 복음전달자는 중요한 메시지 하나를 선포하는 데 집중했는데, 그 메시지는 가족 관계를 새롭고 중요한 차원에서 다루도록 하는 중요한 주제로 사람들을 이끌어 갔다. 그리고 결론을 내리면서 오늘날을 살아가는 우리에게 이러한 가족 관계들과 관련하여 하나님께서 원하시는 것이 무엇인지에 대한 언급으로 끝을 맺었다. 이 성경공부 그룹은 예전과 같지 않았다. 그들은 새롭고 생생한 방식으로 성경을 이해할 수 있는 방법을 배운 것이다.

이 경험은 적절한 복음전달에 대한 주제를 소개한다. 이는 성경에 소개되고 있는 공동체와 하나님께서 삶의 방식에 대해 무언가를 말씀하길 원하시는 사람들로 충만한 이 세상 속에서 오늘을 살아가는 공동체 모두를 포괄한다. 이제 우리가 살펴볼 것은 적절한 복음전달의 성격과 진행에 대해 신중하게 살펴보는 것이다. 우리는 의사소통 이론(communication theory)에 집중하고 난 후, 그 결과를 앞 장에서 제시한 신학적 기초에 적용할 것이다.

1. 적절한 의사전달의 본질

지나간 선교역사를 돌아볼 때, 우리는 선교사들이 복음의 선포와 의사소통 이론 사이의 연결점을 놓치는 경우가 종종 있었음을 확인해 볼 수 있다. 복음의 선포 뿐 아니라 심지어 성경번역조차도 기본적으로 언어를 습득하고, 수용자 언어 속에서 동일한 사전적 의미를 가진 단어(lexical equivalence)를 찾아내고, 일종의 직관적 과정(an intuitive process)을 통해 메시지가 잘 전달되길 소망하는 것의 하나로 간주되었다. 말씀을 새로운 언어 체계 속에 삽입시키기만 하면, 성령이 축복하셔서 모든 것이 잘될 것이라고 생각해 왔다. 이러한 접근방법은 복음에 대한 수많은 잘못된 정보가 어디에서 유래했는지를 설명해 줄 뿐 아니라, 성경 중 많은 부분이 사용되지 않고 있는 이유와, 심지어 번역된 성경책들이 거의 폐품들만을 모아 놓는 창고 안의 먼지만 수북이 쌓인 책장 위에 방치되어 있는 이유가 무엇인지를 설명해 준다.[2] 복음전달자들은 하나님의 말씀을 수용하는 사람들이 그 말씀을 명백하게 이해할 수 있도록 가능한 필요한 모든 일을 해야 한다. 이러한 우리의 관점에서 볼 때, 의사진행 과정(communication process)의 본질을 이해하는 일이야말로, 수용자들로 하여금 자신들을 향하신 하나님이 의도를 이해하도록 돕는 일을 가능하게 해주는 첫걸음이 된다.

1) 적절한 의사전달을 위한 기준들

의사전달에 대해 토론할 때, 완전한 담화(discourse)인 전체 텍스트를 신중하게 취급해야 한다. 우리는 제1장에서 성경의 각 부분이 구원사라는 전체 흐름의 맥락과 하나님의 백성들이 소유하는 신학적 발전이라는 맥락에서 뿐만 아니라, 성경의 전체 맥락에서 읽어져야 함-앞의 예화에서, 한 신학생이 성경 공부 그룹에 속한 사람들에게 명백하게 전달하려 했던 것처럼-에 대해 지적했다.

1981년 로버트 드봉란드(Robert deBeaugrande)와 볼프강 드레슬러(Wolfgang Dressler)는 일반적으로는 텍스트에 관한, 그리고 특별히 담론의 본질에 관해 놀라운 성과물을 출간했다. 이들은 텍스트를 이해할 때, 해당 텍스트를 만들어 낸 존재와 그 텍스트의 수혜자가 존재하는 상황 속에서 이해하는 것의 중요성에 대해 강조했다. 그들은 텍스트를 "원문성(textuality)이 소유하는 일곱 가지 기준을 충족시키는 의사전달 상황(communicative occurrence)"으로 정의했다. 만일 이 기준 중 어느 하나라도 충족되지 않는다면, 그 텍스트는 적절하게 전달되지 않을 것이다(1981: 3이하).3) 적절한 의사전달을 위한 이들 일곱 가지 기준들은 다음과 같다.

1. 응집력(Cohesion): 특정한 메시지를 구성하는 부분들은 서로 조화를 이루어야 한다. "표층적 구성인자들은 문법 형식과 관례에 비추어 상호간 서로에게 의존한다"(deBeaugrande and Dressler, 3).4)
2. 일관성(Coherence): 전달되는 메시지는 뜻이 통해야 한다. "표층 텍스트의 기초가 되는 구성인자들은 상호간 접근이 가능해야 하고 서로 간에 상관성이 있어야 한다"(4).
3. 의도성(Intentionality): 청중들에게 전달되는 메시지는 저자가 의도한 목적을 이해시키는 것이라야 한다-"텍스트는…목적을 성취하기 위한…수단으로 간주하는 텍스트 생산자의 태도"(7).
4. 수용성(Acceptability): 사람들은 자신들에게 전달되고 있는 메시지와 그 메시지가 품고 있는 의도를 이해할 때, 적절한 반응을 보일 수 있다. 반응은 의도한 바가 얼마나 적절하게 이해되었는지를 보여주는 역할을 한다. 이는 "텍스트가 자신들을 위해 유용하거나 상관성을 갖는다고 생각하는 수용자들의 태도"와 관계있다.
5. 정보성(Informativity): 새로운 정보가 공급될 때, 그 정보를 이해

하는 사람들이 그들이 이미 알고 있는 바를 새롭게 주어진 정보와 연결시킬 수 있어야 한다. 정보의 흐름-"제시된 텍스트의 출현이 예상된 것인가 대(vs.) 예상되지 않은 것인가 혹은 이미 알려져 있던 것이다"-은 메시지가 전달되는 과정에서 중요하다(8-9).
6. 상황성(Situationality): 메시지는 청중들의 상황과 연관되어야 한다. 이는 "텍스트를 의사전달이 발생하는 상황과 상관성을 갖게 하는 요인들에 관심을 기울인다."
7. 간텍스트성(intertextuality): 어떤 메시지도 홀로 존재할 수 없다. 모든 메시지는 다른 메시지들과 서로 연결되어 있다. 이 메시지들이 서로 결합할 때, 인간의 지식이 쌓이는 저장고가 형성되는데, 사람들은 이 저장고를 이용하여 특정 메시지를 해석한다. 이는 "예전에 직면했던 한 가지 이상의 텍스트로부터 얻은 지식에 의존하여 특정 텍스트를 사용하는 요인들과 관련 있다"(10).

이들 일곱 가지 기준 각각은, 저자의 의도에 부합하는 적절한 반응을 산출하기 위해 제시되고 이해되는 특정 텍스트에 필수적이다. 의사소통을 위한 이들 일곱 가지 기준들이 합쳐져 한 가지 적절한 텍스트를 만들어 낸다. 핵심은 메시지를 전달할 때 해당 메시지를 효과적으로 전달할 수 있는 복음전달자의 능력이다. 다른 말로 하면, 모든 측면들은 박진감 있고 의사소통이 가능한 텍스트를 제시하기 위한 목적 하에서 서로 결합하고 재결합해야 한다. 서로 상호작용하는 이들 기준들이 없이는 의사전달이 발생하지 않는다. 드블랑드와 드레슬러(1981: 11)는 이러한 기준들을 설(Searle, 1969: 33)의 주장을 따라 "구성원리들"(constitutive principles)이라고 불렀다. 이러한 원리들은 텍스트에 대한 이해를 정의하고 양산할 뿐 아니라 텍스트와 텍스트가 발생하는 상황의 관계에 대해 알려준다.

예를 들면, 바울이 옥중에서 보낸 서신을 수신하는 사람들에게 있어 상황은 매우 중요한 것이었다. 이들 서신은 복음을 위해 고난을 당하고 있던 사도가 새로이 기독교인 된 신자들과의 접촉을 유지하고자 하는 노력을 반영한다. 이들 서신은 또한 바울 사도가 친히 여행했던 지역에 산재하고 있던 교회의 구성원들에게 주는 교훈의 중요성에 대해 말한다. 바울은 자신이 당면한 모든 고난을 위해 기도를 요청하였음에도 불구하고, 현재의 상황 속에서 당하는 고통에 비교할 수 없을 정도로 큰 소명으로 인해 기뻐했다. 이 모든 내용은 수신자들에게 보낸 인사말 속에 암시되어 있는데, 바울은 인사말을 통해 자신의 정체성(그리고 경우에 따라 그와 함께한 사람들의 정체성 또한)이 무엇인지를 밝혔다. 이렇게 겉으로 드러난 양식이 수신자들의 주의를 끌었고, 그렇게 함을 통해 수신자들이 관심을 갖는 더 심층적인 이슈들과 필요들에 집중했다. 복음전달자로서의 바울은 (1) 응집성, (2) 일관성, 그리고 복음전달을 위해 처음부터 설정되었던 (3) 의도성을 제공했다. 이런 결과로, 수신자들이 처한 상황(source context)으로부터 주제와 의도를 파악해 낼 수 있다. 특정 텍스트가 갖는 구조가 초점(the focus)이 되고, 그 초점으로부터 의사전달의 나머지 부분들이 발생된다.[5]

수용성은 드봉란드와 드레슬러가 제시한 원리들 중 원문성(textuality)을 전이하는 것에 대한 기준(transitional standard)이다. 의사전달을 확인하는 작업은 원문이 형성되었던 당시의 상황과 수용자의 상황 모두를 이해하고 원문의 객관성과 수용성을 새로운 청자들에게 확실히 전달하고자 하는 사람이 수행하는 전이 활동(transitional task)이다. 이 과정에서 의사전달자는 최우선적 매개체가 된다. 의사전달자는 최초의 청중들이 이해하고 수용했던 내용을 새로운 수용자들-현대 청중들이 고대 성경 저자들을 이해할 필요가 있다-에게 적절하게 전달하는 일을 부여받았다. 리꿰르의 용어를 빌리자면, 의사전달자들은 환경을 재설명(re-describe)함으로써 현대의 청중들이 그 내용을 납득하도록 해야 한다(Ricoeur, 1991: 177).

원문성의 나머지 기준들-(5) 정보성과 (6) 상황성, 그리고 (7) 간텍스트성-은 현재 수용자들이 살아가고 있는 특정한 상황을 통해 전체 아이디어를 전달하는 것과 관련 있다. 메시지를 전해 받은 수용자들이야말로 그들이 알고 있는 상황을 가지고 텍스트를 해석하는 사람들이다. 예를 들면, 사모인들은 북미인들이 "친애하는…"이라는 말로 편지 글을 시작하듯이 편지 글을 시작하지 않는다. 애정 어린 말을 하는 것은 사모인들의 관심 대상이 아니다. 사도 바울도 그랬듯이, 이들에게 있어 편지 내용은 보내는 자가 수신하는 사람들과 자신을 동일시하는 것이 주요 이슈다. 수년 동안 사모인들이 받은 편지들은 정부가 세운 법을 어겨(1960년대 당시에는 식인관습이 원인이 된 경우도 종종 있으나, 그 후에는 부족들 간 평화조약이 맺어진 이후에 더 많이 발생하기 시작한 간통 때문에) 감옥에 갇힌 사람들로부터 받은 것이 전부였다. 감옥에 있는 동안, 그들 중 일부는 읽고 쓰는 법을 배워 집에 편지를 보내려고 애쓰곤 했다. 물론 대다수의 편지는 전달되지 않았다. 사람들은 도착한 일부 편지를 이 책의 공동저자인 댄에게 가져와 읽어달라고 부탁했다. 그 편지들의 인사말은, "당신들이 나의 이름을 잊지 않게 하기 위하여, 나의 이름은…"으로 시작했다. 이 글을 다른 말로 하면, "비록 내가 수년 간 고향에서 떠나 있지만 나는 아직 죽지 않았다. 나는 여전히 당신들의 친척 중 일원이다. 나는 살아 있다. 나는 여러분에게 잊혀 지지 않길 원한다"는 것을 의미했다.

그 편지의 시작 부분 첫 줄은 바울 서신을 사모어로 번역할 때 매우 유용하게 쓰였다. 사모인들이, 사도 바울이 그의 서신들 중 몇몇 서신을 감옥에 갇혀 있을 때에 기록했다는 사실을 배웠을 때 특히 의미가 있었다. 그래서 사도 바울이 데살로니가에 보낸 서신의 사모어 역본은, "데살로니가에 있는 사람들이여, 나를 잊지 마시오. 나의 이름은 바울이오"라는 인사말로 시작한다. 여러분은 사모인들을 위한 이런 번역이 사모인들로 하여금 데살로니가에 보낸 바울 서신의 나머지 부분에 대해 어떻게 평가하게 할지 상상할 수 있겠는가? 이런 인사말로 시작한 서신은 수많은 정보를 암시해 준다. 사모인들이 이와 같은 인사말을 들었을 때, 그들은 데살로니가의 수신자들에게 어떤 발생하고 있는지를 이해한다. 그리고 데살로니가인들의 상황을 이해하기 때문에, 그 서신서의 첫 번째 수혜자들인 데살로니가인들에게 주어졌던 것과 동일한 의미가 사모인들에게도 전달한다. 비록 댄이 사도 바울이 감옥에 갇혔던 이유를 설명해야 하기는 했지만, 사모인들은 바울이 의도한 바를 이해할 수 있었다. 만일 현대 영어 번역자들이 번역하듯이 데살로니가에 보낸 서신의 첫 말을 "친애하는"이라는 말로 번역했더라면, 사모인들은 저자가 의도하는 것이 무엇인지에 대한 혼란이 가중되었을 것이다.

만일 복음전달자들이 텍스트에서 드러나는 정보가 수신자들이 제공할 수 있는 것과는 다른 환경을 전제로 하여 생성된 것이라는 것을 안다면, 수신자들을 이해시키기 위해 충분한 자료를 제공해야 한다. 처녀림 속에서 살아가고 있는 사모인들에게 성경이 기록된 당시 상황을 이루고 있던 환경의 차이가 중요한 문제를 야기했다. 초기 댄이 번역을 시작했을 때, 그는 환경에 대한 부가적인 설명을 피하기 위해 사모 상황과 일치하지 않는 이야기들을 선택하려 했다. 그러나 그렇게 하는 것으로 번역이 마무리되지 않았다. 댄은 다음과 같이 말했다.

우리가 요한복음 6장에 등장하는 예수께서 오천 명을 먹이신 사건에 대해 번역했을 때, 사모인들이 제기한 첫 번째 질문은, "제자들이 사람들에게 어느 풀 위에 앉으라고 했습니까?"였다. 이는 내가 예상했던 질문이 아니었기 때문에 그 자리에서 답변을 줄 수 없었다. 우리는 밖으로 나가 잠시 거닐며 각종 풀을 수집하면서 문제를 해결해 나갔다. 풀을 종류 별로 범주화시키는 사모인들의 방식에 대해 분석함으로써, 나는 어떤 환경 속에 있는 장소-밀림 속인가 아니면 사방이 공개된 장소인가-인가에 근거해서 식물(다른 모든 것들 뿐 아니라)을 구분하는 사모인들의 방식을 이해하게 되었다. 한동안의 깊은 숙고 끝에, 사모인들은 팔레스타인의 언덕지역이 수많은 사람들이 한꺼번에 앉을 수 있는 사방이 공개된 장소라는 결론을 내렸다. 풀은 사람들이 앉아도 어떤 해도 끼치지 않는 부드러운 풀이었을 것임에 틀림없다. 따라서 번역할 때 사용한 풀에 해당하는 단어로 사모인들이 알고 있는 몇 개 되지 않는 사면이 공개된 장소인 임시 활주로에서 발견되는 풀을 지칭하는 단어를 사용했다. 그런 종류의 풀은 사모인들의 기대치를 만족시키는 것이었고, 요한복음 6장에 등장하는 사람들이 밀림 속이나 다른 부적절한 장소에 앉아 있던 것으로 상상하지 않게 했다. 올바른 용어를 사용하는 것은 청중들의 기대치를 만족시켜 줄 뿐만 아니라, 사람들로 하여금 그 장소에 있던 풀이 어떤 종류였느냐가 아니라 오병이어의 이적 자체에 집중할 수 있도록 한다(Shaw, 1988: 155).

의사전달에 관한 드봉란드와 드레슬러의 기준들은 모든 의사전달 과정에 적용될 수 있는 메시지 중심적이고, 사용자 중심적이며, 수용자 지향적인 구조를 제공해 준다. 그들은 "텍스트를 전달하는 방식을 규명하기보다는 텍스트를 전달하는 방식을 통제하는(여기서도 설〈Searle〉의 방식을 따르고 있다) 규정원리"를 적용함으로써 이를 성취한다.

2. 적절한 의사전달을 위한 규정원리들

드봉란드와 드레슬러의 의사전달을 위한 기준들이 청중이 전달되고 있는 메시지의 상관성을 고려하는 데 필수적인 선포의 본질(nature)에 대한 정의를 내리는 반면, 그들이 고안한 규정원리들은 의사전달 과정 그 자체를 통제하는 역할을 한다. 드봉란드와 드레슬러는 이들 규정원리들을 각각 효율성, 효과성 그리고 적절성이라고 부른다.

1. 효율성은 "참여자가 투자하는 노력을 최소한도로 줄이도록 하는" 것이다 (deBeaugrande and Dressler, 1981: 11). 여기에서 중점이 되는 것은, 메시지가 창출되고 이해되는 상황을 우선적으로 규정하는 것이다.
2. "텍스트가 가지는 효과성은 청중들에게 강력한 인상을 주는 것과 목적을 달성하기 위해 우호적인 조건들을 만들어 내는 것에 의존한다"(11). 의사전달은 적절한 반응을 창출해 내는 효과를 만들어 내야 한다.
3. 적절성은 언급된 내용과 그것이 의미하는 것 사이의 관계를 규정한다. 적절성은 주석과 해석 사이의 긴장을 해소한다. 이 원리는 [텍스트의] 설정과 원문성(textuality)에 대한 기준들을 확정하는 방식 간에 합의를 도출해 낸다.

이 세 가지 원리들은 옛 정보와 새 정보를 연결시키고, 의사전달자와 수용자 양자 모두가 갖는 인지 환경(cognitive environment)과 관련이 있다. 이런 원리들은 의사전달을 발생시키는, 즉 의사전달이 발생한 상황이 어디가 되었든지 간에 의사전달을 위한 보편적 기준들에 (정도의 차이는 인정하더라도) 어느 정도까지 부합해야 하는 심층적 구조에 대한 관심을 야기하는 역할을 한다. 이

"텍스트 문법"(text grammar)은, 의사전달을 위한 기준들과 원리들이 어떤 특정한 언어 속에서 작동되고 있음을 드러내는 표층적 차원의 언어와 문화형식들에 영향을 끼친다. 이들 세 가지 규정원리들은 모든 언어 속에서 독립적으로 분석되고 이해되어야 한다. 사람들은 자동적으로 이들 원리들을 사용하여 그들의 현재 또는 그로 인해 의사전달 과정에서 드러나는 부족함에 직관적으로 반응한다.

예를 들면, 사모어에서는 모든 문장이 마치 체인들이 서로 연결되어 있는 것처럼 서로 연결되어 있다. 거의 모든 문장의 마지막 부분이 다음 문장의 첫 부분에서 반복되어지기 때문에, 사람들은 전달되는 정보를 흡수할 수 있다. 만일 그들이 정보를 흡수할 수 없다면, 의사전달 분량이 지나치게 빠르게 전달되는 것으로 간주되어지고, 따라서 전달하고자 했던 담화가 의도했던 대로 전달되지 않게 된다. 그리고 만일 담화가 적절히 전달되지 않았다면, 제시된 내용에 대해 아무런 주의를 기울이지 않을 것이다. 만일 그들이 주의를 기울이지 않는다면, 의사전달이 아무런 의미를 갖지 못할 것이다.

그러나 사모어에 적용된 것과 동일한 패턴을 현대 영어에 그대로 적용한다면, 이는 받아들일 수 없을 것이다. 영어 사용자들은 문자해독 능력, 합리적인 간결한 제시 그리고 정보의 흐름에 높은 가치를 둔다. 영어를 통해 의사를 전달하고자 하는 의도를 가지고 있으면서 사모인들이 사용하는 반복적이고 구어에 기초한 방식을 사용한다면, 영어 사용자들(좀더 구체적으로는 영어 독자들은)은 사모어에서 나타나는 현학적인 방식에 금방 염증을 느끼게 될 것이다. 그러나 만일 사모인들(다른 모든 구어체 사회들에서 생활하는 사람들처럼)이 이러한 방식을 통해 정보를 전달받지 않는다면, 그들은 지나치게 많은 정보를 한꺼번에 받아 과다한 정보량을 이해하지 못하게 될 것이다.[6]

이런 규정원리들은, 효과적인 텍스트의 성립을 위한 범주로 작용하는 의사전달 기준들의 사용과 적용을 구성하는 데 도움을 줄 것이다. 텍스트 구성을 위한 범주는 의사전달을 위한 좀더 일반적인 범주와도 관련 있다. 이들 범주들과 그 범주들이 실제로 작용하도록 하는 원리들은 의사전달 모델의 제시와 비평을 위한 무대를 조성한다.

3. 적절한 의사전달을 위한 모델들

의사전달이 이루어지는 방식을 이해하는 일은 다른 사람들과 새로운 관계를 수립하고자 하는 사람에게 필수적인 것이다. 하나님께서는 말씀으로 세상을 창조하심으로써 이 과정을 시작하셨다. 창세기 1장은 "하나님께서…말씀하셨다" 그러자 그대로 되었다(창 1장)라고 기록하고 있다. 하나님께서는 당신의 형상을 따라 지음 받았기 때문에 하나님 뿐 아니라 다른 사람들과 더불어서 관계를 수립할 수 있는 능력을 소유한 사람을 만드셨다. 이것은 우리가 창출해 낼 창조를 위한 논리적 근거와 우리가 관계를 이루기 위해 창조되었다는 사실 모두를 반영한다. 하나님께서 사역하시는 방식을 살펴봄으로써, 진짜 사람들과 그들의 삶을 서로 연결시킴으로써 그리고 창조 시 하나님께서 의도하셨던 바와 같이 하나님의 형상을 회복시킴으로써 우리는 의사전달에 대한 많은 것을 배울 수 있다. 그러므로 드봉란드와 드레슬러가 제시한 적절한 선포를 위한 범주들과 규정원리들을 이해하는 것이야말로 의사전달이 무엇인가에 대해 공식 양식을 통해 제시하는 데 중요하기는 하지만, 의사전달이 어떻게 소통되느냐 는 것과 이는 매우 다른 문제다. 초점은 산출된 것이 진행되는 과정에 집중하는 것이다. 여기에서 우리는 의사전달자들이 적절한 의사전달의 복잡성과 필요성을 이해하도록 돕기 위해 매우 간결하게 요약된 두 개의 주요 모델을 제시하고자 한다.7) 이 두 가지 모델은 일반적으로 "코드 모델"과 "추정 모델" 다른 말로 하면 상관성 이론으로 알려져 있다. 우리는 (위에서 살펴보았던 것처럼) 효과적인 의사전달을 위한 범주들과 규정원리들로 작용하는 적절한 의사전달의 본질을 이해하는 데 도움을 주기 위해 이들 모델에 대한 간단히 소개하고자 한다.

1) 의사전달에 대한 코드 모델

제2차 세계대전 이후 수년 동안, 한 가지 의사전달 모델이 주도적인 위치를 점해 왔다. 이 이론은 전보(telegraph)에 대한 생각에 기초하고 있고, 새논과 위버에 의해 대중화되었다(Shannon and Weaver, 1949). 이 의사전달 양식은 "의사전달을 위한 코드 모델"로 알려지게 되었는데, 이는 기호(signs)가 사람의 인지에 적용되었을 때 가지는 중요성을 강조한 빌헬름 본 훔볼트(Wilhelm von Humboldt, 1971)와 페르디난드 드 소쉬르(Ferdinand de Saussure, 1559, 1916년에 최초로 출간된)가 성취한 언어학으로부터 유래했다. 새논과 위버는 기호를 의미에 대한 정신의 내면적 이미지와 형식으로 드러나는 외면적 표현 두 가지로 구분했다. 이러한 형식과 의미의 합성이 벌로(Berlo, 1961)가 발전시킨 수용자 지향적 의사전달에 영향을 주었고, 후에 "역동적 등가"로 알려지게 된 나이다의 번역 이론(Nida, 1964)의 핵심을 이루었으며, 이 모든 것을 선교학적 이슈에 일반적으로 적용시킨 크래프트(Kraft, 1979)에게도 영향을 주었다. 홀은 의사전달이 이루어지는 통로의 다양성에 대한 그의 논의에서(Hall, 1959: xiv), 말을 통한 의사전달이 코드에서 상대적으로 적은 부분을 차지한다는 것에 주목했다. 이 코드는 말 외에도 몸짓을 이용한 언어(body language)와 사람과 사람 간의 공간(proxemics, 인간 공간학), 환경 그리고 상황에 따라 다른 방식으로 드러나는 것들로 구성된다. 이 모든

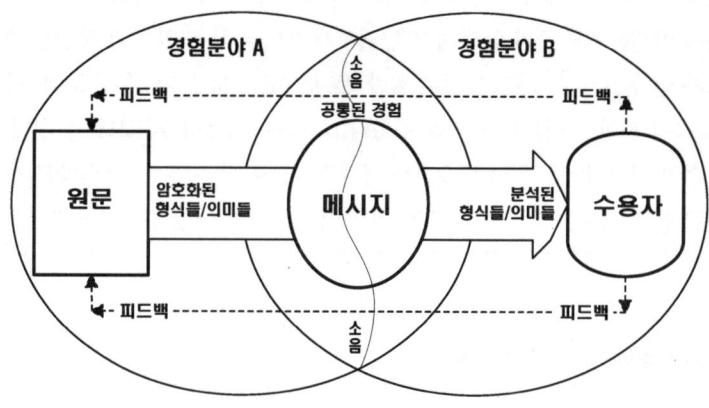

Shaw 1988: 29를 개작하여 적용
그림 5.1. 의사전달에 대한 코드 모델

제5장 의사소통론적으로 적절한 복음전달_ 193

것들이 새논과 위버가 "소음"(noise, 전달되는 메시지의 명확성을 방해하는 것을 일컫는 용어-역주)이라고 부른 것을 만들어 내고, 메시지를 해석하는 수용자들의 이해에 상당한 영향을 끼치는데, 이 영향은 저자가 원래 의도하지 않은 경우일 수도 종종 있다. 따라서 음성의 음조, 몸짓, 옷차림, 그리고 다른 다양한 종류의 "신호"는 말을 통한 의사전달과 동일한 중요성을 가지며, 의사전달자가 이해하는 방식에 영향을 끼친다.

이는, 코드 모델 이면에 존재하는 이론과 함께, 언어와 문화학습에 주요한 논리적 근거를 제공한다. 가능한 한도까지, 의사전달자들은 수용자가 처한 상황에 적절한 방식으로 접근해야 한다. 의사전달자들이 수용자의 경험에 관련을 지으면 지을수록, 수용자들의 심정에 더욱 접근하게 되고, 최대한도의 해석을 위한 역동적인 의사전달이 이루어지게 된다. "코드"의 언어적 측면 외에, 우리는 의사전달에 사용된 코드들에 더 많은 영향을 미치는 상황 이슈들을 대표하는 "경험분야"(field of experience)를 더했다. 이는 총체성을 이루려 한 홀의 노력에 부합하는 것이다. 그림 5.1은 코드 모델을 간소화한 형태로 작성한 것이다.

수용자들의 기대에 대한 부합에 기초한 이 모델의 핵심 내용 때문에, 크래프트는 하나님께서 사람들이 처한 상황 안에서 의사를 전달하실 때 항상 우선권을 쥐신다는 사실을 온전히 상기하도록 했다(1991: 173이하). 목적은 가능한 많은 일치점을 만들어 내는 것이다. 이는 성육신 원리에 부합하는 것이고, 의사전달자에게 부담을 주어 소음과 같은 요인들을 극복하게 하고 의사전달을 위해 요구되는 조정과정들을 거치게 한다. 문제는, 만일 하나님께서 당신이 만드신 사람들에게 접근하실 때 이 방식을 사용하셨다면, 하나님께서 보여주신 예를 따라 하나님의 성호를 높이고자 하는 사람들 또한 동일한 일을 해야 하지 않느냐는 것이다.

그러나 코드 모델이 강조하는 바는 메시지를 제시하는 것에 관한 것이다. 복음전달자들은 그들이 양산한 것이 최초로 전달되었던 내용이 의도했던 것과 동일한 의미였음을 확신하기 위해 가능한 최초로 전달되었던 메시지의 형식을 그대로 재생하려 하는 경향이 있다. 그러나 이러한 "형식과 의미의 합성" (form-meaning-composite)은 (언어학-예를 들면, Pike, 1967: 63-의 문법소 이론(the tagmemic theory)에서 사용되고 있는 용어를 차용하기 위해) 수용자들이 원문의 출처(source)와 의사전달자들의 선입견을 모두 이해한다고 가정하는 것으로, 결과적으로 수용자들이 수용하는 데 무리가 되는 정보를 전달하게 된다. 이렇게 되면 메시지가 어떻게 이해되어야 하는가와 그것이 전달되고 난 후 어떤 일이 발생하는가에 대한 강조는 약화된다. 이는 어떤 것이 되었든 간에 최초의 형식들을 그대로 유지하고자 하는 주석적 접근방식(exegetical approach)의 결과물로 나타나곤 한다. 더욱이 이 접근방식은, 메시지가 일단 수용자들에게 전해지기만 하면 수용자들이 처한 시공에서 의미하는 의사전달이 무엇을 의미하는지에 대한 고려도 하지 않은 채, 그들이 전달된 내용을 이해하게 될 것이라고 가정하기도 한다. 수용자들이 메시지를 어떻게 이해하느냐에 대한 초점은 코드 모델을 보충할 수 있는 다른 모델로 우리를 이끌어 간다.

2) 의사전달에 대한 추정 모델

1980년대 중반, 스펄버와 윌슨(Sperber and Wilson)은 청중들이 저자의 의도를 이해하는 방식을 고려해야 함의 중요성에 대해 지적했다. 그들의 통찰력에 영향을 받은 찰스 피어스(Charles Pierce)는 1940년대 초반에 기호가 단지 형식과 의미만을 내포하고 있는 문화 속에서 만들어진 범주들일 뿐만 아니라 실재하는 어떤 것을 가리킨다는 것에 주목했다(Pierce, 1955). 그리고 폴 그리스(Paul Grice) 또한 이들의 영향을 받아 1967년 하버드에서 행한 일련의 강의에서 실용적인 이론에 기초한 의도성의 필요성에 대해 주장했다(Grice, 1989). 어떤 특정한 메시지를 전달하기 위해 사용된 단어와 구절을 포함한 많은 기호는 어떤 객관적 지시물과 연결되어 있기 때문에, 그 기호들이 실재(real)세계와 얼마나 일체하는지에 대해 시험해 보는 것이 가능하다. 어떤 실재세계가 되었든 상관없이, 실재세계는 특정한 상황 안에서 발생할 수밖에 없다. 실재세계는 "언급되는 말 이면에 존재하는 의도를 청중들에게 인식시키기 위해" 특별히 설정된 의도와 필요를 충족시키기 위한 의사전달 상황(communication context)에서 파생된다(Grice, 1989: 213-14). 스펄버와 윌슨에 따르면, 의사전달은 의사전달을 위해 사용된 기호들의 실재가 무엇이라는 것에 대한 의사전달자와 수용자의 느낌이 일치할 때 발생하게 된다. 그렇게 될 때, 이해 가능한 의사전달이 발생하는 상황이 발생하게 되는 것이다. 저자의 의도가 수용자의 추정과 맞아 떨어질 때, 스펄버와 윌슨은 이를 "상관성" 있는 메시지라고 불렀다.8) 따라서 이 모델은 "상관성 이론"으로 알려지게 되었다. 이 이론은 "상황적 정보(contextual information)의 회복은 이해를 위해 본질적이며, 의사전달은 주로 추정 과정(inferential process)이라고 주장"한다(Green, 2001: 2).9)

스펄버와 윌슨에게 있어, 의사전달은 (1) 의사전달을 명백히 하려는 의도를 갖고 있는 의사전달자, (2) 의사전달자의 의도를 "추정"이라고 불리는 과정을 거쳐 판단할 수 있는 수용자를 요구한다. 이는 의사전달자가 정보를 전달하려 하는 고의적 의도를 품을 것을 요구한다. 의사전달자가 전달하려는 정보는 수용자들이 스스로 활용할 수 있는 상황적 정보(contextual information)를 이용하여 정보 속에 의도되어 있는 메시지를 처리할 수 있는 것이다. 룬트리(Rountree)는 이를 "인지적 텍스트"(2001: 6)라고 부른다(상황이론가들은 이를 "인지적 환경"이라고 부른다). 이 과정에서 드블랑드와 드레슬러가 설정한 의사전달에 대한 기준들과 규정원리들이 필수적이다. 의도와 잠재적 의미와 관련하여, 두 개의 상황이 서로 가까우면 가까울수록, 의사전달에 관한 인식이 적절하거나 "상관성"을 갖는다. 블래스(Blass)가 주목했듯이, "상황은 말을 해석할 때 나타나는 일단의 가정들"이다(Blass, 1990: 31). 어떤 상황 속에 존재하는 상관성에 대한 기대는 사람들로 하여금 정보를 처리하고자 하는 노력을 하도록 충동한다. 다른 말로 하자면, 사람들은 누군가 목적과 의도를 가지고 노고를 다해 의사를 전달하고자 할 때, 어떤 의미 있는 교환이 발생할 것을 가정한다. 그러나 만일 그들이 의사전달을 이해하는 데 지나치게 과도한 노력을 하고 있다고 보게 되면, 더 이상 메시지에 집중하지 않고 의사전달자의 의도와 무관한 이슈들 때문에 발생하게 되는 소음(noise)만을 듣게 될 것이다. 그렇다면 배경적 전제들(background assumptions)과 서로 공유하는 전제들(shared assumptions)은 의사전달이 이루어지는 상황에서 매우 중요한 역할을 한다. 그림 5.2는 추정 모델 이면에 존재하는 이론적 이슈들을 제시하는 시도다. 동시에 이 그림은 그림 5.1이 제시한 코드 모델과 비교할 수 있도록 제시하고 있다.

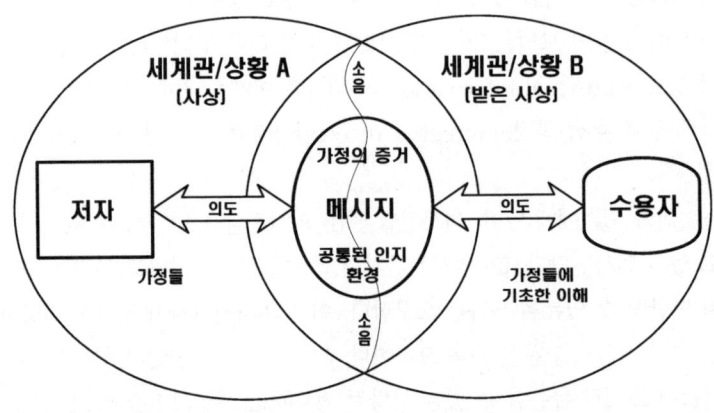

그림 5.2. 의사전달에 대한 추정 모델

상관성 이론은 의도한 메시지를 청중이 감지할 수 있는 방법을 통해 전달하는 것의 중요성을 인식한다. 이 모델에서, 의사전달은 메시지를 제시하는 데 사용된 형식과 의미에 집중하지 않는다. 그보다, 의사전달자가 전한 의도를 수용자들이 가능한 명백하게 이해하도록 하는 데 필수적으로 요구되는 사고 과정들(thought processes)에 집중한다. 성경이 기록될 당시에 살던 사람들과 현재를 살아가는 사람들을 갈라놓는 시간, 공간 그리고 문화적 틈새를 넘어서서 성경이 의도하는 바를 전달하는 일은, 비록 매우 어렵기는 하지만 적절한 복음전달을 위해 필수적인 일이다. 우리가 제1장에서 간단하게 주목했고 제4장에서 좀더 발전시켰던 것처럼, 성경이 그 자체를 해석하는 방식은, 우리가 이 책을 통해 나타내고자 하는 해석학적 방법을 제시하는 정경적 접근방법(canonical approach)이다. 추정 모델은 메시지를 이해시키기 위해-어떻게 하면 현대적 상황을 이용하여 의사를 전달할 것인가?-의사전달자들을 의사전달 과정 속으로 들어가게 한다. 초점은, 청자가 텍스트 안에 표현되어 있는 저자가 의도한 내용을 이해하도록 메시지를 제시하는 데 맞추어져 있다.10) 이는 역동적이고 과정 지향적인 것이며, 의사전달 과정 속에 포함되어 있는 사람들(또는 최소한 모든 아이디어들)이 서로 상호관계를 맺을 것을 요구한다. 원문과 수용자 간, 의도와 추정 간의 상호작용은 관계적이고, 창조 시 하나님께서 의도하신 바에서도 발견될 수 있는 것이다.

이러한 추정 모델은, 이 모델이 제시하는 개념들을 통해 특히 성경번역에 적용한 어니스트-오거스트 거트(Ernest-August Gutt)에게 상당한 영향을 끼쳤다.

> 어떤 자극에 대한 해석은 항상 상관성에 의해 결정되고, 따라서 상황에 의존한다. 그러므로 항상 "의미" 또는 "메시지"를 이해하고 그 "메시지"를 특정 청중들에게 전달할 수 있는 자극을 산출하는 일이 가능하지는 않다. 이것의 가능 여부는 "메시지"가 상관성 원리에 일치하느냐의 여부에 비추어 청중에게 전달하는 것이 가능하냐의 여부에 달려 있다. 번역을 하는 데 있어 가장 큰 문제점이 수용자들이 사용하는 특정 언어의 내용을 표현하는 올바른 방식을 발견하는 것이라는 관점은, 내용 그 자체를 전달하는 가능성을 모호하게 하는 경향이 있다(Gutt, 1991: 98-99).

추정 모델이 갖는 어려움은, 효과적인 실행을 위해서는 상당한 시간을 투자하여 원 상황(the original context)과 현재 메시지가 전달되어야 하는 환경 모두에 대해 연구할 것을 요구한다는 것이다. 이는 다른 문화권의 언어와 문화를 배우는 데 상당한 노력을 투자할 것을 요구하는 타문화적 상황 가운데 있을 때 제기되곤 하는 문제다. 성경번역이 일평생을 투자할 것을 요구하는 것은 놀랄 만한 일도 아니다. 그러나 현대의 분위기는 외부인 복음전달자가 장기간 동안 참여하는 것을 꺼려하는 분위기이고, 수용자들의 언어와 문화를 알고 이해하고 있는 현지인들이 메시지를 전달할 수 있도록 그들을 위한 적절한 훈련을 수행하도록 하는 분위기이다.

코드 모델이 주석적 측면(하나님께서 말씀하신 것)에 대해 더 적실하게 제시하는 반면, 상관 모델은 해석학적 측면(하나님께서 의도하신 바를 상황 지향적으로 제시)을 제시하는 데 더 적절하다. 상관 모델은 "저자들이 수신자들의 상황 속에 있었더라면 어떻게 그들의 의사를 전달했겠는가?"에 대해 강조한다. 그러나 주석-해석학의 이중성(exegetical-hermeneutical duality)은 중요한 것이며 무시되어서는 안 된다. 이는 이것 아니면 저것의 문제가 아니라 양자 모두의 문제다. 외부 출신의 주석 전문가들과 언어와 문화에 익숙한 내부 출신자들은 적절한 복음전달을 창출하기 위해 서로 협력하여야 한다. 외부인들은 성경의 내용과 인간을 향해 하나님께서 설정하신 의도에 관하여 내부인들에게 자신들의 생각을 강요해서는 안 된다. 그보다, 내부인들은 창조와 하나님과의 관계에 대해 평가하고 그것을 그들이 살아가고 있는 상황에 적절한 방식을 통해 제시하기 위해 위에서 논의한 의사전달 모델들에 대한 훈련을 받아야 한다. 궁극적으로 복음전달은 외부인들과 내부인들이 합력하는 팀의 노력의 결과로 이루어져야 한다. 그리고 이 노력을 통해 해당 공동체를 가장 잘 알고 있는 사람들로 구성된 해석학적 공동체가 수행한 결정과 실험이 있어야 한다. 상관성 이론은 실재를 이해하는 데 핵심적이기는 하지만, 그 실재를 제시하는 데 필수적인 형식들과 의미들을 이해하는 데는 그렇지 않다. 심층적 이해와 가능한 범위 내에서 이루어지는 인지적 환경에 대한 양측의 상호평가에 관련하여, 의사소통을 성립하는 양측이 동등하게 결합되어야 한다. 번역의 경우, 복음전달자/번역자는 각 상황을 결합하는 수단으로 작용한다. 복음전달자는 새로운 청자들로 하여금 그들이 소유하고 있는 인지적 환경(cognitive environment)을 활용하여 알려지지 않은 환경(the unknown environment)과의 연계점을 찾도록 해야 한다. 또한 새로운 청자가 전달된 메시지를 이해하기 위해 그 메시지가 의도하는 것이 무엇인지에 대해서도 평가하도록 해야 한다. 이것이 복음전달자의 임무다.

그러므로 절절한 복음전달이 이루어지도록 하기 위해, 텍스트를 주석하는 과정과 그 과정에서 텍스트를 해석학적 공동체(원문과 현대 수용자들 모두)에 연결시키는 것은 매우 중요하다. 코드 모델과 추정 모델 모두 필요하다. 우리는 어떤 특정한 모델이 다른 모델보다 더 우위에 있다고 주장하지 않는다. 그보다 코드 모델과 추정 모델/상관성 모델 모두가 제각기 강조하는 부분이 다르다는 점에서 원문, 복음전달자 그리고 수용자 모두가 참여하는 의사전달 상황에 적용될 수 있다. 우리는 한 세대를 풍미했던 이론가들에게 확고한 영향을 끼친 모델을 인지-언어학 정보로 무장한 새로운 모델로 대체하고자 하는 단순하기 짝이 없는 함정을 피해야 한다. 전자는 내용 그 자체에 기초하는 바가 강하고, 후자는 상황에 기초하는 바가 더 강하다. 우리는 각각의 모델이 지닌 강점들을 최대화하고 약점들을 최소화하여 전달된 의사를 이해하는 데 모든 모델이 기여할 수 있도록 각각의 가치에 대해 잘 평가해야 한다.

복음전달자들에게 있어, 성경을 접근하는 것의 목적은, 하나님께서 최초의 상황 속에 있던 사람들에게 전달하신 바 그 의도를 적절하게 이해하고, 그 이해한 바를 현대 청중들에게 적용하고 전달하는 것이다. 양쪽 모델 모두가 강조하고 있듯이, 균등에는 두 가지 측면들이 존재하는데, 이들 두 가지 측면들은 드블랑드와 드레슬러가 주장한 원문성에 대한 기준들과 규정원리들이 부합되기 전에 완수될 것임에 틀림없다. 얼마나 잘 구성되고 고안되어 있는지와 상관없이, 만일 어떤 특정 메시지가 이해할 만한 것이 아니라면 그런 메시지는 잘 이해될 수가 없을 것이고, 그 결과 아마도 무시될 것이다. 그 메시지를 수용자들이 얼마나 잘 이해할 수 있느냐의 여부와 상관없이, 만일 상관성이 있는 것으로 인식되지 않는다면, 충분한 주목을 받지 못할 것이다.

마지막으로, 만일 복음전달을 발생시키는 형식들은 청중들에게 분명하게 제시되었으나 사람을 향하신 하나님의 의도하심이 제대로 제시되지 못했다면, 그 형식들은 성경이 의도하신 메시지에 충실하지 못한 것으로, 결과적으로 수용자들을 이단적 함정에 빠지게 할 것이다. 그러므로 우리는 형식과 의미를 넘어서서 그 이면으로 나가야만 하며, 저자가 의도한 바와 청중들이 그것을 이해하는 데 필요한 인식에 집중해야 한다. 이 모든 것은 제4장에서 제시한 네 개의 지평 모델에 적용될 수 있다.

4. 적절한 의사전달을 위한 상관성 있는 추정들

드봉란드와 드레슬러가 사용하는 의사전달이라는 용어는 말로 표현된 것(문헌을 포함하여)에 더하여 모든 종류의 스타일과 형식을 포함하는 것이다. 여기에는 의식, 음악, 꿈, 기도 그리고 지역 상황과 상관이 있다고 생각되는 모든 부분들이 포함된다. 이러한 비언어 분야들은 실제 의사전달 상에서 상대적으로 낮은 부분만을 차지하는 언어를 보완하고 상황화한다. 우리가 종종 언급했듯이, 이러한 형식과 스타일은 두 가지 차원, 즉 수평적 차원과 수직적 차원에서 작용한다.

수직적으로, 의사전달의 비언어적 측면들은 히버트가 "초경험적"(transempirital)이라고 부르는 것-사람에게 유익이 되는 것과 해가 되는 모든 영적 세력들-을 전달하기 위해 사용된다(Hiebert, 1982b).[11] 여기에서 이슈가 되는 것은, 영성에 대한 이해와, 특정한 문화적 상황 속에서 우주적 세력(cosmos)과 더불어 상호작용하는 것과 상관이 있는 문화적으로 인식 가능한 방식들을 통해 적절하게 반응하는 것의 필요에 대한 것이다. 영성에 대한 이해와 관련된 의사전달은, 사람들이 힘들다고 인식하곤 하는 세상-농작물을 폐해를 끼치거나, 질병을 초래하거나, 또는 문화적으로 규정한 사회 단위 내에 분열을 조장하는 영적인 세력들로 가득 차 있는-안에서 개인 또는 그룹이 생존하는 것과 직접적으로 연관되어 있다. 사람들은 몇 가지 방법을 통해 이러한 초경험적 세력들을 통제하여 그들의 의지에 복속시키는 방법을 모색해 왔다. 그렇게 함으로써 사람의 삶의 조건을 향상시키거나 생명을 연장시키고, 또는 자신들이 좋아하는 방식을 따라 살아가도록 그냥 내버려 두도록 하는 방법을 모색해 왔다.[12]

수평적으로, 사람들은 모든 내재하거나 "경험적으로 인식이 가능한" 세력들, 예컨대 다른 사람들과 더불어 의사를 소통하는 방법을 모색한다. 여기에서 강조점은 인간 상호간에 맺어지는 관계를 강조하는 상호작용의 패턴에 대한 것이다. 이 패턴이 사회마다 매우 다양하기는 하지만, 의사전달이 주로 사람들끼리 서로 상호작용하는 상황에서 발생하는 것이라는 점에서 이러한 패턴을 이해하는 일은 매우 중요하다. 따라서 예를 들면, 아버지가 아들하고 대화를 나누는 방식, 그들이 대화를 나누도록 허락된 환경, 그리고 그들이 대화를 나누는 내용 등에 대해 아는 것은 아버지와 아들의 관계를 통해 기대되는 것이 무엇인지에 대한 분석을 하는 데 반드시 포함되어야 할 점들이다. 이와 동일한 방식이 사람들을 둘러싸고 있는 비물활적(inanimated) 세계에 대해서 뿐만 아니라, 다른 모든 관계 구조에 적용될 수 있다.

  수평적인 차원과 수직적인 차원이 함께 조합을 이룰 때, 의사전달을 위한 환경이 만들어 진다. 수평적 의사전달의 목적은 많은 사회문화적 세력이 실존하는 한가운데서 집단적으로 생존하는 것을 포함한다. 그리고 수직적 의사전달의 목적은 영적 세력들이 존재하는 상황에서 집단적으로 생존하는 것을 포함한다. 사도 바울은 진정한 전투는 육적인 것이 아니라 영적인 것임을 명백히 했다(엡 6장). 사회문화적 세력들과 영적 세력들은 창세 이후로부터 계속 존재해 왔고(골 1:16), 그렇기 때문에 그들 세력들은 의사를 전달하는 과정에 개입한다. 우리가 인류 역사를 통해-성경적 상황과 현대인들이 살아가고 있는 복잡한 세상 모두를 통해-사람들이 수도 없이 경험해 왔던 것을 대면하고 있음에 주목하라.

  어떤 사람들이 그들의 충성 대상을 지역 영들에 대한 두려움과 달램으로부터 오직 한 분이신 참하나님으로 바꾸었다고 가정해 보라. 그랬을 때, 과연 그들이 과거로부터 소유해 왔던 예배 스타일이나 영적인 관심사들을 경험하는 방식들이 갑자기 쓸모없고 무익한 것이 될 것이라고 가정하는 것이 정당할까? 물론 그러지 않을 것이다. "초경험적 세계"에 대한 새로운 이해가 있기 전 그들이 사용했던 동일한 의식들과 의미 있는 수직적 의사소통 행위는, 그들이 충성의 대상으로 삼는 영적인 존재가 바뀌었더라 하더라도, 비록 정도의 차이는 분명히 있을 것이긴 하지만, 그들이 드리는 예배 행위 속에서 그대로 존속되고 사용될 것이다. 중요한 것은 하나님에 대한 그들의 이해와 그들이 살아가고 있는 상황 속에 존재하는 초자연적인 존재에 대한 그들의 추정이다.

  예를 들어, 우리는 특정 문화에 속한 사람들이 지역 신화를 소개하는 방식에 대해 생각해 볼 수 있다. 제2장에서 주목해 보았듯이, 사모 신화의 도입부인 "오무 코고와"(omu kogowa)를 문자적으로 번역하면, "조상들이 있기 오래 전에"가 된다. 이 도입부가 창세기 1장 1절을 해석하는 데 그대로 사용된다면, 사모인들이 그 번역을 통해 추정할 수 있는 것이 무엇이겠는가? 그들은 이 메시지가 매우 중요한 것-진리에 대한 그들의 이해를 보증해 주는 것-이라는 것을 즉각적으로 알아차릴 것이다. 스펄버와 윌슨의 용어를 빌면, 사모어라는 특수성 내에 존재하는 하나님의 의도를 보증해 주는 것이다. 이는 "주목하시오. 이

제 당신들은 매우 중요한 것, 진리의 경종을 울리는 이야기, 신화를 듣게 될 것입니다"라고 말하는 것이 될 것이다. 성경의 상황 속에 존재하는 이러한 신화적 스타일의 사용은 사모인들이 이해하는 수평적인 것을 수직적인 것과 연결시키는 것이 될 것이고, 이는 또한 사모인들을 궁극적인 진리에 연결시키는 수단으로 작용할 것이다. 인간 존재들과 더불어 말씀하시는 하나님께서 의도하셨던 것과 마찬가지로, 사모인들도 그들이 갖고 있는 신화의 동일한 목적, 즉 인간의 삶의 방식에 영향을 끼치는 진리가 전달됨을 인식할 것이다.

아마도 밤새 진행되는 의식에 도입되는 춤도 사용할 수 있을 것이다. 이런 신령한 춤(holy dance)은, 의사전달 환경이 갖는 수직적 차원과 수평적 차원을 연결하여 의사전달을 위한 적절한 수단이 될 것이다. 성경에는 그런 종류의 춤들에 대한 언급으로 가득 차 있다. 이 원리는 음악의 형식, 꿈, 또는 기도에도 동일하게 적용될 수 있을 것이다. 이 모든 형식들은 성경 속에 분명히 존재한다. 그러나 서구인들은 계몽주의로부터 파생된 이분법적이고 개별주의적인 접근방법으로 인해 이들 여러 종류의 의사전달 방식을 부적절한 것으로 취급하여 잃어버리는 잘못을 저질렀다. 영어에서, "신화"(myth)라는 단어는, 성경과 다른 많은 사회에서 그런 것과는 달리, 진리의 기원이 무엇인지를 암시하지 않고 비진리를 암시한다. 스스로 합리적이 됨으로써, 서구인들은 드봉란드와 드레슬러가 고안한 의사전달을 위한 기준들이 효과를 발휘하도록 해주는 규정원리들을 제거해 버렸다. 요약하자면, 서구인들은 스펄버와 윌슨이 제안한 상관성 있는 의사전달을 하는 데 필요한 수단들을 제거해 버렸다. 이런 일이 발생하자, 주류세계에서 살아가고 있는 많은 사람들에게는 상관성이 없는 것-메시지가 잘못된 사회언어학적 구조를 덧입은 채 전달되기 때문에 의사전달 자체가 이루어지지 않는다-만이 남게 되었다.

파푸아 뉴기니에서 성경번역 팀의 카운슬러로 일할 때, 이 책의 공동저자인 댄 쇼우는 도대체 일부 부족들이 성경을 왜 그리도 가볍게 취급하는지를 연구하는 조사팀의 일원이었다. 벌써 오래 전에 그들 지역에 선교를 위한 교회(mission church)가 세워졌으나, 그 지역에는 상당수의 명목상 기독교인들만이 존재했다. 교회 지도자들은 번역 팀을 초청하여 지역 주민들로 하여금 성경에서 가리키는 바 내용을 삶에 적용하게 하도록 했다. 그들이 마을 사람들로 하여금 새로 번역된 성경을 중요한 것으로 보게 할 수 있는 방법은 무엇이었겠는가? 댄은 다음과 같은 이야기를 해주었다.

우리가 그들의 사회 상황을 분석하고 있을 때, 우리는 번역자들과 워크숍에 참석한 지역 기독교인들에 대해 많은 질문을 했습니다. 우리는 그들의 사회 구조와 그들이 중요시 여기는 것이 무엇인지, 그리고 중요한 주제가 전달되는 방식 등에 대해 물었습니다. 우리가 의미 있는 의사전달 스타일에 대한 이러한 이슈들에 대해 탐구하고 있을 때, 몇 가지 매우 흥미로운 사실들이 수면 위로 떠올랐습니다.
과거 이들 지역 주민들은 굉장히 화가 나서 그들의 분노를 가라앉히고 싶을 때 마을 한가운데 서서 다른 사람들을 호되게 꾸짖는 오래된 관습을 소유하고 있었습니다. 이렇게 꾸짖는 말을 하면서 때로는 긍정적인 말투를 사용하기도 하지만, 경우에 따라서는 상당한 정도의 비아냥거림을 섞어서 말하기도 했습니다. 그럼에도 불구하고 모든 마을 사람들은 이것이 마을 사람들 간에 존재할 수 있는 긴장을 완화하는 데 유용한, 문화적으로 적절한 방식임을 알고 있었습니다. 처음 선교 팀이 이 지역으로 들어왔을 때, 아직 사람들이 모일 교회 건물이 없었기 때문에 목사들은 마을 한가운데 서서 복음을 전했습니다. 이러한 형식의 복음전달은 마을 사람들의 뇌리에 스트레스를 줄이는 그들의 방식을 떠올리게 했고, 따라서 마을 사람들은 목사의 설교 메시지에 귀를 기울이지 않았습니다. 그들은 만일 이런 식으로 전달되는 메시지라면 대체적으로는 복음이, 좀더 구체적으로는 예수가 그리 중요한 대상이 될 수 없다고 생각했던 것입니다. 그들에게 있어 중요한 메시지는 저녁 때 모닥불가에 둘러 앉아 마을 장로들이 조용한 음성으로 전달하는 것이었습니다. 이런 사실은 또 다른 문제를 드러나게 했습니다. 목사들은 대체로 젊고 상당 정도의 교육을 받은 사람들이었습니다. 그러나 해당 문화가 가지고 있는 가치에 대해서는 무지한 사람들이었습니다.
해결 방안은 나이가 많은 사람들에게 성경 이야기를 가르쳐 그들이 각자의 집에서 사람들에게 말할 수 있도록 하는 것이었습니다. 사람들이 이야기를 조용히 읽고 그 내용을 그들의 삶에 적용할 수 있도록 하는 문자 해독 프로그램을 결합했을 때, 이 새로운 실천이 번역된 성경에 대한 사람들의 관심을 놀라울 정도로 증진케 했습니다. 사람들이 그들에게 제시되는 것에 대해 신뢰를 주기 전에, 먼저 올바른 의사전달 스타일이 채택되어야 했던 것입니다. 메시지와 그 메시지가 품고 있는 의도가 전달되느냐의 여부는, 선포하는 데 사용되는 단어 선정 뿐 아니라 해당 메시지를 전달하기 위해 택한 복음전달 스타일과도 깊은 관계가 있습니다. 만일 메시지를 전달하기 위해 사용된 의식이 사람들이 적당히 무시할 수 있는 개인적인 문제를 알리는 형식이었다면, 해당 메시지는 당연히 중요치 않은 것으로 취급될 것-복음은 상관성이 없는 것으로 보였을 것입니다-입니다. 그러나 일단 전달되는 내용이 중요하다는 사실이 확인되자, 그 반응마저 바뀌게 된 것입니다.

의사전달의 본질을 이해하고 적절한 의사전달을 위해 원리들을 적용하는 것은 효과적인 선포를 위해 본질적인 것이다. 문화적 그리고 언어학적 이해는 어떤 특정한 상황 속에서 발행해야 하는데, 이는 사람들이 하나님으로부터 온 메시지를 평가하고 그 메시지를 일상생활에 접목시키는 데 본질적인 것이다. 진 그린(Gene Green)은 이 사실을 다음과 같이 잘 설명했다.

> 말하는 것은 저자이지만, 독자들 또한 해석 과정에 기여하는 바가 있다. 독자들은 적극적으로 그들이 읽은 바에 대해 추정한다. 그러나 그들의 추정은 오직 저자가 증거를 제시했을 때, 그리고 그 증거가 상관성 있는 의사전달 원리와 일치할 때만 발생한다. 그러므로 의미는 단순히 독자에게 복속되는 것이 아니라, 그 독자가 저자와의 의사소통 상태에 들어가 있을 때 저자가 하는 말 속에 함유되어 있는 것이다. 성경 저자들이 제시하는 기호들과 그들이 전하고자 하는 의미 간에는 격차가 존재한다. 최초 독자로서 우리는 추정 과정을 거쳐 이 격차를 메워야 한다. 언어가 불안정한 것이라는 것을 제시하는 것이 아니다. 단지 의미가 언어학적인 요소만으로는 불충분하게 입증된다는 것을 제시하고자 하는 것이다. 상관성은 이해과정에서 나타나는 추론을 요구한다 (Green, 2001: 53).

이런 사실이 우리의 논의를 의사전달 스타일과 상징들의 사용에 대한 것으로부터 의사전달의 본질과 그것이 어떻게 공동체와 연관되어 있는지에 대한 것으로 이동하게 한다.

5. 적절한 의사전달 과정

스펄버와 윌슨의 견해를 따라, 그리고 드블랑드와 드레슬러의 작업을 상세히 살펴본 후에, 크리스티나 알라이카미(Christeena Alaichamy, 1997)는 번역 상담가로서 의사전달 과정에 대해 연구했는데, 그녀는 인도의 내부 번역자들(national translators, 인도인 번역자들-역주)이 번역 과정을 적절한 의사전달의 한 형식으로 이해하도록 하는 데 관심을 가졌다. 이를 완수하기 위해, 그녀는 "삼중 차원 모델"(tri-dimensional model)을 발전시켰다. 여기에는 그녀가 "짝 맞추기"(coupling), "공유"(commonality) 그리고 "교량 세우기"(bridging)라고 부른 것들이 포함된다. 이러한 개념은 드블랑드와 드레슬러의 규정원리들과 자세히 비교되었다. 그러나 그녀는 이들 개념은 의사전달 기준을 형성하기 위한 목적에서보다는 의사전달을 가능하게 할 목적으로 발전시켰다. 이제 이 과정이 우리의 관심을 끈다.

1) 짝 맞추기

알라이카미에게 있어 "짝 맞추기"는 새로운 메시지를 수용자들이 소유하고 있는 전제들과 연결시키는 것이다. 타문화적 의사전달에서 짝 맞추기는 메시지를 받은 사람들이 마치 해당 메시지가 외래적인 것인 것처럼 반응하지 않도록 원저자가 가정하는 것들의 전제를 재창조(recreate)하도록 한다. 짝 맞추기는 메시지의 내용과 상황을 연결시킴으로써 수용자들이 저자의 의도를 이해할 수 있도록 한다. 동시에 저자의 의도를 수용자들이 처한 상황에 적용하고, 그렇게 함으로써 적절한 반응을 할 수 있도록 한다.

2) 공유

적절한 의사전달 과정의 두 번째 측면은 "공유"다. 이것은 저자와 청중이 함께 공유하는 것이다. 어떤 특정한 문화 상황 내에는 상당한 정도의 공유가 존재한다. 사람들은 전제적 가정들, 즉 세계관을 공유한다. 그러나 복수적 문화 상황이라면, 초점은 점차 어떤 특정 사회 안에서 나타나는 공통점이 아닌 인류 모두에게 나타나는 공통점에 맞추어질 것이다. 특정 문화 속에서 발견되는 많은 부분은 표층적 차원에서 비슷하게 나타날 것이다. 그러나 이해를 위한 논리적 근거는 심층적 차원, 즉 전제적 차원에서 큰 차이를 보이게 될 것이다. 모든 인간은 웃기도 하고 울기도 한다. 그러나 그들을 웃고 울게 만드는 원인은 매우 다를 것이다. 매슬로우(Maslow, 1954)는 사람들이 생존을 위해 필요한 공통적 필요에 주목했다. 그러나 이 세상에 존재하는 다양한 문화 속에 존재하는 사람들이 그 필요를 만나는 방식은 매우 다양하다. 과연 저자의 경험 또는 가정이 그 메시지를 처음 받은 특정한 청중의 경험 또는 가정과 일치했겠는가? 새로운 청중이 처음 가정되었던 것을 공통 지식으로 이해하기 위해 필요한 정보는 무엇인가? 이런 질문들이 세 번째 개념인 "교량 세우기"(bridging)로 인도한다.

3) 교량 세우기

알라이카미에게 있어, 사회언어학적 간격 사이에 "교량을 세우는 것"은 어렵고 기술적인 과정이다. 그녀는 적절한 의사전달은 저자의 책임이라는 것을 보여주기 위해 이 개념을 사용했다. 그러나 텍스트의 저자가 오랜 옛날 살았을 뿐 아니라 낯설고 지리적으로 멀리 떨어져 있던 지역에서 살았던 성경적 인물이라면, 책임은 현재 의사를 전달하는 사람-번역자-에게 떨어진다. 의사전달자의 임무는, 텍스트를 기록한 저자가 특정한 세계관에 근거하여 가정했던 의도를 텍스트를 기록한 저자와는 전혀 다른 현대적 상황에서 살아가고 있는 사람들이 가정하는 것 사이에 교량을 건설하는 것이다. 수용자가 충분히 이해하고 정확하게 추정을 하기 위해서는, 성경 저자의 최초 청중이 가정했던 것이

무엇이었는지를 이해하는 것이 필요하다.13)

다양한 사회언어학적 상황을 연결하는 일은 최초로 의사가 전달되었던 상황에 대한 심도 있는 연구를 요구한다. 새로운 상황에 메시지를 전할 때는, 우선 상당한 시간과 공간적 간격을 메우는 일이 요구되는데, 청중이 적절한 추정을 통해 전달된 메시지에 반응하도록 하기 위해 원 상황(original context)과 새로운 상황을 연결하는 데 필요한 정보(the missing pieces)를 제공하는 일도 요구된다. 알라이카미가 주목했듯이, 이 단계는 복음전달자가 책임지고 수행해야 하는 중요한 과정이다(1997: 115). 더 이상 새로운 청중 주변에 존재하지 않는 텍스트 저자도 이 일을 해낼 수 없고(성경을 깨닫게 하시기 위해 조명해주시는 성령의 역사는 제외하고), 원 상황에 대해 광범위한 연구를 할 수 있는 능력을 갖추지 못한 현대의 청중들도 이 일을 해낼 수 없다. 그렇다면 간격을 연결하는 일은 복음전달자들만이 할 수 있는 고유의 작업이다. 복음선포자들이 메시지를 자신들이 소유한 세계관과 선입견으로 여과시킬 때, 올바른 이해에 암운을 드리우는 신학적, 교회론적, 문화적 또는 다른 어떤 종류의 의사전달적 소음(communicative noise)이 만들어지게 된다. 우리는 제6장에서 이 이슈에 대해 다시 한번 다룰 것이다. 여기에서는 복음전달자들이 자신들이 지닌 세계관과 선입견으로 메시지를 여과하는 일을 피하기 위해 많은 노력을 기울여야 한다는 것을 지적하고자 한다. 궁극적으로 그렇게 할 때, 청중들은 복음전달자의 선입견이 아닌 하나님께서 그들에게 하시고자 하시는 말씀을 들을 수 있게 된다.

복음전달이 사람들이 성경의 출처되시는 하나님과 더불어 관계를 형성하는 방식에 관한 것이 될 때, 이 과정은 더욱 중요한 것이 된다. 이 과정을 통해, 사람들은 하나님과 관계를 형성하는 것에 대한 그들의 결정 뿐 아니라 그들의 생각에 영향을 끼치게 될 하나님에 대해 추정하게 된다. 이는 사람들로 하여금 "초경험적"인 것에 대해 기존의 이해를 통해 알고 있던 것을 포기하고, 따르기만 하면 이제까지 도달해 보지 못했던 미지의 영적 세계로 그들을 이끌어 줄 새로운 메시지를 신뢰할 수 있도록 해주는 중요한 동기부여를 요구한다. 사탄은 사람들로 하여금 충성의 대상을 바꾸지 못하도록 하는 자연적이고, 인간 중심적인 두려움을 다루는 데 매우 능숙하다.

의사전달이 발생한다는 것을 증명하기 위해 알라이카미는 각 지평에 속한 언어학 정보와 문화 정보를 그림 5.3에 요약되어 있는 기술적 구조에 통합시켰다. 적절한 선포를 위하여 기술적 차원은 세 가지 중요한 과정들, 즉 메시지에 대한 분석, 통합 그리고 제시를 필요로 한다. 이 개념들은 알라이카미의 삼중 차원 접근방식(tri-dimensional approach)에서 유추한 것이다. 복음을 선포하는 사람들은 저자의 메시지를 통합하고 그 통합된 메시지를 새로운 청중들에게 제시하기 위하여 원전(the source document)을 자세히 분석하는 데 상당한 노력을 기울여야 한다. 그렇게 함으로써 청중들로 하여금 원래 의도되었던 것을 확고히 붙잡고 적절한 방식을 통해 그 붙잡은 것을 행동으로 옮길 수 있게 할 수 있다. 이는 매우 어려운 작업이다. 우리가 여기에서 의도하는 바는 이러한 복잡성을 줄이고 수용자들 뿐 아니라 복음전달자들의 이해를 증진시켜 주는 의사전달 이론에 근거한 단계들을 제시하는 것이다.

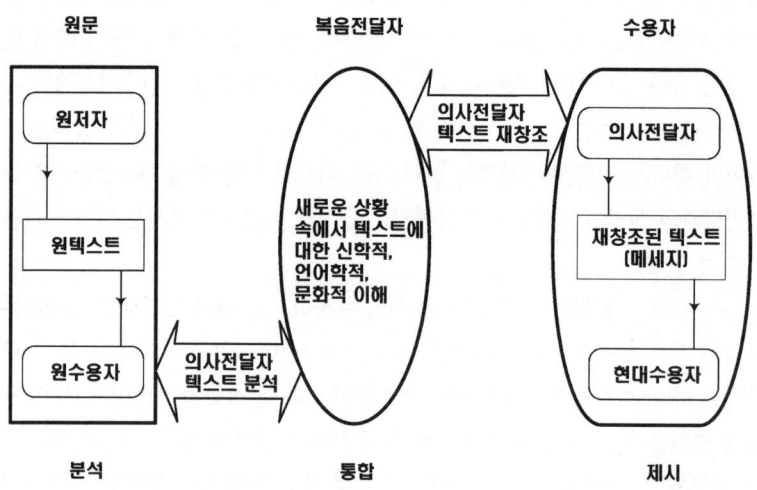

크리스티나 알라이카미, 1997: iv를 각색하여 적용

그림 5.3. 절절한 의사전달을 위한 기술적 차원

4) 첫 번째 단계: 분석

원문 텍스트에 대한 분석이 첫 번째 단계이다. 이 단계는 원문 텍스트가 기록되었던 상황의 문화와 언어에 정통하는 일 등을 포함한다. 분석은 수용자들과 그들이 추정한 것들에 대한 이해 뿐 아니라, 의사전달의 근본적 이유와 저자가 텍스트에 대해 가정하고 있는 것 등에 대한 이해를 요구한다. 이 시점에서 원문 텍스트가 전해진 전체 의사전달 상황에 대해 다루어야 하는데, 상관성이론이 큰 도움이 될 것이다.

메시지의 발견을 촉진하거나 텍스트에 대한 이해를 새로운 상황에 적용하는 관계를 정립해 나가는 것에 관한 상당한 양의 성경적 예가 있다. 예를 들면, 에스겔 18장 2절은 어린아이들이 그 부모를 통해서 뿐 아니라 그들 스스로 하나님과 맺을 관계에 대해 말하고 있다. 에스겔은 고대 히브리 격언인 "아비가 신 포도를 먹었으므로 아들의 이가 시다고 함은 어찜이뇨?"를 원형 그대로 인용한 다음, 부모들이 자녀들에게 그들 스스로 하나님과 더불어 직접적 관계를 맺을 수 있는 자유를 주어야 한다고 말한다. 이 격언이 사용된 방식에도 불구하고 에스겔은 각 세대마다 재상황화(recontextualization)가 발생해야 할 필요가 있음을 지적하고 있다. 에스겔은 마지막에, "의인의 의도 자기에게로 돌아가고 악인의 악도 자기에게로 돌아가리라"(겔 18:20)라고 말하고 있다.

메시지에 대한 새로운 이해를 촉발하는 새로운 관계는, 아브라함이 처했던 상황에 관해 이 책의 제1장에서 소개했던 재재시(re-presentation) 개념에서도 발견할 수 있다. 첫째, 하나님께서는 아브라함과 언약을 세우셨고, 오랜 기간을 통해 하나님과 아브라함이 맺은 관계의 가치가 어떠함을 보여주셨다. 그러나 이삭이 아브라함의 장막을 떠나자마자, 이삭과 더불어 새롭게 언약을 세우심으로써 땅과 수많은 자손들에 대한 하나님의 언약을 새롭게 하셨다(창 26:23-25). 그 후 야곱이 이삭의 장막을 떠났을 때, 하나님께서는 아브라함과 이삭과 더불어 맺으신 언약을 다시 한번 확증하시는 새로운 관계를 야곱과 더불어 맺으셨다(창 28:13-22). 수백 년이 흐르고 난 뒤, 하나님께서는 시내산에서 이스라엘의 자손들에게, "나는 아브라함과 이삭과 야곱의 하나님이다"라고 말씀하셨다. 그리고 그들과 더불어 새로운 관계를 맺으심을 통해 그들의 조상들과 맺으셨던 언약을 재정립(reestablish)하셨다. 언약을 통해 이스라엘은 "하나님의 백성"이 되었고, 야훼는 "그들의 하나님"이 되셨다. 이런 분석을 통해 원문 텍스트와 상황을 이해할 수 있다. 그리고 그렇게 함을 통해 새로운 시공(time and place) 속에서 텍스트가 적절하게 전달될 수 있도록 한다. 이런 식의 관계가 사모인들에게 의미하는 바가 무엇이겠는가? 댄 쇼우가 이끄는 성경공부 그룹에게 의미하는 바는 무엇이었겠는가? 그리고 지금 이 책을 읽고 있는 독자에게는 어떤 의미를 주는가?

5) 두 번째 단계: 통합

적절한 의사전달을 위한 두 번째 단계는, 첫 번째 단계에 의존하면서도 개인적 편견이나 가정을 도입하는 것을 피하는 것이다. 다시 말해서 현대 청중들에게 원문의 내용을 전해 주기 위해 필요한 목표는 신학적 편견이나 개인적 편견을 제시하는 것이 아니라, 해당 원문에 대한 이해를 통합(Synthesis)하는 것이다.

그러나 여러 복음전달자들이 제각기 다른 세계관과 신학적 관점을 가지고 있기 때문에, 그들이 텍스트를 다양하게 해석하는 것은 매우 자연스러운 현상일 것이다. 그러나 제4장에서 지적했듯이, 출발점은 매우 중요하다. 원문 텍스트에 대한 이해가 하나님께서 모든 인류에게 전하시고자 의도했던 것인가? 아니면 텍스트를 해석하는 사람들의 의도인가? 만일 복음전달이 모든 면(성육신적 생활양식을 포함하여)에서 선포자가 소유한 의사(agenda)를 투영하는 것에 불과하다면, 이는 성경의 원저자 되시는 하나님께서 의도하신 것을 성실하게 제시하는 것이 아니다. 적절한 선포는 단지 복음전달자가 전해져야 한다고 생각한 바를 다른 사람들에게 알려주는 것-그저 정보를 전달하는 것-그 이상의 일이다. 한편, 만일 사람들이 하나님께서 의도하셨던 바를 받아서 그들의 삶에 적용했다면, 그들의 삶에 변화가 일어나 하나님의 형상에 일체하게 함으로써 변혁 과정(transforming process)이 시작될 것이다.

그렇게 된다면, 복음전달자는 그들이 텍스트를 통해 배우는 것만큼이나 다른 사람들을 통해 배우게 될 것이고, 이것의 결과로 변혁이 발생하게 될 것이다. 어떤 특정한 상황 안에서 사역하다가 어떤 변화도 겪지 않고 떠날 때 모습 그대로 고향으로 돌아오는 타문화권 사역자는 거의 없다. 복음전달자는 그들이 섬기는 사역 대상자들이 하나님과 관계를 맺어가는 방식으로부터 자신의 세계관을 통해서는 전혀 알 수 없는 무언가를 배울 수 있는 자유를 기꺼이 누릴 수 있어야 한다. 우리가 진실로 성령을 신뢰하고, 하나님의 능력이 사람들을 진리의 메시지로 이끌 것을 온전히 신뢰할 때라야 비로소 이를 허용할 수 있게 된다. 왜냐하면 사람들을 진실로 자유롭게 하는 것은 하나님의 진리이지 (요 8:32) 다른 사람들이 그들에게 말하는 것이 아니기 때문이다.

인간이 공통적으로 소유하고 있는 요소가 특정 상황 속에서 얼마만큼이나 드러날 수 있는가를 보기 위해, 텍스트 속에 암시되어 있는 특정한 상황 속에 내재되어 있는 심층적 가정들(deep contextual assumptions)을 드러낼 필요가 있다. 모든 사회 속에서 드러나는 수평적 관계에 대한 문화적 기대는 수직적 관계의 성격에 대해서도 많은 것을 알려준다. 그러나 이는 성경 전체를 통해 드러나는 하나님의 의도하심에 비추어 일치하는 것이라야 한다. 예를 들면, 하나님에 대해 사용될 수 있는 관계 지향적 용어들에는 어떤 것들이 있는가? 어떤 용어들이 예수와 믿는 성도들 간의 관계를 반영하는 데 사용될 수 있는가? 아버지-아들에 대한 비유가 바울 서신서에서 가장 공통적으로 드러나고 있는가? 문화적 이슈 때문에 메시지의 수신자들이 이런 용어를 부정적이거나 상관성이 없는 것으로 여기지는 않는가? 하나님께서 의도하신 복음전달을 반영하기 위해서는 어떤 식으로든 조정이 요구된다. 특정한 공동체는 그들의 개념도(conceptual map)에 부합하는 방식을 통해 정보를 받아들인다. 예를 들면, 어머니의 형제 혹은 자매의 자녀들과 맺는 친족관계(아프리카, 오스트레일리아 그리고 멜라네시아 일부 지역에서 매우 흔한)는 하나님에 대한 관계를 반영하는 데 사용되어야 한다. 이런 식의 조정과정을 거치는 것이 복음전달자에게 얼마나 자유로운가? 많은 논란의 대상이 되고 있는 이러한 질문에 대한 답변은 상관성이론과 블래스를 통해 설명할 때 새로운 특징을 띠게 된다. 많은 면에서, 이 답변은 출발점인 텍스트에 대한 논의로 우리를 복귀시킨다.

하나님께서는 결단코 진공상태 속에서 말씀하지 않으셨다는 사실을 기억하라. 하나님께서는 특정 언어와 문화가 존재하는 상황 안으로 들어오셨다. 따라서 하나님께서는 각 상황에 맞는 용어를 사용하셨다. 그렇기 때문에 우리는 하나님께서 의도하시는 바가 상호관계의 패턴으로서 아버지와 아들이라는 가족관계에 집중되어야 하는지, 아니면 특정 사회 안에 존재하는 관계의 패턴을 통해 하나님과 인간의 관계를 설명하는 것에 초점을 맞추어야 하는지를 결정해야 한다. 다른 말로 하면, 최초로 전해진 의사전달이 특정한 문화를 반영했기 때문에 텍스트의 의미가 해당 문화의 틀 안에 묶여 있는지, 그렇지 않으면 전달된 특정 시간과 공간에도 불과하고 텍스트가 모든 인간들에게 적용 가능하도록 정해진 일반화된 의사전달 행위였는지를 판단해야 한다. 우리는 후자가 옳다고 생각하기 때문에, 하나님께서 의도하신 바를 파악하기 위해 짝 맞추기(coupling) 단계에 비추어 분석해야 한다고 믿는다. 그렇다면 분석 과정은 드봉란드와 드레슬러가 제시한 의사전달 원리들을 통해 진행되어야 한다. 그러나—이는 매우 중요한 점이다—무엇보다 먼저 우리는 하나님의 말씀 그 자체를 텍스트로 인식해야 한다. 그리고 성경을 기초로 해서 우리가 맡은 사역을 시작해야 하며, 결코 반대 과정을 밟아서는 안 된다. 만일 우리가 이단성을 피하고자 한다면, 해석학적 나선구조(우리가 제4장에서 토론했던)의 흐름을 따라가는 것이 중요하다. 그리고 해석을 진행해 나갈 때 우리는 항상 텍스트를 출발점으로 삼아야지, 결단코 상황을 출발점으로 삼아서는 안 된다. 그러나 우리는 결코 간텍스트성(intertextuality)이 갖는 복잡성을 얕보아서도 안 된다. 텍스트는 최초로 의사전달을 촉발된 상황으로부터 결코 분리될 수 없다.

   선교학자로서 우리는 심지어 계시에서조차 그 최우선적 초점이 관계에 대한 의사전달 이면의 것에 맞추어진다는 사실에 대해 점차 더 강하게 인식하고 있다. 만일 그것이 사실이라면, 복음전달은 다른 가정을 소유하기 때문에 다른 이해를 드러낼 수밖에 없는 새로운 상황 속으로 텍스트를 소개하는 것이 된다. 복음전달자들은 그들이 제시한 텍스트를 통해 복음에 대한 새로운 이해를 갖게 되는 수용자들에게 하나님을 소개한다. 사람들은 그들이 처한 상황을 통해 텍스트를 인식하기 때문에 하나님과 더불어 새로운 관계를 정립한다. 그리고 그러한 관계는 역동적이다. 하나님과의 관계는 항상 역사를 통해 발전하고, 깊어지며, 자라난다. 그러나 이러한 관계들이 작용하는 방식에 대한 몇 가지 기본 가치들과 가정들이 존재한다. 모든 상황 속에는 이미 주어진 것들이 존재하고, 주어진 관계들은 고도의 문화적 방식들을 통해 표현된다. 만일 하나님을 아는 것이 목적이라면, 초점은 단순한 정보의 이전이 아니라 어떤 관계에 대해 의사를 전달하는 것에 맞추어져야 한다. 전형적인 서구적 상황 속에서 기술적 전문성에 대한 학문적 강조는 지역 상황에서 드러나는 역량에 의해 보완될 필요가 있다. 특정 상황 속에 처한 사람들은 자신들이 처한 형편을 알고 이해하며, 외부인들이 결코 편안하게 느끼지 못하는 방식으로 상호작용하는 것을 편안하게 여긴다. 서구인들은 지역교회 목사들이나 번역자들과 함께 일하며 그들에게 전문성을 제공해 줌으로써 그들에게 원문 텍스트가 갖는 성격을 이해하는 데 신뢰감을 줄 수 있다.

마지막으로, 텍스트-새로운 상황 속에서 텍스트를 통합하거나 평가하는 것-를 설명하는 데 있어 성령의 역할에 대해 다시 한번 주목해야 한다. 예수께서는, "그러나 진리의 성령이 오시면 그가 너희를 모든 진리 가운데로 인도하시리니 그가 자의로 말하지 않고 오직 듣는 것을 말하시며 장래 일을 너희에게 알리시리라"(요 16:13)고 말씀하셨다. 최초의 제시와 이후의 통합 과정에서, 성령의 조명하심은 새로운 수용자들이 이해하고 하나님과의 새로운 관계에 참여하는 데 필수적이다. 성령은 메시지를 전달하는 자들과 그 전해 받은 내용을 새로운 방식으로 그들의 삶의 환경에 적용해야하는 수용자 모두를 이해케 하신다. 이와 같이 성령, 복음전달자들 그리고 메시지를 받는 지역 수용자들 간의 상호작용에 대한 조명은 엄청난 시너지를 산출한다. 이런 상호작용은 메시지의 내용 뿐 아니라 하나님께서 의도하신 의사에 대해서도 더 나은 이해를 가질 수 있도록 한다.

6) 세 번째 단계: 제시

알라이카미의 모델에서 드러나는 세 번째 단계는 "격차 사이에 교량을 건설"하고 메시지를 수용자들의 상황에 맞게 동화 시키거나 수용자들의 상황에 맞게 이해시키는 복음전달자의 능력과 연관된다(1997: 113이하). 이에 관한 정보가 없다면, 원 메시지를 새로운 상황 안에서 재창출하는 일이 불가능하다. 이와 관련된 지식은 그림 4.10에서 제시하는 지평 모델 속에 가정되어 있다. 이 그림에서는, 다른 사람들이 그들의 삶을 살아가는 새로운 상황에 복음(the one)을 재-제시(re-present)하기 위해, 각 지평이 해당 지평 좌우에 있는 각각의 지평들과 상호작용하는 것을 볼 수 있다. 교량 건설 과정(bridging process)은, 먼저 각 지평에 대해 설명하고, 이어서 전체 메시지를 성경이 기록된 고대의 상황에서 현재 상황으로 전이하는 것과 관련되어 있다. 주목해야 할 것은, 복음전달자가 전달 과정에서 사용하기 위해 동원하는 다양한 수단들(신학적, 교회론적 그리고 심지어는 개인적 이슈들 뿐 아니라 언어학적, 문화적 형식들과 의미들)이 아닌 메시지를 강조하는 복음전달 자체다.

예를 들면, 복음주의 선교사들은 텍스트를 무엇보다도 "명령"-성경은 우리가 복종해야 할 그 무엇이다-으로 보는 경향이 있었다. 성경에 대해 이런 식의 개념을 가지고 있었기 때문에, 이들은 무의식적으로 수용자들이 알아야 할 필요가 있다고 자신들이 간주하는 것들과 자신들의 행위에 비추어 볼 때 의미가 있는 것이라고 간주하는 것들에 대해 말했다. 문제는, 하나님께서 말씀하신 것에 대한 그들의 관점이 하나님께서 전달하고자 의도하셨던 것이 아니라 그들이 속해 있던 문화적 가정들에 의해 영향을 받았다는 데 있다. 이와 같은 경향 때문에, 복음전달자 중심의 관점(communicator-centric position)이 무의식 중에 수용자들에게 전달되었다. 이는 상황이 아닌 텍스트에, 그리고 복음전달이 아닌 문자적 번역에 초점을 맞추는 코드 모델의 영향을 보여주는 것이었다. 즉 정보를 확실하게 전달하는 것에만 초점을 맞춘 것이다. 그 결과, 성경은 사람들로 하여금 관계-다른 성도들과의 관계 뿐만 아니라 하나님과의 관계-의 성격을 이해하기 위한 원천이 아닌 정보의 원천이 되었다.

심지어는 오늘날에도, 서구 선교사들은 하나님이 누구이신가에 대해 설명해야만 한다고 느끼는 것 같다. 어려운 문제는, 그렇게 할 때 그들이 하나님에 대한 그들의 이해에 대해서만 설명하게 된다는 것이다. 하나님에 대한 서구식 이해는 하나님의 존재에 대한 변증을 제공하는 계몽주의적 논쟁을 강조한다. 그러나 이러한 논쟁이 관계지향적인 비서구인들이나 다양한 사람들이 모여 있는 청중(pluralist audience)들과 연관성을 갖지 못하는 경우가 종종 있다. 대신, 이런 식의 논쟁은 사람들에게 접근하여 그들의 말에 귀를 기울이고 그들이 소유하고 있는 하나님에 대해 더 많은 것을 배우려고 하는 선교사들을 위해서는 유익한 것일 수도 있다.

"옛날 옛적의 이야기"를 전달할 때 사람들이 소유하고 있는 관점에 대해 고려하지 않는다면, 복음전달자는 상관성이 거의 없는 정보만을 전달하게 될 것이다. 스펄버와 윌슨에 따르면, 상관성이 없는 정보는 극소량의 의사만을 전달하거나 전혀 전달하지 못하는 결과를 초래할 수 있다. 이러한 접근방법의 최종 결과는 업무 지향성(a task orientation)으로 드러난다. 업무 지향성은 메시지가 전달되거나, 번역이 완료되는 것, 혹은 교회가 개척되는 것으로 모든 것이 어우러졌다고 간주하는 태도다. 이런 식의 접근방법은, 사람들이 하나님께서 전하고자 의도하신 메시지를 듣고 그에 반응했느냐의 여부보다는 "주어진 임무의 완수"를 더 중요시 여긴다. 이런 식의 접근방법은 마치 최종 결과 그 자체가 하나님께서 원하셨던 것이라고 여긴다. 그러나 성경적 패턴을 살펴볼 때, 하나님께서는 항상 사람들과의 상호관계를 증진시키시는 것으로 당신의 사역을 시작하셨음을 알 수 있다. 하나님께서는 사람들이 삶의 한가운데서 그들의 필요와 관심을 살피시고 난 연후에, 그들이 처한 상황 속에서 그들에게 말씀하셨다.

일단 이 성경적 관점이 복음전달을 위한 적절한 접근방법이라는 이해가 서고 나면, 업무의 완수여부는 덜 중요해지고 관계를 정립하는 것이 핵심을 차지하게 된다. 우리가 이 책의 서론에서 주목해 보았듯이, 복음전달자들은 이 관계에 대한 예를 보여주시기 위해 하나님께서 선택하신 사람들이었다. 그들은 하나님께서 내주하시는 성경의 유일성 뿐만 아니라 하나님을 제시하는 방법을 모색했다. 이것이 성경이 다른 모든 텍스트와 구별되는 점이다. 만일 성경 텍스트가 특정한 상황 속에서 상관성을 가지려면, 그리고 성경 텍스트를 하나님께서 의도되었던 것처럼 연속성이 있고, 역사적이며, 역동적인 의사전달로 이해한다면, 그것은 하나님의 성품과 그리스도의 유일성을 선포하는 것으로 시작해야 한다. 이것이야말로, 하나님께서 관계—창조 때 시작되었고 역사를 통해 현재 상황까지 전해져 내려온—를 발전시키신 방법에 대한 계시이며 설명이다.

메시지가 상호작용적이고 관계적인 방식으로 전해지기 때문에, 새로운 수용자들은 하나님께서 지평 I과 II에서 살아가고 있는 사람들과 관계를 발전시키셨던 지속적 과정에 대해 이해할 수 있다. 이러한 이해를 가지게 될 때, 지평 III과 IV에 속한 다른 사람들과의 관계 뿐 아니라 하나님과 그들과의 관계에 대해서도 평가할 수 있다. 메시지는 단지 사람들이 알 필요가 있는 정보만을 제공하는 것이 아닌 관계적인 것이다. 그들은 하나님에 대한 그들의 지식과 "초경험적인" 존재와 더불어 상호작용하는 방식에 대한 질문을 제기하게 된다. 그들이 섬기는 신이 성경적 관점으로 볼 때 너무 미약하지는 않은가? 아니면 그들은 성경에서 말씀하시지만 그들에게 감추어져 있는 진리되신 하나님에 대해 알고 있는 부분이 있지는 않은가?[14]

메시지의 적절한 선포는 각 지평이 다음 지평과 상호작용할 것을 요구한다. 기술적 차원(technical dimension)은, 하나님께서 특정한 시간과 장소에 속한 인간 청중들에게 메시지를 전달한 성경 저자와 더불어 상호작용하심을 통해 발생한다. 복음전달자들이 하나님의 메시지에 대한 정보를 전할 특정 청중들을 대상으로 이를 적용할 때, 이들이 해당 메시지와 최초로 전해졌던 청중들과 갖는 상관성을 무시하지 않으면서 동시에 그들을 향하신 하나님의 의도하심에 대해 적절한 추정을 하는 데 필요한 모든 것을 제공하기 위해 동일한 과정이 반복되어야 한다. 그리고 이 부분에서의 초점이 제시와 분석, 그리고 통합에 맞추어져 있기 때문에, 이 세 번째 단계에는 분명한 적용점들이 존재한다. 이 세 가지 단계들을 적용함으로써 복음전달자들은 성경 텍스트 속에 존재하는 이슈들을 새로운 눈을 통해 조명해 볼 수 있을 것이다. 그렇게 함으로써 이런 이해가 새로운 청중들에게 전해지게 될 것이고, 그 결과 새로운 청중들은 그들을 향하신 하나님의 메시지가 갖는 총체성(totality)에 대한 새로운 이해를 갖게 될 것이다. 그리고 이 과정을 통해, 메시지를 선포하는 "복음전도자들"은 이해의 우물 속 깊은 곳에 존재하는 "새로운" 물을 퍼 올릴 수 있을 것이다.

6. 요약

하나님과 하나님 백성과의 관계 사이에는 무제한적인 의사소통성이 존재한다. 중요한 메시지의 전달은 그에 걸맞은 접근방법을 수반한다. 복음전달자는 사람들과 연결점을 가질 필요가 있다. 그렇게 함으로써 하나님에 대한 진리를 더 잘 반영해 줄 수 있기 때문이다. 물론 이 과정은 복음전달자로 하여금 그들이 편안함을 느끼는 쾌적대(comfort zone)와 친밀감을 느끼는 과학적 가정과 과정으로부터 떨어질 것을 요구한다. 그들이 하나님과 맺은 관계 때문에 새로운 수신자들을 통제하는 위치에 서서는 안 된다. 성육신적 제시자는 상황에 걸맞고 의미 있는 메시지를 전달하려고 노력해야 한다. 그렇게 함으로써 원문 메시지에 대한 분석과, 원문 메시지와 수용자들에 관한 정보의 통합을 설명해 주는 제시를 통해 양자 사이의 간격에 교량을 건설할 수 있다. 목적은 사람들로 하여금 수직적 관계와 수평적 관계에 관한 결정을 내릴 수 있도록 격려하고, 그렇게 함으로써 그들의 삶에 영향을 끼치는 결정을 따를 수 있도록 하는 것이다.

우리는 본 장을 의사전달의 기준들을 살펴보는 것으로 시작했다. 다른 사람들이 메시지를 받아들일 때 저자가 의도했던 의미가 전달되도록 하기 위해 포함되어져야 할 것은 무엇인가? 특정한 사회 안에 성도의 공동체가 형성될 때, 사람들은 하나님과 더불어 관계를 맺기 시작하게 될 뿐 아니라 서로 간에도 관계를 맺기 시작하기도 한다. 그러나 새로운 기독교인들이 새로운 바퀴를 다시 만들어 낼 필요는 없다. 더 큰 규모의 성도의 공동체, 즉 전 세계적 교회가 존재하기 때문이다. 수세기를 거치면서, 교회들은 하나님께서 의도하신 바에 대한 다소 세련되지 못한(wild) 각종 아이디어들을 소유해 왔다. 그러나 어떤 아이디어를 받아들일 것인지를 판단하는 기준-이스라엘과 예수, 그리고 사도들의 역사적 사건을 통해 종결된 정경-을 소유한 공동체 또한 존재했다.

이것이 텍스트에 대한 새로운 수용자들의 이해를 좀더 광범위한 교회라는 맥락 안에 머물도록 한다. 성경은 오직 하나뿐이다. 그러나 그 성경을 통해 전해지는 메시지는 역사를 통해 다양한 양태로 드러났다. 그 메시지는 사람들의 삶을 변화시켰고, 교리의 역사적 발전으로 드러났으며, 전 세계적 교회를 양산해 냈다. 더욱이 메시지는 소규모 성경공부 그룹에 속한 사람들의 삶을 변화시켰다. 재능 있는 인도자의 지도에 따라, 그들은 다윗과 밧세바의 메시지를 살펴보았고 그 메시지가 그들의 삶을 비추도록 했다. 그들은 그 메시지가 새롭고 흥미로운 방식으로 그들이 맺고 있는 친근한 관계들을 조명하도록 했다.

복음을 적절한 방식으로 제시하는 것에 대한 의사소통론적 관심과 해석학적 이슈들에 대한 초점 외에, 우리는 특정한 시간과 공간 속에 존재하는 사람들에게 영향을 미치는 중요한 이슈들에 대해서도 고려할 필요가 있다. 제6장에서 우리는 텍스트의 형성과 그것이 매우 다르고 예기치 못한 상황들 속에서 전달될 때 영향을 미치는 문화적 문제들에 대해 토론할 것이다.

NOTE

1) 제3장에서 우리는 하나님께서 다윗의 주목을 이끌어 내기 위해 선지자 나단을 어떻게 사용하셨는지에 주목하면서 이 이야기의 결말에 대해 언급했다. 여기에서 우리는 어떻게 복음전달자가 이 비극적인 이야기를 이용하여 성경공부 그룹에 모인 사람들에게 영향을 줄 수 있는지에 대해 살펴보고자 한다.

2) "의사소통이 이루어지는 전체적인 상황"(근원, 번역자, 수용자)을 신중하게 취급하지 않으면서 단지 "하나님의 축복이 있기를"이라고 말하는 등의 실수가 너무도 쉽게 발생하는 것 같다. 우리는 적절하게 검토과정을 거쳐 인쇄와 제본이 되어 출간되었음에도 불구하고 수용자들이 자신들이 처한 상황에 맞는 의미를 발견하지 못해 거의 읽혀지지도 않고 사용되지도 않는 수많은 번역 성경들에 대해 알고 있다. 진 그린(Gene L. Green)은 해석학적 이슈와 관련하여, 상관성 이론(relevance theory)에 대한 탁월한 논의를 하며 이 문제에 대해 언급했다. 그는 다음과 같이 지적했는데, 그의 지적은 전적으로 옳다. "성경의 인간적인 면에 대한 우리의 인식은 현대 독자들과 고대의 저자들 그리고 독자들 사이에 존재하는 문화적, 언어적, 시간적, 지형적, 그리고 상황적 차이와 사람들이 의사를 전달하는 것의 본질(the nature of human communication)에 대해 설명해야 한다"(Green, 2001: 41).

3) 제1장에서 텍스트로서의 성경(성경이 말씀하고 있는 바에 집중한)과 말씀(Scripture)으로서의 성경(원 저자 되시는 하나님께서 사람들이 이해하도록 의도하신 것에 집중한) 사이에 설정한 대비는 드봉란드와 드레슬러가 내린 정의를 반영하지 않은 것이다. 그러나 그들이 언급하는 원문성에 대한 기준들은 명백하게 주석과 해석 모두를 필요로 한다. 이것은 스펄버와 윌슨(Sperber and Wilson, 1986)이 말한 의사소통을 위한 균등화(the communication equation)가 갖는 두 가지 면들을 형성한다.

4) 이 정의들이 강조하는 모든 강조점들은 드봉란드와 드레슬러의 주장에 근거한 것으로

이런 개념들이 갖는 중요성에 대한 두 사람의 관심이 무엇인지를 명시해 준다.
5) 이를 통해 부록 II에서 토론하게 될 담론의 특정 스타일과 장르를 가정한다.
6) 의사전달을 위한 원리들과 규정원리들 간의 상호작용은 의사전달에 관한 주요 모델인 상관성 이론과 직접적으로 관련된다.
7) 우리는 의사소통 이론 발전사에 대해 상세한 소개를 하고자 않는다. 또한 우리는 서로 다른 다양한 의사소통 이론들에 대한 자세한 대조작업도 시도하지 않을 것이다. 그보다 우리가 여기에서 이루고자 하는 것은, 우리가 주장하는 것, 즉 의사전달에 대한 이론적 이슈들이 중요하기 때문에 복음을 효과적으로 전달하고자 하는 모든 사람들이 신중하게 취급해야 한다는 주장을 지지하는 데 필요한 증거를 제시하는 것이다. 최근 들어 이러한 모델들이 갖는 핵심적 가치들과 이들 모델들이 현대 선교의 실행에 적용되는 바에 관한 중요한 문헌들이 출간되고 있다. 성경번역 선교사들은 그들이 번역 이론을 의사전달 과정들에 연관시키면서 이 분야에서 가장 두드러진 두각을 드러내고 있다. 어니스트-오거스트 거트(Ernst-August Gutt)는 세미나를 통해 이론으로서의 상관성을 적용으로 전환하는 과정을 주도했고(1991, 1992), 라지나 블래스(Ragina Blass, 1990)는 상관성 이슈들을 서부 아프리카에서 담화를 이해하는 것과 연결시켰으며, 그리고 진 그린(Gene Green)은 성경 텍스트를 오늘날 우리가 살아가고 있는 21세기라는 현대적 환경에 적용하는 것의 필요성을 이해시키기 위해 해석학적 관점을 가지고 이들 문헌들을 살펴보고 요약했다(2001). 데이브 반 그루시스트(Dave van Grootheest)은 그의 석사학위 논문을 통해 상관성 이론에 대한 다양한 논쟁들을 살펴보았다. 그리고 헤리어트 힐(Harriet Hill)은 그의 박사학위 논문에서 아프리카의 수용자들이 그들을 향하신 하나님의 의도를 이해하고 있다는 것을 확인하기 위해 상관성 이론을 적용했다(2003).
8) 의사전달을 이해하는 데 있어, 우리는 훔볼트와 소쉬르가 제기한 이원론과 지나친 단순화를 전반적으로 거부하는데, 이들의 이원론과 지나친 단순화는 객관적이고 외부적으로 들어나는 지시물 없이 사람들의 마음에 의미만을 남겨놓는다. 피어스(Pierce, 1955)에게 있어, '객관적 사물'은 존재하는 실재(실제 나무)를 대표하며, '객관적 실재'(representatum, 기호론에서 사용하는 전문 용어로, 인식가능한 객관적 실체를 의미-역주)는 사람들이 그 실재를 표현하기 위해 사용하는 기호를 포함한다. 그리고 '해석경향 (interpretant, 기호론에서 해석자가 어떤 기호에 일반적으로 나타내는 반응의 경향을 의미-역주)은 이들 기호가 자극하는(의사전달자와 수용자가 나무에 대해 생각하고 반응할 때 그들의 마음속에 나타나는 의도와 추정) 정신적 이미지이다. 맥켈하논(McElhanon)은

원형 이론의 맥락에서 상징들에 대해 토론했는데, 추상적인 이미지들 또는 형태들(gestalts)이 인간이 삶을 경험하는 데 반영되는 방식에 집중했다(2000). 기호에 대한 이론이 얼마나 종교적 이해와 상징적 표현에 영향을 끼쳤는가에 대한 더 많은 통찰은 히버트, 쇼우 그리고 티에누(Hibert, Shaw, and Tiénou)가 공저한 저서를 참고하라(1999: 231이하).

9) 상관성은 중요한 것 또는 특정한 대화나 텍스트와 들어맞는 것 이상의 것에 대한 기술적 정의를 포함한다. 윌슨과 마슈이(Wilson and Matsui, 1998)에 따르면, 그린은 인지적 효과(cognitive effects)와 과정 중에 투여되는 수고(processing effort)와 관련하여 상관성에 대한 정의를 내린다.

> 상관성
> a. 인지적 효과가 더 크면 클수록, 상관성도 커진다.
> b. 이러한 효과들을 달성하기 위해 필요한 노력이 더 적으면 적을수록, 상관성이 더 커진다…
>
> 언급될 말이 상관성을 획득하기 위해선, 그 말이 듣는 사람들로 하여금 불필요한 수고를 하지 않고 어떤 인지적 효과를 양산하도록 하는 상황 속에서 진행되어야 한다(Green, 2001: 27).

따라서 최상의 의사전달은 과정 중에 투여되는 수고가 낮고(추정들이 쉽게 만들어진다), 인지적 효과가 높을(수용자가 처한 환경과의 상관성이 뚜렷하다) 때 발생하게 된다.

10) 그린은 다음과 같이 언급함으로써 이 문제를 지적했다. "상관성 이론은, 해석 과정 내에서, [의사전달자가 의도한 바의 회복이 의사전달 과정이 의미하는 모든 것의 핵심을 차지한다는 사실을 확증한다. '의도'는 [수용자]에게 도달되기 어려운 불분명한 인식적 신비가 되는 것과는 전혀 다르다. 상관성 이론에 따르면, 정보를 제공하고자 하는 의사전달자의 의도는 복구 가능한 것이다. 그리고 그 복구는 성공적인 의사전달을 위해 필수적이다. 그러나 이 언급이 획득 불가능한 목표인 공통 지식(mutual knowledge)과 동일하지는 않다"(Green, 2001: 43).

11) 우리는 의도적으로 "물활론적"(animistic)이라는 단어를 사용하지 않고 있다. 왜냐하면 이러한 아이디어들과 연관된 신념들이 모든 종교 전통들 속에 녹아져 있고 "민속종교"의

근간을 형성하고 있기 때문이다(Hiebert, Shaw, and Tie?nou, 1999: 75이하).
12) 이는 이 책에서 다루기에 너무도 복잡한 광범위한 주제다. 좀더 자세한 내용과 정보를 위해서는 히버트, 쇼우 그리고 티에누의 책 중, 특히 95페이지 이하를 참조하라.
13) 이는 헤리어트 힐(Harriet Hill)이 코데 드이로어(Co?te d'Ivoire)의 아디오크로 (Adioukrou)가 성경적 상황에 대해 이해한 것(그녀가 인식했던 것 이상으로)과 어떤 자료가 공급되어야 청중이 적절한 추정을 할 수 있는지에 대해 연구하면서 얻은 것의 핵심 내용이다. 일단 후자가 확인되면, 이슈는 원본 텍스트와 아디오크로의 이해 사이에 존재하는 인지적 격차를 메울 최선의 정보를 어떻게 하면 공급하는 것이냐가 된다. 힐은 이를 확립하기 위해 텍스트를 발전시켰다. 그렇게 함으로써 그녀는 신약성경 텍스트에 등장하는 수많은 가정들을 떠받치는 두 번째 성전 유대주의(Second temple judaism)에 대한 그녀의 이해 뿐만 아니라 아디오크로 세계관에 대해 많은 것을 배울 수 있었다(Hill, 2003).
14) 의사전달자들은 그들이 메시지를 전달하는 사람들이 어느 순간 갑자기 신학적으로 자신들을 넘어서고 있다는 사실을 발견하고는 깜짝 놀라게 될 것이다. 이것이, 우리가 다른 기독교인들이 결코 보지 못했던 하나님에 대한 어떤 점들을 수용자들이 알고 있다고 말하는 것이 의미하는 것이다. 그러나 중요한 것은 수용자들이 그들에게 제시된 메시지를 그들이 처한 특별한 상황, 즉 그들이 삶의 터전을 일구어 가고 있는 상황-하나님께서 아브라함과 이삭, 야곱에게 말씀하셨던 것처럼-과 연결시킬 때 텍스트를 통해 발견한다는 사실이다.

Communicating God's Word in a Complex World

제6장
문화적으로 적절한 복음전달

복음전달자들이 속한 문화와 세계관은 그들이 원문 텍스트로부터 능숙하게 메시지를 도출해 내고 그것을 현대 상황에 전달하는 방식에 영향을 미친다. 그렇기 때문에, 복음전달자들은 수용자들이 하나님의 말씀을 받아들이는 데 있어 여과기 역할을 하는 것을 피해야 한다.

이 책의 공동 저자인 댄 쇼우는 밤새도록 진행되는 의식에서 사모인 남성들과 더불어 흥겨운 시간을 보내는 것을 즐기고 있었다. 그 의식에는 카바나무 뿌리로 만든 음료수가 넘쳐났고, 지역 롱하우스 공동체에 속한 남성들이 그들을 방문한 일단의 이웃 동맹자들과 즐거운 시간을 보내고 있었다. 모두가 즐거운 시간을 보내고 있었다. 쇼우가 이에 대한 이야기를 계속했다.

우정을 나누는 한복판에서 나는 홀로 앉아서 이 즐거운 잔치에 참여하지 않고 있는 한 중년의 남자를 발견했습니다. 나머지 사람들은 그 남자를 완전히 무시하고 있었고, 그 남자 또한 당시 진행되고 있던 잔치에 전혀 관심을 기울이지 않고 있었습니다. 밤이 깊어지자, 그는 나무로 만든 그의 망토를 들고 일어나 주변의 소음에도 불구하고 자러 갔습니다. 마침내 나는 누군가에게, "히얀비가 왜 저럽니까?"라고 물었습니다. 그러자 "디예 피니 디유(diye fini diyoo, 그의 영혼 그를)"라는 답변을 들었습니다. 나는 그 단어들을 알고 있었습니다. 그 문장은 내재하는 영 또는 생명력(life force)을 의미하는 소유대명사와, 지시 대명사로 이루어져 있었습니다. 그러나 두 단어가 함께 묶여 구성된 구절은 내게 아무런 의미를 전달하지 못했습니다. 나는 그 문장을 통해 아무런 의미도 발견할 수 없었습니다. 평상시에는 친밀하게 집안일에 참여하다가 별안간 참여하지 않은 사람에 대해서 내가 물어본 질문에 대한 답변이 "그의 영혼 그를"이 되었던 이유가 무엇이었을까요? 도대체 아무런 의미도 없는 말이었습니다.

며칠이 지난 후, 상당한 토론을 야기한 많은 질문을 제기한 후, 나는 그룹이 히얀비가 잔치 분위기 속에서 홀로 고독해야 했던 이유를 설명할 수 없었다는 사실과, 그들이 내게 한 답변이 그가 무엇에 대해 골똘히 생각하고 있었든지 그가 하고 싶어 하는 대로 그냥 내버려 두라는 것이었다는 사실에 대해 배웠습니다. 다른 말로 하자면, 나의 질문에 대한 문화적으로 적절한 사모인들의 답변은, 그 사람 안에 내재하는 영을 그가 다루고 싶은 대로 다루도록 그냥 내버려 두면 그가 그룹의 일에 다시 참여할 준비가 되었을 때 그런 행동의 이면에 있던 이유가 밝혀질 것이라는 것이었습니다. 이 답변은, 한편으로는 집안 내 집단 관계 속에 존재하는 긴장감을 나타내는 작용을 했고, 다른 한편으로는 한 사람의 개별성과 정체성을 나타내 주는 작용을 했던 것입니다. 그에 대한 나의 질문은, 대충 번역하면 "그건 그 사람의 문제입니다. 알고 싶다면 가서 직접 그에게 질문하세요"라고 번역할 수 있는 것이었습니다. 이 관용어구는 집단적 혈족 사회 내에 존재하는 규범적 기대치들과 대치되는 것처럼 보이지만, 문화적으로 적절한 답변이었다는 사실을 특징적으로 보여주는 것이었습니다. 사모 사회에서 외롭게 지내는 사람은 매우 드뭅니다. 따라서 히얀비의 행동은 일상적 행위가 아니었습니다. 그러나 그의 주변에 있던 사람들은 "그건 그 사람의 문제이지 우리 문제가 아닙니다. 우리는 우리의 동맹자들과 더불어서 이 일을 계속해서 즐길 것입니다. 그리고 그가 준비가 되면 그 자신만의 세계에서 나와 우리와 다시 함께하게 될 것입니다"라고 말하는 것 같았습니다. 내가 사모의 언어와 문화에 익숙하게 되자, 내가 어떻게 반응해야 하는가에 대한 질문은 "네 피니 누(ne fini noo, 당신의 영 당신)"라는 말이었습니다. 다른 말로 하자면, 결정은 내가 하는 것이라는 뜻입니다. 내가 결정을 내리고 바르게 행동해야 한다는 뜻입니다. 이는 공동체의 집단선을 무시하지 않으면서 동시에 내 안에 존재하는 영에 귀를 기울일 것을 요구하는 답변이었습니다. 다행스럽게도, 사모인들은 내가 질문을 할 때마다 질문에 상관이 있는 도움을 기쁜 마음으로 해주었습니다. 그리고 나의 반응이 암시하고 있는 바와 그 반응이 야기할 수 있는 긴장감에 대해서도 가르쳐 주었습니다. (쇼우, 개인 일기)

하나의 학문분야로서의 인류학은 매우 중요한 점들에서 선교에 공헌했다. 인류학의 기본적 내용들(the fundamentals of the discipline)을 이해하는 것은 하나님의 창조적 행위에 대한 신학적 평가를 내리는 데 기여할 수 있다. 또한 특정한 문화적 상황들 안에서 복음을 제시하는 데도 영향을 미칠 수 있다. 우리가 하나님께서 말씀하신 것을 전하고자 하는 현대 문화들에 대해서 뿐만 아니라 하나님께서 말씀을 전하신 성경적 상황들에 대해 이해를 하면 할수록, 하나님께서 의도하신 바에 대한 우리의 선포가 더욱 효과적인 선포가 될 것이다. 한편, 선교사들은 19세기 공식적 학문으로서의 인류학을 출범시키는 데 기여한 수많은 정보를 제공함으로써, 이 지구상에 존재하는 다양한 사회에 대한 연구에 기여했다. 1950년대, 유진 나이다와 연합성서공회(United Bible Society)의 컨설턴트 그룹에 속한 사람들은, 번역 작업을 하는 자신들이 다양한 인류학적 주제에 대해 저술하고 연구하고 있음을 발견했다. 그리고 그 결과 「실천 인류학」(Practical Anthropology)이라는 학술지가 탄생했다. 궁극적으로 이 통찰력 있는 학술지는 오늘날 「미시올로지」(Missiology)라는 잡지로 통합되었다.

찰스 크래프트의 책 『기독교와 문화: 타문화적 관점을 가지고 시도하는 역동적이고 성경적인 신학화 작업에 대한 연구』(Christianity in Culture: A Study of Dynamic Biblical Theologizing in Cross-Cultural Perspective, 1979, CLC 역간)는 신학과 인류학을 각각 독립된 학문 분야로 신중하게 다루어 선교학이라는 전체 속으로 융합시키는 시도를 한 획기적 작품이다. 본질적으로 인류학은 신학을 재해석하고, 또 신학은 인류학을 재해석하는 지속적인 과정이 계속될 수 있도록 허용해야 한다. 예를 들면, 솔로몬 군도의 기독교에 대한 연구에서, 알랜 티페트(Alan Tippett)는 솔로몬 군도 원주민들이 부르는 찬송가를 분석함을 통해 그들 교회가 가지고 있는 신학을 추출해 보려는 시도를 했다. 그가 솔로몬 군도 원주민들이 생각해 본 적이 없는 사실에 대해 반복적으로 설명하자, 그들은 고개를 끄덕이며 "그래요. 당신은 이해하고 있군요. 그것이 바로 우리가 믿는 것입니다"라고 말했다(Tippett, 1975). 하나님께서 메시지를 조성하시는 상황에 대해 이해를 하면 할수록, 우리가 전달하고자 하는 정보가 더욱 효과적으로 전달될 것이고, 그렇게 됨으로써 현대의 수용자들이 그들이 속한 지평이라는 상황 속에서 삶을 살아갈 때, 하나님께서 그들에게 전해주시고자 의도하신 메시지를 추정할 수 있게 된다.

본 장에서, 우리는 문화이론을 우리가 복음을 전달하려는 특정한 상황에 적용하는 방법에 대해 모색하고자 한다. 우리는 인류학적 이론을 사람들이 서로 관계를 맺어가는 것에 대해, 그리고 그들이 삶을 살아가면서 드러내는 루스 베네딕트가 "문화의 패턴"(Benedict, 1934)이라고 불렀던 것을 나타내는 사회 상황에 대해 더 나은 이해를 가능하게 하는 데 도움이 되는 모델이라고 생각한다. 문화에 대한 인식은 사람들이 살아가는 방식에 대한 더 나은 이해를 창출하며, 결과적으로 복음전달자들이 더욱 복잡해져만 가는 이 세상에서 문화적으로 더욱 적절한 사람들이 될 수 있도록 한다.

1. 문화 모델

복음전달자가 자신이 전하고자 하는 텍스트와 그가 의사를 전달하고자 하는 상황 모두에 대해 문화적으로 민감한 질문을 제기하는 것으로 텍스트에 접근할 수 있다면, 그가 제시하는 내용이 전할 영향력은 더 커질 것이다. 앞의 두 장에서 논의했던 신학자들과 의사소통 전문가들처럼, 인류학자들 또한 상호작용하는 사람들을 이해하는 데 도움이 될 모델들을 사용한다. 이론적으로 확립된 인류학 모델들을 적용함으로써, 복음전달자들은 전체 복음전달 상황에 대해 더욱 효과적으로 분석할 수 있게 되고, 그런 과정을 통해 얻은 이해를 선교사역에 더욱 효과적으로 적용할 수 있게 된다. 이 모델들에 대해서는 이미 다른 책들이 광범위하게 다루었기 때문에(Hiebert, 1983; Shaw, 1983), 그리고 이 책이 인류학 교과서가 아니기 때문에, 여기서는 모델들에 관해 간략한 요약만 제시하고자 한다.

1) 문화유형

전 세계 다양한 지역에 거주하며 살아가는 사람들은, 각기 다른 방식을 이용하여 삶에 대해 접근한다. 지난 수세기 동안 탐험가들, 선교사들, 그리고 인류학자들의 관심을 이끌어 낸 방식들은 그 수를 헤아릴 수 없을 정도로 많다. 그러나 인류학자들이 "문화유형"이라고 명시한 하나의 모델을 적용함으로써 이러한 다양성을 쉽게 다룰 수 있다. 다양한 생활방식과 사람들이 중요하다고 생각하는 것들에 대해 관찰함으로써, 서비스(E. R. Service)는 다양한 사회들이 그가 "사회-경제적 적용의 차원들"이라고 부른 것을 통해 그룹화될 수 있다는 것에 주목했다(1962). 동일한 유형의 사회들 가운데 존재하는 유사성들은 다른 유형들 가운데서 나타나는 차이점들과 쉽게 대조되었다. 인류학자들은 복잡하고 혼란스러운 행위와 마주 대하는 것 대신, 각 문화유형을 분류하는 데 사용되는 독특한 특징들을 찾아 특정 언어와 그 언어를 사용하는 사람들이 보여주는 행위를 관찰하면서 그들이 속한 사회를 다른 사회와 구분시켜 주는 문화적 이슈들을 반복해서 강조했다. 서비스의 통찰력을 사용함으로써, 우리는 오늘날 전 세계에 존재하는 사회들을 네 가지 중요하고 포괄적인 계층들 혹은 "문화유형" 즉 혈족, 농촌, 산업, 그리고 후기 산업사회로 분류할 수 있다.1) 각 문화유형은 삶에 대해 전혀 다른 접근방식을 보여준다. 따라서 각 문화유형은 하나님에 대해서도 전혀 다른 접근방식을 보여준다.

  각 문화유형 내에 매우 다양한 문화적 변형들이 존재하는 것은 분명한 사실이다. 그러나 각 문화유형에 속한 사람들은 삶의 문제들을 비슷한 방식으로 해결한다. 하나의 유형에 속한 사람들이 동일한 유형에 속한 다른 사람들에 대해 비슷한 가정을 할 수 있는 이유는, 그들이 자신들과 유사한 방식을 통해 삶의 문제에 접근하기 때문이다. 이는 동일한 문화유형(그들이 어디에 사는지에 상관없이)에 속한 사람들이 동일한 유형을 공유하는 다른 사람들을 이해하고, 따라서 더욱 효과적으로 의사를 전달할 수 있는 능력을 보유한다는 사실을 강조해 준다. 상관성 이론에 대한 개념들을 문화, 즉 특정 유형 내에 존재하는 사람들의 추정에 적용하는 것은 다른 사람들이 소유하고 있는 의도에 부합하는 것과 같다. 만일 복음전달자가 그가 복음을 전하고자 하는 대상 문화가 소유하는 특징들의 유형을 이해한다면, 사람들이 중요하게 여기는 관심사에 대해 공감하기가 쉬울 것이고, 복음을 적절하게 선포하는 것을 가능하게 하는 이슈들이 무엇인지에 대해 확신할 수 있을 것이다. 우리는 독자들로 하여금 각 문화유형의 특징들을 진단하는 데 친숙할 수 있도록 돕기 위해 몇 가지 이슈들에 대해 살펴볼 것이다.

(1) 혈족사회

사모사회와 같은 혈족사회는 집단 지향성과 사람들 상호간의 관계를 반영하는 합의를 강조한다. 이러한 사회는 총체적(holistic)인 성향을 띠며, 거의 모든 분야에 대한 영적 세력의 영향력을 인정한다. 사회 전역에 만연해 있는 힘으로써의 하나님에 대한 생각은, 그들이 소유하고 있는 신화, 의식 그리고 의례에 의해 한층 더 강화되는데, 이들 신화, 의식, 의례는 삶에 영향을 주는 영적인 세력에게 영향력을 행사한다. 신화는 사물이 존재하는 양식에 대한 이해 뿐 아니라 사람의 기원에 대한 준거를 제공하는 작용을 한다. 종교적 아이디어는 삶의 문제를 풀어가는 방식으로서의 마술과 의식을 강조한다. 종교 전문가들(샤만)은 사람들이 영적인 적들과 물리적 적들에 대항하여 가족들 간의 유대를 강화하려고 할 때 의식과 의례를 통해 이들을 돕는다. 이런 관점을 가지고 보면, 종교 전문가들이 그들이 알고 있는 것을 다른 사람들과 공유함을 통해 얻을 이득은 거의 전무하다. 따라서 복음이 그들에게 전해질 때, 종교 전문가들은 복음을 받아들여 그들이 소유하고 있던 신화, 마술 그리고 의례에 비추어 복음을 해석한다. 그렇게 함으로써 복음에 대한 그들의 이해는 다른 사람들에 대해 그들이 우위를 점할 수 있는 힘(power)으로 작용하게 되기 때문이다. 복음을 독점함으로써 어떤 힘의 우위를 지키게 된다면, 그들이 복음을 나눠야 할 이유는 무엇이겠는가? 이런 이유 때문에, 혈족 사회에 속한 사람들은 철저한 복음주의자들이 되기 힘이 드는 경향을 보인다.

성경에서, 우리는 창세기로부터 시작해서 이스라엘에 왕이 옹립되는 때에 이르는 시기에 대해 기록한 초기의 책들에서 혈족유형 지향성(kinship type orientation)을 발견한다. 우리는 사냥꾼과 생존을 위해 농업에 종사하는 채집자들을 발견할 수 있다. 그리고 조상들—아브라함, 이삭, 야곱—에 대한 지극한 관심 또한 발견한다. 오늘날 혈족사회에 속한 사람들은 이런 구절들에서 자신들과 비슷한 강력한 유사성을 발견한다(Shaw, 2988: 121이하 참조). 댄 쇼우가 사모인들을 위해 성경 해석을 시작했을 때, 그는 창세기로부터 시작했는데,

사모인들은 그들의 신화를 세세히 설명하는 것을 통해 창세기 신화에 반응했다. 즉 창세기 신화는 사모인들이 동질감을 느낄 수 있는 접촉점을 창출했던 것이다.

(2) 농촌사회

우리는 아시아와 아프리카의 많은 지역 뿐 아니라 라틴 아메리카에서도 마야문명과 같은 농촌사회를 발견했다. 농촌사회 상황에서는 시장, 물물교환 그리고 각기 다른 계층들 간의 상호작용 등이 삶의 핵심부를 형성한다. 이런 사회에서는 소수의 엘리트들이 사회의 최상층부를 형성하는 반면, 대다수의 농부들과 장인들, 그리고 이와 같은 부류에 속한 사람들은 엘리트와 소작농 사이에 속하는 다양한 계층을 형성한다. 이런 사회적 차별은 두 갈래로 분리된 종교적 경험에도 반영되어 있다. 따라서 고등(또는 국가)종교가 초경험적인 존재를 다루는 좀더 개인화된 민속종교와 공존하곤 한다.

이런 유형의 사회에서 신은 다소 제거된 것 같기도 하면서 동시에 어떤 방식으로든 참여의 대상이 되곤 하는데, 간혹 문제의 원인이 되곤 한다. 신은 사람들 편에 서서 그들 혹은 그들이 속한 나라를 위해 싸운다. 그룹의 규모는 혈족사회의 핵심인 가족보다 그 규모가 더 크다. 농촌사회에 속한 사람들이 소유한 신화는 사물이 존재하는 것에 대한 근거가 될 뿐 아니라, 우주적 차원에서 볼 때 신에 대해 사람들이 어떤 존재이며 이 우주 안에서 이루어지는 신의 활동이 무엇인지에 대한 문제 등을 제기한다. 마술과 의식은 특히 개인들과 소규모 그룹들을 위해 여전히 중요한 역할은 하는 반면, 국가종교와 고등신과 관련한 문제들이 전체 사회에 만연하다. 이로 인해 개인과 소규모 관심사들을 다루는 영매(shamans)들과 대규모 종교 전문가로 일하거나 심지어는 정치 지도자로서의 역할을 감당하는 사제(priests) 간에 대조적인 모습을 양산한다. 사람들이 삶을 어떻게 살아가는 것에 대한 도움을 구하기 위해 누구(영매 아니면 사제)를 찾아 갈 것이냐 하는 것은 그들이 가진 관심사의 종류와 초자연적 힘이 지금 눈앞에 닥친 문제들과 어떻게 연관되어 있는가에 대한 그들의 이해에 달려 있다. 그렇다면 초자연적 힘은 수직적 사회계층(social hierarchy) 안에서 어떤 특정 지위를 확보하거나 자신의 지위를 상승시키는 수단이 된다.

농촌사회에 대한 통찰은 열방 가운데 있던 이스라엘을 이해하는 방식을 제공해 준다. 바벨론 유수 전 왕들이 통치하던 기간 동안, 이스라엘은 다른 이방 민족들과는 대조적으로 서로 간에 밀접한 관계를 맺고 살아가던 사람들이었다. 이런 관계에 대한 놀라운 예는, 룻기에서 룻이 그의 시어머니를 따라와 "당신의 백성이 나의 백성이 되고 당신의 하나님이 나의 하나님이 될 것입니다." (룻 1:16)라고 선포하는 것을 통해 드러난다. 이스라엘 사람들은 땅에 정착하여 그들의 기술을 특화시켰다. 그리고 왕, 제사장, 그들의 가족들로 구성된 엘리트층이 등장했다.

이런 유형의 사회를 대상으로 하는 선교여행은 특정 그룹 내지는 나라 안에서 진행하는 전도를 강조한다. 유대인들이 바벨론 유수로 잡혀갔을 때 전도를 잘 하지 못했다. 왜냐하면 복음은 그들을 위한 복음이었기 때문이다. 하나님은 그들의 하나님이셨고, 따라서 그들은 하나님을 전하는 것에 대한 어떤 상관성도 인식하지 못했다. 이스라엘 역사를 통해, 그들의 정체성은 그들의 땅에 묶여 있었다. 바벨론 유수 후에도 그들은 그 땅에 돌아가서 그 땅을 재건하는 일에 진력했다. 따라서 농민집단인 남부 치아파스(멕시코 남부)의 마야인들은 한 나라로서의 이스라엘을 이해하고 땅에 대한 물리적 매력과 하나님께서 그들에게 부여하신 영적 대하드라마 사이에서 균형을 잡으려 노력하는 그들의 노고를 이해했다. 현재는 마야인들도 더 큰 도시로 가서 물질적 풍요를 추구하고 있기는 하지만, 축제를 위해서 고향마을로 돌아오곤 한다. 그들은 자신들이 지닌 제한적인 자원과 권위적인 사회질서 안에서 그들이 맺은 관계들이 그들의 생존에 핵심적 요소라고 인식하고 있다.

(3) 산업사회

산업사회(소위 말하는 서구인들이 더 친밀하게 느끼는)는 생산성, 상업 그리고 재화와 서비스의 분배를 강조한다. 산업 생산성은, 혈족 문화유형이나 농촌 문화유형처럼 집단에 대한 강조가 아닌 고도로 구조화되었으나 동시에 개별화된 방식을 통해 발생한다. 중앙집권화 된 거대 기업들이 경제를 지배하며, 그 기업들이 정한 목표를 달성하기 위해 노동력을 활용한다. 이런 사회에 속한 사람들에게 있어, 하나님은 매우 개인적인 존재이다. 하나님은 무엇보다 우선하여 "나의 하나님"이며, 이 관계는 문화적으로 적절한 상호작용의 일부 측면을 반영한다. 그러나 고도로 전문화된 경제와 과학지향성 때문에, 초자연적 대상에 대한 관심은 그런 일에 관해 연구하는 종교전문가들의 영역이 되었다. 이런 생각들은 계몽주의적 사고로부터 유래하여 유럽과 북미의 산업화와 현대화를 통해 지속적으로 진행되고 있다. 발견의 시대가 다른 사람들에 대한 착취를 야기했고, 선교를 포함한 모든 문화행동에 영향을 미치는 우월성을 야기했다. 과학은 다른 모든 방식들이 고갈될 때까지 지배하는 경향이 있다. 하나님은 마지막으로 기대볼 대상조차 되지 못할 때도 있다.

바울서신의 배경이 되는 도시상황은, 웨인 믹스(Wayne Meeks)가 명쾌하게 말한 것처럼 지금 위에서 논의한 산업사회가 갖는 관점과 상당히 유사하다 (Meeks, 1983). 개인주의, 도시적 환경, 제국의 빠른 팽창 그리고 중앙집권화된 정부는 오늘날 산업사회에서 익숙하게 볼 수 있는 것들이다. 아마도 이것이 산업화된 문화유형에서 살아가는 수많은 사람들이 바울서신들의 논리와 논쟁을 그렇게 좋아하는 이유인 것 같다.

(4) 후기 산업사회

마지막으로, 20세기 초반부에 그 모습을 드러낸 후기 산업사회화는 고도의 생산성과 더불어 각종 아이디어의 확산에 대한 집중, 그리고 일정 지역으로 제한된 범주들과 그 안에서 살아가고 있는 사람들에 대한 집중을 약화시키며 전 세계의 지구촌화(globalization)를 장려한다.[2] 이렇게 네트워크를 맺는 현상의 예는, 지역 간 무역거래동의서와 국제 무역거래동의서 상에서 나타난다. 이 문화유형은 예술의 전 지구적 부흥, 자유 시장을 인정하는 사회주의(free-market socialism)의 등장, 그리고 인권에 대한 관심, 특히 남녀 차별주의와 어떤 한 사람이 다른 사람을 조종하는 위치에 두는 모든 종류의 헤게모니를 제거하는 것과 관련한 인권에 대한 관심 등으로 정형화된다.

그런 사회들 내에서 하나님은 궁극적으로는 모든 사람들과 관계를 맺고는 있지만 개인에게 선택과 선결권(initiative)을 부여하는-"힘이 너와 함께하기를"(영화 '스타워즈'에 등장하는 제다이들 간의 인사말-역주)-충만한 힘 (pervasive force)으로 본다. 경험적인 것과 초경험적인 것 간의 연관성에 대한 이러한 관심은 문화적, 그리고 종교적 재활성화의 고조에 기여한다. 그리고 초자연적 이슈들이 행하는 자들이 아니라 가르치는 자들인 영적 전문가들에 대한 강조인 반면, 비록 설명할 수는 없지만 초자연적 힘은 더 이상 신화 속에만 존재하는 것이 아닌 실질적인 것으로 고려된다. 새 천년에 대한 흥분은 종교적 근본주의의 등장을 낳았다. 그런 와중에 세계의 주요 종교(유대교, 불교, 힌두교, 기독교 그리고 이슬람교)에 의해 영향을 받은 모든 나라가 부흥을 경험하고 있다. 따라서 아메리카 인디언들이 그들의 언어와 문화유산에 대한 관심을 증대시키고 있는 것은 놀랄 일도 아니다. 그리고 예언에 대한 관심이 요한계시록을 『레프트 비하인드』(*Left Behind*) 시리즈로 대표되는 국제적 베스트셀러 형태로 복귀시킨 이유도 놀랄 만한 일이 아니다(LaHaye and Jenkins, 2000).

성경에서 후기 산업사회의 예를 발견할 수는 없다. 그러나 예루살렘 함락 이후 만연했던 영지주의와 천년지복설(the millenarian cults)에서 유사한 예를 발견할 수 있다. 이를 선교에 적용할 때, 후기 산업사회적 관점은 모든 곳에 있는 사람들에게 접근할 것을 장려한다. 이 관점이 갖는 개념과 방식은 특별하고 랄프 윈터(Ralph Winter)가 강조하는 감추어진 사람들(hidden people)에 대한 집중과 선교 2000(Mission 2000)에서 반영하고 있다. 그러나 후기 산업사회에는 종교의 상대화로 인해 발생한 반선교적(countermission) 강조 또한 존재한다. 후기 산업사회의 논리에 따르면, 모든 종교는 전체 네트워크의 일부분이기 때문에, 모든 특정 신앙은 하나의 영적인 목표를 지향하고 있다.

각 문화유형에 대한 이런 식의 설명이 문화를 지나치게 단순화한 것이라는 것은 분명하지만, 이 모델은 우리의 사고를 형성하는 데 도움이 되는 주요 원리들을 제공한다. 타문화권에서 사역하고 있는 사역자들은 이 모델을 사용하여, 그들이 사역하고 있는 특정 사회가 어떤 문화패턴에 부합하는지를 판단하는 것 뿐 아니라 성경에 등장하는 사람들에 대해 더 나은 평가를 내릴 수 있도록 해준다. 이 문화유형 모델(culture type model)은 타문화를 이해하는 데 큰 도움이 될 수 있는 도구를 발전시키기 위한 목적에서 문화 하부조직 모델(cultural subsystems model)과 짝을 이룰 수 있다.

2) 문화 내 하부조직들

여러 가지 사회를 포괄적인 문화유형에 포함시키기 위해 특정 모델을 사용하는 것과 동일한 방식을 이용하여, 인류학자들은 각 문화유형 내부에서 살아가는 사람들이 보이는 다양한 행위패턴들을 분류한다. 문화 하부조직 모델을 통해 이 일을 할 수 있다. 어떤 유형에 속했는지 혹은 세계 어느 지역에 존재하는지의 여부와 상관없이, 각 사회는 다섯 개의 근본적 질문들에 답변해야 한다.

- 우리는 어떤 방식을 통해 생존하고 있는가?
- 우리는 누구이며 우리는 어디로부터 유래했는가?
- 우리는 다른 사람들과 어떤 방식으로 상호작용하는가?
- 우리는 서로의 행위를 어떻게 통제하는가?
- 우리는 어떤 방식을 통해 초자연적 대상들과 상호작용하는가?

인류학자들은 이러한 질문들을 다양하게 범주화하였는데, 한 문화 안에 존재하는 기본적 하부조직들을 경제, 혈족, 사회구조, 정치 조직 그리고 종교로 분류했다. 비록 인류학자들이 하부조직들 내에 상당 정도의 중복과 통합이 존재한다는 것을 인식하고 있기는 하지만, 한 문화 내에 존재하는 이러한 측면들은 연구자로 하여금 한 번에 한 개의 조직에 집중할 수 있도록 돕는다. 각 사회가 답변해야 하는 다른 중요한 질문들이 있기는 하지만, 이 모델은 인류학자의 연구방향을 정하는 데 도움을 주는 일련의 이론적 가정들 뿐 아니라 연구를 위해 집중해야 할 초점도 제공한다. 다양한 문화의 하부조직들은 다양한 사회적 장벽 안팎에서 상호작용한다.

(1) 경제

경제에 대한 관심은 기술과 사람들이 처한 주변 환경을 노동과 부의 분화, 그리고 거래의 형태를 통해 개발하는 수단을 발전시킴으로써 환경에 반응하는 한 사회의 능력에 의해 지배된다. 물론 이것은 해당 사회가 속한 문화유형에 큰 영향을 받는다. 각각의 문화유형이 주변 생태와 연관을 맺는 방식, 기술에 집중하는 방식 그리고 이러한 방식들이 실행되도록 하기 위해 거치는 과정들은 다른 문화유형들과는 다르다.

적절한 방식을 통해 복음을 전달하고자 하는 우리의 목적을 위해, 우리는 수용자들이 처한 경제적 이슈들 뿐 아니라(오늘날 처한 환경이 성경에 나타나는 환경과 같은가 아니면 다른가?) 원문(the source)에 나타나는 경제적 이슈들에 대해 관심을 기울이고자 한다(성경이 기록된 상황의 환경은 어떠했는가? 그리고 당시를 살아가던 사람들은 그 환경에 대해 어떻게 반응했는가?). 밀림지역에서 살아가고 있는 사모인들로서는 비가 매우 적게 오는데도 불구하고 물이 풍부한 지역이 존재했다는 것을 이해할 수 없었다. 성경이 기록된 상황은 건조한 지역에 해양성 기후였던 반면, 사모인들이 알고 있는 기후는 습도가 높은 강변으로 이루어진 환경이다. 제자들의 경제가 작은 배를 타고 나가 물고기를 잡아 팔아 생계를 이어가는 것이었기 때문에, 문화유형과 사회적 장벽을 넘어서는 복음전달을 행하기 위해서는 물리적 차이점들과 환경적 차이점들에 대해 설명할 필요가 있다. 즉 성경이 기록된 환경과 전혀 다른 조건을 갖춘 새로운 상황에 복음을 전하면서 성경이 내포하는 의미를 변화시키지 않으려면, 창의적인 조정과정이 요구된다.

(2) 혈족관계

사람들은 다음과 같은 질문들에 답변함으로써 정체성을 수립한다. 나의 기원은 어디인가? 혈족관계는 진실로 정체성에 대한 것이다. 나는 누구인가?-또는 이 세계에 사는 대부분의 사람들이 질문하듯이, 우리는 누구인가?-라는 질문은 매우 중요한 질문이다. 여기에 혈족 문화유형과 농촌 문화유형에 속한 사람들이 드러내는 조상들에 대한 관심은 성경 전체를 통해 끊임없이 되새겨지는 내용이다. 따라서 기원은 인간 발전에 매우 중요하다. 바울이 회당에 들어갈 때마다, 그는 그의 조상들의 이름, 즉 아브라함과 이삭과 야곱의 이름을 언급함으로써 그의 말을 시작했다. 후에 이방인들에게 말하면서, 바울은 아브라함의 자손, 즉 믿음의 자손으로서 그들이 갖는 믿음의 유산에 대해 강조했다. 그렇기 때문에 성경 전체를 통해 관계에 대한 핵심적 은유가 아버지와 자녀들

관계, 특히 아버지와 아들 관계로 나타나는 것은 놀랄 만한 일이 아니다. 성도들은 믿음을 통해 태어난 하늘나라의 백성으로 통합된다. 그렇게 함으로써 하늘 아버지의 자녀들로서의 관계 안으로 들어가(요 1:12-13) 예수와 더불어 상속자의 자리로 이르게 된다(롬 8:17). 굿이너프(Goodenough, 1965)의 견해에 따르면, 관계의 본질은 문화적으로 정의된 권리와 의무를 포함한다. 따라서 한 문화 안에서 정의된 부모는 해당 문화가 정한 특정한 방식에 따라 행동해야 한다(문화적으로 이상적인). 만일 정해진 범주 내에서 행동하지 않으면, 그들은 경멸을 당할 대상으로 보일 것이다. 이와 유사하게, 자녀들은 문화적으로 기대되는 방식에 따라 행동을 해야 한다. 그러나 그들의 실제 행동은 그러한 기대에 부합되지 않을 것이다. 대부분의 다른 사람들이 이해하는 혈족에 대한 개념은, 산업사회와 후기 산업사회의 개인주의적 관점을 문화적 기반으로 한 서구인들이 이해하는 혈족의 개념과는 상당히 다르다.

(3) 사회구조

관계구조에 대한 질문들, 특히 그룹들 간의 관계에 대한 질문들이 사회구조적인 측면을 지배한다. 혈족사회에 속한 사람들이 가족단위 혹은 그보다 규모가 좀더 큰 혈족집단 내에서 평등주의적 지위를 공유하는 반면, 농촌사회에 속한 사람들은 최상층부에 엘리트 그룹이 있는 피라미드 형태의 경제구조 속에서 사회적 특권 또는 지위에 따라 그룹이 나눠진다. 인도의 카스트 제도는 이러한 구조의 전형적인 한 예다. 산업사회 또한 사람들이 갖는 직업 또는 종교적 편향에 따라 경제구조를 나누는 경향이 있다. 반면 후기 산업사회는 정치 지배에 영향을 받은 네트워크에 초점을 맞추는 경향이 있다.

그룹조직과 구조는 누가 누구와 더불어 결혼할 것인가를 결정짓기도 한다. 왜냐하면 결혼을 종종 가족들, 사회 집단들 그리고 심지어는 나라들을 결합시키는 기회로 보았기 때문이다. 성경에 등장하는 왕들도 그들의 이웃 나라들과 동맹관계를 유지하기 위해 후궁들을 서로 맞교환했다. 아마도 이것이 하나님께서 이스라엘 백성에게 왕을 세우시지 않으시고자 했던 이유였을 것이다. 왕에게 시집을 온 외국 여성들은 그들이 섬기는 우상, 각종 종교 형상 그리고 이스라엘 백성들에게 악한 영향을 줄 다른 문화적 문제들을 함께 가지고 왔다.

서구에 사는 사람들은 그룹 내부와 그룹들 사이에 존재하는 지위에 대한 문제를 이해하지 못할 것이다. 따라서 사회구조에 대한 설명이 어느 정도 필요하다.

(4) 정치조직

사회통제에 대한 질문들은 사람들이 긍정적 혹은 부정적으로 서로의 행동을 금지하고, 그들의 지도자가 누구인지를 정하고, 문화규범을 위반하는 행위에 대해 어떻게 반응하는 것이 적절한 반응일지를 수립하는 데 있어 중요하다. 이스라엘의 초기 발전 당시에는 모세의 지도하에서 간단한 정치구조를 갖고 있었다. 사람들은 부족단위 구조 내에 존재하는 다른 가계의 수장들과 관계를 맺은 상태에서 살아가고 있던 한 가계의 족장(그들의 조상 아브라함으로 대표되는)의 지도하에 있는 가족구조 내에서 서로 상호작용했다(Gottwald, 1979). 후에 이들이 약속의 땅으로 들어가고 난 뒤, 정치지도자와 종교지도자 모두가 농촌유형의 구조를 반영하는 마을 혹은 도시들이 건설하면서 부족 중심적 구조가 약화되었다. 인접한 나라들을 상대했던 이스라엘의 방식 또한 내부관계를 맺는 방식이 갖는 성격을 그대로 반영한 것이었는데, 이는 전쟁, 세금 그리고 문화적으로 정의내려진 왕에 대한 복종 등과 같은 형식으로 드러났다. 이 모든 것들이 로마제국의 통치하에서 극적으로 변화되었는데, 이때 로마황제는 원거리에 파견된 행정관 등을 통해 지역의 현안 문제를 다뤘다. 따라서 예를 들어 예수의 탄생을 둘러싸고 있는 환경을 보면, 황제의 칙서에 의해 모든 지역 현안이 지시되었고 정치적 간계-동방박사들의 도착, 헤롯 왕의 질투, 아기 예수를 보호하기 위한 요셉의 이집트 도피-가 진행되고 있었다. 후기 현대사회에 살고 있는 사람들-전 지구적인 네트워크로 서로 연결될 것을 기대하면서도, 결정 과정에서 그들이 처한 특별한 장소를 이해하려고 노력하는 성향을 지닌 사람들-이 이러한 사건들을 어떻게 취급하겠는가? 이에 대한 적용들은 사람들이 세상을 향하신 하나님의 궁극적이 목적들, 각 민족들이 소유한 이야기인 그들의 신화가 우주적 구조 안에서 차지하는 위치를 이해하고 있는 방식에 관하여 중요하다.

정치적 제재의 효과는 죄에 관한 이슈들을 불러일으킨다. 그리고 이는 성경의 메시지를 전달하는 데 중요하다. 모든 사회가 해당 사회에서 살아가고 있는 사람들이 마땅히 맞춰 살아가야 한다고 문화적으로 기대하는 도덕적 코드를 소유하고 있다. 로마서의 처음 세 장에서, 사도 바울은 사람들이 어떻게 진리를 거짓으로 바꾸고 창조주 대신 피조물을 예배하는 가에 대해 설명했다(롬 1:21-23). 궁극적으로, 사람들은 자신들의 양심이 정한 기준에 맞춰 살지 못하는 무능력으로 인해 스스로를 심판하게 될 것이다. 왜냐하면 그 외에는 하나님께서 창조 시에 정해 놓으신 기준들에 맞추어 살 수 있는 방법이 없기 때문이다(롬 2:14-16). 마지막으로, 바울은 인종이나 도덕적 코드가 무엇인지에 상관없이, 모든 사람들이 하나님 앞에서 죄인임을 주장하고 있다(롬 3:23). 그러나 정죄는 강조점에서 절반의 비중만을 차지한다. 나머지 절반은 구속-구원을 위해 하나님께서 예비하신 것-의 중요성에 초점을 맞추고 있다. 이런 광범위한 구속사를 이해하는 것은 부분적으로 하나님께서 이 우주 속에서 역사하시는 것에 대해 이해하는 것이다. 시간이 흐르면서 각 문화가 소유한 이야기가 나머지에 영향을 미치게 되는데, 이렇게 됨으로써 사람들이 예전에 주어진 진리를 고수하면서도 동시에 새로운 아이디어를 소유하게 된다. 여기서 해석학적 나선구조가 다시 한번 작용하게 된다.

(5) 종교

마지막으로 우리는 중요한 질문을 제기하게 된다. 사람들이 어떻게 초경험적인 존재들과 관계를 맺게 되는가? 정치를 다루는 부분에서 우리가 죄에 대한 질문을 다루었다는 것에 주목하라. 죄의 문제를 다루면서, 우리는 바울이 양심, 즉 문화적 가치와 다양한 행위로 표출되는 세계관에 대한 주제들을 다루는 방식을 따랐다. 그러나 사람들은 그러한 가치들을 초자연적 영역들과 연관시킨다. 대부분의 사람들은 그들의 마음속 깊은 곳으로부터 죄에 대한 질문은 (문화를 넘어서는) 초자연적 관심에 대한 것임을 알고 있다. 궁극적인 권위는 이 세상에 대한 것이 아니라 초자연적 능력이 갖는 구조 안에 존재하는 것으로, 인간의 영역너머에 존재하는 것이다. 최근 서구에서 나타나고 있는 소위 능력전도(power evangelism)라는 표현들은 비서구 사회에서는 이미 알려진 것들을 반영하는 것에 불과하다. 이 세상의 제한을 넘어서 존재하는 영적인 세력들은 사람들의 행위와 상호작용 패턴에 강력한 영향을 미친다. 이것은 영매(shaman)로부터 사제와 목사, 그리고 신학교 교수에 이르기까지 모든 영적 전문가들이 하나님(신)을 추구하는 사람들을 돕기 위해 오랜 동안 집중 해왔던 것이다. 시간이 시작된 때부터, 여러 종류의 중재 역할이 필수적인 것으로 인식되어왔다. 아벨은 가인보다 나은 제사를 드렸고, 그 대가로 목숨을 지불했다. 하나님께서는 창조의 무제한적인 지혜와 지식으로 그리스도를 통해 중재를 제공하셨다. 그러나 예수의 초림 전에 하나님께서는 인간들과 더불어 직접적 혹은 간접적으로 상호작용하심으로써 성육신적 원리를 적용하셨다. 예수의 승천 이후에는, 믿음을 소유한 사람들이 더욱 하나님의 형상을 회복하도록 하는 역할을 성령께서 충족시키셨다. 이것은 바울이 종종 암시했던 신비로서, 문화적 정체성에도 불구하고 사람들이 배워야 할 필요가 있는 것이다(골 1:26-27).

이 모든 것을 종합하면, 우리는 문화유형 모델과 문화 하부조직 모델을 결합시킴으로써 문화들 간에 존재하는 주요한 차이점들을 비교하는 도표를 만들 수 있다. 다소 단순화시킨 경향이 있기는 하지만, 그림 6.1은 문화들간의 중요한 대조점들을 강조하기 위해 고안된 도표다. 만일 자신이 속한 사회가 아닌 다른 사회에 접근하고자 하는 복음전달자가 자신이 상호작용하고자 하는 문화에 속한 사람들이 소유한 문화유형에 대해 인식하고 있다면, 그들은 이 모델을 활용하여 그들이 접한 이슈들이 무엇인지를 예상할 수 있을 것이다. 일단 상황 속으로 들어가면, 복음전달자들은 사람들이 이 모델(보편)에서 어느 정도 벗어나 있는지를 보여주고 그들만이 지닌 특수성을 반영해 주는 지역적 특징들을 찾을 수 있을 것이다. 각 문화유형에 속한 사람들이 다양한 하부조직들에 대해 반응하는 방식 이면에 존재하는 이유에 대한 강조는 세계관에 대한 논의로 우리를 이끌어 간다.

3) 세계관

문화적으로 적절한 복음전달을 위해 중요한 세 번째 모델은 세계관을 그 핵심으로 한다. 우리는 이미 이 아이디어를 자주 사용했다. 세계관에 대한 논의

문화적 하부조직	문화 – 유형들			
	혈족	농촌	산업	후기산업
경제 생존 물질문화 노동	생존 -관계 -기본 -성/나이	시장기반 -신분 -전문화 -지위	상업적 -부 -축적 -교육	다국가적 -지식 -협동/네트워크 -지식/정보
종교 초경험적인 것을 다룸 종교인 제도	물활론적 -마술/의례 -샤만 -공동체	이중종교 -마술/의식 -샤만/제사장 -공동체/종교	과학 -신은 죽었다/ 실패 시 찾음 -목사/제사장 -조직화된 종교	신비적 -영적 실재 -구루 -개인적 철학
혈족 초점 지배적 관계	대면 -관계적 -형제자매	사회적 권위구조 -그룹 중심 -세대적	개인적&비인격적 -직업에 기초한 관계 -남편/아내	개인적&인격적 -협동적 그룹 -가족에 따라 다양
사회구조 그룹에 대한 원리 결혼	공동체 -관계/영토 -동맹	가족 -카스트/그룹정체성 -가족유지	개인적 -직업/특권 -성&자녀 돌봄	소그룹 -지식/그룹정체성 -동반관계
정치 조직 처벌 지도력	공동체 -비공식적 -성취적	왕국 -비공식적/공식적 -생래적	공화국(독립) -공식적/정부 -선출	지구촌(상호의존) -공식적/국제적 -자애로운 독재자
지배적 하부조직	혈족	사회적-구조	경제	정치조직
	-----종 교-----			

각 문화유형은 각기 다른 문화적 하부조직을 강조한다. 이 하부조직은 해당 문화유형의 지배적 초점이 된다. 종교는 모든 문화유형에서 지배적이지는 않지만, 다양한 면에서 각 유형에 영향을 끼친다. 이는 복음의 메시지를 적절하게 전달하는데 근본적 관계가 있다.

그림. 6.1. 문화유형들과 하부조직들의 대조

는, 사람들의 두뇌 속에서 발생하고 있는 일에 관심을 가졌던 유명한 인류학자인 브로니스로 말리노프스키(Bronislaw Malinowski)에게로 거슬러 올라간다. 사실, 말리노프스키는 사람들에게 중요한 것이 무엇이고 그 이유가 무엇인지를 이해하고자 했다. 사람들의 행동패턴 이면에 존재하는 것이 무엇인가? 요약하자면, 그는 "원주민의 관점을 파악하길" 원했다(Malinowski, 1922: 25). 후에, 로버트 레드필드(Robert Redfield, 1953)가 '세계관'이라는 용어를 최초로 사용하면서 모든 사회가 어떤 식으로든 다루어야 하는 열네 가지 보편성(universals)을 고안했다. 좀더 최근에는, 마이클 커니(Michael Kearney, 1984)가 이들 보편성들을 재범주화(recatagorized)시켰고, 찰스 크래프트(Charles Kraft, 1989)는 가치를 포함시키기 위해 이들 보편성들을 재정의했다. 좀더 인식적 관점을 사용하여 폴 히버트는 세계관을 명백한, 또는 인식적 앎과 내포적, 또는 좀더 가치에 기반한 가정들 간의 상호작용으로 정의했다(Hiebert, 1983: xix). 세계관 연구에 대한 주요 이슈는, 사람들이 총체적 세계와 상호작용할 수 있도록 하는 실재에 대한 인식(perceptions of reality)을 이해하는 것이다. 그림 6.2에서 우리는 매우 단순화시킨 형태의 세계관에 대한 모델을 제시하고 있다. 여기서 제시한 세계관의 보편성들은 우리가 앞서 주목했던 사람들이 묻는 다섯 가지 기본적 질문들과는 상당히 다르다. 가장 중요한 차이는 하부조직들에 반영되어 있는 문화행위와 그 행위의 합리적 논거, 즉 각 문화의 좀더 심층적인 구조로부터 발산되어 나온 것과 관련되어 있다. 심층구조와 표층구조를 대조하는 것은 세계관 논의에서 핵심을 차지하는 부분이다.[3]

언어학자인 노암 촘스키(Noam Chomsky)는 상대적으로 단순한 일련의 기본 개념들이 상당히 광범위한 언어적, 문화적 형식들을 통해 전달될 수 있다는 것에 주목했다. 그리고 나서 그는 "심층구조"의 아이디어가 그가 "표층구조"라고 부른 다양한 표현들로 표출될 수 있다고 단정했다. 말을 산출하는 데 필요한 규칙들은 그가 "문법"이라고 부른 기본적 아이디어로부터 나온다. 심층구조와 표층구조에 대한 이러한 이해는, 세계관이 사람들의 행동에 핵심적 영향을 끼치는 심층구조라는 사실을 인식하기 시작한 인류학자들에게 큰 도움이 되었다. 심층구조에 대한 아이디어는 매우 다양한 방식으로 표출될 수 있는데,

인류학자들은 이들 표출방식을 "문화"라고 부른다. 이는 굿이너프로 하여금 문화를 한 특정 사회 내에서 살아가고 있는 사람들이 해당 사회의 구성원들이 용납할 만한 방식으로 행동(표층구조)하기 위해 알거나 믿어야(심층구조) 할 필요가 있는 것이라고 정의하게 했다(Goodenough, 1957: 167). 의사전달에서 사용하는 용어를 빌려 재구성하자면, 이는 다음과 같이 언급될 수 있다. 저자의 의도(심층구조)를 수용자들이 정확하게 추정할 수 있는 방식을 통해 전달하기 위해 알아야 할 필요가 있는 것(원문과 수용자들 양자에 대하여)은 무엇인가? 다른 말로 하자면, 적절한 의사전달을 하고 있는지 여부를 어떻게 확신할 수 있는가?

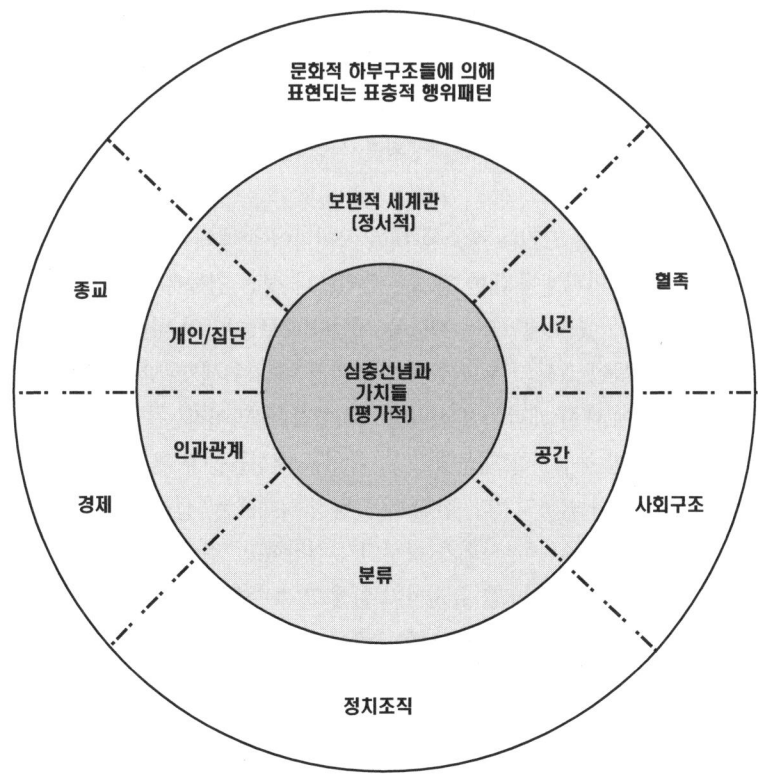

쇼우, 1988:108에서 각색하여 적용
그림 6.2. 표층적 행위패턴에 영향을 끼치는 신념과 가치

문화유형들과 문화 하부조직들에 대한 지식을 세계관에 대한 평가에 투영할 때, 하나님께서 최초로 말씀을 전달하신 상황의 성격에 대한 새로운 통찰을 얻게 된다. 하나님께서 의도하셨던 의미를 이해하기 위해 우리는 먼저 문화유형, 해당 문화의 핵심적 주제(세계관) 그리고 그 세계관이 사람들의 행동패턴으로 어떻게 표출되는지에 대해 이해해야 한다. 이는 하나님께서 최초의 수용자들에게 말씀하셨을 때 그들로 하여금 메시지를 이해할 수 있도록 한 해석학적 구조들에 대한 인식으로 작용한다. 하나님께서 말씀하신 것은 항상 하나님께서 말씀하신 것에 대한 사람들의 추정 뿐 아니라 하나님께서 말씀하신 것과 말씀하신 방식에도 영향을 끼치는 특정한 문화적 상황 속으로 들어왔다. 이것이야말로 이들 모델들이 특정 텍스트를 이해할 때 없어서는 안 될 중요한 일부분이 되어야 하는 이유다. 우리가 이러한 부분들을 포용하게 되면, 수용자들이 메시지를 새롭게 받아들이도록 하기 위한 적절한 복음전달을 하기 위해, 하나님께서 최초로 말씀하셨던 당시의 문화상황을 신중하게 취급하는 것이 얼마나 중요한지를 인식하게 된다.

예를 들면, 예배를 드리는 장소에 대한 아이디어에 대해 생각해 보자. 오순절 기간 동안, 혈연관계에 대한 강조는 있었으나 성전 건물은 없었다. 아브라함이 예배하고자 했을 때, 그는 제단을 세웠다(때로 일단의 나무 군락 아래). 이스라엘 사람들이 그들의 문화에 영향을 끼친 이집트 세계관의 영향을 받은 이후에야 성막에 대한 개념이 발전하기 시작했다. 사막이라는 거친 환경은 희생과 예배를 위한 중심지를 제공했고, 그 유익을 백성들을 위해 사용하기 위해 특별한 실행자들이 임명되었다. 한참 이후 왕정 시대에는, 성전이 건설되었다. 그때에 가서야 비로소 농촌사회가 형성되기 시작했고, 일단의 엘리트 그룹인 제사장 집단이 이 예배 장소를 유지하기 위해 그 주변에서 그들의 삶을 영위해 가기 시작했다. 이 상황에 와서야 사회구조들이 유효하기 시작했다. 정교한 구조를 세우고 그 안에 놓아둘 다양한 장식들을 만들기 위해, 그리고 제사장 집단을 부양하기 위하여 수많은 사람들이 다양한 사회 구조의 일원이 되어갔다. 이 성전은 중앙화된 예배를 위한 중심지로 작용했다.

신약시대까지 도시화로 인해 전형화된 경제기관들과 상업기관들이 증가했다. 그 상황 속에서 예배의 중심지가 성전에서 회당으로 이동하게 되었는데,

이로써 예배가 좀더 광범위한 지역으로 확대되어 개별적으로 드려지게 되었다. 재건된 제2성전은 여전히 중요했으나 그 기능이 바뀌었다. 이것이 예수께서 성전에서 상인들과 환전꾼들을 몰아내시면서 좌절하셨던 이유의 일부다. 바울 사도 시대에는 거의 후기 산업사회의 정신 자세에 가까운 양상들이 나타났다. 바울은 성도들이 곧 성전이라고 말했다(고전 3:16-17). 다른 말로 하자면, 만일 사람들이 진정으로 하나님의 형상에 부합된다면 예배를 드리는 장소가 전혀 문제가 되지 않는다는 것이다(이는 예수께서 우물가에서 여인에게 했던 언급과 그 핵심이 매우 유사하다).

이제 예배 장소에 대해 언급한 한 아프리카인 목사의 말에 귀를 기울여보자.

> 교실은 웃음바다가 되었습니다. 그러나 키가 큰 아프리카인 목사는 그가 한 말이 농담이 아니라고 엄숙하게 말했습니다. "척 형제, 당신은 우리가 교회를 유지하기 위해 필요로 하는 최소의 것이 무엇이냐고 물었습니다. 내가 필요로 하는 것은 벨이라고 말한 것은 상당히 진중한 언급이었습니다. 내가 살고 있는 나라에서는, 숲 속으로 걸어 들어가 나무 아래서 벨을 울리기만 하면, 교회가 형성됩니다"(Van Engen, 1991: 15).

명백하게 이 목사는 벨 소리를 들었기 때문에 예배를 위해 모이는 사람들의 모임에 대해 말하고 있었다. 그들은 그늘이 있는 나무 아래로 모였다. 표층적 차원에 비추어 보면, 나무가 갖는 최우선적 중요성은 그 나무가 그늘을 제공하기 때문이었던 것처럼 보이는 것이 사실이다. 그러나 이것이 나무가 갖는 중요성의 전부겠는가? 나무가 좀더 심층적인 의미를 가지고 있다고 보는 것이 가능하지 않을까? 나무가 갖는 심층적 의미는, 우리가 이스라엘 백성들이 예배를 드렸던 장소가 갖는 중요성을 다른 시대와 상황 속-하나님을 만나는 장소로서, 기후는 팔레스타인 기후와 비슷한 남부 사하라 지역-에 있던 나무의 중요성과 연결시킬 때 비로소 인식할 수 있다. 이는 성막과 성전 그리고 회당도 아프리카의 나무와 동일한 중요성을 가졌다. 그 아프리카 목사가 예배를 드리기 위해 사람들을 나무 아래로 모은 것은 그저 우연한 일이 아니다. 그의 회중은 나무 아래서 일어나는 일들의 중요성에 대해 잘 인식하고 있었기 때문에, 나무

그늘 밑을 예배를 드리기 위한 최적의 장소로 보지 않는 우리보다 더 잘 이해했을 것이다.

이 모든 예배를 위한 상황을 상징으로 보면서, 우리는 다양한 문화적 상황들(표층적 표출) 속에서 매우 다양하게 표현되는 하나님의 임재하심(심층구조에 대한 아이디어)에 대한 근본 은유(root metaphor)를 보게 된다. 성경 전체를 통해 점진적으로 드러나는 주제들은 사실 하나님의 세계관—하나님께서 모든 상황 속에서 전달하시길 원하셨던, "신령과 진리로 드리는 예배"와 같은 이슈들(요 4:24)-을 대표한다. 그러나 특정한 상황 속에서 이러한 아이디어들이 표현되는 방식은 매우 다르다. 왜냐하면 각각의 상황은 각기 다른 시간과/또는 공간에 초점을 맞추기 때문이다. 이는 의사전달 과정에 영향을 끼치는 마지막 인류학적 모델인 문화변화(cultural change)의 영향을 이해할 필요성으로 우리를 인도한다.

4) 문화변화

정적인 문화 같은 것은 존재하지 않는다. 세월이 흐르면서, 한 문화 내부에서 발생한 것들로 인해 경험된 것이든 아니면 주변 세계와의 관계 속에서 경험하게 된 것이든, 사람들의 경험은 그들이 처해 있는 환경에 대해 끊임없이 평가를 내리게 하고 그들이 속한 사회의 생존을 확보하기 위한 방편으로 그들의 삶의 실재들을 취급하고 그들이 소유한 자원들을 최대한도로 사용하기 위해 변화를 수용하거나 주도하도록 한다. 이 책을 통해 우리가 주목해 보았듯이, 성경은 문화변화에 대한 예들로 가득하다. 역사의 흐름 속에서, 이스라엘 백성들은 여러 유형의 문화를 경험했고, 따라서 표층적으로 드러난 변화들을 통해 그들이 소유하고 있던 기본 가정들을 변화시킬 때 매우 다양한 방식으로 각각의 문화에 관한 주요 질문들과 연결시켰다.

선교역사는 문화변화에 관한 이야기이다. 일생 동안 우리는 서구세계가 식민지에 대한 강조가 만연했던 기본적인 산업유형 문화로부터 시너지 효과를 강조하는 후기 현대적 구조로 이동하는 것을 지켜보았다. 선교사들은 자신들의 사역이 사람들에게 하나님에 대해 말하는 것을 넘어서서, 사람들로 하여금 그들이 속한 상황 안에서 하나님에 대해 다른 사람들에게 말할 수 있도록 격려하는 것이라는 사실을 발견했다. 특정 지역에 속한 사람들이 그들이 속한 상황 안에서 사역할 수 있도록 격려하고 훈련하는 데 집중하는 것은 전도를 우선적으로 삼는 것과는 매우 다른 것이다. 이런 양상은 오늘날 선교를 수행하는 접근방법에서 발생하고 있는 급속한 문화변화를 대표하는 것이다.

티페트(Tippett)는 그가 오레곤대학교에서 공부하면서 은사로 모시고 있던 호머 바네트(Homer Barnett)의 주장을 따라, 복음전도자들로 하여금 그들이 사역하고 있는 상황 안에서 발생하는 일들을 이해하도록 돕기 위해 문화변화에 대한 "주창자-혁신자"(advocate-innovator) 모델을 발전시켰다. 그림 6.3은 이 모델을 나타내는 도표이다. 주창자는 새로운 아이디어들을 들여와 사람들의 언어와 문화를 사용하여 이 아이디어들을 사람들에게 가르치는 사람이다. 그 결과, 사람들은 이 아이디어들을 받아들여 그것들을 자신들의 경험과 그들이 영위하고 있는 삶에 대한 그들의 이해, 그리고 그들의 세계관에 연결시

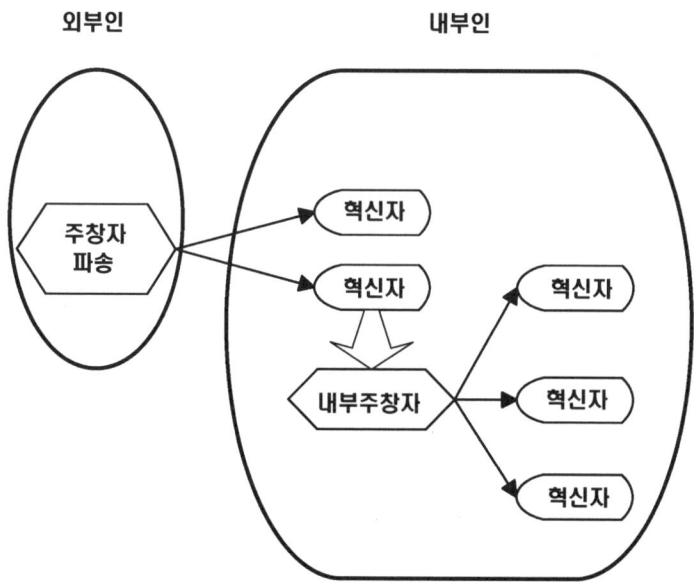

바렛 1953:29이하에서 발췌 구성
그림 6.3. 주창자와 혁신자

킨다. 그들이 이러한 아이디어들을 배워나갈 때, 그들은 자신들의 문화적 격자(cultural grid, 우리가 모델이라고 부른 것)에 비추어 정보를 처리해 나간다(맥도날드 햄버거 식의 복사판이 되든지, 아니면 하나님에 대해 다른 식으로 생각하는 것이 되든지). 새로운 수용자들이(the new) 새로이 받아들인 정보를 그들이 속한 문화의 유형과 그 문화에 대한 기본적 질문들, 그리고 세계관에 어떻게 연관시키는가? 의식적으로 진행하지 않을 때도 종종 있지만, 어떤 특정 사회에 속한 사람들은 새로 받은 정보가 그들이 속한 시공 속에서 의미를 가질 수 있게 하기 위해 끊임없이 정보를 재처리해 나간다. 그렇게 되면, 이들 주창자들은 해당 정보가 실행된 적이 없는 일련의 새로운 환경 속에서 이러한 아이디어들을 혁신한 혁신자들이 된다. 그 결과로 새로운 행동 또는 그들이 다른 사람들에게 주창할 수 있는 일련의 새로운 아이디어들이 나타나게 되고, 이러한 과정이 반복됨으로써 변화의 고리가 사회 전체로 파급되어 간다.

적절한 의사전달을 위해 이 모델이 파생하는 것들은 실로 엄청나다. 첫째, 이 모델은 제5장에서 제시한 의사전달을 위한 모델들의 지역적 적용을 요구한다. 의사전달은 사람들로 하여금 메시지를 이해하게 하는 것 뿐 아니라 해당 메시지를 그들이 속한 상황에 적절하게 적용하게 하여 문화변화를 촉진하는 방식으로 이루어져야 한다. 이것이 상황화—사람들로 하여금 외부로부터 기원한 자료에서 취한 아이디어들을 이해하도록 하고 그들이 삶을 영위하고 있는 환경에 적용하도록 하는 것—가 의미하는 모든 것이다. 이는 해석학적 나선구조가 사회 전체를 통해 발생하도록 하는 것이고, 그들의 삶에 하나님의 말씀을 적용하는 것이다. 결과적으로 주창자들은 이렇게 해서 얻은 새로운 관점으로 인해 하나님에 대한 새로운 것들을 배우게 되고 풍성해진다.

우리는 이 책의 나머지 부분에서 적절한 복음전달을 장려하기 위해 이들 모델들을 적용할 것이다. 사람들이 복음을 받아들일 때, 그들이 듣는 메시지가 그들을 자극하여 전체 문화 체계를 통해 들은 메시지를 처리하도록 해야 하고, 그렇게 함으로써 해당 상황 속에서 살아가는 사람들 중 성도들이 예수 그리스도 안에서 믿는 것—그들 안에 있는 소망에 대한 답변(벧전 3:15)—을 나누고 싶어 하는 소원을 그들에게 심어줘야 한다. 이 답변은 오직 하나님께서 말씀하신 것에 기초하여 새로운 혁신을 주창하는 내부인들의 이해로부터만 나올 수 있다. 외부인들은 상황화를 진행할 수 없다. 오직 지역민들만이 상황화를 진행할 수 있다. 그리고 상황화는 결단코 최종 결과물이 아닌 지속적인 진행 과정이다.

2. 다양한 문화 원리를 복음전달에 적절히 적용하기

특정 상황 내에 존재하는 사회유형은 사람들이 소유한 세계관-그들이 삶을 살아가는 데 적용하는 기본적 가정들-에 의해 영향을 받는다. 문화적 표현들을 표층으로 표출하는 형식들과는 대조적으로, 신념들과 가치들은 심층구조 속에 묻혀 있다. 이 과정에 포함된 모든 사람들(내부자와 외부자 모두-주창자들과 혁신자들)이 모든 인간이 공유하는 경험에 대한 성경적 근본 은유를 이해하지 못한다면, 상황화의 가치는 제한받게 될 것이다. 더 심층적 차원에서 복음에 대한 선포가 발생해야 한다. 메시지는 한편으로는 하나님에 대한 사람들의 이해에 기초하지만, 다른 한편으로는 그들 자신들에 대한 그들의 이해에 기초하여 전달되어야 한다. 변화는 단지 표층적 차원에 해당하는 형식에서 뿐 아니라 심층적 차원인 세계관적 차원에서도 발생해야 한다. 이와 같은 변화가 발생하지 않는다면, 혼합주의 또는 심지어 이단성으로 결과 될 가능성이 농후하다. 이와 유사하게 만일 이러한 심층적 문화 요소들이 고려된다면 신앙적 형식주의(nominalism, 명목상으로만 신앙을 소유한 것을 명시하는 단어-역자 첨부)도 피할 수 있을 것이다. 우리가 이 책에서 발전시킨 해석학적 모델은 이러한 이슈 중 일부를 전하기 위해 고안된 것이다. 따라서 적절한 복음전달은, 사람들로 하여금 경험을 통해 일을 할 수 있도록 하고 하나님의 말씀을 그들이 효과적이라고 생각하는 삶과 그들의 사고양식에 적용하도록 하는 기나긴 과정의 첫 번째 단계에 불과하다. 제8장에서 효과적인 복음전달을 가능하게 하는 것에 대해 토론할 때, 이 문제에 대해 다시 다룰 것이다.

이제 우리는 제5장에서 다룬 드봉란드와 드레슬러가 작성한 원문성에 관해 제시한 기준들을 문화 구조에 적용해 볼 수 있다. 문화는 '결집력'(cohesive)이 있다. 문화의 모든 부분이 함께 움직인다. 이 때문에 인류학자들은 하나의 체계로서의 문화에 대해 말하게 된다. 문화에는 '일관성'(coherent)이 있다. 만일 일관성이 없는 것이라면, 그것은 문화가 아니다. 이는 문화에 대한 가정들을 가지고 삶을 이해하고, 그 가정들을 다른 사람들의 생활양식을 평가하고자 하는 사람들에게 의미가 있는 주장이다. 각 문화는 특정한 하부체계(subset)에 속해 살아가면서 그들이 알고 있는바 삶에 참여하면서 생을 살아가는 사람들에게 의미를 주는 메시지를 내포하고 있다.

원문성에 대한 기준들 또는 상관성을 통해 지속성을 유지하는 문화는, 또한 '의도적'(intentional)이다. 사람들은 어떻게 하는 것이 적절히 행동하는 것인지 안다. 사람들이 부적절한 행동을 했을 때, 그들로 하여금 문화가 허용하는 틀 내로 돌아오도록 하는 처벌이 뒤따른다. 이 적절성(appropriateness)이 어떤 특정한 상황과 직접적으로 연관될 때가 종종 있다. '적절하다'는 것(Being appropriate)은 무의식적으로 이루어지며(automatic), 두뇌가 중요한 일에 집중할 수 있도록 한다. 이런 이유 때문에, 일련의 행동패턴들을 적절한 것으로 이해하는 어떤 사람들이 동일한 행동패턴을 부적절한 것으로 간주하는 다른 상황 속에 처하게 될 때, 문화충격을 촉발하게 된다. 문화는 또한 '정보를 제공'(informative)을 해준다. 두뇌(일련의 특별한 가정들에 의해 조건 지어진)는 어떤 새로운 것에 반응할 때 고도의 정보 용량을 운반한다. 만일 기대치가 충족되지 못하면, 수용자들은 다시 되돌아가 익숙하지 못한 정보에 다시금 주목해야 한다. 익숙하지 못한 것에 관심의 초점을 맞추는 일 또한 문화적인 스트레스를 수반할 수 있다. 결과적으로 이는 간텍스성(intertextual)이라고 정의된 타문화적 상호작용(crosscultural interaction)을 야기한다. 이는, 인간의 생존과 삶의 질이라는 관점에서 볼 때 유사한 목적을 공유하고 있음에도 불구하고, 각 문화에 속한 사람들이 각기 다른 세계관을 소유하고 있기 때문에, 메시지가 상당히 다르게 전달되는 상황이 발생하는 지점에서 야기된다. 그러므로 우리는 단지 말뿐 아니라 행동에 대해서도 다루어야 한다. 인간의 언어를 통해 드러나는 하나님의 거룩한 계시는 예외 없이 다른 말과 행동을 내포한다.

문화유형 간의 장벽을 넘어서는 복음전달이 적절한 방식을 통해 발생할 때, 문화적 그리고 상황적 가정들의 변화를 반영하는 흥미로운 조정과정(adjustments)이 요구된다. 예를 들면, 룻기는 농촌유형문화의 등장을 배경으로 하고 있다. 그리고 그 배경 이야기는 혈족과 가족에 관한 문제를 취급하는 방법으로 작용하는 경제적 이슈들(가뭄, 추수, 이삭줍기)-그 각각은 서로에게 영향을 준다-을 중심으로 전개되고 있다. 이 책의 기록 목적 중 한 가지는, 다윗이 그 계보에서 올바른 자리를 차지하고 있다는 것을 확인시켜 주고자 하는 데 있다. 이는 룻 자신이 도저히 알 수 없는 방식으로 진행되었고, 마태가 그의 복음서 첫 장에서 주목하는 예수의 족보를 확인시켜 주었다(Bush, 1996: 52-53). 즉 룻은 모압 족속에 속했음에도 불구하고 예수의 조상으로 나타나고 있다.

이제 현대의 수용자들을 바라볼 때, 우리의 목적은 현대의 수용자들이 하나님께서 룻을 통해 베들레헴 거주민들에게 전달하시고자 했던 동일한 메시지를 이해하도록 하는 것이다. 이 일을 성취하기 위해, 우리는 수용자가 속한 문화의 유형이 무엇인지를 살펴보아야 한다. 우리가 복음을 전달하고자 하는 현대의 수용자들은 농촌유형사회에 속해 있는가? 아니면 다른 유형에 속해 있는가? 이에 대한 답변은 적절한 선포를 구성하는 방식에 영향을 미칠 것이다. 우리가 복음을 전할 때 목회적 기반(pastoral setting)을 가지고 할 것인가? 그렇지 않으면, 정보를 제시함에 있어 신화(혈족사회는 기원에 대해 강한 관심을 가지고 있다)를 이용할 것인가? 아니면 산업사회유형에 속해 있는 사람들이 사사 시대에 속한 베들레헴의 상황을 이해하는 데 도움을 줄 수 있는 설교를 만들 것인가? 아니면 그 초점이 관계, 특히 생을 영위하는 삶의 맥락 속에서 이루어지는 사람들과 영적세계 사이의 관계에 맞춰져 있는 후기 현대적 접근방법을 활용하는 것이 더 적절할 것인가?

이러한 질문들은 복음전달자가 문화적 하부체계들을 통해 그 양상들이 표현되는 각 문화유형에 관한 이슈들을 이해하고 있다는 것을 암시한다. 어떤 하부체계가 관심의 초점을 구성하며, 그 사실은 어떻게 드러날 수 있는가? 메시지를 받아들이는 사람들은 어떤 방식을 통해 경제적, 그리고 사회적 위계질서(hierarchical)가 강한 사회인 룻기에 등장하는 특정 상황과 자신들의 상황을 연결시킬 수 있는가? 수용자들은 농촌문화가 가지고 있는 속박요인들에 대해 잘 알고 있는가? 그렇지 않다면, 수용자가 속한 문화의 하부체계들과 연결되어 있는 가정들이 농촌사회가 사람들에게 기대하는 가정들과 일치하지 않기 때문에 복음전달자는 복음을 전달하는 데 어려움을 겪게 될 것이다. 복음전달자들은 이런 차이점들을 무시해서는 안 된다. 알라이카미의 교량 개념(bridging concept)을 적용하기 위해서는 복음전달자가 해야 할 무엇인가가 있다.

각 문화유형, 각 사회, 각 세계관에는 긍정적인 면들과 부정적인 면들이 공존한다. 어떤 면들은 우리가 듣고 복음을 전달하는 일에 도움을 준다. 다른 면들은, 다른 문화 출신의 복음전달자가 알지 못하는 맹점(blind spot)을 만들어낸다. 이해(awareness)는 여기에서 달성하고자 하는 가장 중요한 목표 중 하나다. 단지 차이점들에 대해 아는 것만으로도 메시지를 제시할 때 복음전달자의 세계관을 강요하는 실수를 많이 줄일 수 있다.

1) 여과 효과 피하기

역사적으로, 선교사들은 원문 텍스트와 수용자들 사이에서 교량 역할을 해 왔다. 그들은 텍스트 원문이 지니고 있는 의미를 수호하는 사람들로 간주되었다. 텍스트 원문을 어떤 방식으로 제시할 것인가? 그리고 새로운 상황 안에서 그 의미를 효과적으로 전달하기 위해 어떤 형식들은 택할 것인가? 그러나 전달 과정에서, 텍스트 원문에 대한 번역자의 이해는 번역자가 소유한 세계관에 의해 영향을 받을 수밖에 없다. 이 세계에 대한 참된 지식이라고 그들이 믿는 가정들(세계관) 때문에, 번역자들은 그러한 가정들을 원문이 기록된 상황을 이해할 때 적용할 수밖에 없게 된다. 그러므로 소위 번역이라는 것이 교량 역할을 하는 사람이 텍스트가 의미하는 것이라고 생각하는 것에 대한 해석이 될 경우가 종종 있기 때문에, 번역이 단순히 번역자의 세계관에 부합되는 것을 전달하는 것이 될 경우가 있다. 우리가 제2장에서 지적했듯이, 그러한 해석적인 복음전달(interpretive communication)은 현대의 수용자들을 이단적 위험 속으로 미끄러지게 하는 위치에 처하게 할 수 있다. 우리가 지금까지 사용해 온 복음전달에 대한 정의에 따르면, 수용자들은 "개념적 텍스트"(conceptual text)를 구성하고, 그것을 가지고 처음에 하나님께서 전달하고자 의도하셨던 의도(the original communicative intent)에 대해 추정한다.[4] 수용자들은 그들이 속해 있는 환경과 세계관을 중재자, 교량, 또는 복음전달에 대한 이해에 적용시킴으로써 이 일을 해나간다.

이는 우리가 어렸을 때 했던 전화놀이-사람들이 둘러앉아 옆 사람에게 차례로 정보를 전달해 주고 마지막으로 정보를 전달받는 사람이 어떤 말을 하는지에 주목하는 놀이로서, 대부분의 경우 마지막으로 받은 정보는 처음 출발점에서 표현된 것과는 매우 다르게 나타남-와 유사하다. 여기에서 이슈가 되는 것은 여과효과(filter effect)를 피하는 것이다. 텍스트 원문을 해석하고 의사전달 원리들을 적용할 수 있도록 훈련을 받은 복음전달자가, 어떻게 하면 그들이 지닌 해석적 편견들(문화적 그리고 신학적)이 수용자들이 메시지를 이해하려고 추정하는 데 영향을 끼치는 것을 피할 수 있을까? 다른 말로 하자면, 어떻게 하면 복음전달자들이 하나님께서 의도하신 것을 적절하게 선포할 수 있고, 그렇게 함으로써 수용자들이 최초의 수용자들이 이해한 것과 동일한 정보를 이해할 수 있도록 도울 수 있을까? 일단 메시지를 수용하고 나면, 사람들은 메시지에 대한 그들의 이해를 영적 성장과 지역신학의 발전을 위해 활용할 수 있게 된다.

여기에서 우리는 제5장에서 논의했던 알라이카미의 "통합" 단계를 적용할 수 있다. 이 과정은 복음전달자가 소유하고 있는 편견들이 무엇인지를 이해하는 것으로 시작한다. 이 편견들은 복음전달자가 소유하고 있는 기본적 가치들로, 복음전달자가 수용자들에게 복음을 전하고자 할 때 수용자가 처한 상황 속으로 함께 가지고 들어오는 것들이다. 그리고 나서 우리는 성경적 지평과 수용자들의 지평을 이해하는 데 이런 가정들이 미치는 영향이 어떤 것들인지를 확인하기 위해 이들 지식을 적용할 수 있다. 서로 상호작용하는 모든 상황-성경적 상황, 복음전달자의 상황, 그리고 수용자의 상황-은 이러한 상호작용을 통해 새로운 이해를 산출하게 된다. 이 모든 지평들-성경적 지평, 복음전달자의 지평 그리고 수용자의 지평-은 우리가 제4장에서 토론했을 때 강조했던 것처럼, 해석학적으로 타당하고 의사소통론적으로 적절한 복음의 제시를 위해 중요하다. 마지막으로, 우리는 복음전달자들이 적절한 선포를 하기 위해 상호작용식 접근방법(interactive approach)을 발전시키도록 장려해야 한다. 따라서 복음전달자들이 신학적이고 문화적인 제국주의를 피하기 위해 훈련받아야 할 실질적 일들이 무엇인지에 대해 신중히 살펴야 한다.

　인간으로서 우리는 각자가 속한 문화 속에서 살아가고 있다. 우리가 소유한 아이디어는 우리가 하는 모든 일에 영향을 미친다. 이는 우리가 문화로부터 결코 유리될 수 없음을 의미한다. 문화로부터 자유로운 존재는 없기 때문이다. 문화는 우리가 생각하는 방식에 영향을 끼친다. 그 결과, 문화는 우리의 행동 방식에 영향을 끼친다. 더욱이 문화는 우리가 다른 사람들, 즉 우리가 읽는 성경 시대에 살았던 사람들과 현대적 상황 속에서 살아가고 있는 사람들의 행동을 해석하는 데도 영향을 끼친다. 우리가 다른 문화적 상황 속으로 가져가는 개념들(원문의 개념들과 행위를 이해하는 것에 대한 것이든, 수용자들의 기본 개념들을 이해하는 것에 대한 것이든)은 우리가 정보를 전달하는 방식에 영향을 끼친다. 이 때문에 우리는 우리가 "의사전달 상황"(communication context)라고 부른 것을 이해하기 위해 해석학적 나선구조를 활용했다. 복음전달자가 이 일을 수행할 때 수반하는 어려움(baggage)은 피할 수 없는 것이다. 그러나 그것이 무엇인지를 의식적으로 이해해야 하며, 그렇게 함으로써 가능한 방해 요소가 되지 않도록 해야 할 것이다. 복음전달자가 성경을 보고 그 정보를 다른 문화 상황 속으로 전달할 때, 가능한 편견의 방해를 받지 않아야 한다. 문화로부터 자유로운 복음전달은 물론 가능하지 않다. 따라서 여기서 제기하고자 하는 것은, 메시지를 복음전달자가 소유한 편견으로 여과시키지 말고, 할 수 있는 한 원문 텍스트가 직접 수용자들에게 말할 수 있도록 최대한 허용해야 한다는 것이다. 기본가치가 무엇인지를 이해함을 통해 복음전달자의 여과작용을 축소시킬 수 있다.

2) 복음전달자가 소유하고 있는 기본 가치들

　복음전달자들이 가지고 오는 것은 무엇인가? 그들은 자신들의 문화, 배경 그리고 경험에서 유래한 전제들을 가지고 온다. 따라서 신학적 이슈는 문화적으로 규정된 경험들과 가정들에 비추어 하나님에 대해 생각하는 것을 포함한다. 사람들은 우리가 세계관-심층구조 안에 존재-이라고 부른 추정적인 차원에 깊이 침잠되어 있기 때문에 이러한 가정들을 거의 인식하지 못한다. 사람들은 그들 자신이 문화적으로 조건 지워져 있기 때문에 이런 가정들에 대해 의문을 제기하지 않는 경향이 있다. 특정 사회에 속한 구성원들에게 있어, 이런 가치들은 질문의 여지가 없는 실재를 대표한다. 이와 같은 추정이 복음전달자를 단일 문화적(monocultural)일 뿐 아니라 자문화 중심적(ethnocentric)인 존재로 만든다. 그들이 마주치는 모든 것이 그런 문화적 격차를 통과하는 여과 과정을 거친다.

링겐펠터와 메이어스(Lingenfelter and Mayers, 1986)는 복음전달자들이 당연한 것으로 받아들이기는 하지만 명확히 하기에는 어려움을 느끼는 것들을 평가하는 데 도움을 주는 유용한 기본 가치 분석표(basic values profile)를 제공해 준다. 이들은 이해(awareness)를 형성하는 데 도움이 되는 여섯 개의 이분법적 대조를 제시한다.

시간/사건 스케줄, 조직 그리고 구조에 가치를 두는 것 vs 현재 발생하고 있는 일-활동, 이슈, 또는 직면한 인간적 고려 요인들-에 가치를 두는 것.

업무/사람 어떤 일을 이루는 것에 초점을 맞춘 활동의 성격에 가치를 두는 것 vs 사람을 어떤 일을 이루기 위한 수단으로서가 아니라 중심적 요소로 봄으로써 개인적 또는 집단적 필요를 강조하는 것.

이분법/총체성 이분법적 관점을 소유한 사람들은 분석적 접근방법을 통해 이것 아니면 저것을 선택하는 데 가치를 두고, 모든 것을 계획하고 해결점을 모색한다. 이와 대조적으로, 총체적 관점을 소유한 사람들은 둘 다 모두 식의 접근방법을 구사하고 그림 전체를 봄으로써 의미를 찾아낸다. 이들은 모든 부분들을 함께 본다.

위기/비위기 위기지향적 사람들은 위기상태의 일들, 즉 마감이 임박했을 때와 같이 임박한 위기를 해결하는 것과 위기를 해결하기 위해 훈련된 전문가들을 사용하는 것에 가치를 둔다. 반대로, 비위기지향적 사람들은 사람들이 어떤 일들을 스스로 통제하고자 할 때 더욱 긴장이 완화된다.

성취/지위 특정인이 한 사회 속에서 차지하고 있는 지위에 가치를 두는 것 vs 특정인이 한 사회 속에서 성취하는 것에 가치를 두는 것. 성공은 집단 내 관계구조가 아닌 개인의 성취에 기초한다.

약점으로서의 상처받기 쉬움/ 강점으로서의 상처받기 쉬움 강력한 개인주의와 성공에 초점을 맞추는 문화는 쉽게 상처받는 것을 하나의 약점으로 본다. 이와 대조적으로, 집단 선(collective good)에 대한 개인의 공헌에 큰 가치를 두는 집단적이고 상호작용적 문화에서는 쉽게 상처받는 것이 하나의 강점으로 생각될 수도 있다.

이들 "기본 가치들" 각각은 문화적으로 정의되고 사회마다 매우 다양한 양상을 띤다. 전체적으로 이들 가치는 "모든 가치들"을 대표하지는 않는다. 유사한 대조가 관용과 신랄함, 관계를 향한 태도와 (영원을 포함하여) 알려지지 않은 것, 그리고 사람들이 가치가 있는 것으로 보는 다른 많은 것들 사이에서 성립될 수 있다. 그러나 이 모델은 열린 마음과 정신으로 타문화적 참여에 접근하는 방식의 필요를 묘사하는 데 사용된다. 복음전달자들은 융통성이 있을 필요가 있고, 흐름을 따라갈 필요가 있으며, 가능할 때마다 자신들이 정한 기준에 기초하여 사람들과 관련을 맺을 필요가 있다. 복음전달자들이 제시하고자 하는 메시지를 받을 사람들에 관하여 이런 특징들이 묘사하는 태도는, 다른 사람들이 알고 싶어 하게 될 그리스도를 닮음(Christ-likeness)을 선포하는 데 도움이 될 것이다. 이런 태도는 모든 복음전달자들이 한 손으로는 텍스트 원문을, 그리고 다른 한 손으로는 아이디어들과 관심사들이 상당히 다양하게 나타나는 현대적 상황을 잡을 수 있도록 확장시켜 줄 것이다. 이들 기본 가치들을 이해하는 것은, 원문과 수용자들이 처한 상황들에 대한 이슈들 뿐 아니라 스스로에 대한 복음전달자들의 의식을 야기한다. 이런 이해는, 하나님의 말씀에 대한 메시지를 다른 상황-다른 기본 가치들을 소유하고 있으나 하나님께서 보시기에는 동일하게 가치가 있는-속으로 퍼져 들어가는 것을 허용하면서 동시에 여과효과를 감소시키는 역할을 한다.

모든 사회 내에는 이들 기본 가치들이 상당히 변이된 모습으로 존재하는 반면, 메이어스가 "양식경계"(modal score, 한 사회에 속한 사람들이 일반적으로 공유하고 있는 가치)라고 부르는 합의점으로 우리를 인도하는 것이 존재한다(Mayers, 1982). 이들 양식가치(modal values)는 나름대로의 가치체계를 가지고 살아가는 사람들로 하여금 다른 사회 안에서 다른 종류의 가치체계 또는 세계관을 가지고 살아가는 사람들을 대할 때 그들에 대한 일단의 기대치를 소유할 수 있게 하는 일반적 경향(general tendencies)을 갖도록 한다. 그러나 복음전달자들은 문화적 고정관념(특정 공동체에 속한 모든 구성원들이 소유하는 지나친 일반화의 산물)과 자신들이 소유한 논리적 근거(rationale)를 다른 사람들에게 투영하는 일을 피하도록 조심해야 한다. 자신이 소유하고 있는 기본가치가 무엇인지를 아는 것이 주는 유익은, 그것을 앎으로써 그와 대조적인 가치들을 대하게 될 때 자신의 기본가치를 기꺼이 조정하고자 하는 능력을 가질 수 있게 된다는 것이다. 누군가가 소유하고 있는 가정들을 어느 정도의 의식차원으로까지 끌어올리는 것이 목적이다. 극단적 형태의 가치는 매우 드물다는 것을 명심하라. 사람들이 삶을 살아나갈 때는, 그들이 닥치는 특정한 상황에 맞춰 그들이 소유한 강조점을 조정해 나간다. 이 조정 방향이 한 방향만을 지향할 때도 있다. 그러나 전혀 다른 상황이 발생했을 때, 그 방향이 지시하는 이슈를 지향하는 경향이 발생한다. 일련의 가치체계 내에서 상황에 맞춰 방향을 조정하는 것은 옳고 그름의 문제가 아니다. "기본가치들" 내에서는 그럴 수 있기 때문에, 이런 입장들 중 어느 한 가지 특정 입장에만 부합되는 가치판단은 존재할 수 없다. 물론 이들 기본가치가 타문화적 상호작용이 발생할 때 문제(troublesome)를 야기하는 대조적인 문화 요소들(contrastive cultural elements)을 형성하는 극단적 이분의 근거가 되기도 한다.[5] 이런 대조적 문화 요소들을 볼 때, 둘 중 어느 하나의 가치를 선택하는 관점이 아니라 양자 모두를 고려하는 관점을 통해 보아야 한다. 양자 모두가 존재해야 하며, 양자 모두가 나름대로의 가치를 내포하고 있다. 그리고 궁극적으로 양자 모두는 성경 텍스트가 전달하는 가치를 현대적 상황에 속해 살아가고 있는 사람들에게 전할 방법을 모색하는 복음전달자들이 효과적인 관계들을 창출해 나가는 데 필수적이다.

메이어스와 링겐펠터의 관점에서 볼 때, 다른 문화에 속한 사람들의 가치들이 서로 대조적이면 대조적일수록, 그들간의 상호작용에서 드러나게 될 가치의 역할이 더욱 커지게 된다. 각기 다른 사회적 배경을 갖고 있는 사람들이 특정한 가치에 대해 서로 공유할 수 있는 합의점을 발견했을 때, 이것이 반드시 화합(compatibility)을 의미하지는 않는다. 이슈가 되는 것은 아마도 그러한 입장을 가지게 하는 논리적 근거가 무엇이냐는 것일 것이다. 공통된 관점을 취하는 것에 대한 논리적 근거가 서로 다를 때, 이는 다른 얼굴을 가지고 있는 것만큼이나 분쟁을 양산할 소지가 있다. 이러한 가치들이 갖는 의미에 대해 연구하는 것이야말로 적절한 복음전달을 위해 필수적인 것이다. 복음전달자들이 수용자들과 더불어 상호작용할 때, 그들이 소유한 기본가치들이 성공과 실패를 가늠하는 역할을 하게 될 것이다. 수용자들에게 의미가 줄 수 있는 방식으로 기꺼이 조정하고 상호작용하는 것이야말로 의사전달에 있어 본질적인 것이다. 사람들은 그들이 소유하고 있는 가치의 근원에 대해 이해하고, 하나님께서 기대하시는 것들에 기초하여 공통점이 무엇인지를 모색할 필요가 있다. 사람들은 외부인들이 그들과 같을 것이라고 기대하지 않으나, 태도는 매우 중요하다. 외향적 힘들이 내향적 힘들과 융합될 때 새로운 산물, 즉 그리스도의 형상을 반영하는 일단의 새로운 가치 지향적 반응들이 산출된다.

3) 복음을 전달할 때 드러나는 거리감

복음을 전할 때 드러나는 문화적 차이에 대한 윈터(Winter, 1975)의 연구와, 후에 이를 발전시킨 바그너(Wagner, 1983)의 연구를 이 부분에서 다루는 것이 적절할 듯하다. 그들은 E1, E2, 그리고 E3에 대해 논의했는데, 이는 특정 문화 안에서 복음을 전하는 전도자들을 위한 복음전도 모델이다. 문화유형 모델을 따라, 우리는 이 복음전도의 전형을 다음과 같이 구분할 수 있다. E1 상황에 있는 사람들은 전도 대상자들과 동일한 문화(the same culture)를 공유하는 전도자들이고, E2 상황에 있는 전도자들은 전도 대상자들과 동일한 유형의 문화(the same culture type)를 소유하고 있는 사람들이다. 그리고 E3 상황에 있는 전도자들은 전도 대상자들과는 전혀 다른 문화유형에 속한 사람들이다(Shaw, 1990). 우리는 이 모델이 제시하는 동일한 원리를 효과적인 복음전달에 그대로 적용하고자 한다. 따라서 C1 복음전달자들("C"는 의사전달을 의미한다)은 그들이 복음을 전하는 청중들과 동일한 지식(가치)을 공유하고 있기 때문에 가장 효과적인 전달자가 될 것이다. 이와는 대조적으로, 전통적인 선교사들은 일반적으로 가장 큰 문화적 격차를 나타내는 C3 관계 속에서 사역해 왔다. 이들이 복음을 전달하기 위해서는 문화적 장벽 뿐 아니라 언어 장벽까지도 넘어서야 했다.

이러한 차이점이 경험 있는 선교사들로 하여금 그들이 처한 문화적 상황 속에서 더욱 효과적인 사역을 실현하기 위해 그들이 진행하고 있는 사역의 최우선 순위를 지역 주민들을 훈련시키는 것으로 바꿔야 한다는 필요성을 느끼게 하는 원인이 되었다. 비식민지화가 진행되고 있는 현 세계 속에서, 강조점은 지역의 상황을 잘 알고 있는 사람들과 더불어 동역을 하는 것으로 옮겨가고 있다. 이렇게 함으로써 선교사들이 부족함을 느끼는 상황에 대한 지식을 보충해 주는 동역자를 만날 수 있게 된다. 그러나 그들이 섬기고 있는 상황 안에서 의사전달 원리들과 기술들을 적절히 적용하고 필요한 성경적 지식을 개발시킬 때까지는 시간이 필요하다. 그 때까지 선교사들과 선교지에서 선교의 역할을 감당하는 사람들은 지역 주민들이 아직까지 이루지 못한 동등한 동역자로서의 지위를 확보할 수 있도록 책임을 다해야 한다. 목표는 지역민들로 하여금 그들이 처한 상황 속에서 복음전달을 위한 책무를 성취할 수 있도록 하고, 그들이 타문화적 기술을 발전시켜 C2 상황-선교적인 사람들이 되어 동일한 문화유형에는 속해 있으나 다른 문화 속에서 살아가고 있는 사람들-에서도 복음을 전할 수 있도록 하는 것이다. 이것이 아지스 페르난도(Ajith Fernando)가 서구인들과 비서구 복음전달자들 간에 조정해야 할 관계라고 부른 것의 핵심 요지이다(Fernando, 1986). 이런 노력의 논리적 결말은, 외부인들과 내부인들의 상호작용하는 협력패턴이 서로가 팀을 이루어 사역을 진행하는 접근방법(team approach)에 대한 가능성을 반영하는 다양한 모습으로 인도하는 것이다.

4) 팀 사역 접근방법

두 문화가 서로 접촉하는 상황 속에서, "진정한" 제시자(real presenter)는 타문화적 사역을 할 수 있도록 하는 사람(crosscultural enabler)이 아니다. 해당 지역에 속한 사람이면서 동시에 타문화적 사역을 할 수 있는 자격을 갖춘 사람이다. 복음을 적절하게 전달하는 데 필요한 모든 것을 할 수 있는 사람은 없다. 외부에서 온 사람이 복음을 전달하는 전체 과정 모두를 수행해 낼 수 없다. 지역주민, 심지어는 지역교회조차도 복음전달 과정에서 발생하는 모든 일들을 소화해 낼 수 없다. 하나님께서 성령의 능력을 통해 모든 진행 과정 속에서 일하시는 것은 사실이지만, 문화적으로 적절한 선교를 확신하고자 하는 협동 노력이 필요하다.

지역주민들과 함께 협력함을 통해 외부인들은 조언자로서, 그리고 타문화적 사역을 수행할 자격을 갖출 수 있도록 돕는 도우미로서의 역할을 수행할 수 있다. 비서구 세계에서 살아가는 대부분의 사람들은 어떤 원리를 배우고 기억한 후에 그것을 적용하는 것보다 행동으로 실천함으로써 최상의 배움을 성취하는 경향이 있다(Snnders, 1988: 206). 성경적 원리들과 복음전달 과정에 참여함을 통해 배운 원리들을 복음전달에 적용하는 식의 교육은, 직접 경험을 통해 그 원리를 확인한 후 그 원리를 자기 것으로 취하는 데 참여하는 사람들로 하여금 복음전달을 할 수 있는 자격을 갖추도록 한다. 그렇게 함으로써 비록 학위를 입증하는 학위증을 가지고 있지는 못함에도 불구하고, 복음을 전하는 과정에서 효과적인 역할을 감당하게 할 수 있다. 따라서 변화를 위한 주창자와 혁신자 모델은, 외부인이 올바른 상황 속에서 해당 지역에 대한 복음선포를 성취할 수 있는 내부인 실천자를 적절하게 준비시킬 때 적용될 수 있다. 청중들에게 가장 큰 의미를 전달할 수 있는 복음전달 형식을 사용하는 해당 지역 출신 목사들과 복음전달자들은 빠른 시일 안에 청중들이 하나님의 말씀을 이해하게 될 때 느끼는 놀라움을 창출해 낼 수 있다.

3. 요약

본 장과 본서 제2부에는 다른 장에서 우리가 발전시키고 제시한 모델들에 대한 선교적 적용이 있다. 선교를 수행하는 주체들은 이 모델들을 지역에 대해 잘 아는 내부 전문가와 외부로부터 복음을 전하기 위해 온 외부 전문가들을 하나로 연합하게 하는 데 사용할 수 있다. 양측에 속한 사람 모두는 이 과정에 대해 많은 것을 배운다. 그러나 초점은 메시지를 전달하는 데 필요한 수단들을 가지고 있으면서 동시에 지역 상황에 대해 잘 알고 있는 내부인들을 훈련시키는 외부인들에 대한 활용에 맞추어져야 한다. 이는 외부인들이 해당 지역의 언어와 문화를 배우거나 수용자들이 소유한 문화적 가치들과 연결점을 가질 필요가 없다는 말이 아니다. 이러한 내용들에 대해 잘 알고 있는 내부인들은 외부인들로 하여금 이런 측면들을 이해할 수 있도록 도울 필요가 있다. 그렇게 함으로써 양자가 하나가 될 수 있기 때문이다. 하나님의 메시지를 전달하는 사람들은(그들이 사용하는 형식이 무엇이지에 상관없이) 성령의 능력 안에서 성경에서 뿐만 아니라 수용자들로부터도 지속적인 피드백을 받을 필요가 있다. 외부인들은 그들이 소유하고 있는 세계관을 포기하거나 심각하게 변화시킬 필요가 없을 뿐더러, 그들이 그렇게 되는 것을 원할 필요조차도 없다. 그러나 외부인들은 그들이 소유한 세계관으로 인해 전체 복음전달 과정에서 드러나게 되는 제한점들에 대해 이해할 필요가 있으며, 그들의 역할은 내부인들이 이해할 수 있도록 돕는 것이라는 것을 인식할 필요가 있다. 이런 생각을 가지게 될 때, 그들 자신이 정보의 흐름을 걸러내는 거름망 역할을 피할 수 있게 된다.

외부인들은 화학작용 중 촉매작용과 같은 역할을 한다. 그들은 복음전달의 시발을 일으키는 역할을 한다. 그러나 그들은 복음전달의 거름망이나 중매자 역할을 하지는 않는다. 정보의 전달 과정에서, 타문화적 복음전달자들은 창조주로서의 하나님께 응답하지 않는 청중들에게 하나님을 전하기 위해 존재하는 하나님의 도구들이다.

신학적, 그리고 의사소통론적 이론이 투입된 문화모델은 사람들이 처한 특수한 상황 가운데서 역사하시는 성령 하나님의 영향을 받아 적절한 복음전달을 행하는 데 도움이 된다. 사모인들이 이 점에 대해 배웠을 때, 하나님께서는 사모인들이 그들이 알고 있던 영들이 아니라 그들 가운데 역사하시는 성령님의 열망에 부합할 것을 원하셨다. 사모인들이 소유하고 있던 세계관의 이런 측면에 대한 하나님의 접근방법은 사모인들의 관점과 언어로 인해 야기되는 속박 요소들에 대치되는 것이었다. 사모인들은 하나님에 대한 그들의 관점을 바꿔야 했다. 그러나 수평적 차원과 수직적 차원 양자는 서로 보완적이다. 목적은 사람들이 하나님의 부르심을 듣고 그에 응답하는 것이다. 사도 바울은 그가 로마에서 로마서 10장 14절과 15절을 기록했을 때 팀 사역의 중요성을 이해하고 있었다. "그런즉 저희가 믿지 아니하는 이를 어찌 부르리요? 듣지도 못한 이를 어찌 믿으리요? 전파하는 자가 없이 어찌 들으리요? 보내심을 받지 아니하였으면 어찌 전파하리요? 기록된 바, 아름답도다. 좋은 소식을 전하는 자들의 발이여 함과 같으니라." 이 구절에는 모든 종류의 지평적(horizontal) 요소들이 있다. 비슷하게 우리가 살아가고 있는 이 세상에서 발생하는 효과적 복음전달은 이 책의 제3부에서 제시하는 모든 종류의 요소들을 포함해야 한다. 이 과정을 통해 지역주민들이 하나님에 대해 배우도록 함으로써, 그들로 하여금 그들이 사는 세상에서 하나님의 도우심으로 생존할 수 있게 할 것이다. 이 하나님의 도우심이 로버트 쉴라이터로 하여금 그가 "지역신학"이라고 부르는 것을 발전시킬 수 있게 했다. 우리가 제3부에서 다룰 것은 하나님의 백성 가운데서 역사하시는 하나님의 말씀에 대한 적용이다.

NOTE

1) 후기 산업사회는 최근에 와서야 그 모습을 드러냈다. 따라서 실제로는 이를 지칭하는 적당한 명칭이 없다. 쇼우는 전 세계적으로 만연한 다원주의와 증가 추세에 있는 복잡성으로 규정되는 개념의 변화를 나타내기 위해 이 용어를 사용했다(1990). 궁극적으로, 이 문화유형의 세세한 점들에 대한 더 나은 이해가 정착되고 나면, 단지 "후기"가 아니라 그 자체의 특징(self-characteristic)을 대변하는 명칭이 등장하게 될 것이다. 문화에서 사용하는 "포스트모던"은 현대, 즉 전 지구적 다원주의가 대두하는 현대적 상황 이후에 닥쳐오는 시대를 명시한다.

서비스(Service)의 모델이 가장 기본적이고, 초보적인 사회로부터 고도로 복잡하고 정교한 사회로의 진화적 과정과 혼동을 일으켜서는 안 된다. 서비스의 모델은, 현재 모색하고 있는 다양한 일들을 한정할 목적, 그리고 어떤 특정한 그룹에 속한 사람들이 그들의 삶 가운데서 드러나는 이러한 점들을 조직화하는 방식에 대한 가장 좋은 추측을 제공하는 슬라이딩 스케일(sliding scale)과 같은 것이다.

2) 현재 대규모로 출판되고 있는 문헌은 이러한 문화적 현상과 맞물려 발전하고 있다. 여기에서 이 문제에 관해 자세히 토론하는 것이 이 책이 목적하는 바는 아니다. 그보다 우리는 이슈를 제시하고 우리가 다루고 있는 주제에 대한 관련성을 보여주는 문헌들을 활용하는 방법을 모색하고 있다. 후기 현대성(post modernity)에 대한 정의와 요약은 스텐리 그랜츠

(Stanley Grenz, 1996)와 데니스 맥칼룸(Dennis McCallum, 1996)의 책들을 보라. 후기 현대성에 대한 신학적 적용은 미들톤과 와쉬의 공저(Middleton and Wash, 1995), 레오날도 스위트(Leonard Sweet, 2000), 그리고 낸시 머피(Nancy Murphy, 1997)의 저술을 보라. 선교적 적용의 역사적 이해에 대해서는 윌버트 쉥크(Wilbert Shenk, 1999)의 저술을 보라. 후기 산업사회에 처한 교회에 대한 통찰력 있는 논의는 에디 깁스(Eddie Gibbs, 2000)를 보라.

3) 폴 히버트는 세계관을 문화적 자극들(cultural stimuli)에 대한 세 가지 차원의 반응들-인식적 반응들(표층적 차원), 정서 또는 감정적인 반응들(중간 차원), 그리고 평가적 반응(심층적 차원)-간에 발생하는 상호작용으로 본다. 전체 구조는 사람들로 하여금 그들을 둘러싸고 있는 세계와 상호작용하도록 하고, 실재를 인식하게 하는 신념, 감정 그리고 가치를 포괄한다(Hiebert, 1985: 46; 1989b). 니시오카(Nishioka)는 선교학적 연구를 수행하는 데 적용되는 세계관 연구에 대한 히버트와 크래프트의 접근방법을 비교하는 의미 있는 작업을 했다(Nishioka, 1998).

4) 캐서린 룬트리(Catherine Rountree)는 그녀의 학위 논문에서 "개념적 텍스트"에 대한 아이디어를 제공했다. 이 아이디어는, 특정한 의사전달 과정을 통해 전달되는 메시지에 대한 사람들의 이해에 영향을 미치는 인식적, 언어적 그리고 문화적 요인들에 관한 그녀의 연구 결과이다. 그녀는 이 개념적 이해를 수용자들이 텍스트를 이해하는 방식, 그리고 메시지를 기록한 저자가 의도했던 것과 해당 텍스트-"개념적 텍스트"-를 적절하게 추정하기 위해 사용하는 수용자들의 능력을 일치시키는 데 필요한 의사전달의 조정에 관한 효과적 시험을 감행하는 데 핵심적인 요인들에 집중하기 위한 목적으로 사용했다(Rountree, 2001: 6). 스펄버와 윌슨이 주목하듯이(1986), 가능한 범위 내에서 양자는 일치되어야 한다. 중간에서 의사를 전달하는 사람은 의사전달 과정의 양쪽 당사자들에 관한 이해를 가져야 하며, 개념적 여과역할을 하는 위험을 피해야 한다. 그렇게 함으로써, 의사전달의 원래 의도와 수용자들이 개념화 과정에서 양산해 내는 추정들을 훼손하지 않을 수 있다.

5) 링겐펠터와 메이어스가 이러한 가치들을 대조적인 것-연속체의 양쪽 끝-으로 설정한 서구식 이분법적 사고가 갖는 문화적 성향에 대해 설명하고 있음에 주목하라. 명백히 특정한 관점에 대해 심사숙고하게 하는 이들 가치를 제시하는 다른 방법들이 있을 것이다. 그러나 핵심은 심사숙고를 독려하는 것과, 격자구조를 사용하고 질문의 범위를 인간들이 공히 지닌 공통점에 제한시킴으로써 응답자들이 이들 가치들과 서로 상호작용할 수 있도록 하고, 자신들의 문화가 기대하는 기대치들과 관련하여 자신들의 입장을 결정할 수 있도록

하는 데 있다. 결과적으로 이런 기대치들은 그들이 속한 사회의 다른 구성원들과 공존할 수 있는 방향으로 생각을 정리하도록 하는 경향이 있다. 이와 관련한 정보를 갖춘 복음전달자들은 그들의 문화가 기대하는 바를 반영하는 그들의 문화적 선호성을 고려하지 않고 그들이 사역하고 있는 상황을 더욱 반영하도록 그들의 행위를 조정할 수 있게 된다. 히버트는 이 아이디어를 그가 "이중 문화적 가교"(bi-cultural bridge)라고 부른 개념으로 설명한다. 이 이중 문화적 가교 상에서 파송된 복음전달자들과 지역문화에 속한 구성원들이 상호작용하고 서로를 연결시킬 수 있는 가치들에 근거하여 새로운 종합적 행위패턴을 만들어 낸다.

제3부
상관성 있는 복음전달
하나님께서 의도하셨던 의미에 대한 수용자들의 이해:
상황적 이슈들

수용자들은 특정한 시간과 장소에서 복음전달 방식이 그들에게 상관성을 가지는 정도만큼 하나님께서 하시는 말씀을 들을 것이다. 제3부에서는 어떻게 하면 상관성 있고 효과적인 복음선포를 위한 모델을 정립할 수 있는가에 대해 제안한다.

제3부에서 우리는 새로운 집단의 수용자들이 하나님께서 그들의 상황 속에서 의도하신 의미를 이해하게 될 때 발생하게 되는 일들에 대해 탐구할 것이다. 여기에서 우리는 하나님의 백성 중에 임하는 하나님의 계시가 갖는 상관성을 결정하는 데 있어 수용자들의 관점을 강조할 것이다. 복음전달 사건의 성격은 특정한 상황 속에서 살아가는 사람들이 그들의 삶에 적용할 수 있는 신학을 발전시키는 방식을 정립한다. 그리고 이 방식은 하나님을 기쁘시게 하는 방법이다. 이것이 이 세계라는 다원주의적 상황들 속에서 상관성 있는 선포를 하는 데 본질을 형성하는 선교적 이슈들을 정립한다. 우리는 성경이 의도는 바에 충실함으로써 하나님의 말씀을 효과적으로 전하는 방식을 찾을 것이다(제7장). 우리는 청자들에게 적절한 방식으로 하나님의 말씀을 효과적으로 전하는 방식을 찾을 것이다(제8장). 그리고 우리는 특정한 수용자들에 관련하여 복음전달 양식이나 미디어의 사용이 상관성을 가짐으로써 하나님의 말씀을 효과적으로 전달할 수 있는 방식을 찾을 것이다(제9장). 제3부는 우리의 선교학적 열정을 반영하고 하나님의 말씀을 더욱 혼란스러워져 가는 이 세상에 전하는 데 필요한 진정성과 생명력을 증진하는 데 필수적인 신학적, 이론적 이슈들을 통합하는 이 책의 적용부분이 될 것이다.

Communicating God's Word in a Complex World

제7장
상관성 있는 복음전달의 모색

수용자들이 소유하고 있는 이 세상에 대한 이해는 그들 나름대로의 입장에서 특정한 신학적 가정들을 창출한다. 이들 가정은 수용자들이 그들이 처한 상황 속에서 하나님의 말씀을 듣는 방식에 영향을 끼친다.

    2000년 가을, 캄웨 베디아코(Kamwe Bediako)는 풀러신학교(Fuller Theological Seminary)의 페이튼 강연(Payton Lectures)에서 "새로운 세상의 기독교 질서 속에 존재하는 아프리카"라는 제목으로 강연을 했다. "새로운 언어, 새로운 이미지"라는 제목으로 행해진 세 번의 강의 중 두 번째 강의에서, 그는 성경이 아프리카인들의 모국어에 미친 영향에 대해 말했다. 그는 새로운 언어와 문화로 이루어진 새로운 상황 속에 존재하는 하나님의 말씀(the text of God's Word)이 갖는 가치에 대해 말했다. 사람들은 그 상황 속에서 이미 오랜 세월 동안 하나님을 경험했으나, 이제 성경번역을 통해 성경 속의 이야기를 자신들의 이야기로 받아들일 수 있게 되었다. 캄웨 베디아코는 모든 언어는 진리를 표현하는 나름대로의 독특한 방식을 소유하고 있으며, 그 표현은 신학적 적용을 함유한다고 말했다.
    이러한 적용성에 대한 예를 설명하기 위해, 그는 히브리서 11장을 지적했다. 히브리서 12장 1절에 등장하는 "구름처럼 허다한 증인들"에 대해 토론하는 중에, 베디아코는 조상들과 우리들 간의 연결성에 대해 설명했다. 대부분이 서구인들로 구성된 청중들이 갖는 민감성을 차치하고서, 아프리카인 설교자로서 베디아코는 우리에게 그의 세계관을 들여다볼 수 있는 창을 보여주었다. 그는 "족장들이 우리와 함께 있습니다"라고 말했다. "그들은 바로 여기에 있습니다. 당신들 주변을 돌아보십시오. 조상들은 우리와 함께하고 있습니다. 그들이 보이십니까?" 그러고 나서 그는 다양한 관계를 나타내는 용어들을 그의 모국어-가나의 아칸 지방어-로 말함으로써 그가 말하고자 하는 핵심 내용에 대한 예를 들었다. 한 집안에서, 가장 오래되었을 뿐 아니라 집안 사람들에게 가장 큰 의미를 주는 관계는 "나나"(nana), 즉 "조상"이라는 단어이다. 이런 이유에서 아칸인들은 기도할 때 예수 그리스도를 가장 의미 있고 친밀하게 표현할 때 "나나"라는 단어를 사용했다. 물론 아칸 사람들은 영어를 사용할 때는 "조상 예수"라는 말로 기도를 시작하지 않는다. 그러나 그들이 그들의 모국어로 기도할 때는 그렇게 한다. 그리고 그렇게 함으로써 그들은 단어의 의미론적 의미를 훨씬 넘어설 뿐만 아니라, 단어의 의미론적 의미와는 구별되는 예수에 대한 의식적 이해(conceptual understanding)를 인식한다. 베디아코가 설명하고자 했던 핵심 내용은 무엇이었을까? 베디아코는 "언어는 신학적으로 중요합니다. 그렇기 때문에 당신이 그것을 이해하지 못한다면, 하나님도 이해할 수 없습니다"라고 말한 것이다.

 베디아코 박사는 성경이 다양한 언어로 주어졌으며 각 언어는 하나님에 대해 서로 다른 관점을 제시한다는 사실에 대해 인식했다. 베디아코의 발제는 이 장을 통해 저자들이 의도하고자 하는 것을 반영할 것이다. 즉 상관성 있는 복음전달을 모색하는 것의 신학적 적용들을 반영할 것이다.

 성경적 상황, 즉 성경의 진정한 의도가 인간들에게 전달되는 지평들과 개인적 지평에 대한 자아인식(self awareness)을 가능하게 하는 복음전달자의 상황에 대한 이해를 발전시킴으로써, 이제 우리는 오늘날 하나님께서 말씀하시는 상황-수용자의 지평-에 대해 생각할 수 있는 준비가 되었다. 우리가 제6장에서 문화유형 모델에 대해 제시했을 때 주목했듯이, 우리는 모든 종류의 문화가 동시에 존재하는 복잡한 세상에서 살아가고 있다. 각 사회는 삶에 대한 주요 질문들을 통제하고 그 사회가 살아가는 세계를 의미 있는 방식으로 구성하기 위해 최선을 다하고 있다. 하나님께서는 그런 상황(그들이 뉴기니의 마을 안에 있든지, 혹은 마야의 농촌 마을 속에 있든지, 그도 아니면 도시의 게토 또는 피난민 캠프 속에 있든 간에 상관없이) 속으로 들어오셔서 인간이 처한 조건에 영향을 끼치신다. 이 장에서, 우리는 이 복잡한 세상에서 사람들이 성경 텍스트와 상호작용하는 방식에 대해 숙고해 보고자 한다.

1. 문화 속으로 들어오시는 하나님

『우리 가운데 거하는 말씀』(The Word Among Us)이라는 책에서, 딘 길릴랜드(Dean Gilliland)는 요한복음 1장 14절-"말씀이 육신이 되어 우리 가운데 거하시니라"-에 대한 주석을 통해 신약성경의 상황화에 대한 일례를 제시했다.[1] 수천 년을 이어온 신현(神現)과 점진적 계시(progressive revelation)의 정점인 그리스도의 초림이 없었다면, 인간된 우리가 하나님을 진정으로 알 길이 없다. 예수께서 탄생하셨을 때, 천상의 존재들은 "지극히 높은 곳에서는 하나님께 영광이요 땅에서는 기뻐하심을 입은 사람들 중에 평화로다"(눅 2:14)라고 노래했다. 땅에서는 목자들이 하나님을 찬양했고, 그들은 모든 사람들에게 자신들이 예수에 대한 놀라운 일들을 경험했다고 말했다(눅 2:17). 동방박사들은 "유대인들의 왕"께 경배했고, 그들이 가진 것을 바쳤다(마 2:1-12). 그리고 이 모든 일들을 통해 마리아는 "이 모든 말을 마음에 지키어 생각"했다(눅 2:19). 시몬은 경외감을 표현했다. "주재여, 이제는 말씀하신 대로 종을 평안히 놓아 주시는도다. 내 눈이 주의 구원을 보았사오니, 이는 만민 앞에 예비하신 것이요 이방을 비추는 빛이요 주의 백성 이스라엘의 영광이니이다"(눅 2:30-32). 안나는 하나님을 찬양하고 모두에게 예루살렘에 구원이 이르렀다고 말했다(눅 2:36-37). 훗날 사도 요한은 "태초부터 있는 생명의 말씀에 관하여는 우리가 들은 바요 눈으로 본 바요 주목하고 우리 손으로 만진 바라"라고 선언했다(요일 1:1). 그들이 물리적으로 목도한 것은 기록된 말씀과 성령의 능력, 그리고 수없는 세월을 통해 말과 행위로 "우리 가운데 임하신 말씀"에 대해 증거한 성도들의 신앙 경험을 통해 우리에게 드러났다. 상관성 있는 복음전달을 수행한다는 것은, 복음선포자들이 하나님의 말씀을 선포하는 특정한 상황 속에서 말씀과 상황이 서로 상관성을 갖게 하는 것이다. 이는 복음전달 상황이 사정에 따라 다양하기 때문에, 특정 환경에 일치하는 독자적(unique) 분석과 이해를 요구할 것이라는 사실을 의미한다. 그리스도께서는 말씀을 통해 특정 사회의 삶 속에서 고백되어지고, 해당 사회에 속해 살아가는 사람들이 그리스도의 형상에 일체되는 삶을 살아가도록 하기 위해 사람들의 마음속으로 들어오신다. 길릴랜드는 이를 다음과 같이 잘 진술한다.

> 오늘날 최우선위 관심사가 선교라고 생각하는 신학자들은 그들의 임무가 초대 교회 사도들이 가졌던 사명과 그리 다르지 않다는 사실을 발견한다. 핵심적 진리들은 절대적이다. 이에 반해 그 진리들을 전달하는 방식과 적용은 지역적 필요와 질문에 부합해야 한다. 이 말이 우리가 예수를 모든 상황 또는 지역의 필요에 일치시켜야 한다는 것을 의미하는 것은 아니다. 이는 사도적 증거들이 증거하는 그리스도에 굳건히 닻을 내리고 있는 동시에 복음의 즉각성(immediacy)이 있어야 한다는 것을 의미한다. 예수에 대해 인식 가능한 정체성과 그분이 가르치신 내용에 대한 명확성이 있어야 한다는 것은 분명한 사실이다. 그렇게 함으로써 메시지가 전달되는 모든 시간과 장소에서 살아가고 있는 사람들은, "예수는 나의 구원자 나의 주!"라고 말할 수 있다 (Gilliland, 1989c: 53).

우리가 이 책을 쓸 때 우리의 상상력을 사로잡은 것은, 예수에 대해 인식가능한 정체성과 그가 가르치신 내용에 대한 명확성을 확신하는 일에 관한 것이었다. 제3부에서는 어떻게 하면 이단성에 빠져 하나님께서 사람들에게 그분에 대해 알리시고자 하시는 것에 대한 이해를 놓치지 않는 동시에 하나님에 대한 진리를 전달하는 데 이 정보를 활용할 수 있는지에 대해 집중할 것이다.

2. 하나님께서 의도하셨던 진리 전달하기

신학에서 우리는 진리의 흔적-하나님에 대한 지식의 흔적-에 대한 개념을 사용했다. 예를 들면, 요셉이 이집트에서 바로의 꿈을 해석했을 때, 바로는 요셉에게 그로 하여금 꿈을 해석하게 한 존재의 정체가 무엇인지에 대해 질문하지 않았다. 그는 요셉이 그 존재의 대리인이라고 생각했기 때문이다. 바로는 그 존재가 어떤 식으로든 자연을 통제하는 존재라고 이해했고, 그에 대한 반응으로 청지기정신(stewardship)과 돌봄(care)에 관한 문제들에 관심을 기울였다. 바로에게는 모든 신들 위에 뛰어나신 하나님에 대한 이해의 흔적이 있었다. 후에, 왕조의 변화가 있었다. 뒤이어 나타난 왕조는 요셉을 알지 못했다. 그 왕조는 의도적으로 모든 신 위에 뛰어나신 하나님에 대해 이집트가 소유하고 있던 기초적 이해를 배척했다. 그리고 바로를 신격화시키는 움직임을 시작했다. 출애굽 사건은 이런 정황 속에서 시작된 것이다. 출애굽의 핵심은 이스라엘 백성의 해방이 아니었다. 출애굽은 그 당시 이집트를 지배하고 있던 바로로 하여금 "내가 여호와"(출 7:17; 8:10)라는 것을 깨닫게 하려는 수단이었다. 모세가 바로에게 전한 메시지는 실제로 모세가 있기 오래 전 요셉 시대에 존재했던 지식의 흔적을 회상하는 것이었다.

사도 바울은 하나님께서는 각 시대마다 증인을 들어 사용하셨다고 말한다. 모든 문화적 상황 속에는 하나님의 위대하심과 선하심에 대한 예시가 존재한다(롬 15:7-13). 따라서 복음전달은 하나님께서 수용자들의 문화 속에 하나님에 대한 지식의 흔적과 관련한 것을 남겨두셨다는 사실과의 연결성을 찾는 것을 포함한다. 이 과정은 수용자 뿐만 아니라 복음전달자에게 영향을 미치는 하나님에 대한 새로운 이해를 창출한다. 우리는 이 문제에 대한 적용을 제8장에서 살펴볼 것이다.

흔적에 대한 아이디어는 구속적 비유에 대한 리처드슨의 접근방법을 생각나게 한다(Richardson, 1974). 우리는 문화 속에서 뿐만 아니라 성경 속에서도 다양한 구속적 비유를 발견할 수 있다. 이들 비유는 성경적 지평들과 자신들이 살아가고 있는 지평 IV를 대표하는 현대 수용자들의 문화적 상황을 연결해 주는 수단으로서의 역할을 한다. 이는 사람들에게 그들이 사실상 어떻게 문화적으로 하나님의 계획에 부합하는가를 보여주는 방식이다. 베디아코가 발견했듯이, 하나님을 지칭하는 단어를 선택하는 것은 복음전달 과정의 초기 단계에서 매우 중요한 것이다. 흥미롭게도, 그리고 사네가 명백하게 밝혔듯이, 그 단어는 이미 해당 문화 속에 존재하는 것일 수도 있다. 그리고 도입되는 것이 무엇이든지 간에 그것은 지역의 의도성(local intentionality, 외부로부터 오는 정보를 소화하여 자신들의 것으로 도입할 수 있는 지역 자체의 세계관)에 고도로 녹아져 들어간다. 그렇게 함으로써 드봉란드와 드레슬러가 제5장에서 제시한 원문성(textuality)의 요소들 중 하나에 대해 보증해 준다. 사람들은 하나님께서 그들에게 전하고자 하시는 의도가 무엇인지 추정하려고 할 것이다. 그리고 그들이 이미 소유하고 있는 영적인 경험과 직접적인 관계가 있는 그 추정을 이용하여 복음을 전달하고자 할 것이다.

사람들이 각기 처한 상황 속에서 하나님의 말씀을 받아들일 때, 복음전달자들은 단지 정보를 제시(present)하는 차원에서 그치는 것이 아니라 그 정보를 전달(communicate)하고 싶어 한다. 수용자들이 메시지를 통해 전달되는 모든 정보의 내용을 이해할 필요는 없다. 전반적인 메시지의 내용이 메시지에 대한 상세한 정보보다 중요하다. 스펄버와 윌슨이 지적했듯이(1986: 5장) "개념적 텍스트"(conceptual text)에 기초한 이해도 중요하지만, 메시지가 갖고 있는 해당 상황과의 상관성이 추정되지 않는다면 그런 개념적 이해는 사실상 거의 필요치 않다. 하나님께서 계시를 통해 사람들에게 의사를 전달하고자 하실 때, 놀라운 일들이 벌어진다. 그러나 특정 문화적 상황에서 흥분을 야기한 일이 다른 상황에서는 그렇지 않을 수도 있다. 여기에서 필요한 복음전달 원리는 다음과 같다. 특정인들을 흥분케 하는 것은 그들이 소유하고 있는 문화유형과 직접적인 관계가 있다. 혈족사회에 속한 사람들은 관계를 맺는 일에 대해 열의를 갖는다. 이들은 다른 사람들과 관계를 맺는 것, 그리고 우주의 권세자들과 정사들과 관계를 맺는 것에 대해 특히 열성적이다. 농촌사회에 속한 사람들은 그룹 간의 상호관계를 나타내는 구조적 이슈들에 대해 열의를 갖는다. 산업사회에 속한 사람들은 개인주의에 영향을 미치는 경제적 이슈들에 대해 열성적이다. 그리고 후기 산업사회에서 살아가는 사람들은 내부적 상호연계성(interconnectedness)을 보는 것에 대해 열의를 갖는다. 이들은 특히 내부적 상호연계성이 전 지구적 네트워크와 정보의 확산에 영향을 미치는 것에 대해 흥분한다. 사람에게 허락하신 계시로서의 성경은 그들을 흥분시키는 것과 연관되어 있다. 아마도 이것이 개별성을 강조("하나님은 당신을 사랑하시고 당신을 위한 놀라운 계획을 갖고 계십니다.")하는 CCC(Campus Crusade)의 "사영리"가 20세기 후반 미국에서 그리도 큰 성공을 거둔 이유일 것이다. 문화유형에 주목하는 것만으로도 우리는 하나님의 계시를 전달하는 것에 대한 출발점을 확보할 수 있다. 이는 실제로 일들이 어떻다는 것, 또는 일들이 어떻게 되어야만 한다는 것에 대한 일련의 가정들을 소유한 사람들과 상관성이 있다는 관점에서 그러하다.

그렇다면 서구 계몽주의로부터 발현된 관점에도 불구하고, 성경은 정보 이상의 것이다. 사실 성경은 다양한 개인 또는 그룹에게 하나님께서 정하신 의사를 전달한다. 정경은 완결되었다. 그러나 하나님께서는 사람들에게 당신을 경험케 하심을 통해 여전히 당신을 드러내고 계신다. 하나님께서는 사람들이 그들이 살아가고 있는 상황 속에서 메시지를 더 잘 이해할 수 있도록 하시기 위해, 성령을 통해 그들에게 통찰력과 이해력을 조명하신다. 하나님께서는 행동을 자극하기 위해 정보를 제공하신다. 그리고 응답을 요구하신다. 이러한 복음전달은 말과 행동의 결합체이다. 이는 표층구조로 드러나는 행동 뿐 아니라 심층구조를 통해 형성되는 가치와 개념 양자 모두에 해당된다. 따라서 하나님께서 어떤 방법을 통해 사람들에게 말씀을 제시하시는가에 대해 질문하는 것이 우리에게 중요했던 것처럼, 하나님께서도 오늘날 우리가 말씀을 전하는 수용자들 중에서 동일한 일을 하신다.

베르까우어(G. C. Berkouwer는 "성령과의 인격적 관계 또는 신앙과 관계 없는 성령을 강조하는" 우리의 무능력에 대해 강조했다. "순수한 신앙의 상호 관계는 신앙의 목적, 즉 하나님과 그분의 말씀에 의해 단호히 결정된다." (Berkouwer, 1975: 9-10). 이런 신학적 관점은 하나님께서 말씀하시는 것을 이해하는 사람의 능력, 즉 나이다의 용어를 사용하자면, "충실함"(fidelity)의 중요성을 반영하고 정확한 "번역"을 위한 강력한 논리적 근거를 제공하는 것에 기초하고 있다. 우리는 텍스트에 충실해야 한다. 그러나 동시에 우리는 수용자들에게 의미를 주고 새로운 상황 안에서 하나님께서 의도하신 진리를 밝히 드러내는 복음전달 형식을 통해 하나님의 말씀을 제시해야 한다. 성도의 공동체가 믿음 안에서 발전해 나갈 때, 그들 공동체는 분명히 해석학적 나선 구조를 경험할 것이다. 그리고 발전하는 교회는 교리의 역사적 발전으로부터 일단 무엇인가를 끄집어내어 거꾸로 교리의 역사적 발전에 무엇인가 기여하는 신학적 관점을 창출할 것이다. 일단 개념화되고 나면, 이런 흔적(vestigial) 메시지는 성경적 논거와 더불어 더욱 효과적으로 전달될 수 있다.

3. 개념화된 효과적 복음전달

효과적 복음전달은 성육신 개념에 근거하고 있다. 제5장에서 제시한 복음전달 모델들을 따라, 우리는 상관성 있는 복음전달은 수용자들이 전달되는 복음의 내용이 자신들과 상관성을 가진다고 생각할 때 확실히 이루어질 수 있다고 믿는다. 이는 수용자들이 원의(original intent)에 관해 최초의 복음전달자(the original communicator)가 동의할 수 있는 내용을 추정해 낼 수 있다는 것을 의미한다. 복음의 원의를 설정하신 분이 하나님이시고, 또 그 하나님은 모든 사람이 당신이 누구시라는 것을 인식하고 당신이 전하는 메시지를 이해하길 원하시는 분이시기 때문에, 상관성 있는 복음전달은 하나님께서 사람을 위해 의도하신 것에 일치하는 방식일 뿐만 아니라 지역의 언어와 문화와도 연계되는 방식으로 메시지를 전달하는 것이기도 하다. 하나님께서 의도하신 바를 최대한으로 전달하는 것이 상관성 있는 복음전달이 지향하는 목적이다. 우리는 복음전달에 대한 몇 가지 정의로 시작해서 신학적 발전을 그 결과물로 내놓는 것을 주목하는 데까지 진행했다. 이 과정을 통해 우리는 두 번째 지평 상에서 이 적용을 반영하는 사례연구 한 가지를 성경에서 찾아 제시할 수 있다. 만일 성경 그 자체가 우리가 발전시킨 모델에 일치한다면, 이전 어떤 세계보다 복잡한 현대적 상황 속에서 이런 이슈들을 발전시키는 올바른 과정을 따라가고 있음에 대해 충분히 확신할 수 있을 것이다. 이에 대한 정의에 관하여, 다시 길릴랜드의 논의로 돌아가고자 한다(1989).[2]

그의 책 첫 장에서, 길릴랜드는 "당면한 이슈는 성경으로서의 말씀과 문화 속에서 드러나는 진리들 속에서 드러난 말씀이, 특정한 상황 속에서 삶을 영위하는 사람들을 위한 기독교 진리가 무엇인지를 결정하기 위해 상호작용하는 방식에 대한 것"(10)이라는 사실에 주목했다.

길릴랜드가 수용자들이 처한 상황 뿐 아니라 성경 원문이 기록된 상황과 어떻게 상호작용하는지에 대해 주목하라. 그는 말씀이 성경(특별계시, 특정한 시간과 장소에 집중)에 있다는 것과 그 말씀이 "문화가 소유한 진리들 속에도 드러나 있다"(창조를 통한 일반은총, 그리고 진리에 대한 문화적 인식-보존된 흔적)는 사실을 지적함을 통해 두 세계를 연결시킨다. 하나님께서는 사람들-당신의 피조물-에게 당신을 드러내시는 일을 하고 계신다. 따라서 복음전달은 의사전달을 성립하는 양자 모두-상호 기여하는-를 동일하게 다루는 것이지, 둘 중 어느 한 쪽에 집중하여 이쪽 아니면 저쪽 식의 선택-때로는 어느 한쪽을 희생시키는-을 하는 것이어서는 안 된다. 길릴랜드는 양자가 서로 상호작용함을 통해 새로운 진리(new truth, 지금까지 발견하지 못한 진리의 새로운 면모-역자 첨부)를 창출해 낸다는 것을 강조함으로써, 위에서 다루었던 논의보다 한 발 앞선 논의를 진척시켰다. 우리는 그가 제시한 만큼 강력하게 주장하지는 않을 것이다. 그렇지만 그가 한 논의의 내용은 가치가 있는 것으로 보전할 것이다. 사실 우리는 앞서 이에 대해 주장을 한 바 있다. 지평들이 서로 조우하게 될 때, 특정한 문화적 상황에 속해 살아가고 있는 사람들을 위한 새로운 관점, 즉 새로운 기독교적 진리가 드러나게 된다. 그리고 새롭게 발견된 면모는 기독교 진리에 대한 새로운 이해가 된다. 사실, 모든 나라와 각종 언어를 사용하는 모든 족속이 보좌 앞에 둘러서서 어린 양을 찬양할 때에 가서야 비로소 기독교 진리의 총체적 면모를 깨달을 수 있게 될 것이다. 그 때가 이르러서야 비로소 "청동 거울을 통해 흐릿하게 보는 것이 아니라" 서로 "얼굴과 얼굴을 맞대어 보는 것"처럼 명확하게 이해하게 될 것이다(고전 13:12). 그 때는 바로 모든 진리들이 함께 모여 하나님의 진리를 발하는 순간이 될 것이다. 오직 그 때가 되어서야 비로소 각 상황에서 비롯된 모든 문화를 통해 발견된 진리들이 함께 모이게 될 것이다. 이것이 바로 히버트가 "메타-진리"라고 부른 것이다(1989). 상관성 있는 복음전달이 이루어질 때 새로운 의미가 만들어진다. 길릴랜드는 이를 상황화(contextualization)에 비춰 말한 것이다. 상황화가 없이는 상관성 있는 복음전달 자체가 불가능하다.

> 그러므로 상황화[복음전달]는 특정 교회가 그들의 삶을 하나님의 말씀과 기독교 역사에 비춰봄을 통해 실행한 역동적 반영(dynamic reflection)이다. 성령의 인도하심을 받아, 교회는 그들이 속한 문화 환경이 소유하고 있는 다양한 요소들에 지속적으로 도전하고, 편입하고, 변혁시켜 그리스도의 주되심에 복종시킨다. 그리스도의 몸된 지체들이 그들의 생각을 이용하고 그들 고유

의 문화적 선물들을 채용하여 말씀을 해석할 때, 성육신의 원리를 채용한 복음에 대해 더 잘 이해할 수 있게 될 것이다(1989: 12-13).

이런 식의 새로운 이해는 새로운 신학을 세우는 동기가 되는데, 결과적으로 이는 세계의 모든 교회에 새로운 정보를 제공해 주고 세상 방방곡곡에서 살아가고 있는 모든 기독교인들에게 이 세상을 향하신 하나님의 메시지에 대한 새로운 이해를 제공해 주게 된다. 이에 대하여 이해하기 위해서는 원문 텍스트가 기록되었던 상황에 대한 해석학적 평가와 의사소통성(communicability)을 증진시키기 위한 목적으로 복음전달이 발생한 상황에 대한 이해가 반드시 필요하다.

4. 효과적인 복음전달을 위한 주요 질문들

하나님의 말씀을 특정한 상황 속으로 가지고 들어가 소개하는 것에 대한 방법론을 발전시키는 데 관해 길릴랜드는 네 가지 주요 질문을 제기했는데, 이들 질문은 사실상 각 분야에서 제기될 질문의 향방이 무엇인지를 소개하는 것이다(1986: 64). 네 가지 질문은 다음과 같다. 일반적 배경은 무엇인가? 현재 드러나고 있는 문제는 무엇인가? 어떤 신학적 질문이 제기되는가? 신학이 택해야 하는 바람직한 방향은 무엇인가?

이 질문들에 대해 자세히 논하기 전에, 어떤 특정 상황 속에서 동일한 질문들이 따라야 할 과정에 주목하고자 한다. 첫 번째 질문은, 고대 텍스트와 현대적 상황이라는 두 지평 상에서 드러나는 말씀에 대한 인류학적 연구에 초점을 맞춘다. 두 번째 질문은, 소위 말씀을 받아들이는 수용자들이 필요로 하는 것이 무엇인지에 대해 모색한다. 이는 말씀이 전해진 최초의 상황에 속해 있던 수용자들이 견지했던 필요들과 반응들이 무엇이었는지를 찾을 것을 요구한다. 세 번째 질문은, 말씀이 사람들이 자신들의 필요를 만족시키는 데 도움을 줄 방식을 모색하는 것에 대한 것이다. 네 번째 질문은, 처음 세 가지 질문들이 슈레이터가 "지역 신학"-말씀이 육신이 되다-이라고 부른 것을 발전시키는 데 끼치는 영향이 무엇인지를 보는 것이다. 이들 질문은 마이어스가 제기했던 신뢰에 대한 질문(1987: 5-15)과 히버트가 제시한 비판적 상황화 과정(Hiebert, 1987; Hiebert 등, 1999: 20이하)을 연상시킨다.[3]

이 모든 질문에는 하나님의 말씀이 유효성이 있다는 가정이 전제되어 있다. 이들 질문은 또한 성경이 어떤 특정 상황 속으로 들어가게 되면 수용자들의 마음과 삶에 변화를 일으킬 것이라고 가정을 전제한다. 성경이 새로운 문화 속으로 들어갈 때, 하나님의 말씀은 사람들의 삶에 영향을 끼칠 것이고, 수용자들이 신학적 발전을 성취해 갈 때 중심역할을 하게 될 것이며, 그 결과 성경은 상관성이 있는 것으로 보일 것이다. 이 모든 질문이 수용자의 상황과 관련된 것임에 주목하라. 그러나 이러한 질문들은 원문 텍스트와 텍스트가 전달이 진행되는 과정에서 전달자에게 영향을 미칠 수밖에 없는 전달자의 관점과 편견에 비추어 다루어야 한다. 복음전달은 진공상태에서 진행되는 것이 아니다. 따라서 복음전달에 대해 다룰 때, 항상 복음전달이 진행되는 전체 상황에 대해 설명해야 한다. 그러나 지금 이 부분에서, 우리는 제1부에서 다루었던 것처럼, 원문이 형성되었던 당시의 메시지와 상황이 갖는 중요성에 대해 인식하는 동시에 수용자들의 지평을 강조하는 복음전달에 관한 이슈들에 관심의 초점을 맞추고자 한다.

1) 일반적 배경은 무엇인가?

길릴랜드의 첫 번째 질문은 하나님의 말씀이 전달되어질 문화적 상황에 초점을 맞추는 것의 중요성을 드러낸다. 이 질문에 답변하기 위하여 우리는 제6장에서 제시되었던 문화모델들을 여기에서 적용할 필요가 있다. 이즈음에서 제기해야 할 몇 가지 질문들이 있다. 수용자들이 속한 문화의 포괄적 문화유형은 무엇인가? 그 유형은 텍스트 원문이 기록된 당시의 문화와 어떻게 다른가? 특정 사회 내에 존재하는 문화의 하부체계에 관한 이슈에는 어떤 것들이 있는가?

종종 특정 하부체계가 핵심 사안으로 등장해서 경제, 사회적 이슈, 정치적 이슈들, 또는 종교적 이슈들-모든 이슈는 다른 이슈들과 상호작용을 야기한다-에 관한 문화적 관심사들에 집중할 수 있게 돕는다. 이런 문화적 이슈들에 대한 이해는 사람들이 지닌 세계관, 그들이 소유한 기본 가치들 그리고 변화에 대한 그들의 성향이 무엇인가에 대한 평가를 창출한다. 그렇다면 문화인류학은 어떤 특정한 문화적 상황에 대한 일반적 배경을 세우는 데 핵심 도구가 된다. 이 부분에 대한 연구가 단순히 지름길이 되어서는 안 된다. 오히려 효과적인 복음전달에 활력을 주는 것으로 이해되어야 한다.

2) 현재 드러나고 있는 문제들은 무엇인가?

복음전달이 발생하는 상황에 비추어, 사람들이 가지는 이슈들 또는 그들이 인식하고 있는 필요들은 무엇인가? 이 시점에서 우리는 성경적 지평이 반영하는 주제들과 유사한 주제들을 다루기 시작한다. 이 주제들이 성경적 상황과 수용자 문화 양자에 어떤 식으로 반영되는가? 이 부분에서의 초점은, 비슷한 점은 무엇이고 차이점은 무엇인가에 대한 것이다. 둘 사이에 어떤 비교할 만한 근본적 은유가 존재하는가? 현대 수용자들로 하여금 그들에게 말씀하시는 하나님에 대한 이해를 한층 더 심화시키는 것을 가능하게 하는 유사한 이슈들을 성경 어디에서 발견할 수 있는가?

3) 어떠한 신학적 질문이 제기되는가?

본질적으로, 모든 사회는 이와 같은 심층적 질문을 제기한다. 인간 존재에 대한 중요한 질문들은 사람들과 더불어 상호작용하시길 원하시는 하나님의 열망을 반영하는 신학적 질문들을 내포한다. 그러나 특정한 신학적 동기에 관한 구체적 측면들은 사람들이 속한 특정한 문화상황으로부터 나타난다. 일단 우리가 상황을 알고 사람들이 필요로 하는 것이 무엇인지를 이해하게 되면, 특정 사람들에 대한 하나님의 관심을 보여주는 복음제시를 개발할 수 있게 된다. 하나님께서는 사람들에 대해 너무도 관심이 많으시기 때문에 그들 중 어느 누구도 멸망하지 않기를 원하신다. 하나님께서는 사람들로 하여금 당신에 대한 지식에 이르게 하시기 위해 어떤 일이든 하신다. 하나님께서는 사람들의 필요에 대해 영적인 방식으로 응답하시길 원하시는데, 이 방식은 사람들이 처한 상황 속에서 이해될 수 있는 것이다.

4) 신학이 택해야 하는 바람직한 방향은 무엇인가?

이 질문에서 주목해야 하는 단어는 "바람직한"이라는 단어다. 수용자들이 처한 환경(그들이 소유하고 있는 문화적 배경의 실체, 그들이 제시하는 질문들 그리고 그들이 가진 신학적 질문들) 속에서 얻을 수 있는 하나님에 대한 지식은 대략 어떤 것들이 있겠는가? 답변은 오직 삶을 통해 신학의 발전(the developing theology)을 이루어내는 수용자들로부터 유추할 수 있다. 신학의 발전은 지역적인 것일 수밖에 없다. 이 질문에 대한 답변이 다른 질문에 대한 반응을 선행할 수 없다. 여기에는 일단의 사람들을 그들의 구원자가 되시고 주가 되신 분과의 밀접하고 지속적인 관계로 이끄는 과정을 제안하는 순서가 있다. 비록 여기에서 최우선적 관심을 기울여야 할 대상이 수용자들이긴 하지만, 우리는 원문 자체에 대해서도 신중하게 고려해야 하며 수용자들이 자신들이 처한 상황 속에서 하나님을 알아가도록 하는 방식에 빛을 비출 수 있도록 해당 상황의 문화에 관한 정보와 의사전달방식에 대한 정보를 입수해야 한다. 그리고 앞서 다루었던 네 가지 지평에 대한 해석학을 활용해야 한다. 이들 세계에 대한 복음전달자의 이러한 이해는 메시지가 제시되는 방식에 영향을 미치게 될 것이다.

우리가 제4장에서 살펴보았듯이, 신학과 다양한 주석들의 부수적 발전은 성경에 대한 해석학에 대한 네 가지 지평을 포함하는 것이어야 한다. 구약성경이라는 지평과 신약성경이라는 지평, 복음전달자가 속한 상황이라는 지평 그리고 현대 수용자들이 소유하고 있는 문화적 지평이 이 과정에 포함되어야 할 요소들이다. 여기에서 우리는 네 가지 지평과의 대면과 수용자들과 관련하여 이 지평들을 복음전달이 진행되는 과정에 적용할 것을 요구하는 신학적 모델(theological model)의 시작을 목도하게 된다. 우리는 또한 복음전달자의 이러한 편견이 복음전달에 포함될 내용에 끼칠 영향에 대해서도 지속적으로 고려해야 한다. 복음전달자의 지평이 수용자들과 더불어 새로운 관계를 세워 가시고자 하시는 하나님의 뜻을 증진시킬 것인가? 아니면, 방해할 것인가? 다른 말로 하면, 수용자들이 복음전달자가 사용한 수단들로 인해 하나님을 더 잘 알아갈 수 있게 되겠는가? 아니면 혼란을 겪게 되겠는가? 이 질문이야말로 네 가지 지평 접근방법을 복음전달에 적용할 때 나타나는 신학적 질문들 중에서 가장 기본적인 질문이다.

5. 효과적인 복음전달은 신학의 발전을 야기한다

문화에 관한 정보와 성경에 대한 정보의 투입을 기초로 하여 진행되는 복음전달의 전체 과정은 새로운 문화상황 속에서 신학의 발전을 야기한다. 길릴랜드가 제기한 주요 질문들은 이 점을 분명히 하고 있다.

> 참된 신학은 수용자들의 삶에 복음이 제공하는 의미에 대해 설명하고 해석하며, 사상, 가치 그리고 수용자들이 속한 장소와 시간 속에서 참된 것으로 인정되는 진리에 관한 범주들을 사용함으로써 기독교 신앙이 제기하는 질문에 대해 답변하고자 하는 교회의 시도다(Gilliland, 1989a: 10-11).

(a) 특정 상황, (b) 성경 그리고 (c) 교회 간의 관계에 대한 이런 인식은 신학이 새로운 기독교 공동체를 섬기는 방향으로 발전할 수 있게 한다. 그렇다면 지역신학은 특정 상황 속에서 살아가는 사람들의 의식 속으로 던져 넣어지는 하나님을 이해하는 것에 대한 조직화된 명제들로 이루어진 일련의 외래적 개념이 아니다. 지역신학은 하나님께서 오늘날과 같이 급격하게 변모하는 세상 속에 존재하는 수용자들의 문화에 허락하시는 역동적 영향력을 인식하는 방식을 설명하는 것이어야 한다. 수용자들의 세계관으로부터 생성되는 지역의 논리와 판단이 없는 신학은 해당 지역에 속한 사람들에게 어떤 의미도 줄 수 없을 것이고, 수용자들의 주목을 끌 만한 필요에 관한 정확한 질문의 제기도 불가능하게 할 것이다. 결과적으로, 상관성이 없는 이런 식의 신학은 해당 지역이라는 현실적 상황 속하여 살아가고 있으면서도 자신들이 소유하고 있는 다

양한 종류의 아이디어들과 행위들로 수용자 문화가 지니는 가치들과 관점들에 거의(혹은 전혀) 영향을 주지 못하는 기독교인들에 대한 평판에 심각한 손상을 줄 수 있다.

이 모든 사실을 명심할 때, 우리는 (상황화 원리에 기초한) 복음전달이 (특정 상황에 속한 사람들이 그들이 속한 상황의 심층구조를 통해 이해한 복음의 메시지여야만 하는) 산물인 동시에 (특정 문화가 진리라고 생각하는 것들과 성경이 말씀하시는 바 진리에 대한 생각들이 서로 상호작용함을 통해 기독교에 대한 새로운 표현들이 생성되도록 하는) 과정이라고 말할 수 있다. 교회됨(being church)에 대한 이런 식의 새로운 방식들은 슈레이터가 지적한 바 "지역신학들"(1985)이라고 부른 것들의 발전을 야기하게 될 것이고, 또한 수용자들이 처한 상황 속에서 새롭고 고무적인 방식을 통해 복음의 중요성을 제시하게 될 것이다.

지역 상관성에 대한 이 모델은 복음전달자들이 그들이 사역하는 상황에 대해 이해할 필요성을 인식하도록 한다. 또한 이 모델은, 수용자들이 속한 상황에 대해 낯설어하는 단일문화권 출신 복음전달자들로 하여금 자신들의 출신지에서 발견되는 것과 유사한 수용자들의 표층적 행위들(surface-level practices)과 심층적 신념들과 가치들(deep-level beliefs and values)을 다루는 성경적 관점과 연결시킬 것을 장려한다. 무한한 지혜를 소유하신 하나님께서는 각 시간과 장소에 존재하는 사람들을 위한 계획을 갖고 계시다. 이 계획은 계시의 역사 속에서 유용한 것으로 드러났다. 때때로 이러한 사실이 특정 상황 속에서 운용되고 있는 문화적 실천들을 정당화하는 데 사용될 수 있다. 또 다른 때에는, 동일한 사실이 하나님께서 바라시는 삶의 방식을 운용하지 않는 사람들 중에 변화를 촉구하는 수단으로 사용될 수도 있다. 비평이 없다면 수용자들의 문화에 대한 확증과 변혁 모두가 부적절한 것이 될 뿐 아니라 자칫 잘못하면 혼합주의와 이단적인 것으로 나가는 방편이 될 수도 있다. 신학의 발전은 "신앙을 이해하고자 끊임없이 노력하고 삶의 모든 영역에서 예수 그리스도에 대한 순종을 드러내는"(Gilliland, 1989: 12) 기독교 메시지를 명확히 하는 것과 관련된 문제이다. 이는 뒤이어 제시할 성경적 사례에서 제시하는 해석학적 공동체의 발전에 영향을 받는 신학 전통에 대한 문제다.

6. 효과적인 복음전달에 대한 성경적 사례

히브리서는 신약성경 지평의 해석학적 공동체에 대한 놀라운 예를 제공해 준다. 히브리서는 상관성 있는 복음전달 과정을 이루어내기 위해 어려운 과정을 경주했다. 히브리서의 저자는 서신을 받는 수신자들에게 그들의 혈통, 그리고 구약성경 지평에서 제시하는 성전과 연관된 의례와 의식에 비추어 그들이 누구인지 이해할 수 있도록 돕고자 한다. 히브리서의 수신자들은 자신들이 처한 역사적 상황과 전통에 대해 인식하면서 동시에 메시아의 도래를 고대하는 개종한 유대인 공동체였다. 그러나 이들은 그리스도의 삶과 죽음, 그리고 부활에 비춰 하나의 백성으로 거듭난 자신들의 정체성에 대해 극심한 혼란을 겪고 있었다. 히브리서에는 상관성을 모색하는 적절한 복음전달과 관련된 모든 요소들이 존재한다. 이 책의 제2부에서 제시한 원리들과 길릴랜드가 제기한 주요 질문들을 통합시켜 적용하고, 문화 상황들에 대한 이해를 통해 이 사례연구를 발전시키고, 그렇게 하여 얻은 정보를 신학적 발전으로 드러나게 되는 상관성 있는 복음전달의 발전에 관한 정보와 연결시킬 수 있다.

1) 히브리서에 등장하는 문화적 이슈들

히브리서에 대한 간단한 담화분석은, 히브리서 전체를 통해 흐르는 주요 주제들이 그리스도의 정체성에 대한 것-아브라함, 이삭, 야곱으로부터 유래한 히브리인 조상들의 지위, 그리고 자신들이 소유한 신앙과 문화 정체성으로 인해 갈등하고 있는 히브리인 기독교인들의 현재 지위(특히 희생과 성전에 관한 의례들과 의전들과 관련하여)-임을 여실히 보여준다. 이 주제들에는 제사장직의 본질(the nature of the priesthood)에 대한 내용이 포함된다. 히브리서는 상당히 구약 지향적이다. 히브리서는 현재라는 맥락 안에서 과거의 문화적, 그리고 신학적 역사를 재-제시(re-presentation)하는 것에 대한 마틴 노스(Martin Noth, 1960)의 개념을 채용하고 있다. 이 개념은 시간의 경계를 붕괴함을 통해 과거와 현재 상황 사이에 상관성을 갖게 하는 것이다. 예를 들면, 새로이 개종한 히브리인 기독교인들에게 말하면서 아브라함을 언급하는 것이다.

"이것이 제 증거입니다. 나는 갈 곳을 알지 못한 채 내 고향을 떠났습니다…나는 외지에서 이방인과 같이 지냈으나 약속의 땅에 거했습니다." 이런 식의 제시는, 과거에 존재했던 아브라함으로 하여금 현재 메시지를 듣고 있는 청중들에게 한 사람의 증인 역할을 하도록 한다. 개종한 히브리인 기독교인들은 아브라함이 말하는 바를 직접 듣는다. 그들은 마음의 눈을 가지고 아브라함을 바라보게 된다. 저자의 창의성을 통해, 히브리인 기독교인들은 자신들의 조상이 그들에게 직접 증거하는 바를 목도하게 된다. 아브라함은 그가 보고 경험한 것을 히브리인 청중들에게 말한다. 이것은 아브라함이 소유한 바, 믿음에 대한 증거가 된다. 즉 재-제시가 발생하는 것이다. 초점은 사건이 언제 발생했느냐가 아니라는 데 있다. 어떤 면에서 볼 때, 지평들 간의 경계가 무너진 것이다(이 점을 다룰 때 우리는 매우 신중한 주의를 기울여야 한다). 그러나 지평 I과 지평 IV가 시간의 경계에 의해 분리되어 있기는 하나, 서로 유사한 사회였다는 사실에 유념하라. 히브리서 저자는 시간의 경계를 무너뜨림으로써, 자신의 글을 읽는 청중들로 하여금 그들의 조상 아브라함을 그들이 처한 상황 안에서 복음을 전하는 증인으로 경험할 수 있도록 했다. 베디아코는 이 점을 이해하고 있었으나 북미의 신학교에 있던 그의 청중들은 이를 이해하지 못했다.

히브리서 저자는 12장에 등장하는 논쟁으로 한 걸음 더 나간다. 그는 "이러므로 우리에게 구름같이 둘러싼 허다한 증인들이 있으니…"라는 말로 12장을 시작한다. 12장을 시작하는 '토이가로브'(toigarouv)라는 단어는 11장과 12장을 연결하는 접속사로, 헬라어에서 가장 강력한 의미를 지닌 접속사들 중 하나다. 일반적으로 이 단어는 "그러므로" 또는 "그렇기 때문에"로 번역된다. 이 접속사는 "우리에게 구름같이 둘러싼 허다한 증인들(네포스 마투론, nephos marturon)이 있으니"라는 말로 이어진다. 이 말이 누구를 대상으로 한 말이며, 증인이 의미하는 바 내용은 무엇일까? 위 구절은 다음과 같은 말로 이어진다. "모든 무거운 것과 얽매이기 쉬운 죄를 벗어버리고 인내로써 우리 앞에 당한 경주를 경주하며, 믿음의 주요 또 온전케 하시는 이인 예수를 바라보자." 이 글을 수신해서 읽는 독자들이 이 글에 대해 가장 먼저 추정했던 내용은 무엇이었을까? 이 진술에 선행하는 모든 내용에 대해 수신자들이 이해해야만 했던 것은 무엇이었을까? 이는 히브리서 기자가 이미 제시한 이슈들에 비추어 보고,

또한 텍스트 중에서 독자들이 이해하고 있는 이 부분을 재-제시하는 것에 대한 개념을 통해 볼 때 비로소 알 수 있다. 히브리인 기독교인들은 그들의 개념적 (또는 인식적) 텍스트에 투영하여, 아마도 다음과 같은 내용을 들었을 것이다.

과거에 존재했던 구름과 같이 허다한 증인들이 이제 현재라는 맥락 속에서 그들을 둘러싸고 있다. 믿음을 표현한 증인들에 의해 둘러싸여 있는 히브리인 기독교인들 또한 그 증인들이 경주한 경주에 동참할 수 있다. 사실, 그 언약의 본질을 받지 못한 그들의 조상들은 그들이 예수 안에서 소유한 믿음 때문에 이제 완전해질 것이다. 메시아 되신 예수께서 바로 그 언약이시기 때문이다. 히브리인 기독교인들은 이제 이를 알기 때문에, 그들의 신실한 조상들과 함께 오직 한 분 완전하신 대제사장이신 예수 그리스도 안에서 완성된 언약을 받게 될 것이다.

히브리인 기독교인들이 어떻게 이런 결론에 이르렀느냐를 이해하기 위해서는, 두 번째 단계로 나가 성경적 상황이 포괄하는 문화적 이슈들에 대해서 이해해야 한다.

2) 텍스트를 통해 확인할 수 있는 문화적 이슈들

히브리인 기독교인들에게 유용한 성경 텍스트는 대체적으로 오늘날 우리가 구약성경이라고 부르는 것이다. 이 점은 길릴랜드가 첫 번째로 제기한 일반적 배경에 대한 질문과 관련된 정보를 제공한다. 의심할 여지도 없이, 아마도 초점은 토라(Torah, 모세오경-역주)였을 것이나 구약성경 전체, 특히 그 중에서도 청중들로 하여금 특정한 시간과 공간 속에 존재하는 하나님의 백성으로 간주하도록 하는 역사서들(historical books)이 고려 대상이 되었을 것이다. 히브리서의 수신자들은 이 서신의 저자에 의해 그들 이전에 달려갈 길을 달려간, 그리고 히브리서 11장에서 명백하게 설명이 된 그들의 조상들에 관한 이슈들에 대해 고려할 것을 촉구받았다. 이 구름같이 허다한 증인들은 아벨로부터 해서 다니엘과 포로기 후와 신구약 중간기를 거쳐 그리스도에 이르기까지의 모든 사람들로 확장된다. 이 모든 사람들은 그들의 신앙에 대해 증거했으며, 따라서 하나님을 기쁘시게 했다. 이런 과정 속에서 다른 이들은 그들이 행한 믿음의 행위들에 대해 주목하고, 그 행위들에 대해 저항하거나 혹은 그 믿음의 근원이 무엇인지에 대해 인식했다. 여기에서 우리는 "증인"이라는 아이디어의 발전과정을 따르고자 한다. 히브리서 기자는 말투론(marturon)이라는 단어의 쓰임을 어떻게 발전시켰는가? 이 단어는 히브리 언어의 풍성함으로 인해 광범위한 연어(collocation)를 가지고 있는데, 본문에서 헬라어로 번역되었다.4) 히브리서 저자는 "증인"이라는 개념을 중심으로 하여 의미론 집단(semantic constellation)을 세웠다.

히브리서 7장 17절에서, '말투페이타이'(martupeitai)는 선포된 진술에 대한 감(the sense of a declared statement)을 표현한다. 성경은 지시하는 바가 멜기세덱의 반차를 영원히 따르는 제사장이라고 "말하고 있다"(증거하고 있다). 히브리서 10장 15절에서, 성령은 이 모든 것에 대해 우리에게 "증거하고 계시다." 여기에서 다시 한번 사용된 단어는 '말투레이'(marturei)이고 성령께서 성경의 정확무오하심에 대해 증거하심을 나타낸다. "그 날 이후로 저희와 세울 언약이 이것이라"(히 10:16). 히브리서의 저자를 통해, 성령께서는 구약성경을 이용하여 개종한 유대 기독교인들에게 말씀하신다. 그리고 성령께서는 수평적인 것(the horizontal)과 수직적인 것(the vertical) 간의 관계-사람 상호간 수평적인 관계를 맺고 있는 것 뿐 아니라 하나님과 맺고 있는 수직적 관계 속에 있는 사람들-를 표명하기 위해 언약 언어(covenantal language)를 적용하신다.

저자는 동일한 언어학 형식들을 사용하여 의미를 극적으로 변화시킨다. 히브리서 10장 15절 이하 단지 몇 절만 더 읽어보면, 저자는 28절에서 "모세의 법을 폐한 자도 두세 증인을 인하여 불쌍히 여김을 받지 못하고 죽었다"는 데 주목한다. 이제 저자는 사법 용어를 사용하고 있다. 11장 12절에서 저자는 "이것으로 선진들이 증거를 얻었다"는 것에 주목함으로써 그들의 신앙을 표현한 사람들의 명단에 대해 소개한다. 여기에서 주요 단어는 무엇인가? '에말투레테산'(Emarturethesan)이란 단어는, 그들이 "증거하심을 받다" 또는 무엇에 대해 "간증했다"는 의미를 나타낸다. 11장 4절에서 아벨은, "믿음으로 가인보다 더 나은 제사를 하나님께 드림으로 의로운 자라 하심의 증거를 얻었으니(에말투레테, emarturethe), 하나님이 그 예물에 대하여 증거하심이라"고 말씀하고 있다. 그리고 11장 39절에서, 저자는 웅장한 피날레에 도달한다. "이 사람들이 다 믿음으로 말미암아 증거하심을 받았다(말투레텐테스, marturethentes)." 이 구절은 "이 모든 사람들이 그들의 믿음에 대해 증거하심을 받았다"로 해석되어야 한다. "하나님께서 우리(히브리서의 수신자들)를 위하여 더 좋은 것을 예비하신즉 우리가 아니면 저희(모든 증인들)로 온전함을 이루지 못하게 하려 하심이니라"로 끝을 맺는다.

3) 텍스트와 상황이 갖는 이슈들 간의 비교

지평 I과 지평 II라는 문화적 상황과 성경적 상황을 배경으로 하여, 그리고 최초 수신자들에 대한 언급과 더불어 이제 우리는 "도대체 이들 증인들은 누구인가?" 또는 좀더 정확하게 말하자면 "저자의 히브리인 수신자들이 생각했던 증인들은 누구인가?"에 대해 질문하고자 한다. 재-제시 개념을 적용하고, 헬라어 단어 '말투론'(marturon)의 확장된 연어들(constellation)에 대해 고려함으로써, 히브리서의 최초 수신자들은 그들이 살아가는 상황에 맞는 해석학적 결론들을 유추할 수 있었다. 길릴랜드의 두 번째 질문은 이 문제에 대해 다룬다. 현재 드러나는 문제는 무엇인가? 이 텍스트에는 증인들의 진실성을 증언하는 행위가 드러난다. 사실상 본문의 허다한 증인들은 그들의 신앙과 하나님의 신실하심에 대한 한 가지 특징적인 증거를 제시했다. 또한 이 텍스트에는 직접 눈으로 목도한 증인이라는 의미를 포괄하는 의미론적 복합어들이 있다. 증인들은 그들이 목도한 것에 대해 증거한다. 이는 자신들이 직접 경험한 것에 대한 증거이다.[5] 히브리서 11장에 등장하는 구약성경의 증인들이 한 일은 무엇인가? 그들이 어떤 방식으로 자신들의 신앙을 표현했는가? 그들은 자신들이 본 내용을 말로 재구성하여 표현했다. 그렇다면 그 내용은 무엇인가? 그 내용은 그들이 겪은 경험이다. 그렇다면 그들이 증거한 결과는 무엇인가? 39절 말씀은 그들 모두가 증인들이었으나 그들 중 어느 누구도 하나님께서 그들에게 약속하신 것을 얻지 못했다고 말하고 있다.

　이런 내용을 배경으로 하여, 청중들은 이와 같은 이해가 그들의 필요들과 어떻게 부합될 수 있는가에 대해 답변할 준비가 되어 있다. 히브리서의 저자는 내러티브 신학을 근간으로 하여 이 책의 논의를 구성하고 있다. 그 때문에 청중들은 그 증인들이 누구인지에 대해 알 수 있다. 히브리서의 독자들에게 있어, 11장에 나타나는 증인들은 그들의 조상들이며 말 그대로 그들의 혈족들이라는 것이 명백하다. 그리고 그들이 아브라함과 이삭과 야곱의 자손들이라는 것 또한 명백하다. 그 조상들이 그들을 둘러싸고 있고, 그들과 더불어 증거하며, 그들을 살펴보고 있다. 그리고 조상들과 청중들이 함께 거함으로써, 예수 그리스도 안에서 완성된 언약으로 주어진 목적을 함께 바라보며 함께 믿음의 경주에 참여한다. 이들 조상들은 성령에 의해 그들의 믿음을 증언할 것(그들의 믿음에 대해 증거할 것)을 명받았다. 그들은 자신들의 경험을 통해 믿음에 대해 증거했다. 이 증거는 명백히 그들 나라에 대한 성경적이고 역사적인 기록의 일부이다. 그러나 그들이 성취한 이런 명백한 성공에도 불구하고, 그들 중 어느 누구도 언약으로 주어진 것을 받지는 못했다. 하나님께서는 그들 모두를 위해(집단적으로) 더 나은 것을 계획하셨다. 그 결과 이들 모두가 함께 약속받은 한 분이신 메시아, 즉 이스라엘의 거룩하신 분에 대한 인식을 완전하게 하게 되었다. 저자는 재-제시를 통해 조상들을 현재 메시지를 받아들이는 수용자들과 연합시켰다. 그 순간 텍스트 안에는 수용자들을 위한 상황화가 발생하게 된다. 이를 통해 수용자들은 그들로 하여금 언약의 메시아, 즉 그리스도 되신 예수에 대해 이해할 수 있게 해주는 광대한 "깨달음"을 경험한다. 그렇게 함으로써 수용자들은 그들의 눈을 저자이시자 그들의 믿음을 온전케 하시는 예수 그리스도께 고정하고 달려갈 길을 달려가게 된다. 예수께서 상황의 일부가 되시기에, 그들은 이를 이해하게 된다. 이것이 그들이 이해할 수 있는 방식이기 때문에, 히브리서 저자는 적용 부분까지 나간다. "믿음의 주요, 또 온전케 하시는 이인 예수를 바라보자. 저는 그 앞에 있는 즐거움을 위하여 십자가를 참으사 부끄러움을 개의치 아니하시더니 하나님 보좌 우편에 앉으셨느니라. 너희가 피곤하여 낙심치 않기 위하여 죄인들의 이같이 자기에게 거역한 일을 참으신 자를 생각하라"(히 12:2-3). 유대인들이 그토록 간절히 기다리던 메시아는 또한 그들의 주(kurios)이시다. 그리고 그들의 조상들 또한 현재하는 히브리 기독교인 수용자들의 행동을 통해 완전해질 것이다. 이 때문에 저자가 그들에게 훈도한 것처럼 그들이 실천해야 할 새로운 의무가 창출된다. 또한 이는 조상들과 맺었던 특별한 관계와 그들을 연결시킨다. 이들 모두는 서로에게 서로 의존하고 더불어서 참된 믿음을 완전케 하시는 이 되신 예수 그리스도께 의존하는 공생관계 안에 있다.

7. 복음전달 이슈

복음전달의 상관성을 확보하기 위한 과정에 대해 연구하면서, 우리는 지평 모델에 대한 예와, 이 모델을 상관성 있는 복음전달에 관한 원리들에 적용시키는 방식에 대한 예를 들었다. 나머지 성경 전체 부분과의 연결성, 믿음의 사람들이 갖는 정체성, 또한 그들이 벌인 활동과 더불어, 본문이 오늘날 우리가 살아가고 있는 세상에서 전달되는 데 영향을 미치는 것은 지평 Ⅲ과 Ⅳ다. 우리는 복음전달자들의 세계관과 수용자들의 세계관 모두에 대해 고려해야 한다. 성경 저자가 고대에 기록된 텍스트와 상황을 특정한 청자들에게 영향을 미치는 현대적 이슈들과 연결시키는 것을 지켜볼 때, 위에서 제시한 히브리서 11장의 예들이 이 과정에 관한 좋은 예가 된다. 오늘날 우리도 이와 같은 일을 해야 한다. 첫째, 복음전달자가 소유하고 있을 수 있는 편견에 대해 살펴봐야 한다.

1) 복음전달자의 편견

히브리서에 대한 주석에서 브루스(F. F. Bruce)는 "증인"에 대한 이슈를 앞에서 우리가 다룬 것과 상당히 다른 방식으로 논의하고 있다. 브루스는 이 논의에 대해 다음과 같이 쓰고 있다.

> 저자는 수신자들이 소유하고 있는 믿음으로 인해 온전하게 증거하심을 받았음을 보여주고 있다고 반복적으로 말하고 있다. 아벨에게 그러셨던 것처럼

하나님 그분께서 그들 모두에게도 증거가 되셨다. 이는 앞선 언급들(references)에서 기인한 것이다. 그러나 그 결과로, 이제 그들이 증인이라고 부르심을 받고 있다…그러나 어떤 의미에서의 "증인들"인가? 아마도 그들이 참여하고 있는 경주에서 달음질하는 그들의 조상들을 바라보는 관중의 의미에서가 아니라, 믿음의 삶에 대한 가능성들을 증거하는 그들이 소유하고 있는 충성과 인내라는 의미에서의 증인일 것이다(1990: 333).

자신이 속한 지평에서 기인한 관점을 소유하고 있던 브루스는, 우리가 최초의 수신자들이 이해했을 것이라고 믿는 내용과는 상당히 다른 방식을 따라 논의를 전개하고 있다. 그가 베디아코의 강의를 듣지 않았음은 두 말할 것도 없을 것이다. 브루스가 소유하고 있는 서구적, 심지어는 계몽주의에 기반하고 있는 편견에 주목해 보라. 브루스는 이 증인들이 자신들의 조상들을 바라보고만 있던 구경꾼들이 아니었다고 말한다. 오히려 그들의 인내와 충성이 믿음의 삶의 가능성에 대한 증거를 제공하고 있다고 말한다. 그의 초점은 사람에게 맞추어져 있지 않고, 관계에도 맞추어져 있지 않다. 그가 초점을 맞추고 있는 것은 그들이 하는 일이었다. 그의 초점은 제6장에서 살펴보았던 기본가치에 대한 분석표에서 보았던 것으로, 사람 지향적인 것이라기보다 업무 지향적인 것이다.

브루스의 주석이 우리가 선호하는 서구 문화를 반영하고 있기는 하지만, 히브리서 안에는 그가 정의하는 "증인"에 대한 적용을 찾아볼 수 없다. 히브리인들은 이 텍스트를 어떻게 이해할까? 주석학자로서 브루스가 잊고 있는 것은, 그가 속한 지평이 그가 텍스트를 바라보는 방식에 어느 정도 큰 영향을 미칠 것인가에 대한 것이다. 그는 조상에 관한 이슈를 이해하지 못했다(그 대부분은 그가 속한 문화의 영향 때문이다). 그 결과, 신학자로서의 그의 탁월한 능력에도 불구하고, 그는 해당 구절에 대한 역사적이고 텍스트적 관점을 잊어버리고 있다. 이는 문화적 장벽을 가로질러 성경적 상황과 문화적으로 유사한 상황에 처해 있는 사람들에게 성경적 메시지를 전하고자 하는 사람들에게 중요한 가르침을 제공한다.

2) 현대적 상황에 대한 적용

히브리서 텍스트에 대한 더 정확한 관점이라고 우리가 믿는 것을 가지고, 신학적 이슈들을 평가하기 위한 시도의 일환으로 길릴랜드가 제기한 세 번째 질문에 대해 물어볼 수 있다. 우리는 조상들에 대한 이해를 갖고 있는 아프리카, 라틴 아메리카, 또는 아시아인들의 관점을 가지고 히브리서를 읽음으로써 새로운 통찰력을 얻을 수 있다.6) 텍스트는 조상들이 새로운 수용자들인 우리와 함께 거하게 됨을 통해 완전해졌다고 말한다. 조상들과 우리가 함께 경주에 참여한다. 예수 안에서 우리 모두는 완전해졌다. 그리스도는 완전케 하시는 이시다. 그분은 믿음을 온전케 하시는 분이시다. 그리고 이 텍스트는 조상들을 숭배하고자 하는 모든 경향을 상쇄시킨다. 우리는 조상을 숭배하지 않는다. 조상들은 성인(saints)이 아니다.7) 그들은 우리와 같은 경주에 참가하여 예수 그리스도 안에 있는 언약에 대한 체험이라는 동일한 목표를 향해 가는 사람들일 뿐이다. 베디아코가 그의 강연에서, "아프리카인들의 원시 세계관에서 보이듯이 조상들의 지위와 중요성은 기독교 전통에서 유산되어 내려온 영적 경험과 역사의식의 일부 영역을 '채워주기' 위한 다양한 기회를 제공한다"(Bediako, 1995: 212)고 말함으로써 핵심을 명확히 했다.

은유는 순환 트랙과 같다. 각각의 시간에 우리는 조상들이 이미 점검한 과거를 달려 지나간다. 이는 시간에 대해 직선적 개념을 갖고 있는 서구인들의 관점에 변화를 초래한다. 이는 초점을 시간 지향적에서 사건 지향적으로 바꾸도록 한다. 따라서 경주에 참가하고 있는 우리 모두는, 언젠가 그 경주가 끝나게 될 때 그리스도 안에서 모두 온전해질 것이다. 이 이미지는 놀라운 것이다. 조상들은 숭배의 대상이 될 수 없다. 그보다 그들은 그들이 알고 있는 것에 대해 우리에게 "증거하는" 사람들이다. 그 결과 우리는 하나님께서 예수 안에서 완전히 이루신 것을 통해 우리에게 허락하신 상급을 향해 계속해서 달려갈 수 있다(빌 3:14). 재-제시(re-representation)와 재-제시의 결과로 주어지는 해석학적 나선구조(the hermeneutical spiraling)의 중요성에 대해 다시 한번 주목해 보라. 지평 IV에 속한 현대의 수용자들인 우리 역시 최초의 수용자들이 소유했던 이해에 대한 새로운 평가를 통해 텍스트가 전하는 소리를 새롭게 들을 수 있다(이것이 베디아코가 풀러신학교의 청자들에게 이해시키고자 애썼던 것이다). 시대가 흘러 내려오면서, 비 유대인들이 이 계시를 이해하게 되었을 때, 그들은 새로운 이해의 지평을 가지고 텍스트를 조명했다. 그들이 가진 이해의 지평은 히브리서의 관점에 대한 것일 뿐 아니라 그들이 처해 있는 형편에 대한 것이기도 하다. 유대인들처럼, 그들 또한 그들의 주(kurios)되신 예수 그리스도의 증인들이다. 그리고 그들의 조상들 또한 새로운 수용자들이 취하는 현재의 행동(the present action)을 통해 완전해질 것이다. 이것이야말로 참으로 복음인 것이다.

구름같이 허다한 증인의 실체를 인식해야 한다. 서구적인 시각은 그 실체를 무시하곤 한다. 만일 우리가 지속적인 영혼의 존재를 믿는다면, 그리고 만일 죽음이 궁극적 끝이라고 가르친 계몽주의의 가르침을 무시한다면, 우리는 조상들이 실제로 존재한다는 성경의 기록을 믿는 데 주저함이 없어야 할 것이다. 이제 우리는 그러한 짐들과 혼란함을 옆에 놓아두고 우리의 시각을 증인들(경주에 참여한 선수들은 관중석에 앉아 있는 군중들을 바라보지 않는다)이 아닌 목적이 되시는 그리스도 예수께 고정시키도록 하는 경주에 참여하라는 조상들의 부름을 들을 수 있다. 우리가 이 소식을 전달할 때, 우리의 시각을 인간적 요소가 아닌 그리스도께 맞추는 것에 대해 분명히 해야 한다. 다른 모든 피조물들과 더불어, 인간은 증인이다. 예수 그리스도야말로 우리가 증거해야 할 바로 그분이시다. 그분은 이 땅의 기초가 놓여질 때 존재하셨던 분이시고 새 예루살렘 성의 보좌에 앉으실 분이시다.

8. 신학적 발전

이제 우리는 상관성 있는 복음전달의 결과로 주어지는 신학적 발전에 대해 고려할 준비가 되어 있다―길릴랜드의 네 번째 질문. 히브리서 텍스트의 최초 수신자들은 일단의 개종한 유대인, 즉 처녀에게서 난 메시아에 대한 기사(sign)를 찾던 히브리인 기독교인들이었다. 역사가 흘러 내려오는 동안, 모든 유대인들은 그들 히브리인 기독교인들이 찾던 것과 동일한 증거를 찾았다. 그들은 하나님의 언약백성으로서 하나님과의 관계를 정립하기 위해, 하나님께서 명하신 명령들(구약, 히 8:8-9)을 준행하기 위해 그리고 언약(신약, 새로운 언약, 히8:10-11; 12:2)을 성취하기 위해 그들의 영적 경험을 통해 그 증거를 찾았다. 이런 상황 속에서 히브리서 저자는 반영지주의적(anti-Gnostic) 논쟁을 전개하지 않았다.[8] 그보다 저자는 시간의 탄력성에 대한 개념을 포함하는 유대인들의 사고방식(mind-set) 틀 안에서 말하고 있다. 그래서 그는 "나는 그대들이 이 경주에 참여하기를 권면한다. 그대들이 달리기를 시작할 때, 그대들은 이미 매우 오래 전 시작된 경주에 참여하게 되는 것인데, 이는 새 언약이신 예수 그리스도 그 자신에 대한 약속을 경험하는 믿음의 경험 속에서 그 결국이 발견되어질 그 경주에 참여하는 것이다"(히 8:10-12)라고 말한다. 이것을 기초로 확립하고 난 후, 히브리서 저자는 수신자들을 위해 메시지를 상황화하고, 그들의 조상들에게 약속으로 주어진 언약을 인식하고 경험함을 통해 그 논쟁을 시험하라고 격려한다. 수신자들이 저자가 진정으로 말하고 있는 것에 연결되고, 그것을 아브라함까지 상정되는 조상들을 통해 경험하게 되었을 때, 그들은 자신들의 무관심에도 불구하고 그들을 지속적으로 추구하시는 하나님과 더불어 함께하는 순례에 대해 인식할 수 있었다.

더욱이, 하나님과 히브리인들과의 관계는 예수를 통해서 가능했다. 예수께서는 대제사장처럼 죽기 위해서가 아니라, 당신 자신이 성전의 지성소 앞에 펼쳐 걸려 있는 휘장이시기 때문에 참된 생명을 주시기 위해 거룩한 장소(holy place)로 들어오신 분이시다(히 10:19). 이는 유대 종교에 있어 핵심적인 또 다른 중요한 계시적 은유에 대한 언급이다. 이 계시적 은유는 비유적으로 하나님 자신이 되시는 거룩한 장소 중에서 가장 거룩한 장소에 대한 대제사장의 관계를 가리킨다. 이는 성전의 역사—광야의 장막으로부터 기원 후 70년에 파괴된 제2성전의 믿을 수 없는 아름다움에 이르기까지—를 통해 걸림돌이 되어 왔던 심층적 차원의 은유다. 히브리서를 통해 나타나는 이러한 상징들을 함께 엮음으로써, 저자는 이것이 단지 유대인들만을 위한 종교가 아니라고 말하는 데까지 나간다. 이는 두 번째 아담(첫 번째 아담이 잃어버린 것을 다시 회복하는)으로서 예수에 대한 성육신적 계시에 대한 믿음의 문제이며, 종교적 배경과 상관없이 믿는 모든 사람들에게 예수 그리스도께서 허락하시는 접근을 허용하는 것(롬 5:12-17)에 대한 문제이다. 따라서 휘장을 둘로 찢으시고 지성소를 드러내신 예수 그리스도야말로 저자가 히브리서 4장에서 증거한 진정한 대제사장이 되신다. 이러한 접근방식은 누군가가 방에 있는 것과 같이 물리적 연결 이상의 것이다. 이는 모든 인간을 만드시고 당신이 만드신 모든 피조물을 알고 계시며, 또한 모든 사람들과 더불어 교제 관계를 갖기 원하시는(창 1:26) 하나님과의 관계이다. 따라서 유대인들과 이방인들은 텍스트로부터 중요한 정보를 똑같이 얻을 수 있다. 다른 한편, 이는 유대인들을 그들의 유산에 다시 연결시켜 준다. 오직 아직까지 들어오지 못한 모든 사람들과 동행하게 될 때 완전해 진다(히 11:40). 이제 텍스트는 특정한 사람들이 하나님을 추구하는 데서 유래하는 분파주의적 종교 습관들 이상으로 나간다. 이제 텍스트는 모든 사람들을 하나님 자신과 화목케 하시려는 목적을 가지신 하나님을 반영한다. 이는 또한 하나님의 복음전달 속에서 선포된 원리들에 기초하여 모든 인간들과 더불어 맺게 되는 특별한 관계를 반영한다.

신학은 성경의 텍스트를 통해 주어진 하나님의 계시에 기초한다. 인간 조건의 대표자들로서 우리는 모든 신학이 해당 신학이 형성되는 특정 상황에 의해 조건지어지고, 사람들이 하는 추정은 하나님의 의도하심에 대한 그들의 이해에 기초해서 만들어진다는 사실을 확실히 해야 한다. 이렇게 본다면 모든 신학은 지역신학(local theology)일 수밖에 없고, 신학의 형성은 사람들이 소유하고 있는 세계관을 반영하는 것일 수밖에 없다. 이는 개별적으로든 아니면 집단적으로든, 모든 인간이 하나님과 관계를 맺는 방식을 반영하는 하나의 구성체(composite collectivity)이다. 모든 인간은 하나님께서 창조 때 의도하셨던 것처럼, 인간 역사를 완성하시고 모든 사람들을 하나님께로 이끄시는 그리스도 안에서 하나이다(골 1:20).

지금까지 살펴본 히브리서의 사례연구를 통해, 우리는 해석학적 나선구조와 성경적 관점으로 본 네 가지 지평들의 적용에 대해 살펴보았다. 이 과정은 성경 전체를 통해 너무 확연하게 드러난다. 또한 이는 우리가 삶을 영위하고 있는 오늘날에 발생하고 있는 효과적 복음전달에 관한 것이기도 하다. 성경의 메시지는 그 메시지가 발견되는 모든 상황 안에도 해당 상황과 관련된 상관성을 창출해 낸다. 그리고 각각의 상황은 텍스트에 대한 독특한 이해를 산출해 내는 그 나름대로의 강점을 갖고 있다. 그러나 이와 같은 맥락에서, 각 상황 속에는 나름대로의 약점도 존재한다. 따라서 이러한 강점들과 약점들(종종 세계관과 연결되는)을 평가함으로써 우리는 성경적 이야기를 통해 주어진 하나님의 계시가 갖는 진리에 대해 깊은 이해를 갖게 되고, 특정한 상황 속에서 살아가고 있는 사람들을 향해 하나님께서 의도하신 바를 좀더 명확하게 전달할 수 있는 이해를 가지고 해당 상황으로 들어갈 수 있다.

9. 성경은 하나님께서 전하시고자 하시는 의도를 제공한다

이 책에서 제시하고 있는 이론적 발전을 통해, 하나님께서 성경의 저자들을 통해 모든 상황 속에서 당신이 의도하신 메시지를 충실하게 전달하시는 방식을 반영할 필요가 있음을 보았다. 해석학적 나선구조 과정은 원전 텍스트에 대한 효과적인 이해를 확신하기 위해 진행하는 연구 방식에 영향을 미친다. 또한 이 과정은 그렇게 이해한 내용을 현대적 상황에 전달하는 방식에도 영향을 미친다. 성경적 지평을 오늘날의 지평에 옮겨오는 작업은 신학화 작업으로 나타나고, 그 결과 새로운 수용자들이 속한 문화 속에 존재하는 새로운 심층적 차원이 갖는 구조를 통해 성경적 지평에 대한 새로운 의미를 발견하게 된다. 사람들 속에서 진행되는 신학화 작업은 중단 없이 지속되는(ongoing) 과정이다. 이런 방식을 통해 하나님의 진리가 높이 들림을 받게 될 것이고, 진리가 왜곡되는 것(hocus pocus)을 피하게 될 것이다.

몇 년 전, 이 책의 공동 저자인 쇼우 박사는 아시아적 상황 속에서 여러 지역 교회 지도자들과 함께 사용할 수 있는 주석을 찾고자 하는 선한 의도를 품은 선교 지도자로부터 한 통의 편지를 받았다. 그는 그가 가르치는 다양한 언어권 출신의 목사들의 필요에 일반적으로 부합할 수 있는 개괄적 주석을 추천해 달라고 요청했다. 쇼우 박사는 그러한 주석은 없다는 것을 강조하는 답장을 보냈다. 모든 주석은 항상 어떤 특정한 신학적, 그리고 문화적 편견에 기초하여 쓰였다. 그러나 쇼우 박사는 편지를 보낸 선교 지도자가 봉착한 문제를 어느 정도 해결할 수 있는 방안을 제시했다. 쇼우 박사는 편지를 보낸 선교 지도자에게 먼저 지역교회 지도자들에게 성경적 개념들에 대해 가르치라고 제안했다. 그러고 난 후, 지역교회 지도자들을 장려하여 그들이 설교하게 될 성경구절들에 대해 그들 나름대로의 해석을 하고, 그것을 기반으로 하여 그들 나름대로의 새로운 주석을 만들도록 할 것을 제안했다. 그러나 불행하게도, 당시 쇼우 박사는 그런 과정을 가능하도록 하는 기초가 될 해석학적 원리들을 제공하지를 못했다. 이 책은 당시의 부족함을 보완하기 위한 한 가지 방식이다.

캄웨 베디아코가 풀러에서의 강의를 통해 전하고자 했던 메시지도 이와 비슷한 맥락의 내용이었다. 이 점은 또한 상황화를 위해 길릴랜드가 제시한 과정 중에서 가장 어려운 부분이기도 하다. 이 과정을 각 상황에 적용하는 작업은 대단히 광범위하고 복잡한 것이다. 이들 모두는, 신앙 공동체 내부 뿐 아니라 스스로 다른 사람들에게 복음을 전하는 하나님의 선교적 백성이 되고자 하는 신앙 공동체가 시도하고자 하는 효과적인 복음전달의 필요성을 지적한다. 이 점에 대해서는 다음 두 장에서 다룰 내용이다.

NOTE

1) 딘 길릴랜드가 편집한 이 책은 풀러신학교 선교대학원의 모든 교수들이 저자로 참여한 책이다. 이 책은, 풀러신학교 선교대학원 교수들이 자신들이 전공한 특정 분야에 상황화 이론을 적용한 논문들을 하나로 묶은 책이다. 길릴랜드의 견해는 상황화에 대한 창의성 있는 새로운 접근방법과 그에 대한 새로운 이해를 자극하는 데 도움을 준다.

2) 우리는 이 글을 읽는 독자들이 상황화 개념에 대해 어느 정도 친숙함을 가지고 있다고 가정할 것이다. 다른 주제들에 대해서와 마찬가지로 상황화에 대해서도 이미 상당한 저술을 했기 때문에, 상황화에 대한 논의를 기록하는 것이 이 책의 저술 목적이 아니다. 상황화에 대한 더 상세한 내용은 타버(Taber, 1978), 헤셀그레이브(Hasselgrave, 1978), 길릴랜드(Gilliland, 1989a) 그리고 *Missiology, Evangelical Mission Quarterly, The Bible Translator, Notes on Scripture in Use*에 이 책의 저자들이 게재한 논문들을 참조하라.

3) 『문화에 대립하는 기독교』(Christianity Confronts Culture)의 첫 번째 판에서, 메이어스는 선교사들이 다른 사회에 속한 사람들과 더불어 상호작용할 때 자신들의 편견을 줄이는 데

도움이 되도록 고안한 일련의 정교한 질문을 개발해 냈다. 이들 질문들은 차례로 대답하도록 고안되었는데, 타문화권에 파송된 선교사들이 그들이 속한 상황 속에서 그들이 섬기는 사람들과 더불어 더욱 효과적으로 상호작용하는 데 도움을 줄 목적으로 기획되었다. 메이어스는 이 질문들을 "신뢰에 대한 우선 질문"(the Prior Questions of Trust) 또는 간략하게 "PQT"라고 불렀다. 질문들은 다음과 같다.

       1. 문화 규범들은 무엇인가?
       2. 사람들은 이들 규범 안에서 살아가고 있는가?
       3. 이 규범들은 변화의 필요가 있는가?
       4. 문화 규범들을 변화시키는 데 책임 있는 사람은 누가 되어야 하는가?

이들 질문은 문화적 상황을 평가하고 타문화적 관계들을 세우는 데 참여하는 모든 참여자들이 갖는 역할들을 인식하는 데 필요한 기초를 제공한다(Mayers, 1987: 5-15).
4) 여기에서 히브리어의 번역에 관해 히브리서 저자가 취하고 있는 신학적 입장에 주목해 보라. 히브리서 저자는 고대의 텍스트에 대해 잘 알고 있었고, 성경에 등장하는 수많은 인물들을 히브리어가 아닌 헬라어로 자유롭게 인용하고 있다. 히브리서 저자는 구약성경을 번역하고, 의사를 전달하고, 메시지를 새로운 상황에 맞게 변형하고 있다.
5) 제2장에서 제시한 정경성의 범주를 기억해 보라. 우리가 여기에서 보는 것은 실천성이다. 저자는 "만일 너희가 나를 믿지 못한다면 자신들이 소유한 신앙을 통해 하나님께서 행하신 일들에 대해 증거하는 사람들의 말은 믿으라"고 말하고 있다.
6) 우리가 지평을 이동했음에 주목하라. 히브리서에 나오는 사례연구를 볼 때, 우리는 지평 II(신약 성경)에 있었다. 이제 우리는 지평 IV(수용자들)로 이동해서 텍스트가 수용자들의 상황에 정보를 전달하는가를 볼 것이다.
7) 라틴 아메리카의 번역자들은 "증인들"이란 단어를 번역할 때 산토스(santos)로 번역해서는 안 된다. 라틴 아메리카에서 모든 성인들은 예배의 대상이 될 뿐만 아니라, 경우에 따라서는 중보자들로 숭배받고 있기 때문이다. 만일 산토스(santos)라는 단어가 사용된다면, 히브리서 저자가 설정한 총체적 이미지를 파괴하게 되고, 히브리서 전체가 전하고자 하는 메시지를 무시하게 된다.
8) 골로새 교인들에게 보내는 서신에서 바울이 구름과 같이 허다한 증인들이라는 개념을 건드리지도 않았다는 것에 주목하라. 이는 발산(emanation)에 대한 영지주의적 개념에 너무 근접해서 수신자들을 극도의 혼란에 빠지게 하여 쉽사리 혼합주의로 빠지게 할 가능성이 있었기 때문이다.

제8장
상관성 있는 복음전달

청자들은 그들이 속한 문화적 상황 속에서 그들의 언어로 수용 가능하고 의미 있는 방식을 통해 하나님께서 말씀하시는 바를 들어야 한다.

사모인들을 위해 성경을 번역하던 중, 이 책의 공동 저자인 댄 쇼우 박사는 요한복음 3장 16절을 번역하면서 번역과 신학적인 면에서 중대한 문제에 봉착했다. 사모인들의 언어에는 "하나님"에 해당하는 단어가 없었다. 뿐만 아니라 "사랑"과 "세상" 또는 "믿는다"에 해당하는 단어들도 없었다. 이러한 개념들이 없다면 이 중요한 성구는 그 의미하는 바의 많은 부분을 상실하고 말 것이다. 쇼우 박사가 할 수 있는 일이 무엇이었겠는가? 쇼우 박사는 다음과 같이 설명했다.

내가 주일학교에서 교육받을 때, 요한복음 3장 16절은 성경이 말하고자 하는 것의 핵심이었습니다. 마치 땅콩 껍데기 속에 있는 땅콩처럼 복음의 가장 중요한 핵심 내용이었습니다. 그렇지만 만일 이 구절 속에 있는 중요한 단어들을 빼뜨린다면, 이 성구가 의도하는 바를 무슨 수로 전할 수 있겠습니까? 다른 모든 언어들처럼, 사모어도 결함이 없는 것은 아닙니다. 나는 나이다(Nida)와 타버(Taber)가 언급했던 유명한 격언에 대해 알고 있었습니다. "만일 어떤 특정 언어로 표현될 수 없다면, 다른 언어를 통해서도 표현될 수 없다"(1982: 4). 나는 내가 지평적 그리고 표층적 차원을 넘어서야 한다는 사실을 재빨리 인식했습니다. 내가 당면한 문제는 단순히 요한복음 3장 16절을 어떻게 번역하느냐에 대한 것이 아니었습니다. 그것은 단순히 번역원리들을 특정한 언어에 적용하는 것-사람의 생각을 옮기는 것-에 대한 문제였습니다.

더군다나 나는 사모인들이 하나님이 어떤 분이신가-하나님의 능력, 하나님과 인간과의 관계, 삶과 죽음 그리고 영생에 대한 이슈들을 다루기 위해 그 관계를 광범위하게 적용하는 것-에 대한 신학적 이슈를 다룰 수 있도록 돕고 싶었습니다. 나는 직면하고 있던 텍스트를 넘어서 전체 성경이 말씀하고 있는 바를 살펴볼 필요가 있었습니다. 그리고 사모인들로 하여금, 인생을 향한 당신의 계획에 사모인들을 포함시키신 광휘로우신 하나님에 대한 경외심을 갖도록 할 필요가 있었습니다. 이것이 사모인 개개인들에게 의미할 수 있는 바가 무엇이었겠습니까? 그리고 뉴기니 섬의 빽빽한 열대 우림 속에서 살아가며 예전에는 식인 풍습까지 가지고 있었던 한 집단으로서의 사모인들에게 의미할 수 있는 바가 무엇이겠습니까?

 번역자로서 나는 이 사전적이고 의미론적 문제들을 해결할 수 있는 방법을 알고 있었습니다. 인류학자로써 나는 사모인들의 문화를 이해하는 것의 중요성과 요한의 복음을 최초로 받아들인 사람들이 소유하고 있던 문화적 배경을 고려하는 것의 중요성에 대해 알고 있었습니다. 나는 언어 관계의 범주를 분석하는 것의 가치에 대해 알고 있었습니다. 나는 텍스트/의사전달 스타일의 가치, 그리고 어떻게 이런 것들이 메시지를 효과적으로 제시하는 데 사용될 수 있는지에 대해서도 이해하고 있었습니다. 또한 나는 사모인들이 그들이 어떤 잘못을 저질렀을 때 언제라도 그들을 공격할 준비가 되어 있는 "하늘에 있는 존재"에 대한 인식을 하고 있다는 것도 알고 있었습니다(어머니들은 그 존재의 이목을 끌지 않기 위해 어린아이들이 지나치게 큰 소리를 지르며 놀지 않도록 주의시키곤 했습니다). 그러나 이것이 요한 사도가 요한복음 3장 16절에서 나타내고자 하는 하나님이 성품을 표현하는 개념은 아니었습니다. 마침내 나는 같은 롱하우스에 살고 있던 형제들 중 가장 나이가 많은 사람을 통해 '아요'(the ayo)에 대한 개념을 발견할 수 있었습니다. 아요는 결코 책임을 지지는 않으나 항상 통제-전체 집안의 질서를 유지시키는 사람-를 하며 자애롭게 돌보는 사람입니다. 사모인들은 그를 "권위 있는 사람"(the authority man)이라고 말합니다. 이 용어가 전 포괄적 소유 대명사(all-inclusive possessive pronoun)와 결합하게 되면, 궁극적으로 우리가 하나님을 나타내기 위해 사용하는 용어-오예 아요(oye ayo), 즉 우리의 권위자(our authority person)가 됩니다. 이 단어를 "지구상의 모든 장소에서 잠을 자는"

사람들에게로까지 확대시키자 사모인들은 하나님을 전혀 새로운 방식으로 이해하기 시작했습니다. 하나님에 대한 그들의 이해는 하나님과 자신들과의 관계 뿐 아니라 하나님과 적들과의 관계까지도 포용하는 것으로 확대되었던 것입니다.

아요와 롱하우스에 거주하는 사람들 간의 관계는 집안에 거주하는 모든 사람들에 대한 강하고 깊은 관심-"사랑"-을 반영합니다. 척박한 환경 속에서 생존을 위해 몸부림치는 사람들로써, 실용적일 수밖에 없는 사모인들에게 있어, 신앙은 추상적인 것이 아니라 체험의 문제였습니다. 사모인들이 어떤 참된 것이 참되다는 것에 대해 알아가는 방법이 무엇이겠습니까? 그들은 보고, 듣고, 느낌을 통해 그것이 참되다는 것을 확인합니다. 이러한 이해는 단지 요한복음 3장 16절을 어떻게 번역할 것이냐를 훨씬 뛰어넘는 근본적인 적용에 대한 것입니다. 이는 그리스도에 대한 니고데모의 경위, 광야에서 이스라엘 사람들이 경험한 놋뱀에 대한 체험 등, 특정한 시간과 장소에 속한 특정한 사람들의 역사와 밀접한 연관이 있는 특정한 경험들을 포함하는 요한복음 3장이라는 좀더 광범위한 상황과 연결되어 있습니다. 더욱 광범위하게 이는 사람들이 하나님을 경험하는 방식에 대한 것입니다.

성경 번역가로서 나는 사실상 성경이 목적하는 것과 직접 연결되어 있는 전체 의미론적 연어인 텍스트 내의 특정한 자리에 기록되어 있는 이 성구를 통해 그들에게 복음을 전달하고 있었습니다. 어느 한 순간 사모인들은 자신들에 대해 알고 있을 뿐 아니라 자신들과 더불어 친밀한 가족유형의 관계를 맺기 원하시는 인자하신 하나님과 연관되어 있음을 발견했습니다. 그 하나님은 단순히 심판석에 앉아 어떤 경고도 없이 그들을 징계하는 그런 분이 아니었습니다. 요한복음 3장 16절에 대한 이해의 결과로, 사모인들은 자신들이 인식하는 동맹관계를 넘어서는 곳에 존재하는 사람들과도 관계가 있다는 사실 또한 발견했습니다. 그 사람들은 그들이 통상적으로 인식하고 있던 사람들까지도 포함하는 것입니다. 그들이 두려워하는 적들을 "통제하는 자"인 베드아모니(Bedamoni) 또한 그들에 대한 권위를 갖고 있다는 것은 단순히 계시적인 것이 아닌 변혁적인 것이었습니다. 이러한 새로운 이해-관계를 통해 경험되어지는-는 "영원히 종결되지 않을 생"에 대한 영원한 암시를 가지고 악한 존재들로 가득 찬 영적 세상에 대한 통찰을 제공했을 뿐 아니라, 새로

태어난 아기에게 에너지를 불어넣어 주기 위해 이 세상에 다시 들어와서 다시 한번 삶의 순환 구조를 살아가다가 조상들과 재결합하고 삶의 문제로 갈등하는 살아 있는 사람들을 조력하는 조상들을 포함했습니다. 사모인들과 연관되어 있는 이 새롭고 광범위한 신학적 통찰들로 인해 텍스트에 대한 나의 이해를 도전하게 되었고, 내가 소유하고 있던 가정들에 대해 재평가하게 되었으며, 하나님에 대해 나에게 많을 것을 가르쳐 준 사모인들에게 깊은 감사를 갖게 되었습니다.

요한복음 3장 16절을 번역할 때 초점은 신학적, 언어학적 그리고 문화적 관계를 이해해야 할 필요에 맞추어져 있었다. 이것이 하나님의 말씀, 즉 메시지를 전달하는 과정에 대한 현대적 의사전달자로서 이 책의 범주를 넘어서 광범위하게 확장될 선교적 초점을 유지시켜 준다.

1. 효과적인 복음전달을 위한 신학의 발전을 위한 모델들

복음이 전달되고 있는 상황으로부터 파생되는 신학적 질문들은 무엇인가? 이 질문들은 문화의 유형, 문화의 하위구조들, 세계관 관련 이슈들 그리고 특정 사회가 문화의 변화를 통해 주변 세상과 서로 대면하는 방식에 관해 이들 모델이 미치는 영향에 대해 앞서 다루었던 질문들(제6장에서 논의했던 이슈들)과 연결된다. 동시에 사역이 진행되고 있는 상황이 지닌 성격은 신학적 질문들을 다루는 데 있어 핵심적이다. 우리가 어떤 방식으로 사람들을 격려하여 하나님의 말씀을 연구하게 하고 그 결과를 그들의 삶에 적용하도록 할 것인가는 중요한 질문이다. 성경의 기록을 통해 하나님께서 당신이 의도하신 바를 드러내는 방식은 무엇일까? 이 방식이 특정한 상황 속에서 살아가고 있는 사람들과 어떤 연관성을 가질 수 있을까? 이런 질문들에 답변하는 데 도움을 주기 위해 이제 우리는 이런 이슈들을 가지고 씨름했던 사람들이 제시한 일부 모델들에 대해 살펴보고자 한다. 이 사람들은 인류학을 선교학적 사고에 적용했기 때문에, 우리가 다양한 현대 문화 속에서 효과적으로 의사를 전달하는 데 도움을 줄 수 있을 것이다. 우리는 한 가지 사례연구를 사용하여 이론적 모델들을 실제 삶에 적용하는 예를 보여줄 것이다.

1) 대결 모델

찰스 크래프트는 토착신학이 발달하는 과정에서 나타나게 되는 세 가지 대결에 대한 모델(The Encounter Model)을 발전시켰다(1992). 대결 모델은 그림 8.1에서 제시되고 있는 것처럼, 진리대결, 능력대결 그리고 충성대결이 다양한 차원의 세계관과 일치하게 될 때 특히 중요하다. 진리대결은 인식론적 차원에서 발생한다. 즉 이는 이해에 초점을 맞추는 것으로 지성에 호소하는 것이다. 이 차원은 표층적인 것에 더욱 가깝고, 이에 반하는 모든 것은 긍정적 또는 부정적으로 강화된 행위에 비춰 결론이 난다. 크래프트는 능력대결을 얽매임으로부터의 해방을 증진시키는 것으로 본다. 이는 히버트가 "감성적인" 또는 감각영역이라고 부른 것으로, 종교체계들에 대한 분석 틀에서 소위 중간영역으로 분류된 것이다(Hiebert 외, 1999). 이 부분에서 오류가 발생할 때 해당 오류는 근본적으로 잘못된 것이기 때문에 사회가 반드시 직면해야 할 도전이 된다. 크래프트의 모델에서 나타나는 세 번째 대면은 충성대결이다. 이 대결이 강조하는 것은, 한편으로는 관계에 대한 이슈들에 관한 것이고, 다른 한편으로는 존재의 성격에 대한 기본적 가정들에 관한 것이다. 이 대결에서 다루는 모든 것은 문화적 가정들에 비추어 평가되는 심층구조에 관한 것들이다. 충성대결에서의 오류는 죄로 여겨진다. 이 영역은 하나님께서 궁극적으로 사람들과 상호작용하시는 장소다. 하나님께서는 사람들의 충성을 추구하신다. 왜냐하면 하나님께서는 사람들과의 관계를 통해 당신의 열정을 드러내시기 때문이다. 하나님께서는 사람들이 그들이 하나님을 향하여 죄라고 간주하는 것으로부터 돌이키길 원하신다. 왜냐하면 그들을 얽어매고 있는 것(중간적 차원)을 감소시키고 성경적으로, 그리고 문화적으로 적절한 방식으로 행동하도록 하기 위해서이다(표층적 차원).

상황 속에서 파급효과(the ripple effect)가 발생한다는 사실에 주목하라. 그리고 크래프트가 "패러다임 이동"이라고 부른 것이 심층적 차원에서 발생한다는 사실에 주목하라. 이 모든 것들이 해당 문화권에 속한 사람들에게 의미를 주지 못한다면, 그들은 충성의 대상을 그들이 이미 알고 있는 어떤 것으로부터 새롭고 알려지지 않은 것으로 바꾸는 것(이것은 세계관 차원에서 발생하는 것이기 때문에 모델에서 가장 먼저 대결하게 된다)에 대해 고려하지 않을 것이다. 바로 이 점이 우리가 "여과효과"(filter effect)라고 부르는 것을 피하기 위해 복음전달자들이 평형 상태로부터 벗어나야 하는 것에 대한 정당성을 제공해 준다. 이를 위해 성령께서 수용자 문화에 속한 사람들에게 직접 말씀하시도록 허용해야 한다. 하나님께서 그들 문화의 가장 심층적인 곳에서 그들을 만날 수 있는 방식이 무엇인지를 발견해야 한다.

능력대결 (이해에 초점)	인식적, 표층적 행위 (표층구조)
능력대결 (자유에 초점)	감성적/감정적 느낌들 (중간영역)
충성대결 (관계에 초점)	평가적/가치에 근거한 내포적 기대들-패러다임 (심층구조)

그림 8.1. 세계관 차원들에 적용된 크래프트의 대결 모델

2) 믿음, 전통, 행위 모델

로버트 슈레이터(Rober Schreiter 1985: 113-117)는 촘스키(Chomsky)가 세운 심층구조와 표층구조에 대한 언어학적 모델, 그리고 모국어 구사능력(competence)과 언어운영(performance)에 대해 해당 모델이 상정한 가정들을 믿음과 전통에 대한 총체적 아이디어에 적용했다. 촘스키는 사람들이 전인류적(panhuman) 개념들에 기초한 다양한 언어학적 구조들을 생성해 낸다는

견해와 문법(grammar)이 구어체의 형식들을 구조화하는 수단들을 제공한다는 견해를 주장했다. 슈레이터는 문법에 대한 아이디어를 특정인의 언어 구사능력에 대한 비평으로 발전시켰는데, 이러한 그의 작업은 사람들이 그들이 소유한 신념과 가치를 기초로 하여 행동한다는 것을 고려한 결과이다. 슈레이터는 교회의 전통이라는 "규범"(grammar)을 통해 여과시킨 믿음에 대한 이슈들에 비추어 심층구조를 조명함으로써 이를 기독교와 연관시켰다. 그렇게 함으로써 사람들로 하여금 자신들 나름대로의 신학을 정립할 수 있도록 도왔다. 그는 믿음에 대한 이슈들 자체에 대한 관심으로부터 지난 2000년 동안 교회사를 통해 발전되어 온 해당 이슈들의 발현 형태들로 그 관심을 이동시켰다. 그가 속한 로마 가톨릭의 유산이 명확했기 때문에, 슈레이터는 한 가지 중요한 점을 지적했다. 로마 가톨릭 전통이 실천과 연결되어 있는 반면, 믿음의 문제들은 항상 교회의 전통-교리의 역사적 발전-을 통해 여과되었다. 따라서 믿음은 전통에 의해 영향을 받았고, 그 결과 전통은 실천(praxis)을 포함한 신학의 발전에 지대한 영향을 미쳤다. 슈레이터는 다음과 같이 결론을 내린다. "이 [모델]은…전통에 대한 기독교 전통의 지속적인 관심과 해당 전통 내에 존재하는 다

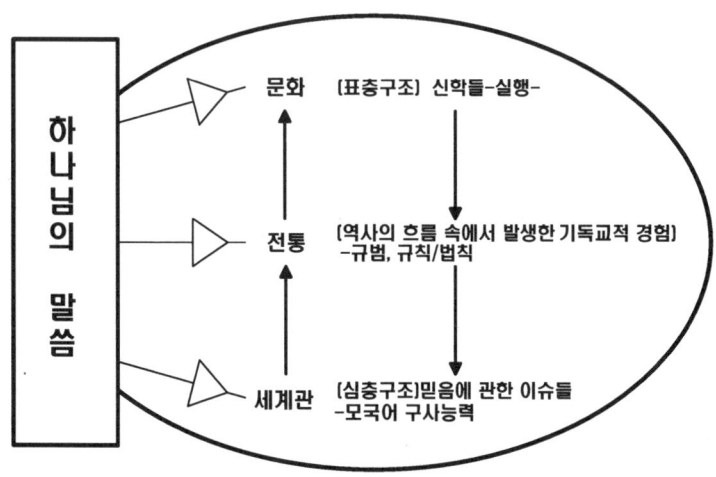

그림 8.2. 성경에 의해 비평받는 문화 구조

양성을 존중하려 노력한다"(1985: 117). 복음주의자들로서 우리는 슈레이터의 모델이 지역신학을 정립해 나가는 데 있어 성경의 역할이 갖는 보다 분명한 자리에 대해 명시하고 있기를 바란다. 그림 8.2는 이러한 과정을 도표화시킨 것이다.

어떻게 하면 이 모델이 우리의 논의에 도움이 될 수 있을까? 슈레이터의 모델은 세계관 모델을 확장시킨 형태이다. 심층적 차원에서, 신앙과 가치에 대해 다루면서 우리는 믿음에 대한 문제들 또는 촘스키가 "모국어 구사능력"(competence)이라고 부른 것에 직면하게 된다. 이는 우리 인간들이 실체에 대한 이해(소문자 "r"로 기록된)를 도출해 내는 그 지점에서 유래한다. 표층구조를 다룰 때 우리는 모든 종류의 문화적 표현들에 직면하게 되는데, 이 표현들은 사람들이 매일 경험하는 수없이 많은 문화적 표현들이다. 이런 표현들로부터 슈레이터가 "지역신학"이라고 부르는 것이 등장한다. 이러한 표층적 표현들은 특정한 세계관이 특정한 삶의 상황과 연결되는 방식을 표현한다. 이러한 삶의 상황은 하나님께서 당신의 말씀을 통해 참여하시는 자리이다. 심층구조는 표층적 표현들에 영향을 끼치고, 이 표층적 표현들은 다시 세계관에 새로운 정보를 재입력해 준다. 그렇게 함으로써 궁극적으로 문화/신학 변화에 기여를 하게 된다.

심층구조와 표층적 표현들 사이에는 "규범"이 존재하는데, 이 규범은 공의회와 신조를 반영하는 발전된 교회의 전통이다. 이 규범은 새로이 일어난 개교회들로 하여금 정통(orthodoxy)의 틀 안에 머무르도록 하는 역할을 하는데, 정통은 개교회의 특정한 정관(正慣, orthopraxy)과 연결된다. 역사를 통해 얻은 기독교적 경험에 기초한 이 중간부분(middle segment)은 심층과 표층을 연결시킬 뿐 아니라, 사람들이 교회 신학자들의 갈등이라고 알고 있는 부분이 새로운 수용자들의 문화가 자신들만의 신학을 발전시키고자 할 때 교훈이 될 수 있다는 것을 보증해 준다. 역사적 관점만큼이나 중요한 것은, 개신교도들은 슈레이터가 한 만큼 교회 전통에 대해 강조하지 않는다는 것이다. 슈레이터는 교회 전통이 현대교회가 스스로 처해 있는 입장을 평가할 수 있게 하는 비평점(critique)이 된다는 입장을 견지하지만, 우리는 성경이 전통과 현대 신앙 공동체들이 표현하는 모든 것을 평가하는 비평점을 제공한다고 주장한다. 그렇다면 그림 8.2의 초점은 교회와 교회의 신학을 발전시키는 것에 있는 것이 아니라, 하나님의 말씀인 성경이 하나님의 백성들 중에서 믿음을 해석하고 모든 차원에서 믿음을 통합시키는 수단으로 활용되어야 한다는 데 있다.

선교학적으로, 하나님께서 성육신하셨을 때, 즉 하나님께서 인간의 상황 속으로 들어오실 때 어떤 일이 발생하느냐에 대해 살펴보는 것은 매우 중요하다(현재시제인 점에 유의할 것-역주). 하나님께서는 성육신을 하실 때 당신의 말씀인 성경을 통해 하신다. 이는 단순히 성경번역을 위한 논리적 전거(비록 사네가 이 점에 대해 잘 논증하기는 하지만, Sanneh, 1989) 이상의 것이다. 하나님의 말씀이 특정 문화의 다양한 구성 요소들과 상호작용할 때 다양한 신학적 적용점이 나타난다. 이는 직선적이지 않다. 오히려 초점은 이들 구성 요소들이 새로운 상황 속에서 하나님에 대한 새로운 이해를 표현할 때 서로 어떻게 연결되는지에 맞춰져 있다.

3) 문화 모델들

성경이 세계관을 비평할 때, 그림 8.1에서 보이는 모든 차원들과 더불어 상호작용한다. 성경은 사람들이 소유하고 있는 신념과 가치 뿐 아니라 표층구조가 갖는 패턴들에 대해서도 비평한다. 더욱이 성경은 겨우 2000여 년밖에 되지 않은 기독교 전통보다 훨씬 더 깊이가 있다. 성경은 그 기원이 지구의 기초가 놓여질 때까지로 환원되는 구약성경에 의존하고 있다. 이것이 바울이 아브라함, 이삭, 그리고 야곱까지 거슬러 올라가는 유대인의 가계에 대해 반복하면서 암시했던 것이다. 그는 회당에서 말을 할 때마다, 역사라는 흘러가는 시간 중에 주어진 하나님의 계시에 대해 이야기했다. 그는 조상들로부터 물려받은 전통을 강화했다. 우리가 제7장에서 제시했던 것처럼, 히브리서의 저자는 그 이해를 확대하여 히브리인 기독교인들이 그들의 믿음을 유지할 수 있도록 도울 수 있는 강력한 논리적 근거를 발전시켰다. 여기서의 이슈는 교회의 전통을 살펴보는 것 뿐 아니라 지역 전통에 대해 설명하는 것이다. 우리는 특정 문화가 소유하고 있는 신화를 보고 있다. 우리가 보고 있는 것은 그들에게 성경이 주어지기 전, 사실상 비평의 준거로 그들에게 주어진 것에 대한 사람들의 이해에 대한 것이다. 이 점은 매우 중요하다. 이것이 로마서 1, 2 그리고 3장에서 바울이 논의한 내용의 핵심이다.

상관성 있는 복음전달은 이들 모델을 취하여 사람들로 하여금 그들이 소유하고 있는 신학, 즉 지역신학을 발전시키는 데 도움을 줄 수 있는 실제적 과정에 적용하는 방법을 모색하는 것이다. 동시에 우리는 그 결과가 혼합주의와 이단적인 것으로 결론될 수 있는 부적절한 상황화의 위험에 대해 경계해야 한다 (Hiebert 외, 1999: 22이하). 슈레이터의 답변은 이전에 지나간 것, 즉 다른 곳에서 이루어진 신학적 발전에 초점을 맞추는 것이었다. 그는 전통을 있는 그대로 두고 보려 하지 않는다. 그에게 있어서 교회의 신조와 교리는 핵심적인 것이다. 이것이 로마 가톨릭이 예전에는 "적응"(adaptation)이라고 불렀고 최근에는 "문화화"(inculturation)라고 부르는 것에 상당히 성공적일 수밖에 없던 이유다(Shorter, 1989). 이러한 접근방법은 성경을 이해하는 근거로 문화적 이슈들에 초점을 맞춤으로써 하나님의 말씀을 아래로부터(from below) 반영한다. 즉 해방을 필요로 하는 사람들의 고통과 필요를 통해 하나님의 말씀을 듣는 것이다. 슈레이터는 상황화를 이루기 위하여 특정한 신앙 공동체는 특정한 문화적 틀 내에서 스스로에 대해 이해해야 한다고 제안했다. 어떤 특정한 문화 안에서 신앙 공동체는 교회의 전통과 상호작용한다. 그러나 슈레이터의 모델이 논리적이라는 결론은, 아마도 거의 순전히 밑으로부터 시작된 혼합주의를 산출하게 되는 것일 것이다.

이와 반대로, 우리의 입장은 지역성을 살리자는 명분으로 교회의 정통성에 이단성을 몰고 오는 지역신학의 흥기를 피하자는 것이다. 해석학적 나선구조는 나선운동(spiraling)을 지속하고 그 운동력을 아래로부터 뿐 아니라 위로부터도 지속적으로 운용한다. 나선운동을 지속하게 하는 것은 문화가 아니라 성경이다(그림 8.2를 보라). 동시에 특정 사회에 대한 상관성을 유지하기 위해 지역신학의 발전을 포함한 전체 의사전달 과정에 관하여 지금까지 우리가 논의해 온 모든 것들이 고려 대상이 되어야 한다. 이는 균형을 잡기 위한 것으로, 실상 매우 복잡한 것이다. 그러나 상관성 있는 의사전달은 특정한 시간과 장소, 그리고 문화 안에서 신학적 발전을 발생시킨다. 사모인들 사이에서 발생했던 한 가지 사례에 대한 연구는 제2부에서 제시한 신학적, 의사소통론적 그리고 문화적 모델들에 비추어 발생한 신학화 과정에 대한 한 가지 예가 될 것이다.

2. 지역신학의 개발: 사모에서 발생한 사례연구

다른 모든 신자들과 같이 사모인들도 기독교인이 되었을 때 그리스도를 믿기 시작했다. 예수 그리스도께서 성육신(incarnation)하셨을 때 사모인들은 그의 영이 신생아들에게 활력을 불어넣고 그들이 알고 있는 삶의 순환구조에 따라 발생하는 사건들(코에 코걸이를 하는 일, 통과의례 그리고 사회적 역할을 준수하기 위해 다양한 관계를 구축하는 일)을 따랐을 것이라고 가정했다.[1] 이는 사모인들의 세계관이 기대하는 바를 반영한다. 사모인들의 시각으로 그의 죽음을 본다면, 예수께서는 사모인들이 "생명의 전성기"라고 부르는 순간에 과격한 방식으로 죽임을 당한 것이다. 성경은 예수께서 죽임을 당하셨을 때 그가 안식에 들어가셨다고 말한다. 다른 말로 하자면, 사모인의 관점에서 볼 때 예수께서는 '코그와'(kogwa) 즉 조상들에게로 돌아가신 것이다. 그러나 그때 하나님의 능력이 예수를 죽음으로부터 부활하는 데 사용되었다. 이 부분이 중요하다. 예수께서는 죽으셨다. 그리고 예수를 다시 살리신 것은 하나님의 능력이었다. 여기에서는 성령의 능력이라고 말할 수 있다. 따라서 부활하신 그리스도는 두 개의 영을 소유하고 있으시다. 하나는 그 자신의 '피니'(fini), 즉 "생력 또는 영"(life force or spirit)이요, 다른 하나는 아버지 하나님이 그에게 허락하신 성령이다. 사모인들의 관점에서 볼 때 복수(複數)의 영을 소유할 수 있는 존재는 오직 주술사들(shaman)뿐이다. 이들은 조상들이 있는 세계와 이 지구상에서 살아가는 사람들 사이를 연결해 주는 매개체 역할을 한다. 그렇다면 사모인들이 그리스도를 그들과 하나님을 매개하며 다른 모든 매개체들을 대체하는 유일 무구한 주술사라고 말해도 되는 것인가? 그리스도에 대한 그들의 충성이 사모인들로 하여금 다른 매개체의 필요를 제거하도록 할 수 있는가? 사모인들이 그리스도를 궁극적 주술사로 볼 수 있겠는가? 로마서 8장 34절, 히브리서 7장 25절 그리고 요한일서 2장 1절은 모두 그리스도께서 천국에서 지구상에 살아가고 있는 사람들을 위해 중보하고 계시다는 사실에 대해 언급하고 있다. 사모인들이 이 이야기를 들을 때, 그들은 "영매"(mediumship)에 대해 듣는 것으로 여기고, 그들이 소유한 개념구조는 그들로 하여금 "주술사"를 생각하게 한다. 그리스도께서는 성육신하신 분이시기 때문에 특히 이 일을 잘 감당하실 분이시다. 그리스도께서는 이 땅에서 사셨고, 인간(사모인들을 포함하여)이 처해 있는 모든 조건들에 대해 잘 아시는 분이시다. 이와 동시에 그분은 하나님과 더불어 사시는 분이시고 하늘나라에 대해 아시는 분이시다. 지금 그 하늘나라에서 하나님의 오른편에 앉아 계시다. 이러한 것들이 사모인들의 위한 잠재적 신학을 정립해 준다. 그러나 우리가 이해할 필요가 있는 최초의 것은, 사모인들이 그들의 신학 발전을 위해 가져오는 세계관적 가정들에 대한 것이다.

1) 사모 영매의 성격

사모인의 정체성에 따르면, 영매는 조상들이 자손들과 상호작용하기 위해 선택한 남자 혹은 여자다. 이들 영매는 조상들로부터 특별한 중개의 영(spirit of mediation)을 부여받는다. 이 중개의 영은 영매의 육신을 떠나 성상체(astral)를 거쳐 조상들이 거한다고 믿는 세계로 가서 인간의 관심사에 대한 정보를 확인하고 그것을 가지고 일반인들에게 알려주기 위해 돌아올 수 있다. 사모 영매는 사람들에게 혜택을 주기 위해 영적인 능력을 활용한다. 그들은 사람의 이익에 반하는 방향으로 영적 능력을 사용하기 위해 악령과 교접하는 마술사(sorcerer)와는 다르다. 영매와 비슷하게, 마술사들도 "악령"으로부터 부여받은 특정한 영을 소유하고 있다. 중개의 영과 비슷하게, 이 영도 사람들에게 해를 가할 수 있는 악한 힘을 접할 수 있다. 마술사들은 모든 것을 산산이 무너뜨릴 목적으로 심약함, 관계의 파괴 그리고 부서지기 쉬운 인간의 연약함에 대해 우위적 영향력을 발휘한다. 반대로, 영매는 모든 것을 회복시킬 방법을 모색한다. 그들이 받는 영의 출처가 다르기 때문에 영매와 마술사의 행동방식 또한 매우 다르다. 영매들은 사모인들의 안녕을 위해 선한 역할을 한다고 믿어지는 조상들의 뜻을 전하는 통로 역할을 한다. 이와 반대로 마술사들은 악한 것들을 조작하여 해로운 것들과 질병, 그리고 심지어는 죽음-간혹 적의 요청으로-까지 초래한다(Shaw, 1990b: 129이하). 사모인들에게 있어, 선한 조상들을 대리하는 영매와 악한 영을 대리하는 마술사 간의 대립은 선과 악이 서로 대결할 수밖에 없는 전우주적 전투와 지구상에서의 인간의 생명이 삶의 구조 속에 매여 있을 수밖에 없다는 것을 반영하도록 한다. 인간은 이 둘 사이에 끼여 있는 존재일 뿐이다(Shaw, 1986).

영적인 도움이 필요할 때 사모인들은 영매를 불러 조상들의 의지가 무엇인지를 확인해 달라고 요청한다. 이러한 행사는 밤새도록 계속되는 '코고와 포니요'(kogowa foniyo), 즉 "조상의 노래 축제"(ancestor song feast)라고 불리는 형식으로 진행된다. 이 행사 중에 영매는 조상들과 접촉하는 중개역할을 감당한다. "나무 꼭대기 너머에 있는" 조상들이 거하는 곳에 도착하여, 중개의 영은 조상들과 대화를 나눈다. 이 대화는 조상들의 언어인 방언을 듣는 사람들에 의해 입증된다. 조상들의 언어는 때로 새 소리와 다른 짐승의 소리 같은 소리들을 포함하기도 한다. 정보가 취합되었을 때, 중개의 영은 조상들로부터 받은 우주적 언어가 품은 메시지를 일반인들에게 알려주기 위해 돌아와 그 메시지를 "해석"한다. 일단 떠났던 중개의 영이 영매의 몸과 재결합을 하게 되면, 그 영은 조상들로부터 받은 메시지를 노래로 표현해 부른다. 후렴 부분을 반복해서 듣는 사람들과 곧이어 롱하우스에 속한 사람 모두는 답가를 부르기 시작한다. 샤만이 한 구절을 부르면 청중들은 그 내용을 반복해서 부른다. 그렇게 함을 통해 조상들이 전하고자 하는 메시지가 반복되어지고, 결과적으로 청중들이 메시지의 뜻을 이해하고 그것을 실천하게 된다. 아침이 이르면 사람들은 그들이 들은 내용을 그대로 행동으로 옮겨 모든 인간관계를 회복시키고, 잘못된 것들을 교정하고, 마술사들이 초래한 악한 것들을 제해 버리거나 혹은 무엇이 되었던 간에 공동체의 공동체성을 고치고 회복하는 데 필요한 모든 것들을 찾아 실행에 옮긴다. 사모인들에게 있어 영매는 공개적으로 일을 하고 사람들에게 영적인 메시지를 전달한다. 그렇게 함을 통해 사람들은 잘못된 것들을 교정하고 연합을 회복할 수 있게 된다. 반대로, 마술사들은 모든 일을 비밀리에 진행하고 그들의 힘을 사람들의 안녕을 해치는 데 사용한다. 또한 영매들은 사람들 사이에서 공동체의 유익을 추구하는 반면, 주술사들은 비밀리에 공동체에

해를 가하는 행동을 한다. 이러한 대비는 그들이 그리스도의 역할을 이해하는 데 매우 중요한 역할을 했고, 교회 내의 리더십을 위한 강력한 적용의 예가 되었다.

이 사례연구를 다음에 따르는 신학적 토론에 적용하는 데 도움을 줄 세계관 관련 논의가 하나 더 있다. 사모인들은 인간을 상당히 독립적 존재로 본다. 전 우주적 전투에서 그들은 스스로를 위해 문제를 해결해야 한다. 그들이 중매자를 불러서 영적인 인도를 부탁할 때는 오직 그들이 각종 의례와 의전을 통해 동원한 각종 노력이 실패했을 때뿐이다. 다른 말로 하면, 조상들을 통해 방향을 제시받으려는 시도는 최후의 해결책이라는 것이다. 그렇다면 인류학적 관점에서 볼 때 모든 사모인들은 개인적으로 또는 집단적으로 허브를 이용한 치료책과 주문, 부적 그리고 각종 의례와 의전 등을 통해 영적인 세력과 대적한다는 점에서 사실상 영매라고 할 수 있다(Shaw, 1981).

2) 사모 영매의 신학적 적용

샤머니즘과 중보 역할과 관련하여 사모인들이 소유하고 있는 "인지적 환경"의 배경에 대한 이해를 가지고 있으므로, 이제 우리는 다음과 같은 신학적 질문을 할 수 있다. 과연 사모인들은 예수 그리스도를 하나님과 인간 사이를 중보하는 "중보자"로 언급하는 디모데전서 2장 5절을 어떻게 이해할까? 이 질문은 사모인들의 세계관 뿐 아니라 성경적 관점과 교회의 전통에 기초하여 답변해야 하는 중요한 질문이다. 이제 우리는 앞에서 우리가 제시했던 모델들이 사모의 지역신학을 발전시키는 데 어떤 도움을 줄 수 있는지에 대해 살펴볼 것이다.

만일 사모인들이 성경을 받아들이고 그리스도를 그들 사회에 존재하는 영매와 같은 존재로 이해한다면, 그들은 그리스도께서 영매와 구별되는 점이 무엇인지에 대해 결정해야 한다. 다른 영매들과 마찬가지로, 영적 존재들과 의사를 교환하기 위해 예수께서도 어떤 영, 즉 "성령"을 소유하고 계셨다. 그는 사람들을 위하여 일하셨고 다른 모든 인간과 마찬가지로 죽으셨다. 예수께서 죽임을 당하신 시점은 사모인들에게 중요하다. 왜냐하면 예수의 죽으심은 그의 인생의 최고의 순간에 모든 것을 다 이루셨을 때 임한 것이기 때문이다. 예수께서는 그가 속하신 공동체에 가장 큰 도움이 될 수 있었던 바로 그 순간에 죽으셨다. 그리스도와 사모의 영매 사이의 유사성이 뚜렷하게 드러나는 데 반해, 예수를 인간 중보자들과 구별시키는 대조점은 무엇인가? 성경이 반복적으로 강조하고 있는 것으로, 예수와 다른 인간 중보자들 간의 실질적 차이점은 부활이다.

부활이야말로 바울이 골로새 성도들에게 말하고자 했던 바로 그것이었고, 영지주의자들에게 많이 언급되었던 내용이다. 영지주의자들의 세계관은 영적인 세계를 이해하는 방식 면에서 사모인들의 세계관과 비슷했다. 골로새서는 영지주의가 주장하는 신적 발산(emanation)에 대한 예수의 우위성을 기록한 것이다. 부활은 이 점을 확증하는 가장 중요한 방편이다. 부활로 완성되는 예수 그리스도의 전체 삶의 경과와 하나님의 오른편으로의 복귀로 인해, 예수께서는 모든 인간을 위한 중보자가 되실 수 있었다. 그의 죽으심이 초점이 아니다. 하나님의 능력으로 부활하신 그분의 부활하심이 바울이 전하고자 하는 메시지의 핵심이었다. 사모인들에게 있어 부활이야말로 예수를 다른 유아들에게 에너지를 공급하기 위해 삶과 재생을 반복하는 삶과 죽음의 순환구조로부터 구별되게 하는 것이다. 부활이 없다면 예수도 다른 조상들의 영과 다름없이 다시 순환구조를 따라 돌아올 존재로 취급되었을 것이다. 그러나 부활로 인해, 이제 예수는 잡힌 자들을 자유하게 하시는 "유일무이한 조상"(the ancestor)이 되셨고, 사모인들을 포함하여 모든 인류를 위해 아버지의 보좌 우편에 앉아 계시는 분이 되셨다. 그렇다면 이것은 사모 기독교인들이 더 이상 다른 영매를 필요로 하지 않게 되었다는 것을 의미한다. 오히려 이제 그들은 하나님과 모든 인간 사이의 중보자가 되시는 그리스도를 통해 하나님과 직접적인 관계를 맺을 수 있게 되었다(딤전 2:5).

죽음에 임하여 당하는 정체성의 변화 또한 사모인들의 기대하는 바에 잘 부합한다. 사람의 거하는 장소(조상들과 함께 거하는)의 변화 때문에, 조상들이 누구인지를 규명하고 그들에 대해 토론하는 데 사용되었던 용어 또한 바뀌었다. 죽음은 망자로 하여금 산 자들과 다른 관계를 맺는 자리로 나가게 한다. 그에 따라 이름과 상호 관계를 맺는 방식들도 모두 바뀌게 된다. 이와 유사하게,

예수께서도 사람들과 더불어 사셨으나, 지금은 죽음과 부활의 과정을 거쳐 주 되신 그리스도를 의미하는 '큐리오스'(kurios)라는 새 이름으로 인식되어지는 구별된 관계를 맺고 계시다. 그러므로 예수께서는 죽으시고 부활하신 중보자 이시다. 이는 사모 영매들이 갖는 개념과는 완전히 구분되는 개념이다.

그리스도께서는 순환구조를 따라 끊임없이 새로운 생명으로 돌아오는 조상들에 대한 일상적 개념과 일치하지 않으신다. 그렇다. 그리스도께서는 재림하실 것이다. 그러나 그 재림은 새로운 유아에게 생명을 불어넣고 삶의 순환 과정을 반복하는 것으로 시작하는 이생에서의 한 생을 다시 사는 것이 아니다. 재림은 당신에게 충성을 하는 모든 사람들을 위한 새로운 생명과 새로운 장소를 창조하시기 위해 오시는 것이다.

이 과정에서 성령의 능력 또한 중요하다. 예수로 하여금 이생의 삶을 살게 하시고 죽음에서 부활하도록 하신 것은 하나님의 영이시다. 동일하신 하나님의 영이 사모인들을 포함하여 모든 인간 존재들에게 활력을 주신다. 이 능력이 우리를 신자로 만든다. 요한복음 3장 16절은 사모인들에게 그리스도께서 그들을 대신하여 경험하신 것을 믿고 받아들임을 통해 기독교인들이 되었다고 말한다. 따라서 믿음과 신앙은 성령의 능력을 힘입어 예수께서 경험하신 것에 참여함을 통해 정의 내려져야 한다. 이는 단지 개인적 경험도 아니고, 서양의 계몽주의 전통이 제안하는 것에 동의를 표하는 것도 아니다. 사모인들은 이 능력을 경험해야 한다. 이것은 예수께서 니고데모에게 말씀하실 때 의미했던 것과 상응하는 대면이다.

이 모든 것을 다룸에 있어 문화 상징주의(cultural symbolism) 또한 중요하다. 요한복음 3장에서, 예수께서는 유대인들에게 익숙한 상징 중 하나인 뱀을 활용하셨다. 그러나 사모인들에게 있어 뱀은 유대인들이 인식하는 것과는 다른 방식으로 인식된다. 이는 특별히 사모인들이 희생제사(sacrifice)를 이해하지 못하기 때문이다. 그들에게 있어 상징은 더 이상 뱀이 아니라 중보(mediumship)와 사람들의 필요를 위해 일하는 영매와의 연관성에 대한 그들의 관념이다. 희생제사를 이해했던 유대인들에게는 뱀을 쳐들어 올리는 것으로도 의미를 주기에 충분했다. 왜냐하면 그들은 광야에서 놋으로 만들어진 뱀을 높이 들어올린 모세를 기억하기 때문이다(민 21:8-9). 하지만 사모인들에게는 다른 상징이 필요하다. 여기에서 근본적 은유는 사람들이 온전히 이해하기 위해 필요로 하는 것이다. 이는 유대인들과 사모인들 모두에게 중요하다. 사모인들로 하여금 인간 예수에 대한 경험을 이해하도록 돕기 위해 우리는 예수를 사모인들이 처한 상황 속으로 끌어들이고, 그들의 필요-질병, 비우호적 세상에서의 생존, 충분한 식사 그리고 악한 세력과의 전투-에 집중해야 한다. 이러한 이슈들-이 이슈들은 삶을 구현시키는 것들과 관련된 문제들이었다-은 예수께서 다루셨던 문제들이었을 뿐더러 사람들로 하여금 대면하도록 했던 문제들이었다. 예수께서는 병자들을 치유하셨고, 귀신들을 쫓아내셨으며, 굶주린 사람들을 먹이셨고, 인간의 고통을 구제하고 사람들을 하나님과의 관계로 나아가게 하시기 위해 심지어는 죽은 자들까지 일으키셨다. 상징들은 모든 인간들에게 영향을 주는 것이기 때문에 유대인들과 사모인들을 초월하는 삶의 경험들로부터 나오게 된다. 여기서 초점은 예수께서 대면하신 인간의 경험이다. 예수께서는 당신이 하시겠다고 말씀하신 것을 하실 수 있는가? 성경은 이에 대해 '그렇다'고 말씀하고 있으며, 성경에 등장하는 이야기의 많은 부분은 전체 인류가 공유하는 문제들에 대해 예수께서 어떻게 대답하셨는가를 드러내고 있다.

사모인들의 경험이 예수께서 하시는 말씀과 무슨 상관이 있는가? 댄 쇼우 박사는 그가 한 무리의 사모인들과 함께 숲 속을 가로질러 다른 마을로 가던 날에 그 상관성을 발견했다. 그는 그와 관련된 이야기를 다음과 같이 하고 있다.

우리가 출발하기 전, 나는 숲 속을 통해 걸어가기 전에 하나님의 보호하심을 구하는 기도를 하자고 제안했습니다. 아무도 이의를 제기하지 않았습니다. 나는 간단히 기도했고, 여행을 시작했습니다. 얼마 되지 않아, 함께 간 남자들 대부분은 그들의 머리에 나뭇잎을 꽂고 팔에 풀을 둘러 붙이고, 발에는 밴드를 두르느라 바빴습니다. 이러한 행위는 "숲 속의 악한 영들"인 '호가이'(hogai)로부터 그들을 감추기 위한 위장 장비였습니다. 그들은 모든 의혹스러운 영을 쫓아버리길 바라는 마음에 길을 걸어가며 서로를 부르고 휘파람을 불어 신호를 보냈습니다. 이 모든 일이 일어나던 중에, 나는 밀로(Milo)와 더불어 대화를 나누었습니다.

대략 한 시간 가량의 여행을 하던 중, 나는 갑자기 밀로가 아무런 위장을 하지 않고 있다는 사실을 발견했습니다. 이는 그가 아무런 보호조치를 취하지 않았다는 것을 의미하는 것이었습니다. 내가 이 점을 지적했을 때 그는 미소를 지었습니다. 그리고 나를 쳐다보며, "당신도 아무런 위장도 하지 않지 않았습니까? 만일 하나님께서 우리를 보호하고 계시다면, 왜 다른 위장이 필요하겠습니까?"라고 말했습니다. 나는 그가 표현하는 신앙의 정도에 대해 아주 놀랐습니다. 일생을 숲 속의 영들에 대한 두려움을 가지고 살아왔던 이 사람이 전통적으로 해왔던 장식을 하지 않으면서 하나님께서 그를 적절한 방식으로 도우시는지를 보기 위해 아무런 위장도 하지 않았던 것입니다. 우리가 목적지로 삼았던 마을의 외곽에 도달했을 때, 나는 멈추어 서서 여행 중에 우리를 보호해 주신 것에 대해 하나님께 감사를 드릴 것을 제안했습니다. 우리는 영적인 대적들이 우글거리는 그들의 영내를 가로지르며 하나님의 보호하심 속에서 아무런 해를 받지 않고 목적지에 도착했습니다. 이것이야말로 사모인들의 신앙과 그 신앙의 실천에 대한 증거가 아니고 무엇이겠습니까?

3) 신학적 발전의 적용

사모인들이 그들의 세계관에 비추어 한 일은 그리스도를 선한 측, 즉 조상들을 위하여 인간들을 돕는 영매와 동일시하는 것이었다. 다른 한편, 그들은 악한 것을 귀신과 이 땅의 영역에 거하는 그의 군대와 연계시켰다. 다른 말로 하면, 사모인들은 아담과 하와가 타락했을 때 시작되어 사탄과 언약의 주(the promised one) 사이에 계속되고 있는 갈등을 그대로 유지하고 있다. 그러나 이러한 그들의 이해는 그들이 성경을 이해했기 때문에 따라온 결과가 아니었다. 이러한 이해는 그들의 삶 속에서 실질적으로 이해해 왔던 신앙으로부터 나온 것이며, 삶을 영위하기 어려운 정글 속에서의 생존 방편에서 나온 것이었다. 사모인들은 생존을 위해 영매를 이용했다. 하늘 보좌 우편에 앉아 계시는 그리스도께서 동일한 일을 행하실 수 있다. 촘스키와 슈레이터의 주장에 따르자면, 생존과 관련된 심층구조는 그대로 유지된다. 히버트에 의해 만들어졌고 크래프트의 대결 모델에서 새롭게 인식된 것으로, 초경험적인 것들과 경험적인 것들이 연결되는 지역인 "중간 지역"(middle zone)이라고 불리는 것이 있는데, 바로 이 부분에서 문화적 상징들이 편만한 "능력대결"이 발생한다.

우리가 비판적 상황화를 위에서 제시했던 사모의 사례연구에 적용할 때, 사모의 문화적 상황은 전혀 새로운 관점을 제공한다. 사모 기독교인들은 더 이상 비기독교 사모인들이 생각하는 방식으로 중보의 개념을 정의하지 않는다. 사모 기독교인들이 소유하고 있는 중보에 대한 관념은 급진적으로 변혁된 중보다. 이 중보는 그들과 함께 거주하지 않지만 어느 때 어느 상황속이라도 들어올 수 있는 영매와의 관계에 집중되어 있다. 초점은 그리스도와 신자들 간의 관계와 살아 있는 생명을 위한 도움을 구하기 위해 하나님(조상들이 존재하기 전부터 존재하고 계셨던 모든 존재의 근원)을 부르는 것에 맞추어져 있다. 디모데전서 2장 5절에 대한 새로운 이해가 등장한다. 이 이해는 성경 텍스트가 전달하고자 하는 의도를 위배하지 않으면서도 전통적 사모의 가치와 관심을 반영하는 것이다. 이러한 가치와 관심은 그 자체만 존재하는 것이 아니라, 그 자체가 성경에 의해 알려진 기독교 전통 내에서 작용할 수 있는 것이다. 사모인들의 관점을 이해하기 위하여 이들 모델을 평가함으로써, 비록 중보에 대한 관념을 통해 이해하기는 하지만, 그들이 그리스도의 유일성을 확신함을 통해 이교적 요소를 피할 필요가 있다는 것을 볼 수 있다. 부활 때문에 예수는 사모의 영매와 다른 분이 되시고, 초 영매(super shaman)이상의 존재가 되신다. 만일 그들이 예수를 최고의 영매로 취급한다면, 이단이 될 가능성이 농후해진다. 만일 그렇게 된다면, 다른 모든 영매들도 사람들을 위해 하나님을 조작하려 했을 것이다. 이런 경우 신학적인 문제를 가중시킨다. 그러나 사모인들에게 있어 초점은 그리스도를 통한 하나님과의 관계에 맞추어져 있다. 그리스도는 성육신과 부활 때문에 그 의무를 행하신다. 성경적 진리에 대한 사모의 적용은, 그리스도의 몸된 교회에 새로운 통찰력을 준다. 하나님의 말씀은 사모인들의 시각에 동의해 주지만, 서구인들은 그런 식으로 생각해 본 적이 없다. 성경적 지평과 사모인들의 지평은 모든 기독교인들에게 새로운 이해를 제공하기 위해 상호연결된다.

4) 교회의 삶에 대한 적용

사모인들의 경우를 교회 안에서 기독교인들이 하는 일에 적용할 때 신학화 과정에 흥미로운 결과가 파생된다. 전통적으로, 사모인들은 방언소리를 들을 때 중보의 영(the medium spirit)이 조상들과 더불어 대화를 나누고 있다고 생각했다. 방언으로 말하는 것은 영이 실재하고 있음의 표현이었다. 반대로, 마술사는 그렇게 하지 않았다. 그리고 중보에 관해 진짜 중요한 것은 메시지가 전달된 후에 발생하게 되는 행동이다. 이는 노래를 통해서 해석될 뿐 아니라 계시로 인해 발생하는 행위로 드러난다. 이제 사모인 교회의 예배 장면을 살펴보도록 하자.

사모인들의 공동생활 상황에서 발생하는 영적인 활동과 비슷하게, 교회의 예배도 사모인들의 삶의 소우주적 모습을 드러낸다. 예배는 그들의 사회구조를 반영한다.[2] 예배는 지도자들이 주도하는 공적 행위가 아니라 모든 성도가 적극적으로 참여한다는 점에서 매우 참여적이다. 사모인 교회에는 실질적인 면에서 목회자가 없다. 그들의 리더십은 씨족관계(siblingship)에 초점이 맞추어진 그들의 사회구조에서 나온다. 예배시간 도중 사람들은 가끔씩 간증을 하고 그들의 삶의 경험을 성경과 연결시키곤 한다. 또 어떤 이는 자신이 성경을 공부하다가 배운 것 또는 그들의 삶에서 겪은 체험에 기초하여 설교를 하곤 한다. 어떤 사람은 회중을 위해 노래를 반복해서 부르며 다른 사람들이 노래를 배우도록 한다.[3] 어떤 이들은 다른 이들과 문제가 있을 수도 있다. 그런 경우, 그들의 전통문화의 상황 내에서 성경에 대한 그들의 이해를 따라 그들의 차이점들을 공동체 앞에 가지고 나와 해결을 모색한다. 기도는 사모인들의 예배에 심심찮게 등장하며, 때에 따라서 자신들의 이해와 필요에 근거한 경험을 기도 제목으로 내놓고 몇 시간 동안 계속되기도 한다. 사모인들의 예배는 전체 공동체(비기독교인들을 포함하여)를 포함시키는 행사이다. 사모인들의 예배는 일부만을 포함하는 행사가 아니다. 댄 쇼우 박사의 일기에서 발췌한 내용은 방언에 대한 교회의 반응에 대해 설명하고 있다.

사모인들을 방문하고 있던 동안 나는 주일 아침에 교회로 갔습니다.[4] 여러 가지 일들이 진행되는 중, 가장 앞에 있던 토요(Toyo)가 회중을 청하여 기도를 드리기 시작했습니다. 모두가 함께 기도를 드리기 시작했습니다. 그 기도 소리를 들을 때 나는 사모인의 언어가 아닌 다른 소리를 듣기 시작했습니다. 나의 첫 번째 반응은 "오순절 계통의 선교사가 이곳에 왔나?"였습니다. 예배가 끝났을 때 나는 토요와 대화를 시작했습니다[그는 나와 함께 통과의례를 했던 사람 중 한 사람이었습니다].5)

나는 "방언에 대한 아이디어가 어디로부터 유래한 것입니까?"라고 물었습니다.

그는 "오, 우리는 이미 방언을 하고 있습니다"라고 말했습니다.

나는 "무슨 말입니까?"라고 되물었습니다. "나는 이곳에서 12년을 살았습니다. 영매가 하는 소리를 빼고는 방언을 들어본 적이 없습니다."

그러나 토요가 설명했습니다. "맞습니다. 우리 영매들은 항상 방언을 하곤 했지요. 이제, 우리가 기도할 때, 우리의 영이 우리의 중보자되시는 그리스도와 연결을 이룹니다. 그리스도께서는 성령의 능력을 통해 우리에게 말씀하십니다. 그것이 우리가 기도할 때 들었던 것입니다. 하나님께로부터 온 이 지식을 가지고, 우리는 하나님께서 원하시는 것이라 여겨 방언을 할 수 있는 것입니다. 무엇이 옳은 것인가를 앎으로써, 우리는 그에 맞춰 적절하게 행동하고 있는 것입니다."

여기에서 우리는 사모인들의 문화적 지식이 직접적으로 성경해석과 적절한 삶에 적용되는 것에 대한 예를 볼 수 있다. 사모인들이 소유하고 있던 인식적 환경이 기도에 대한 전혀 새로운 접근방식(개인적으로나 집단적으로)을 창출하기 위해 성경적 진리와 결부되고 있다. 쇼우 박사가 사모인들로 하여금 그러한 경로를 밟아나가도록 한 것이 아니었다. 그들의 경험과 성경묵상이 그들로 하여금 그러한 경로를 밟아나가게 한 것이다. 사모인들에게 참으로 다행스럽게도, 쇼우 박사의 신학적 편견들이 그들을 향하신 하나님의 메시지를 여과하는 작용을 하지 않았다. 쇼우 박사의 신학적 편견들은 사모인들이 성경을 이해하고 적용하는 방식에 부과되지 않았다. 그리스도를 통해 하나님과 교통함을 통해, 그들은 얻은 정보를 그들의 삶과 공동체의 선을 위해 작용하도록 한 것이다.

따라서 본질적으로 모든 사모 기독교인들은 영매가 될 수 있다. 예수의 죽으심과 부활하심 때문에 모든 성도들이 결코 끝나지 않을 새로운 생명을 소유하고 있다. 그리스도 때문에 성령께서 그들을 소유하고 계시다. 그러므로 그들은 이제 (영매처럼) 두 개의 영을 소유하고 있다. 그리고 그들은 그리스도와 직접적으로 상호작용할 수 있다. 이 그리스도는 그들을 위해 탄원하시는 분이시며, 그들에게 의미가 있고 또한 그들이 기초하여 적절한 행동을 유발할 수 있는 진리로 그들을 인도하시는 분이시다. 샤머니즘에 대한 사모인들의 접근방식은 하나님에 대한 그들의 접근방식에 영향을 끼쳤다. 우리는 사모인들에게 다른 방식으로 행동해야 한다고 말할 수 있는 어떤 이유도 성경에서 발견할 수 없다. 사실, 그들의 세계관적 입장에서 볼 때 사모인의들의 관점으로 보든, 아니면 성경적 관점으로 보든 놀랄 만한 이유는 어디에도 없다. 여기에 하나님과 더불어 대화를 나누면서 동시에 "제사장된 성도들"로서 서로를 섬기는(벧전 2:9) 성도들의 놀라운 고백이 있다.

사모인들은 이 모든 것을 선교사의 도움 없이 그들 스스로 규명해 냈다.[6] 이제 그들의 영은 중보에 대한 그들의 이해와 조화를 이루고 있다. 그리고 바로 그 상황 속에서 예수의 삶, 가르침, 죽음, 부활 그리고 영광 받으심에 대한 그들의 인식이 그들의 경험—전통적 경험과 성경에 대한 그들의 이해에 비추어 보아—과 연결되었다. 그리스도는 그들을 위해 하나님과 대면하시는 영적 중보자로 섬기시는 분이시다. 성령께서는 그 능력을 사모인들의 삶의 맥락 안에서 가용할 수 있도록 하는 수단을 제공하시는 분이시다. 대략 60%의 사모인들이 그들의 충성의 대상을 인간 영매와 조상들과 더불어 교접하는 것으로부터 돌이켜 그리스도와 중보자와 맏형—부활한 조상—되신 그분을 통해 맺어지는 하나님과의 관계로 바꾸었다는 것은 놀랄 만한 일이 아니다.

물론, 그리스도에 대한 사모인들의 경험은 그들이 더 많은 성경 지식을 갖추어 감에 따라 계속해서 자라나고 있다. 변화에 대한 모델들에 입각하여 볼 때, 그들은 자신들의 이해를 계속해서 조정해 나갈 것이고 그들의 신학을 더욱 발전시킬 것이다. 희망하건대 그들이 자신들의 세계관과 교회의 전통 간에 균형을 유지하길 기대한다. 이 과정이 곁길로 빠지는 것을 경계하는 방법은, 외부로부터의 영향과 그들의 삶을 요구하시는 하나님의 부르심을 거역하는 이슈들에 맞서 성령께서 그 마음들을 돌이키도록 하시는 성경적 요구가 야기하는 급격한 변화에 발맞추어 성경번역을 개정하는 것이다. 성경은 상관성이 있어 보여야만 한다. 성경은 변화의 과정 뿐 아니라 현재의 세계관을 반영하는 것이라야 한다. 이 일을 하는 데 대한 실패는 2, 3세대가 흐리기 전에 명목상 기독교의 발흥으로 결론될 것이다. 사모인들의 상황에 비추어 볼 때, 이런 명목성에 대한 결과로 자신들을 그리스도의 보좌를 차지하고자 하는 초중보자들(super-mediums)이 출현하게 될 것이다. 이와 동일한 경우가 아프리카의 독립 교회 일부에서 이미 나타나고 있다.

3. 성경은 인간의 상호작용을 위한 거룩한 근원

믿음과 실천(심층구조와 표층구조)에 대한 이슈들에 관련한 촘스키의 주장에 대한 슈레이터의 생각을 반영하면서, 성경이 마치 문법과 같은 역할을 한다고 가정해 보자. 문법 기능을 하는 성경은 몇 가지 기능을 한다. 성경은 때론 비판하기도 하고, 어떤 것의 형상을 주조하기도 하며, 어떤 형태의 주형(그리고 변화)을 위한 동력으로 작용하기도 한다. 성경은 하나님을 이해하고자 하는 사람들의 모든 측면에 영향을 미친다. 이는 바닥으로부터 꼭대기까지 여과하는 것이라는 점에서 직선적이지 않다. 그보다 성경은 모든 형태, 색깔 그리고 하나님에 대한 문화적 이해라는 말의 미묘한 차이에 영향을 미친다. 이런 점에서, 크래프트의 세 가지 대결 모델을 택해 각 유형의 대결을 오직 한 가지 차원의 세계관에 연결시키는 것은 너무 단순화시킨 감이 있다(물론 크래프트는 우리가 그렇게 할 것이라고 생각하지 않을 것이다). 이 모델은 출발점으로는 삼기에는 좋지만 모든 인간사회의 모든 측면들에 영향을 끼치기 위해 상관성 있게 적용되어야만 한다. 사람의 두뇌는 모든 모델이 제시하고 있는 모든 차원들을 통합시키기 때문에, 모델이 제시하는 것보다 훨씬 복잡한 양태를 보인다. 진리대결, 능력대결 그리고 충성대결로 불리는 각각의 차원이 세 가지 차원 모두에서 한꺼번에 작용한다고 말할 수 있는 사례가 있다. 이 모델 전체가 만화경처럼 작용한다. 이 모델이 어디에서 또는 어떤 차원에서 드러나게 될지를 예견하기란 사실상 거의 불가능하다.

크래프트는 자신의 모델을 적용하면서 능력이 표현되는 것으로부터 시작해서, 궁극적으로 충성의 대상을 바꾸도록 유도하는 진리에 대한 더 큰 이해로 나가는 일련의 과정에 대해 제안했다. 그러나 어떤 특정한 상황 속에서 실제로 발생하는 양상은 상당히 다양할 것이다. 한국 사람들의 경우라면, 관계에 대한 이슈들과 세대 간 감정적 결속이 심층적 변환 요소가 될 것이다. 반대로 서구인들의 경우라면, 가족관계에 대한 이슈들이 가치와 문화적 가정들을 다루는 것보다 중요한 이슈가 되지 않을 것이다. 사모인들이 소유한 중보에 대한 사례 연구에서는, 특별한 중보자되시는 그리스도가 표층구조에서 하나님께 대한 충성을 상징한다는 사실이 밝혀졌다. 진리대결은 천국과 이 땅 사이에 위치하는 중보자되시는 그리스도의 지위에 대한 적용이 사모인들의 이해에 반향된 결과로 초래되었는데, 이로 인해 사모인들은 죽음과 삶에 대한 심층차원의 이슈들을 이해하게 되었다. 사모인들이 마술적 위장의 힘이 아니라 하나님의 보호하심을 간구하는 것으로 자신들이 가진 새로운 신앙을 시험할 때 성령께서 능력대결의 영역으로 들어오신다.

사모인들을 위해 성경을 번역할 때, 댄 쇼우 박사는 '하나님'에 해당하는 용어가 절실히 필요했다. "파괴적인 능력을 소유하고 하늘에 거하는 존재"라는 사모인들의 개념은 성경적 의도에 잘 맞지 않았다. 모든 곳에 충만한 영적 세력에 대한 사모인들의 이해 또한 충분치 않았다. 쇼우 박사가 사모인들에게 이미 친숙한 관계와 정체성에 대한 두 가지 아이디어들을 결합했을 때, 사모인들을 '오예'(oye)와 '아요'(ayo) 두 단어에 대한 그들의 인식을 새롭게 할 수 있었다. 이 두 단어가 합성된 의미에 대해 새로운 이해를 가지게 되었던 것이다. 이 복합용어는 존재하시며 그 성품이 언어에 의해 결정되지 않는 하나님에 대한 그들의 이해를 충분하게 했다. 새롭게 만들어지기는 했지만 하나님에 대해 상관성을 갖는 용어를 사용함으로써, 사모인들은 좀더 진보된 신학적 적용을 할 수 있었다. 예수를 표현하면서 맏형이라는 관계 지향적 용어를 확대하여 사용함으로써, 문화적으로나 성경적으로 의미와 설득력을 갖게 했다. 하나님의 숨결로서의 성령은 새로운 성도들의 힘과 삶의 본질이 되었다. 하나님을 표현하면서 '오예 아요'(oye ayo)라는 용어를 사용하는 것은 사모인들의 "인식적 텍스트"(conceptual text)에 일치하는 파문 효과를 야기했다. 이 의미론적 연어(sematic constellation)는 사모인들에게 삼위일체를 이해할 수 있는 길을 열어주었다. 이는 또한 이전부터 존재했던 사모인들의 신화에 기초하여 조상들-성경에도 기록되어 있는 개념으로, 하나님의 진리에 속한 것이다-에 대한 새로운 이해를 가질 수 있었다. 이러한 일련의 흐름 속에서, 쇼우 박사와 그의 번역팀들 또한 이전에 알지 못했던 전혀 새로운 통찰력을 얻을 수 있었다.

지역상황에서의 신학화 작업은 성경적, 그리고 사회언어학적 상황들-메시지가 전달되는-에 대한 이해를 요구한다. 이는 세계관에 대한 문제이고 어떤 특정한 해석학적 공동체 내에서 발생하는 기독교인들의 체험에 어떤 영향을 미칠 것인가에 대한 문제인 것이다. 이런 생각이 이제 제9장에서 다루게 될 상관성 있는 의사전달에 대한 논의로 나가게 한다.

NOTE

1) 사모인들에게 있어서 생명이란 조상들과의 무한한 연결을 제한적인 표현으로 드러내는 것이다. 그들의 우주관은 일종의 성육화 구조(incarnational structure)를 제공하는데, 그 구조 안에서 생명을 통해 주기적으로 순환하는 조상들은 새로 태어난 신생아에게 활력을 불어넣어 주고, 삶을 영위하게 해주고, 또 죽음에 이르게 했다가 다시 지구상에 태어나는 새로운 신생아들이 악과의 끊임없는 투쟁을 겪어 나가는 것을 도와 동일한 일을 반복하도록 한다(Shaw, 1996: 97). 그리스도께서는 이 순환구조를 끊으셨다. 사모인들에게 있어 그리스도는 창조와 해방의 능력을 통해 얻어지는 부활을 소유한 영생 사이를 잇는 연결점이시다.

2) 사회구조와 사람들이 예배를 드리거나 하나님에 대해 생각하는 방식 사이에는 중요한 연관성이 있다. 종교는 하나님을 이해하고자 하는 인간의 노력이다. 사실 구원을 희구하는 노력이다. 반대로, 기독교는 하나님께서 사람과 관계를 맺으시고 사람들에게 반응하고자 하신다고 단언한다. 하나님께서는 사람들과 더불어 관계를 정립하시길 바라시고, 그 관계는 인간의 문화적 상황 속에서 발생한다. 성육신이 중요한 이유가 여기에 있다. 기독교 신앙은 종교에 대한 것이 아니고 관계에 대한 것이다. 기독교 메시지는 각 사회에 전달되고,

각 사회에 속한 사람들로 하여금 사람들의 독특한 세계관을 통해 거룩한 정보, 즉 하나님의 말씀을 독특한 방식으로 이해하도록 한다.

3) 이런 방식으로 사모인들은 삼백 곡이 넘는 노래를 만들었다. 그들이 누려 왔던 전통적 삶과 같이, 많은 곡들은 개인의 체험을 반영한 것이고 그들에게 일어난 이야기들과 하나님께서 그들을 도우신 방식에 대해 노래한 것들이다. 오늘날에는 그들이 살고 있는 밀림 밖에서 들여 온 기타가 이들 노래를 부를 때 사용되곤 한다.

4) 교회는 항상 사모인들을 위해 존재했으나, 주일 오전 11시에 있는 전통적 예배에서는 여전히 외부세계에서 온 목사와 선교사들의 지대한 영향을 받았다. 그러나 사모인들이 음식을 확보하고 그들의 삶을 유지하는 데 필요한 일시적 휴식을 제공해 주는 한, 이 점에 대해 아무런 이의도 제기하지 않는다.

5) 1973년 사모인들을 이 책의 공동저자인 쇼우 박사를 통과의례에 참여시키기로 결정했다. 그렇게 함으로써 쇼우 박사를 사모사회의 혈족구조에 완전히 편입시켰다. 거의 대부분의 남자들과 일부 여자들이 쇼우 박사의 통과의례에 참여하였다. 그렇게 함으로써 쇼우 박사가 사모 교회 안에서 리더십 역할을 할 수 있도록 했다.

6) 1981년 쇼우 박사와 그 가족은 사모인 마을을 떠나 현재 쇼우 박사가 교수로 섬기고 있는 풀러신학교의 선교학부가 자리잡고 있는 파사데나에 정착했다. 쇼우 박사 가족이 떠나고 난 후, 사모인들은 그들의 신앙 이해의 근본으로 성경을 사용하면서 "그들에게 말씀하시는 하나님"으로부터 들은 바를 새롭고 흥미로운 방식으로 그들의 삶에 적용하기 시작했다. 그 결과는 그 지역 전체를 통해 퍼져나간 피플 무브먼트(people movement, Tippett, 1971: 198이하 참조)로 드러났다. 지난 수년 간 계속되었던 주기적인 방문을 통해, 댄 쇼우 박사는 사모인들의 문화변혁에 어떤 영향력도 행사하지 않으면서 문화변혁의 영향 자체에 대해 기록했다(Shaw, 1996: "영매로부터 목사로"라는 제목의 7장 참조).

제9장
상관성 있는 복음전달의 추구

하나님께서 전하시고자 하는 메시지는 수용자들이 텍스트를 접할 때 사용하는 심층적 차원의 의미들로 이해된다. 이 과정은 영적이고, 기술적이며, 동시에 관계적이다.

삶이란, 매일매일의 의사결정과 삶의 질에 영향을 미치는 의미, 기회 그리고 관계가 끊임없이 병치되어 드러나는 상황이다. 가치와 관심의 잠재적 충돌이 수반되는 복잡한 타문화권 생활은, 생활에 방해가 되는 방해 요소들(interruptions)로 드러날 것들에 대한 관심으로 치우치지 않는 한, 매우 흥미로운 삶(exciting life)을 만들어 낸다. 의사를 전달하는 것과 의사전달자가 되는 것(행함 대 존재) 사이는, 이 책의 공동 저자인 댄 쇼우 박사가 어느 날 오후 발견했던 것처럼, 서로 명백히 구분되지 않는다.

바깥에서 소동이 일고 있을 때 나는 앉아서 연구 중에 있었습니다. 그때 밀로가 일견에도 확연히 알아볼 수 정도로 정신이 빠진 모습으로 뛰어 들어왔습니다. "사람들이 보이두보(Woiduwo)를 잡으러 왔어요. 셀로리(Seloli)가 다시 도망갔기 때문이래요. 당신이 나와서 해결해 주어야 할 것 같아요!" 밀로와 보이두보는 지난 2년 동안 너무나 행복한 결혼생활을 하고 있었습니다. 그러나 교환결혼의 조건으로 소디요비(Sodiyobi) 마을에 사는 다바(Daba)라는 이름의 남자에게 시집을 간 밀로의 자매는 그렇지 못했습니다.[1] 그들의 관계는 매우 힘들었는데, 때로는 사람들이 보는 앞에서 서로 싸우거나 나쁜 감정을 드러내는 것으로 표현되기도 했습니다. 당시 다바의 형제들이 와서 보이두보를 다시 데리고 가서 다바를 위해 더 나은 아내감이 나타났을 때 교환하려 하고 있었습니다. 밀로는 내게 와서 그의 손위 형으로서 셀로리를 다바에게로 돌려보내도록 해서 자신과 보이두보가 행복한 결혼생활을 계속할 수 있게 하는 것이 나의 의무라고 말했습니다. 참으로 어려운 의무였습니다. 나는 결혼상담가도 아니었습니다. 내가 디도서의 초벌 번역을 위해 작업하고 있던 사무실로 불행한 결혼생활을 하고 있던 두 명의 남녀가 안내되어 들어오고 있을 때, 나는 짧은 순간 기도를 드렸습니다.

사모인들의 관계에 대한 나의 이해와 내 면전에 놓여 있는 디도서 2장에 대한 번역을 근거로 해서, 나는 이 부부가 하나님의 기대하심 뿐 아니라 문화적 기대에도 못 미치는 결혼생활을 하던 이유가 무엇인지에 대해 탐색하기 시작했습니다. 나는 5절 내용을 읽고 나서 셀로리에게 그녀가 그녀의 남편에게 잘 복종해서 "하나님으로부터 온 메시지에 대해 아무도 악한 말을 하지 못하게 한" 좋은 아내였는지를 물었습니다. 그녀는 우물쭈물하다가 그렇지 못했다고 대답했습니다. 나는 몸을 돌이켜 다바에게 6절을 읽어주었습니다. 그리고 그에게 자제심을 잃지 않은 삶을 살았는지를 물었습니다. 그 성경구절은 성격이 매우 급했던 이 젊은이의 관심을 사로잡았습니다. 그러고 나서 나는 두 사람 모두가 다른 사람들이 자신들의 행위를 비판하지 않도록 행동할 것을 권면하고 난 뒤 그들과 더불어 기도했습니다. 그 다음, 나는 그들로부터 마을로 돌아가 깨어졌던 결혼관계를 회복시키는 데 심혈을 다하겠다는 약속을 받아냈습니다. 다바와 셀로리는 그들이 속한 마을로 돌아갔고, 밀로는 내게 한량없는 감사를 표시했습니다. 개인적으로, 나는 다바와 셀로리가 하나님께서 주신 자극(성경말씀의 가르침)에 긍정적으로 반응하는 것을 보며 기뻤습니다. 하나님의 말씀은 그들 두 사람 뿐 아니라 서로를 존중하는 결혼생활의 결과로 서로가 좋은 동맹이라고 생각하게 된 크보비(Kwobi) 마을과 소이요비 마을 사람들에게도 영향을 끼쳤습니다. 이 사건을 통해 하나님께서 영광을 받으신 것입니다.

하나님의 말씀을 효과적으로 전달하고 있는 현대 복음전달자들은, 우리가 앞에서 다루었던 복수의 지평들이 대면하고 있는 현실에서 살아가고 있는 사람들이다. 그들은 시간과 공간 사이를 흘러가고 있는 진리의 발전 과정에 참여하고 있다. 사실, 복음전달자들은 진리가 발전하는 과정에서 중요한 역할을 하고 있다. 복음을 전달할 때 우리 모두는 필연적으로 "번역자"가 된다. 만일 복음을 전달하는 우리가 진리에 충실하고자 한다면 몇 가지 사실에 대해 이해하고 있어야 한다. 특정 성경구절을 이해하고자 할 때 그 구절이 속한 절과 책, 그리고 성경 전체라는 맥락 안에서 원래 저자가 의미하고자 했던 의미를 이해해야 한다. 성경구절이 기록되었던 시간과 장소 속에서 그 구절이 사람들에게 전하고자 했던 의미가 무엇이었을까? 그 구절을 통해 전하고자 했던 메시지는 무엇이었을까? 이것을 이해하고 난 후, 계시의 역사와 하나님의 백성들이 살아온 역사 안에서 해당 구절이 형성된 과정을 이해해야 한다. 해당 성경구절이 형성된 과정을 이해하는 것이 우리의 영성과 관련되어 있다는 사실을 이해해야 한다. 그리고 난 후, 변혁의 일꾼들로서 해당 구절이 품고 있는 메시지가 새로운 상황 또는 현대적 상황 속에서 소개될 때 하나님에 대해 어떤 새로운 이해가 형성될 것인지에 대해 이해해야 한다. 그렇게 함으로써 오늘날을 살아가고 있는 사람들이 인간을 향하신 하나님의 메시지를 추정하는 것을 지켜보는 기쁨을 누릴 수 있게 된다. 우리가 이 책 전체를 통해 주목해 본 것처럼, 그렇게 할 때 구신학(old theology)에 새로운 통찰력을 추가하게 된다. 문화처럼 신학도 교회의 변화에 발맞추어 항상 변화한다. 그리고 그 결과 주변 공동체에게 복음을 증거할 수 있게 된다. 비록 신학이 그 근간으로 삼는 성경 자체는 변하지 않으나, 시대가 흐름에 따라 우리가 기대하지도 못했던 놀라운 의미에 대한 의미론적 연어에 대해 깨닫게 된다. 하나님께서는 이러한 놀라운 과정을 통해 새로운 진리를 전달해 주신다.

1. 복음전달에 대한 삼차원적 접근방식

인도라는 상황 속에서 전개되는 복음전달을 위한 번역에 관한 논문에서, 크리스티나 알라이카미(Christeena Alaichamy)는 의사전달의 주요 요소들을 반영하는 모델을 발전시켰다. 이들 세 가지 요소들은 제3부에 속한 장들(제7, 8, 9장)에서 자세히 다루고 있다. 알라이카미는 이들 요소들을 각각 "영적", "기술적" 그리고 "관계적" 요소라고 불렀다. 그녀는 효과적인 복음전달이 발생하기 위해서는 이들 세 가지 요소들이 번역에 포함되어야 한다는 견해를 주장했다(1997: 14이하). 이러한 통찰(그림 9.1을 보라)은 사람들이 성경이 전하는 메시지를 유용한 것으로 받아들이게 하는 과정을 제시한 것이다. 그러나 이는 또한 우리가 이미 제기했던 네 개의 지평과 해석학적 이슈와도 관련이 있다. 각각의 요소는 그 자체로 독특하면서도 전체를 이루기 위해 다른 상호작용하는 일련의 가정들을 포함하고 있다. 각각의 국면에는 의사전달자와 수용자 간에 연결점이 존재한다. 우리는 제5장을 통해 "기술적" 측면을 적절한 의사전달 이론의 일부로 다루었다(그림 5.2 참조). 그림 9.1에서 우리는 이 측면을 상관

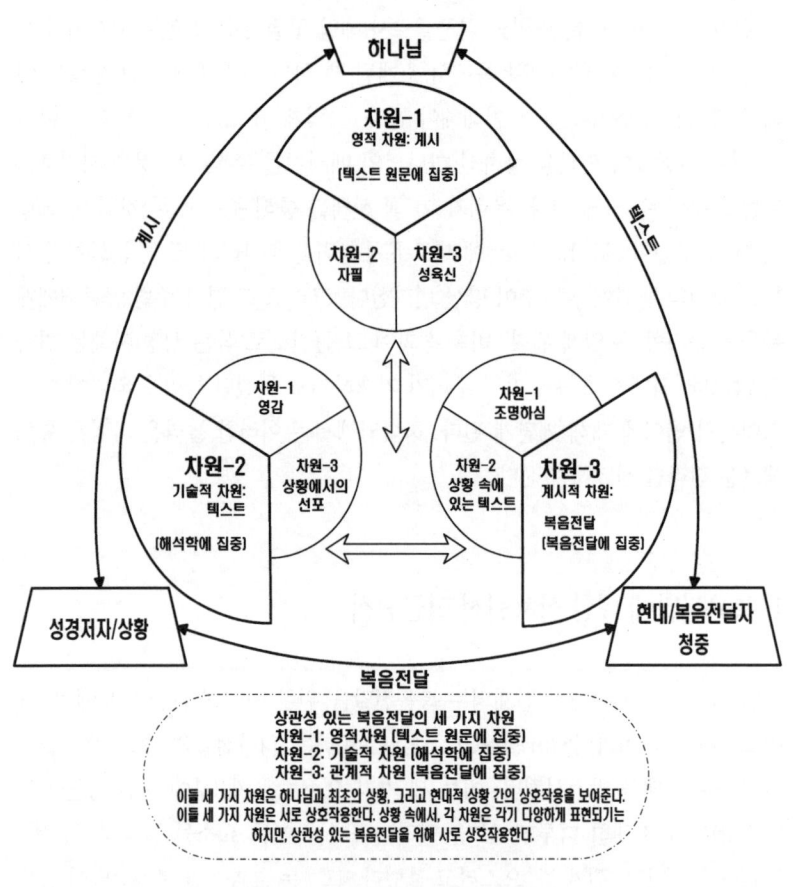

그림 9.1. 복음전달에 대한 삼차원적 접근

성 있는 복음전달에 기여하도록 결합시켰다.

　이 과정은 사람들에게 의사를 전달하시고자 하시는 하나님의 영적인 의도로부터 시작한다. 성육신의 원리를 따라, 하나님께서는 사람의 상황 속으로 들어오셔서 사람들의 언어를 사용하시며 그들의 경험 내에서 중요한 것으로 취급되는 이슈들에 대해 표명하심으로써 사람들과 더불어 상호작용하셨다. 지평들에 대한 토론에서, 하나님과 사람 사이에서 발생하는 복음전달은 지평 I과 II 상에서 전개되는 계시적 행위 안에서 발현된다. 이는 직접(혹은 신적)계시를 의미할 뿐 아니라, 의도를 품고 오시는 복음전달자(하나님)의 권위를 형성한다. 이 차원에서 최초의 복음전달자는 하나님이시다. 하나님께서 의도하셨던 메시지가 어떤 특정한 청중들에게 전달되었을 때, 그 메시지는 매우 명확하게 전달되었다. 그러나 하나님께서 사람들에게 직접적으로 말씀하신 경우는 매우 드물었다. 하나님의 말씀이 사람들에게 전달되는 과정에는 일반적으로 그 말씀을 받아 기록하여 전달하는 인간 저자가 포함되었다. 이와 같은 인간 저자에 대한 고려가 우리를 기술적 차원으로 나아가도록 한다.

　성경의 저자가 영감된 메시지를 받았을 때, 그들은 해당 메시지를 가장 먼저 들을 수용자들(하나님께서 목표로 하셨던 청중들)이 이해할 수 있게 하기 위해 어떤 매개체를 이용하여 메시지를 제시하는 방식을 모색했다. 복음의 전달자들로tj, 이들 성경 저자는 하나님께서 말씀하신 내용을 수용자들의 언어와 문화로 재창조하는 과정을 거쳤다(이는 여전히 지평 I과 II에 관련되어 있다). 시간이 흐르면서 동일한 메시지를 받은 청중들은 그들이 이미 알고 있는 하나님과 그들이 속한 환경에 대한 지식과 일치하는 새로운 아이디어들을 받게 되었다. 신학적으로 이는 "점진적 계시"(progressive revelation)라고 불린다. 점진적 계시는, 하나님께서 당신을 아는 사람들이 당신에 대한 그들의 이해를 메시지를 해석하는 데 적용하기를 바라고 계시다는 것을 이해하는 것이 중요하다. 이 기술적 차원은 효과적인 복음전달을 확실하게 하기 위해 고안되었다. 여기에서 저자이면서 동시에 복음의 전달자가 된 사람들은 하나님께서 그들에게 전하신 메시지를 그들이 이해한 그대로 전했다. 신학적으로 이는 "자필문서"(autography)라 불려왔으며, 분석의 대상이 될 수 있는 텍스트를 구성했다. 전통적으로 이 차원의 초점은 주석에 맞추어져 있으나 특정한 상황과 언어, 그리고 상황에 대한 강력한 해석학적 요소도 포함된다. 하나님께서는 모세에게 구체적으로 말씀하셨고, 모세는 그 메시지를 하나님께서 의도하신 대로 바로와 아론, 그리고 이스라엘 백성들에게 전했다. 어느 정도까지는, 모세가 속한 상황의 특수성이 복음전달을 위한 수단이 되었다. 말 이상의 것들-복음전달과 그에 대한 해석에 영향을 끼친 출애굽과 연관된 이적과 기사들-이 사용되었다. 이들 텍스트 이외의 활동 요소들은 말씀의 진실성을 강화하는 작용을 했다. 하나님과 모세는 수용자들로 하여금 하나님께서 전하고자 하셨던 메시지를 이해하도록 하기 위해 하나의 팀으로 일했다.

성경 저자가 살았던 상황에 속하지 않은 사람들에게 전달된 것들은 어떤가? 이 부분은 알라이카미의 접근방식 중 관계적 요소가 다루는 분야다. 복음전달자(지평 III)는 복음(지평 IV)을 전하고자 하는 대상들과 밀접한 관계 속에 있어야 한다. 복음이 전달되는 특정한 상황을 이해함으로써, 복음전달자들은 성경에서 발견할 수 있는 비교 가능한 주제들을 활용할 수 있다. 이런 과정을 거침으로써, 예수께서 새로운 상황 속으로 성육신하시게 된다. 간혹 복음전달자들은 수용자들이 예수를 대면할 수 있도록 하기 위해 말씀을 구체화시키기도 한다. 이 관계양식에 포함된 다양한 부분이 사람들과 더불어 대화를 나누고자 하시는 하나님의 의도에 대해 중요한 정보를 전달한다. 메시지는 더 이상 직접계시(direct revelation) 또는 영감(inspiration)을 통해 나타나지 않고, 조명하심(illumination)을 통해 나타난다. 메시지가 조명하심의 형태로 나타날 때, 적절한 방식으로 메시지를 이해하기 위해 복음전달자와 수용자가 상호작용한다.

이러한 접근방식을 통해 각 요소는 영적, 기술적 그리고 관계적 측면을 갖게 된다. 그리고 각 요소는 각각의 단계에서 발생하는 전체과정의 일부를 형성한다. 사람의 상황 속으로 들어오시는 하나님, 하나님께서 주신 말씀을 이해하여 재창조하는 성경 저자들, 그리고 생명력 있는 메시지를 전하는 복음전달자들. 이 모든 것을 통틀어서, 초점은 당신이 창조하신 피조물과 더불어 상호작용 하고자 하시는 하나님께 맞춰져 있다. 하나님께서는 당신이 인간들에게 말씀하시고자 원하시는 것이 무엇인지를 알고 계실 뿐 아니라, 그것을 이루는 데 필요한 적절한 성육신이 무엇인지에 대해 알고 계신다. 성경 저자들과 복음전달자들은 서열의 능력 안에서 하나님께서 전달하시고자 의도하신 것이 무엇이고, 수용자들이 전달받는 것이 무엇인지에 대해 관심을 기울여야 한다. 이는 텍스트에 포함된 단어들 그 자체가 아닌 (하나님께서 의도하신 바를 선포하는 것에 대하여) 복음전달의 영이 확신하는 것을 강조하는 것이다. 이렇게 본다면 텍스트 그 자체는 매개체(비록 이것이 전달되었다 하더라도)가 된다. 사람들은 그 매개체를 통해 하나님을 알 수 있게 된다. 선포는 항상 공동체 안에서 이루어져야 한다. 또한 헬라어나 히브리어 단어들과 그 단어들이 어떻게 다른 상황으로 전달될 수 있는지에 대해서가 아닌, 하나님과의 관계에 그 초점이 맞추어져야 한다. 동시에 복음전달의 영적, 기술적 그리고 관계적 요소를 함께 어울러서 하나님을 알려줄 환경을 창출해 내야 한다. 이제 우리는 복음전달의 세 가지 주요 요소들-영적, 기술적 그리고 관계적-을 실험해 봄으로써 알라이카미의 접근방식에 대해 살펴보고자 한다.

1) 복음전달의 영적인 측면들

라민 사네는 나이제리아 출신으로는 최초로 성공회교회의 아프리카인 주교가 된 사무엘 아자이 크라우더(Samuel Ajayi Crowther)에 대해 말하면서 알라이카미의 관점을 보강했다. 사무엘 아자이 크라우더 주교는 그가 활동했던 19세기 중반보다 시대적으로 앞서 있던 사람이었다. 그는 선교와 번역을 통한 복음전달이 문화적 상징들과 현존하고 있는(living) 신앙 사이에 어떤 결연관계를 형성한다는 사실에 대해 인식하고 있었다.

> 크라우더는 번역이 단지 정해진 틀에 짜여 진행되는 기계적 활동 이상의 것이라는 사실과 수용자들이 소유하고 있는 어떤 문화적 특징이 포함되어 있다는 것에 대해 인식하고 있었다. 그에게 있어 언어는 단지 한정적이고 일시적인 목표를 달성하기 위해 만들어진 도구가 아니었다. 언어는 사람들의 정신을 반영하고 가치에 대한 사람들의 느낌을 조명하는 역동적인 문화의 원천이었다…번역자는 반쯤은 특별한 생각 없이 전달되는(half-conscious) 언급들의 이면에 존재하는 의미를 캐내어 그 안에 축적되어 있는 보화를 개간하기 위해, 그 자신에게 문화적으로 친숙한 것들에 대해 둔감해질(dim

familiarities) 준비를 하고 있어야 한다…그러므로 기독교적인 것들이 그 이해의 깊이를 더해가는 과정에서 [전통적으로 전해 내려오는] 종교적 타당성을 침해해서는 안 된다. 그렇게 할 때, 새로운 개종자들이 종교적 감성에 관해 더욱 풍성한 내용(repertoire)을 보유하게 된다(Sanneh, 1989: 165, 171).

오늘날, 우리는 다음 차원에 대한 크라우더의 이해를 취하여 하나님의 말씀이 사람들이 보유하고 있는 하나님이 누구신가에 대한 영적 이해를 더 심오하게 해준다는 사실에 대해 확신해야 한다. 이는 우리 모두를 위해 매우 중요한 지적이다. 사네는 다음과 같이 계속 말했다.

토착적 등가(an indigenous equivalent)가 성경의 하나님에 대해 적용될 때, 하나님의 이름으로 예배하는 사람들은 해당 용어와 관련된 다른 토착적인 것들도 등가원칙의 차원에서 받아들이게 된다…그렇다고 해서, 토착적 등가의 적용이 변화의 가능성을 부정하는 것은 아니다. 반대로, 이는 변화를 합법화하고…잠재적 어려움을 해결하는 데 도움을 준다(1989: 177).

나이다와 타버는 역동적 등가(dynamic equivalent)라는 그들의 개념이 성경번역에 적용되었을 때 해석학적으로 폭발력을 발휘할 것이라 기대했다(Nida and Taber, 1981). 후에 찰스 크래프트가 이 개념을 선교사역 전반으로 확대했다(Kraft, 1979). 길릴랜드는 이에 대해 다음과 같이 말한다.

핵심적 진리는 절대적인 데 반해, 복음의 전달과 적용은 지역적 필요와 질문에 일치한다. 이것은 우리가 필요성이 발생할 때마다 예수를 모든 상황에 과도하게 일치시켜야 한다는 것을 의미하는 것이 아니다. 오히려 이는 사도적 증인이 증거하는 그리스도에 대한 신앙에 온전히 닻을 내리는 동시에, 복음의 즉각성(an immediacy)도 필요하다는 것이다(Gilliland, 1989c: 53).

그렇다면 새로운 수용자 문화 속에서 어떤 방식을 통해 "내가 너희의 하나님이 되고, 너희는 나의 백성이 되리니, 내가 너희 가운데 거할 것이라"라 말할 수 있겠는가? 사람들은 또 그 내용에 대해 어떻게 말할까? 이것이 어떻게 이해될 수 있을까? 이에 대한 답변이 단어 또는 구를 단순히 "문자적으로" 번역하는 것이 아니라는 것은 분명하다. 아니다. 오히려 우리는 본질적 관계가 형성되는 새로운 상황 속에서 새로운 이해를 창출할 방법을 모색해야 한다. 돈 리차드슨의 "평화의 아이" 개념은 이런 종류의 해석학적 고민 속에서 나온 것이다. 하나님께서는 리차드슨이 사용한 단어에 대해선 그리 큰 관심을 보이지 않으셨을 것이다. 그러나 하나님께서는 리차드슨이 사위(Sawi) 사람들과 맺은 관계와 그들이 도출해 낸 하나님에 대한 이해에 대해서는 관심을 기울이셨을 것이다.

복음전달의 가능성에 대한 원리와 관련한 한 가지 예로서, 사도 바울이 헬라인 청중들에게 복음을 전하는 과정에서 사용한 "화해"의 개념에 대해 헬라인들이 가지고 있던 이미지를 사용한 것의 정당성에 대한 명백한 논리적 근거를 제공한 길릴랜드의 말을 다시 한번 인용하고자 한다.

> 바울은 끊임없이 각 지역에서 제기되는 질문들에 대한 답변으로 사용할 수 있는 가장 적합한 단어가 무엇인지에 대해 모색했다. 그는 진리를 전달할 때 해당 지역에 속한 사람들에게 가장 큰 영향을 줄 수 있는 표현들이 무엇인지를 발견했다. 유대인들에게 복음과 관련한 이슈들을 전달할 때는 유대인들이 즐겨 사용하는 용어를 사용하는 데 이의를 제기하지 않았다…그러나 전통적 표현들에 대한 바울의 충실함이 어떤 용어를 사용할 것인가에 대한 최종적 지침이 된 적은 결코 없었다…랄프 마틴은 사도 바울이 이방인 세계의 정서에 일치하는 단어인 '카탈라소' (화해시키다)와 '카탈라게' (화해)를 사용한 것에 대한 사례를 들고 있다. 헬라인이 소유하고 있던 세계관은 사람과 그들이 섬기는 신들 간에 발생하는 긴장감을 해소하기 위한 방법을 모색했다. 그러나 이러한 헬라의 세계관에서 기인된 용어는 유대인들이 사용하기에는 적합하지 않았다. 그리스도의 중보사역에 대해 유대인들이 받아들일 수 있는 용어는 '힐라스케타이' (화해시키다, 속죄하다)였다… '카탈라소' 의 사용에서 발견되는 놀라운 사실은, 이 단어가 신학적인 방식으로 사용되지 않고 항상 세속적인 맥락에서만 사용되었다는 점이다. 예를 들면, 외교적 교환에

서 이 단어는 "우정을 위한 환대의 교환"으로 번역되었다. 바울은 이 "세속적인" 단어를 취해 유대인들과 이방인들이 함께 하나님 앞에 나오는 방식에 대한 아름다운 그림을 그렸던 것이다(Gilliland, 1989: 55-56).

사네는 이 과정에 대해 더욱 심도 있게 다루면서, 우리에게 일련의 경고를 준다.

직역하는 방식을 모색하는 것이 갖는 위험성(deceptive power)에 대해 주목할 필요가 있다. 그리고 성경에서 실제로 의도한 것보다 번역자가 더 (혹은 덜) 말하는 것이 갖는 위험성에 대해서도 주목할 필요가 있다…그리고 번역자가 토착문화의 뉘앙스라는 유사(流砂) 속으로 빠져 들어가는 것의 위험성에 대해 주목할 필요가 있다(Sanneh, 1989: 195).

따라서 이런 해석학적 흐름은, 가장 나쁜 질문 곧 "이 텍스트를 어떻게 번역할 것인가?"에 대한 질문을 거부하는 것에 대한 신학적 논거가 된다. 우리가 실제로 제기해야 할 질문은, "하나님께서 이 텍스트를 전하실 때 의도하고 계셨던 바가 무엇이었을까?"가 되어야 할 것이다. 다른 말로 하자면 "만일 하나님께서 지금 우리가 당신께서 의도하셨던 바를 전달하고자 방도를 모색하고 있는 특정한 상황에 계신다면 어떤 단어를 선택하셨을까?"가 되어야 한다. 또 다른 말로 표현하자면, 최초로 복음이 전달된 상황으로부터 역사의 물줄기를 따라 흘러내려 온 의미의 발전이 있었다고 가정한다면, 하나님께서 말씀을 전달하신 최초 장소에서 사람들과 관계를 형성할 때 사용하셨던 개념과 동일한 개념을 지금 현재라는 상황 속에 제시하기 위해 사용할 수 있는 가장 최선의 방법은 무엇일까?

그렇다면 하나님의 말씀은 사람들이 경험하는 셀 수 없이 많은 경험들에 대한 내러티브를 제공하는데, 이들 내러티브는 하나님께서 사람들과 더불어 상호작용하실 때 발생하게 된다. 아마도 이것이 오늘날 내러티브(이야기를 말하는 것)와 그 내러티브로부터 등장한 신학이 그토록 중요하게 취급되는 이유일 것이다. 우리가 어디에서 이야기를 접하든지 간에, 기본적으로 전달되어야 하는 메시지는 동일하다. 크래프트는 성경을 우리를 흥분시키는 "사례연구들로 가득한 책"에 비유한다. 이들 사례는 하나님께서 당신께로 인도하고 싶어 하시는 모든 사람들과 더불어서 관계를 형성하시는 사건들에 대한 이야기들이다(1979: 198이하). 이는 이 세상 전역에서 흩어져서 살아가고 있는 사람들이 소유하고 있는 각종 신화들과 구전으로 전해 내려오는 역사를 통해 반복되고 있는 이야기들과 동일한 이야기다.

뉴기니 섬의 북쪽 해안가에 거주하며 삶을 살아가고 있는 키리보브족(the Kilibob)의 이야기는 전 인류가 공유하고 있는(panhuman) 이런 주제들-이 세상은 완전하게 창조되었다. 왜곡된 인간의 욕망(한 형제가 살아남기 위해 최선을 다하고 있는 동안 해결책을 가지고 돌아올 것이라고 약속하고 떠난 다른 형제로 인해 결과 된)으로 인해 훼손되었다-을 공명해 준다. 뉴기니의 동일 지역에 존재하고 있는 소위 화물 숭배(cargo cult)는 구원책을 가지고 돌아오기로 약속하고 오래 전에 떠난 형제에 대한 희구를 반영한 것이다. 존 스트레란(John Strelan)은 이러한 종교적 표현들을 문서로 정리하고, 이를 만족을 모르는 인간의 "구원에 대한 희구"로 묘사했다(Strelan, 1977). 이 이야기에 등장하는 "화물"은 잃어버린 삶의 질을 회복하는 것의 필요에 대한 인식을 반영하는 것이다. 회복된 관계에 대한 인식과 단지 인간의 힘만으로 그것을 이룰 수 없다는 것에 대해 말하는 이야기들이 많이 존재한다. 사람의 환경을 넘어서는 속죄의 근원에 대한 인식은 유토피아로 귀결된다.

이런 이야기는 시대와 지역을 넘어 전 세계 곳곳에 존재한다. 이런 이야기들은 사탄이 감추어 버린, 아니면 매우 미약한 부분일지는 모르나 핵심적인 부분을 왜곡시켜 버린 진리에 대한 인간의 희구를 드러낸다. 그리고 그 결과는 아담과 하와로 인해 시작된 문제를 해결하실 수 있는 유일하신 하나님께서 설정하신 핵심 부분을 놓쳐 버린 인간의 죄다. 성경은 인간의 이야기에 대한 해결책을 포함하고 있다. 우리는 어디를 가든지 이 해결책에 대해 말해야 한다. 어떤 방법을 사용해서라도 이 해결책을 전달해야 하고, 그렇게 함으로써 메시지를 전달할 때 사람들이 그들 자신의 어떠함에 대해 인식하고, 또한 예수를 인식할 수 있도록 해야 한다.

2) 복음전달의 기술적 측면들

　알라이카미의 접근방식이 말하는 복음전달의 두 번째 측면은 우리가 전달하는 것이 정확히 무엇인지를 아는 것과 관련된다. 이는 진리에 대한 논란과 제1장에서 다루었던 텍스트의 성격에 대한 논의로 돌아간다. 원문 텍스트(the source-text)에 관한 전반적 질문들에 대해 고려하지 않았음에도 불구하고, 우리는 복음전달자들이 가능한 한 저자의 의도를 이해하는 데 최선을 다해야 한다고 주장했다. 마지막 분석에서 우리는 "이것이 우리가 가지고 있는 것일 뿐만 아니라, 이것이 우리가 전달하고자 하는 것이다. 이것을 설명하기 위해 주해를 하는 것이고, 주해를 함으로써 저자의 의도를 신중하게 다루게 된다"라고 말했다. 원문 텍스트를 통해 저자가 전달하고자 했던 의도는 무엇이었을까? 실제로 사용된 단어와 구절은 무엇이었까? 이런 식의 분석 또한 해석학적 나선구조를 포함하고 있다. 이 텍스트가 어떤 상황들 속으로 퍼져 들어갔는가? 그리고 그 상황 속에서 이 텍스트는 어떻게 인식되었는가? 이런 질문들은 우리가 하나님께서 의도하셨던 의미를 새로운 상황에서 전달하고자 하는 방법을 모색할 때 중요한 반면, 전혀 다른 환경들로 둘러싸인 상황적 격자(contextual grid)와 일치하는 상관성을 창출하기 위해 고안되어질 수 있는 메시지를 고대하는 것도 중요하다.

　그러나 이를 이루기 위해서는, 전체로서의 성경과 세상에 대한 성경의 영향에 관한 개괄적인 시각 또한 필요하다. 우리는 성경 전체와 신학의 역사적 발전에 대한 전반적 이해가 우리가 현재 깨닫기 위해 연구하고 있는 텍스트에 어떤 영향을 미쳤는가에 대해 이해하고 있어야 한다. 테이프스트리(제3장에서 제시했던)로서의 성경에 대한 개념은 우리가 성경을 이해하는 데 도움을 준다. 성경을 하나님께서 벌이신 사역행위가 테이프스트리화된 것으로 보는 것은, 역사적 상황들의 다양성(성경계시가 발생한 다양한 문화적 환경들)과 역사의 순간마다 드러난 하나님의 자기계시(self-disclosure, 그림 3.1을 참조하라) 모두를 신중하게 대하는 태도를 반영하는 것이다. 우리는 또한 성경의 많은 분량을 구성하고 있는 내러티브 형식의 구조에 대해서도 신중하게 다루어야 한다. 이는 교회사를 통해 강조되어 왔던 것이고, 최근에는 내러티브 신학(narrative theology)이라는 틀을 통해 그 관심사가 점차 고조되고 있다. 이러한 접근방식은 성경의 내러티브가 역사와 신학을 포함하고 있으며, 이 두 가지가 이야기 형식을 통해 하나로 통합되고 있다는 사실을 인식한다. 이야기 속에서 드러나는 이런 주제들은, 새로운 공동체에 속한 사람들이 하나님을 아는 방법을 모색할 때, 지역공동체가 보유하고 있는 주제들과 상호작용함을 통해 그들이 새로운 진리를 창출해 낼 수 있도록 해준다. 내러티브 신학은 성경에 등장하는 지평들과 성경이 오늘날 우리에게 전달되는 과정에서 거칠 수밖에 없는 지평들 사이에 교량을 구축하고자 하는 하나의 시도이다(Van Engen, 1996b: 45).

어느 정도까지는, 텍스트에 대한 이런 고찰은 지속성에 관한 이슈(a continuity issue)이다. 효과적인 복음전달은 이미 우리에게 알려진 사실에 대해 충실할 것을 요구한다. 그러나 동시에, 이 사실(복음의 내용—역주)이 새로운 상황 속에서 삶을 살아가고 있는 사람들에게 전달될 때, 그들에게 설득력을 갖기 위해 놀라울 정도로 다양한 방식으로 표현될 수 있다. 경우에 따라, 복음이 새로운 상황 속에서 너무 다른 방식으로 표현될 수도 있기 때문에, 어떤 사람들은 그것이 성경, 혹은 자신들이 물려받은 전통의 일부처럼 보이지 않는다고 말하기도 한다(제8장에서 사모의 영매를 사모인들을 위해 중보하시는 그리스도를 이해하는 데 적용했음을 기억해 보라). 그러나 우리가 네 개의 지평모델을 적용할 때 확인해 보았듯이, 메시지가 특정 상황에 상관성을 갖도록 재형성(reshaping)하는 일이야말로 정확히 하나님께서 하셨던 일임을 기억할 필요가 있다. 바리새인들은 토라와 선지서들을 갖고 있었다. 이 둘에 더해, 바리새인들은 성경을 해석하는 데 도움을 받기 위해 탈굼(Targum, 구약성경의 아람어 부분역)을 첨부했다. 그리고 그들은 자신들이 탈굼을 완전히 해석했다고 확신했다. 바로 그때, 하나님께서 그들의 메시아를 구유 안에 있는 아기로 드러내셨다. 바리새인들 중 그 누구도 구유 안에 누워 있는 메시아를 찾지 않았다. 그러나 목자들은 메시아를 발견했고, 천사들이 그의 초림을 선포했으며, 동방박사들이 그에게 경배했고, 마리아와 요셉이 그들 돌보았다.

사도행전 15장에서, 우리는 새로운 통찰이 등장하는 놀라운 사건을 목도할 수 있다. 사도행전 10장에 등장하는 고넬료와 그의 집안에 성령이 임하신 것을 기초로 하여, 하나님께서 이방인들도 사랑하신다는 사실이 분명해졌다. 이 증거 때문에, 사도들은 이방인들과 자신들의 유대적 유산들을 새로운 빛에 비추어 보기 시작했다. 교회사를 통해 볼 때, 마틴 루터는 이와 동일한 예를 한층 더 발전된 방식으로 보여주었다. 루터는 하나님을 두려워하던 수도사였다. 왜냐하면 그가 아는 하나님은 오직 심판자만이 되셨기에, 감히 그가 사랑할 수 있는 대상이 아니었기 때문이다. 그러던 어느 날 로마서 1장 17절, "오직 의인은 믿음으로 말미암아 살리라"라는 구절을 읽었을 때, 루터는 마치 그 구절이 성경으로부터 튀어나와 그의 눈에 빨려들어 오는 것 같은 느낌을 받았고, 전혀 새로운 의미가 그에게 투영되었다. 그는 그가 당시까지 알고 있던 거의 모든 것들을 재해석할 수 있는 기초를 발견했던 것이다. 마틴 루터에게 있어 이슈는 단지 율법과 은혜에 대한 것이었을 뿐만 아니라 독일 민족주의와 독일어에 대한 것이기도 했다. 루터가 성경을 번역한 데에는 신학적인 이유가 있었다. 루터는 이 구절을 보면서 바울이 신약성경과 구약성경에 등장하는 하나님의 은혜에 관하여 주장하고 있는 것에 대해 인식했다. 그는 즉각적으로 성경을 자신이 살고 있던 독일어로 번역하기 시작했고, 그렇게 함으로써 다른 독일인들도 방금 그가 이해한 통찰력과 동일한 통찰력을 얻을 수 있도록 했다. 독일 사람들이 믿음으로 말미암아 얻어지는 하나님의 은혜에 대해 더욱 풍성한 이해를 갖기 시작하자, 종교개혁이 그 형태를 갖추기 시작했고, 교회의 참다운 혁명이 그 모양을 갖추기 시작했다.

  복음의 전달자들로서, 우리는 텍스트가 말하고 있는 것이 무엇인지에 대해 우선적으로 살펴봐야 한다. 그리고 궁극적으로 하나님께서 그 텍스트를 통해 전하시고자 의도하신 것이 무엇인지에 대해 살펴봐야 한다. 교회는 항상 텍스트에 무엇인가를 더하려는 경향(텍스트와 전통; 텍스트와 단어에 대한 지식; 텍스트와 경험; 텍스트와 교의)을 보여 왔다. 로마 가톨릭 전통이 더한 것은 교회의 전통이었다. 계몽주의, 특히 칼 바르트 이전 19세기에는 성경에 임마누엘 칸트 식의 이성을 더했다. 우리 세대에 더하고 있는 것은 아마도 경험일 것이다. 그러나 우리가 텍스트에 무엇인가를 더할 때마다, 텍스트 자체가 훼손된다는 것을 명심할 필요가 있다. 텍스트에 더해진 것들이 드리우는 암운 때문에, 텍스트는 전하고자 했던 메시를 전달하지 못하게 된다. 역사적으로 십자군 전쟁을 변명하기 위해, 마녀사냥을 변명하기 위해, 히틀러를 변명하기 위해, 인종차별을 변명하기 위해, 아파르타이트(Apartheid, 남아공에서 만연했던 흑백 간 인종차별)를 변명하기 위해, 그리고 다른 모든 악한 것들을 변명하기 위해 성경 텍스트를 이용한 기독교인들이 있었다. 그 오랜 세월 동안, 전혀 비성경적인 아이디어들을 "기독교적인 것"으로 변명하기 위해, 사람들이 문화적 이슈들을 사용하는 방법을 발견해 왔다는 사실은 참으로 놀랄 만한 일이다. 이러한 무수한 잘못된 전례들에도 불구하고, 사람들은 여전히 하나님으로 우리를 판단케 하기보다는 자신들의 의도를 변명하기 위해 하나님을 이용하고 있다.

교회사를 통해, 텍스트에 무언가가 보태어질 때마다 성경 이해에 관한 문제가 곧이어 발생했고, 그 결과 번역(the translation)이 더 이상 하나님께서 의도하신 바를 충실하게 전달하지 못하게 되었다는 사실이 드러났다. 이것이 바로 "내가 이 텍스트를 어떻게 번역할 것인가?"라는 질문이 악한 질문이 될 수밖에 없는 또 다른 이유다. 오랫동안 복음전달자들은 복음을 새롭게 접하는 사람에게 텍스트가 내포하고 있는 정경의 의미론적 흐름(canonical semantic flow)에 새로운 빛을 비춰주는 역동적 해석(dynamic hermeneutic)을 허용하여 그들 나름의 새로운 신학을 발전시킬 수 있도록 허용하기보다는, 텍스트에 관해 자신들이 가지고 있는 이해와 신학, 그리고 교의를 부과하는 것으로 끝내는 경우가 다반사였다. 우리가 이 부분에서 초점을 맞추어야 하는 것은, 성경이 사람들의 삶 속에 실재(reality)로서 존재해야 한다는 사실이다. 성경은 문화와 상관성을 가지는 것이어야 한다. 성경은 그 메시지가 전달되는 상황에 대해 상관성을 가질 뿐만 아니라 동시에 비평적(문화에 대한 하나님의 비평이라는 관점에서)이기도 하다. 이렇게 되면, 결과적으로 복음전달자들과 수용자들 모두가 확신에 차게 될 뿐만 아니라 변혁적인 사람들이 되기도 한다.

3) 복음전달의 관계적 측면들

상관성 있는 복음전달에 대한 알라이카미의 접근방법이 가지는 세 번째 측면은 복음선포자가 복음을 제시하는 과정에 참여하는 방식과 관계있다. 드왈드와 나이다의 견해(deWaard and Nida, 1986)를 따르자면, 자아상(self-image)이라는 측면에서 뿐만 아니라 한 상황에서 다른 상황으로 진리를 전달하는 자로서, 복음전도자들이 스스로를 어떻게 보느냐가 중요하다. 전형적으로, 복음전달자들은 원문 텍스트와 수용자들 사이에 교량 역할을 하는 사람들로 여겨졌다. 그러나 복음전도자들도 사람이기 때문에, 텍스트 분석을 포함하여 그들이 하는 모든 일에 영향을 미칠 수밖에 없는 문화적 아이디어를 가지고 있을 수밖에 없다. 따라서 복음전달자들은 그들이 할 수 있는 한 최선을 다해 메시지가 전달되는 과정에서 여과역할(being the filter)을 하지 않도록 의식적인 노력을 다해야 한다. 복음전달자가 어떤 특정한 상황 속에서 수용자들과 더불어 상호작용할 때, 우리가 제4장에서 논의했던 네 가지 지평 모두를 포함하는 전체 복음전달 상황에 대해 고려해야 한다. 사람들이 보편적으로 보유하는 조건에 대한 이해는 다양한 지평들을 다루는 데서 오는 복잡성을 상당히 감소시킬 수 있다. 하나님께서는 이 모든 것을 통해 당신께서 창조하신 피조물들과 더불어 관계를 맺기를 소원하신다. 하나님의 피조물들로서 우리는 상당한 정도의 심리적, 감정적 그리고 관계적 보편성을 공유하고 있다. 이러한 측면들이 특정한 사회문화적 환경 속에서 드러나는 방식들이 복음전달자들의 임무를 감동적이고 놀라움으로 가득 찬 사역이 되게 한다.

 예를 들면, 쇼우 박사는 창세기 9장을 사모어로 번역하면서 큰 놀라움을 경험했다. 그가 번역하려 했던 구절에는, 하나님께서 노아에게 인간의 생명이 너무도 특별하기 때문에 어떤 짐승이나 사람도 사람의 생명을 취할 수 없다고 말씀하시는 장면이 등장했다. 만일 누군가 다른 사람의 생명을 해치면, 그 살인자는 반드시 죽어야 한다. 댄 쇼우 박사는 그의 일기장에 이에 대해 사모인들이 보인 반응을 기록하고 있다.

> 창세기 9장 말씀의 내용을 듣다가 호그와노비아요(Hogwanobiayo)가 무심코 말했습니다. "당신이 말하고자 하는 것은, 하나님께서 우리가 식인을 위해 공격을 감행하는 것(cannibal raids)을 하는 것을 원치 않으신다는 것입니까?" 식인을 하고 있지 않던 저로서는 이 구절을 그런 관점으로 조망해 본 적이 한 번도 없었습니다. 그러나 하나님께서 노아에게…[사람은 특별하다고] 말씀하셨기 때문에, 이 구절을 식인관습에 적용하는 것은 진실로 상관성이 있는 것이었습니다. 저의 사모인 형은 그들이 식인관습에 대해 정부가 우려

한다는 것과 사모인 목회자들이 식인을 위해 공격을 감행하는 행위가 악한 것이라고 말하는 것을 도무지 이해하지 못했었다고 말했습니다. 그리고 나서 그는 제가 이 이슈에 대한 이해를 제공해 준 첫 번째 사람이라고 말했습니다. 그 말이 끝나자마자 저는 재빨리 이해를 제공한 것은 저의 말이 아닌 하나님의 말씀-그들이 소유하고 있는 문화의 한 측면이 그들을 향해 하나님께서 원하시는 것과 대치된다는 사실을 전하시는 성령의 능력-이라고 대답했습니다. 하나님께서는 사람의 생명을 귀하게 생각하시기 때문에, 사모인들은 그와 같은 하나님의 관심을 매일의 삶 속에 자신들의 것으로 적용할 수 있게 되었습니다. 이 구절은 사모인들을 위해 참으로 능력 있는 말씀이었습니다(Shaw, 1988: 67).

적절한 방식을 통해 복음을 전하기 위하여, 우리는 우리가 수행하는 임무에 포함된 상호작용의 전체 스펙트럼-텍스트에 대한 지식, 우리에 대한 이해와 의도성, 그리고 수용자들의 관점, 관심사, 태도, 앎 및 개념 격자(conceptual grid)에 대해 알고 있어야 한다. 오직 이런 방식을 통해서만 우리는 과정상에서 나타날 수 있는 어려움들에 대해 예상할 수 있고, 그런 어려움들을 다루고자 시도할 수 있을 것이다. 한편으로는 창세기 9장에 대한 댄 쇼우 박사가 가지고 있던 기존의 신학적 이해, 다른 한편으로는 그들의 문화적 상황 속에서 발생하는 식인관습에 대한 사모인들의 이해에도 불구하고, 쇼우 박사는 다음과 같은 질문을 제기해야 했다. 하나님의 메시지는 무엇일까? 하나님께서는 히브리인들에게 "내가 창조한 것은 존귀하게 다루어야 한다"고 말씀하셨다. 시간이 흘러감에 따라, 이 언급은 죄를 범한 사람들을 위해 건설된 도피성의 출현을 포함하여 다양한 형태들로 드러났다. 열대우림의 깊은 밀림 속에서 살며 적들의 침략에 맞서 자신들을 보호하기 위해 설계한 정교한 동맹체계를 유지하고 있던 사모인들에게 있어, 이 구절은 자신들 뿐 아니라 자신들의 적에 대해서까지 권위를 행사하시는 분으로서의 하나님에 대한 인식을 의미했다. 이런 이해는 필수불가결하게 침략과 그 침략에 필수불가결하게 수반되는 식인관습을 멈추는 것에 대한 논리적 논거가 되었다. 사모인들에게 전해진 하나님의 메시지는, 사모인들이 아닌 하나님께서 통치하고 계시다는 사실이었다. 하나님께서 그들의 보호자가 되실 것이다. 하나님께서 그들의 동맹자가 되신다.

복음전달에 대한 자신의 접근방식에 관계적 요소를 더함으로써 알라이카미는 공동체와의 상호작용 그 자체가 메시지를 전달하는 과정이라고 확신했다. 이는 성육신적 원리를 사람들이 상호간에 맺고 있는 관계로까지 확장시킨 것이다. 이 요소는 톰과 베티 수 브루스터(Brewster and Brewster, 1982)가 유대(bonding)라고 부른 것이다. 복음전달자의 목표는 수용자들의 언어와 문화를 통해 그들을 이해하고 사역하는 것 뿐 아니라, 그들의 삶 가운데서 예수를 표현하는 것이다. 만일 텍스트와 상황이 서로 상호작용하는 것을 보기 시작하고, 복음전달 전체 과정에 능력을 더해 주시는 성령의 능력을 인식한다면, 복음전도자들은 그들 자신의 의사를 넘어서 움직여갈 것이고, 어떤 특정한 사람들을 위한 것 뿐 아니라 전 세계에 흩어져 있는 사람들을 향하신 하나님의 소원이 무엇인지를 더욱 명백히 보게 될 것이다. 이는 성경의 이야기가 의미하는 바를 사람들에게 확대시키기 위해 사람들을 성경의 이야기 속에 잠겨들도록 할 것이다.

2. 네 개의 지평들과 연결하기

이 장에서 우리는 기독교인들이 복음을 제시하고 있는 세계 도처의 각종 상황이 포함하고 있는 문화의 성격에 대해 살펴보았다. 그리고 알라이카미가 제시한 효과적인 복음전달을 위한 삼차원적 접근방식을 적용해 봄으로써, 우리는 상관성 있는 복음선포와 관련된 영적, 기술적, 그리고 관계적 요소들에 대해 제시할 수 있었다. 효과적인 복음전달 과정은 복음전달이 발생하는 상황과 복음을 전달하는 전달자의 관점 모두와 연결되어 있다. 이와 같은 매개 변수들의 접촉은 복음전달에 대한 핵심적 이슈들에 대해 더 광범위한 인식을 창출한다. 이 접근방식은 복음전달자들이 하나님께서 전하고자 의도하신 메시지를 나름대로 이해한 후 그 이해한 바를 제시하고자 할 때, 더욱 의도적인 전략들을 사용할 것을 요구한다. 복음전달자들은 제5장에서 논의했던 복음전달을 위한 기준들과 규정원리들을 적용하고자 할 것이다. 그렇게 함으로써 메시지는 수용자들과 상관성 있는 것으로 인식될 수 있다. 코드모델이 채택하는 용어로 표현하자면, 우리는 가능한 많은 "잡음"(noise)과 적절한 방식을 통해 메시지를 듣는 일을 저해하는 방애물을 제거하길 원한다. 우리는 긍정적인 답변의 생성을 모색한다. 그러나 전달과정에서 우리는 성경 텍스트를 통해 인간에게 전달된 하나님의 의도하심이 지니는 수직적 차원(vertical dimension)과 조화를 이루도록 해야 한다. 이 모든 것은 우리가 복음을 전달하기 위하여 접근할 때 네 가지 지평들-하나님, 텍스트를 기록하고 산출한 최초 복음전달자들(성경 저자들), 현재 메시지를 전달하는 복음전달자들 그리고 최초로 메시지가 전달되었던 상황과 상당히 다른 상황 속에서 메시지를 듣는 수신자들-로 대표되는 총체적 상황에 대한 관점을 가지고 접근할 것을 요구한다. 이슈가 되는 것은, 중간에서 복음을 전달하는 복음전달자의 편견을 최소화하면서, 하나님의 말씀과 현대를 살아가는 사람들 간에 교량을 건설하는 것에 대한 것이다. 복음전달자들의 역할은, 어떤 특정한 사람들을 위해 텍스트를 해석하는 것이 아니라 새로운 상황 속에 있는 사람들이 그들이 소유한 문화와 언어를 가지고 텍스트를 다룰 수 있도록 텍스트를 제공해 주는 것이다. 따라서 새로운 청중들은 성경과 교회의 전통들을 통합시킨 역사적이고 영적인 영향에 연결된다.

3. 요약

우리는 성경에 드러나는 진리와 각각의 상황에 맞는 새로운 기독교적 진리를 세우기 위해 특정 문화 속에 존재하는 진리와의 상호작용에 대한 길릴랜드의 관점을 고려하는 것으로 이 책의 제3부를 시작했다. 진리의 각 요소는 다음 요소에 영향을 끼치고, 그 결과 전체의 통합을 부여할 뿐 아니라 성도들로 하여금 그들이 처한 환경 속에서 복음이 전하는 바 메시지를 이해할 수 있도록 돕는다. 따라서 수용자들이 그들과 상관성 있는 하나님의 말씀에 의해 영향을 받았을 때 수용자들이 소유한 전통으로부터 새로운 신학이 도출되게 된다. 그러나 신학은 성경, 즉 하나님께서 텍스트를 통해 하신 말씀에 기초해야 한다. 하나님의 말씀에는 능력이 있다. 궁극적으로, 복음전달에 대한 충실도는 성경의 텍스트에 표현되고 있는 바, 하나님께서 의도하신 의미와의 일관성을 유지하는 것이라야 한다.

　이것이 성경의 복음전달 가능성에 관해 사네가 지적한 것이다. 번역과 그에 수반되는 복음전달은 하나님께서 의도하신 것을 독특한 상황 속에 처해 있는 모든 사람들에게 유용하게 하는 것이다. 그렇다면 이러한 복음전달은 사람들이 필요로 하는 것들, 즉 구원을 이루기 위해 그들이 몸부림치고 있는 것들에 적용되어야 한다. 이것이 신학화 작업의 본질이다. 일반적으로 사람들은 그들이 필요로 하는 것으로부터 출발하는 경향이 있는데, 바로 이 필요가 신학화의 출발점이 된다. 수용자들이 그들이 소유하는 문화적 가치와 편견과 연결된 그들의 세계관을 통해 하나님을 이해하게 될 때, 그들의 신학은 그들에게 의미를 주게 된다. 왜냐하면 그 신학은 그들이 속한 상황에 텍스트가 연결되듯이 하나님께 연결되기 때문이다. 성경이 선포되었을 때, 사람들은 그것을 받아들여 최초 수용자들이 했던 것과 정확히 일치하는 것을 한다. 즉 그들은 선포된 내용을 그들의 경험과 그들이 이미 이해하고 있는 것에 적용한다. 그러므로 우리는 하나님께서 사람들로 하여금 당신에 대해 이해하게 의도하신 내용을 전달할 필요가 있다. 그리고 그 내용은 청중들이 그들이 처한 형편 속에서 의미를 주는 것이라야 한다.

　만일 성경이 신앙과 실천에 대한 최후의 규범이라면, 성경 그 자체가 복음전달을 위한 최종적 비평의 척도가 되어야 할 것이다. 우리는 수용자들의 세계관을 성경적 세계관에 근접하도록 변화시켜 주어야 한다. 그렇게 함으로써 우리는 철학적으로, 개인적으로 그리고 경험적으로 이런 문화 영역들(cultural realms)을 상호작용하도록 하는 것을 출발점으로 삼을 수 있다. 번역자는 하나님에 해당하는 이름을 만들어 내지 않는다. 그러나 해당 문화 속에 여전히 남아 있는 남은 잔재(the remnant), 즉 그들의 마음속에 존재하는 영원에 대한 희구를 찾는다(전 3:11).

　복음전달자들로서 우리는 우리 자신을 전문가 혹은 기술자, 또는 종교적 혹은 신학적으로 날카로운 안목을 지닌 학자로 보지 말아야 할 필요가 있다. 그보다 우리는 전 지구적 상황 속에서 함께 피안의 세계를 찾아 유랑하는 여행자의 자격으로 상호작용할 수 있는 능력을 배양하고, 메시지가 그 상호작용으로부터 도출될 수 있게 해야 한다. 그렇다면 우리의 초점은 관계적이고 수용자들이 그들이 속한 상황 속에서 진리를 찾을 수 있도록 권면하는 것에 맞추어지게 된다. 설득하기 어려운 밀로의 누이와 그녀의 고집스러운 남편에 대한 댄 쇼우 박사의 경험이 이에 대한 한 가지 예가 된다. 그의 일기에는 다음과 같이 자세한 내용들이 기록되어 있다.

> 다바와 셀로리는 그들이 소지하고 있던 문화적 기준들을 척도로 삼지 않고, 오직 하나님께서 그들을 향해 기대하시는 것을 척도로 삼았습니다. 이와 같이 어려운 순간에 중재를 맡아달라는 요청을 받았을 때, 내 자신의 것이 아닌 문화 기준들로 인해 거북함을 느꼈습니다. 그러나 기독교인으로서, 그리고 성경번역자로서 나는 또한 하나님께서 모든 사람들에게 적용하신 가치와 원리들에 대해서도 거북함을 느꼈습니다. 그러한 상황 속에서 나는 하나님의 은혜로 사모인들의 특정한 상황에 일치하는 전인류를 향하신 하나님의 기대가 무엇인지를 제시할 수 있었고 성령님이 역사하시는 것을 지켜볼 수 있었습니다. 이것이 효과를 발휘했을 때, 나는 사모인들이 전통적으로 그들의 신화를 사용하는 방식과 동일한 방식으로 성경을 사용했습니다. 성경은 그들이 소유하고 있는 신화들처럼 삶의 문제를 해결하는 데 적합했습니다.

이것이 효과가 있는 것으로 드러났을 때 하나님의 메시지를 사모인들이 살아가는 삶의 실재에 적용하는 방식을 배웠으며, 이는 사모 교회를 위해 가치 있고 상관성 있는 경험이 되었다. 사모인들이 교회를 "꾸려가는 방식"은 그들의 문화적 관심사들과 그들 못지않게 하나님께서도 동일한 문제들에 관심을 갖고 계신다는 그들의 발견을 반영하는 것이었다. 바로 그 점이 이 책의 마지막 부분이 지적하려는 내용이다. 하나님의 말씀을 통해 하나님께서 전달하신 것에 대한 오해를 피하기 위해, 청중들은 그들이 속한 상황 속에서 충분히 전달될 수 있는 방식으로 하나님의 말씀을 수용해야 한다. 이런 일이 발생하기 위해서는, 네 가지 지평들 모두가 서로 상호작용하고 정보를 제공해야 한다. 그렇게 할 때, 사람들은 하나님의 말씀을 재해석하고, 그들의 삶에 변화를 초래하는 방식을 통해 하나님의 말씀을 "제시"하게 된다. 하나님의 말씀을 이해하게 되면 하나님의 메시지는 영적, 기술적 그리고 관계적 적용점들을 갖게 되는데, 이 적용점들이 하나님과의 수직적 차원들 및 하나님께서 사람들이 살아가길 원하시는 삶의 수평적 차원들과 더불어 상호작용하게 한다.

우리의 목적하는 바를 달성하고 우리가 설정한 주제들과 논쟁들을 발전시키기 위해 우리는 신학 모델들과 사회과학적 모델들을 사용했다. 또한 하나님의 진리를 신학적으로, 의사소통론적으로 그리고 문화적으로 상관성 있는 방식을 통해 연결시키는 방법에 대해 모색했다. 우리가 이 책 전체를 통해 사용한 모델들은 몇 가지 면에서 세분할 수 있다. 그러나 그들의 가치는 하나님께서 의도하신 바를 통합하고 인간이 처한 모든 상황에 적용하는 방식들에 대한 총괄적인 개관을 제공해 주는 데 있다. 일단 복음전달자가 특정한 장소에서 상호작용을 시작하면, 위에서 언급한 모델들이 특정 공동체에 일치하는 방식의 적용점을 제공해 줄 것이다. 이것이 성경 텍스트를 해석하는 데 영향을 줄 것이고, 그 결과 하나님께서 네 가지 지평들을 통해 하시는 일을 이해하는 것에 대한 조정 과정이 발생하게 된다. 따라서 신학의 발전 과정에서, 우리는 상관성 있는 복음전달을 가능하도록 하기 위해 연구하는 방식에 영향을 미치는 해석학적 나선구조를 보게 된다. 성경적 지평들을 오늘날의 지평에 옮겨오는 것은 신학화 작업을 유발시키며, 그 결과 기독교인들이 전통적으로 복음을 이해해 온 방식에 새로운 빛을 비춰준다. 사람들이 살아가는 곳에서 발생하는 신학화 작업은 지속적인 과정이다. 이런 방식을 통해 하나님의 진리는 높이 고양될 것이고 진리를 가장한 비진리(hocus pocus)는 도태될 것이다.

NOTE

1) 사모인들 간의 결혼은 사랑이나 소속감의 충족을 위해서가 아니라 공동체들 간 동맹의 필요를 충족하기 위해 강조된다. 남자들은 그들이 속한 공동체의 필요를 위해 가장 합당한 동맹을 결정하는데, 그 동맹 공동체가 그들의 자매들을 위한 가장 좋은 혼처가 되는 것이다. 보이두바와 밀로는 사모 문화에서는 보기 힘든 경우지만, 매우 친밀한 관계로 발전되었다. 반면 셀로리와 다바는 그런 좋은 관계로 발전되지 않았다.

결론
혼란한 세상 속에서 하나님 말씀 전하기

이 세상에 사는 사람들이 선포된 하나님이 말씀을 듣고 진리로 받아들일 때, 수용자들은 말씀하시는 하나님과 하나님의 메시지를 기록한 텍스트, 그 말씀을 전하는 복음전달자들, 복음전달 과정에서 새로운 이해를 덧붙이는 수용자 자신들 사이에서 발생하게 되는 역동적인 상호작용에 대한 새로운 이해를 발전시킨다. 사람들이 그들이 속한 상황 속에서 하나님을 알아가기 시작할 때, 그들 자신이 복음의 전달자들이 된다. 이를 통해 성경의 선교적 의도가 지속된다.

자신이 속한 백성 가운데서 역사하시는 하나님의 능력에 대해 이해하고 있던 겸손한 멕시코 농부와 지낸 24시간은, 효과적인 복음전달 과정에서 수용자가 차지하는 비중이 얼마나 중요한가를 보여주는 시간이었다. 다음 이야기는 이 책의 공동저자인 찰스 밴 엥겐 박사가 소개한 일화이다.

페드로는 멕시코 치아파스 주 타파출라에 위치한 신학교에서 운영하는 연장 프로그램에 참여한 제 학생들 중 하나였습니다. 페드로가 과정을 시작했을 때 그는 믿은 지 얼마 되지 않은 초신자였습니다. 건강상의 문제 때문에, 그는 졸음을 유발하는 약을 먹곤 했습니다. 그래서 그는 수업시간 대부분을 졸고 앉아 있었습니다. 집에 가서 숙제는 다 해왔지만, 수업시간 내내 졸고 앉아 있었습니다. 사실 신학교의 실무책임자와 저는 그에게 학업을 중단할 것을 권고하려는 생각을 하고 있었습니다.

어느 날 아침, 저는 일찌감치 일어나 하루 종일 해야 할 일들을 검토하고 있었습니다. 한 차례의 노크소리가 나서 바라보니 문 쪽에 페드로가 보였습니다.

"페드로!" 나는 놀라움에 소리쳤습니다. "이렇게 보게 되다니 참으로 놀랍군요. 수업은 다음 한 달 동안 열리지 않을 텐데요!" (나는 그가 다음 수업에 대해 광고할 때 졸고 있었을 것이라고 생각했습니다.)

"허마노 까를로스, 나는 지금 수업 때문에 온 게 아닙니다. 당신을 보러 왔습니다. 일 년 전쯤, 당신은 저와 함께 가서 저의 마을 사람들에게 복음을 전하자는 데 동의했잖아요. 오늘 제가 온 까닭은 당신과 함께 가서 그 일을 하기 위해서입니다."

나는에게는 그날 중으로 처리해야 하는 중요한 일들이 산재해 있었습니다. 물론 페드로가 나와 더불어 하고자 하는 일은 그 일들 중에 속해 있지 않았습니다. 그러나 어느 샌가 성령께서 내가 예수께서 하신 선교의 일-내 업무 리스트에 기록되어 있는 일들이 아니라-을 따라야 할 필요가 있다는 깨달음을 주셨습니다. 어쨌든 선교야말로 내가 해야 할 일이었기 때문에 그 말씀을 거절할 수 없었습니다. 선교는 우리 주 예수 그리스도께 속한 것입니다. 그것은 예수님의 선교인 것입니다.

"좋아요." 나는 머뭇거리다가 말했습니다. "그러나 제 낡은 지프차가 잘 작동되질 않아요. 먼저 고쳐보도록 하지요." 내가 낡은 지프를 고치고 있을 때, 페드로는 내 앞에 있는 현관에 앉아 있다가 금방 잠이 들었습니다. 그날 아침 열 시쯤 지프차가 준비되자, 우리는 차에 올라탔습니다.

바로 이때 복음전달에 관한 저의 신학 여정이 시작되었습니다. 우리는 낡은 깡통 지프를 타고 섭씨 40도가 넘는 아스팔트길을 따라 두 시간 이상을 달려 내려가야 했습니다. 그러고 나서 자갈로 뒤덮인 이차선 산길을 따라 네 시간 동안 올라가기 시작했습니다. 마치 계단을 오르는 듯 가파른 느낌은 주는 길이었습니다. 페드로는 어땠냐고요? 그런 와중에도 그는 내 옆에서 여전히 잠에 빠져 있었습니다.

마침내 우리가 목적지에 도착했을 때, 페드로는 깨어나서 텅 비어 있는 촌락을 살펴보다가 말했습니다. "오, 허마노 까를로스, 이제 좀 쉬십시오. 모두 커피나무 농장으로 일을 나간 모양입니다. 제가 나중에 깨우도록 하겠습니다." 페드로는 그렇게 말하고 나서 어디론가 사라졌습니다. 이제야말로, 비록 땀에 함빡 젖어 있기는 했지만 여전히 내 남방 앞주머니에 있던 그날 중으로 제가 해야만 하는 일들에 대해 기록한 리스트를 살펴본 후 낮잠을 잘 차례였습니다.

그날 저녁 일곱 시 즈음, 페드로는 저를 장작불이 피워져 있는 코말(comal)이 있는 전통적인 멕시코 부엌으로 불러 검은 콩, 닭고기, 또띠야, 그리고 진한 커피를 즐기자고 했습니다. 정말로 맛이 있었습니다. 저녁 식사를 마치고 난 다음 페드로는 "자, 이제 시간이 되었습니다. 같이 가시죠"라고 말했습니다.

우리는 촌락에서 가장 큰 집으로 갔습니다. 우리는 가구들을 모두 치운 거실로 들어갔습니다. 그곳에는 약 2백여 명의 사람들이 빽빽하게 들어차 있었습니다. 그들 모두는 지난 이년 동안 페드로 오딜론의 전도를 통해 기독교인이 된 사람들이었습니다. "이 사람들은 성경에 대해 알고 싶어 합니다. 그들은 예수 그리스도에 대해 더 알고 싶어 합니다"라고 페드로가 말했습니다. 이후 몇 시간 동안 나는 새롭게 예수를 영접한 기독교인들에게 성경에 대해 가르치는 특권을 누렸습니다. 이것이야말로 여전히 지속적으로 진행되고 있는 선교(mission on the way)였습니다.

제가 쏟아지는 질문들에 대해 일일이 답변을 마친 때는 거의 자정이 되었을 무렵이었습니다. 모두가 집으로 돌아가고 난 후, 페드로와 저는 밤길을 따라 조심스럽게 산길을 따라 내려와 고속도로를 달려 다음 날 아침나절에 집에 도착했습니다. 제 아내 진이 나와 인사를 건네며, "어제는 어땠어요?"라고 물었습니다. 저는 그저 머리를 좌우로 흔들며, "정말 믿을 수 없을 정도로 좋았어요"라고밖에 말할 수 없었습니다. 24시간이라는 짧은 시간 동안, 페드로 오딜론 덕분에 저는 복음을 전하는 것이 무엇인가에 대한 총체적인 경험을 할 수 있었습니다. 그 경험이야말로 선교가 무엇인지를 깨닫게 하는 경험이었습니다(mission of, in, and on the way).

그날의 경험이 제게 끼친 영향은 페드로와 그가 세운 산지의 촌락교회에 끼친 영향보다 더 컸습니다. 그 후 몇 년 동안 페드로는 산지 촌락들에 네 개의 교회를 더 개척했습니다. 저는 지금까지도 제 안에 소중하게 남아 있으며 이 책의 근간이 되는 교훈을 얻었습니다. 그 교훈은 다음과 같습니다. 우리가 신학교에서 배우고 전수하는 지식과 공식적 연구, 그리고 신학적 분석은 우리가 상호작용하는 사람들에게 영향을 끼치는 것이라야 한다는 것입니다.

그렇지 않다면 그 모든 것들은 헛된 것들이 될 것이기 때문입니다. 예수에 대해 연구하는 것(studying)이 개인적으로 예수를 대면하는 것(encountering)과 동일하지만은 않을 것입니다.[1]

1. 공동체 안에 존재하는 신앙

그렇다면 수용자들이 하나님의 말씀을 접하게 될 때 어떤 일이 발생될까? 수용자들은 어떤 방식으로 하나님의 말씀을 사용하게 될까? 이와 같은 거룩한 신뢰(sacred trust)를 가지게 된 수용자들이 할 일은 무엇일까? 만일 수용자들이 하나님께서 전하신 내용을 신중하게 고려하고 그들이 처한 환경을 반영하는 데 그것을 사용한다면, 하나님께서 지금 그들에게 하시는 말씀에 대한 이해를 얻게 될 것이다. 최근 해석학에 대한 회의석상에서, 마크 킨저(Mark Kinser)는 "성경은 공동체 전통에 의존하기 때문에, 공동체적 문장구성 요소(communal composition)를 드러낸다"고 주장했다(Kinzer, 2001: 1).[2] 따라서 성경은 단지 하나님께서 직접 하신 말씀으로 영감을 받은 성경 저자들에 의해 표현된 것일 뿐 아니라 "영감 받은 전통을 전달하는 공동체를 통해서 드러나는 것이기도 하다…성경 저자들은 공동체, 구전 전통 그리고 기존하고 있던 문서자료들에 의존했다"(2001: 21). 킨저는 계속해서 다음과 같은 결론을 내렸다. "해석학은 성경과 공동체 사이에 존재하는 필수불가결한 관계에 대한 설명이어야 한다"(2001: 21). 이런 결론은 "사막의 유목부족이 모든 사람들이 생각하고 느끼는 방식을 바꾼 방식"에 관해 토마스 카힐(Thomas Cahill)이 쓴 베스트셀러 저서의 주제이기도 하다(Cahill, 1998). 하나님의 말씀이 오늘날을 살아가는 사람들에게 끼치는 영향도 이와 같은 방식을 통해 발생한다. 페드로 오일론(Pedro Odilon)은 이 사실에 대해 확실히 이해하고 있었다. 그는 하나님의 말씀을 신중하게 받아들였고, 마야의 농부들 가운데 존재하시는 하나님의 실재하심을 드러냈다.

성경이 사람들을 부를 때 두 가지 측면이 고려된다. 성경의 하나님은 어떤 특정한 문화 상황 속에서 살아가고 있는 사람들을 불러 신앙 공동체를 형성하게 하실 뿐 아니라, 그 사람들이 전 세계에 흩어져 있는 다른 기독교인들과 더불어 상호작용함을 통해 형성하게 되는 좀더 광범위한 차원의 신앙 공동체로도 부르신다. 특정한 사회 내의 비기독교인들이 신앙 공동체에 속한 사람들을 미친 사람들로 취급하지는 않을 것이다. 오히려 그들은 기독교인들이 어떻게 자신들이 소유한 문화적 기대치들에 부응하면서 살아갈 수 있는지-예수께서 당신이 처하셨던 문화적 환경 속에서 그러셨던 것처럼-에 대해 의아해할 것이다. 좀더 광범위한 기독교 공동체 내에서, 기독교인들은 하나님의 말씀에 대한 이해와 그들 각자가 경험한 신앙체험을 나누는 것의 원리에 기초하여 다른 사람들과 더불어 상호작용할 수 있다. 그렇게 함으로써, 다른 사람들에게 자신들이 체험한 경험을 나눌 수 있을 뿐 아니라 다른 사람들의 경험을 공유함을 통해 여러 가지 점들에 대해서도 배울 수 있게 될 것이다. 이렇게 함으로써 그들은 전 지구적 해석학적 나선구조 창출에 기여하게 된다.

로버트 슈레이터가(Robert Schrieter)가 지적했듯이, 새로운 신앙 공동체는 그 자체로 고립된 공동체가 아니다. 특히 오늘날과 같이 네트워크화된 세상에서는 더욱 그러하다. 오늘날 페드로가 세운 교회들이나 열대우림지역에서 존재하는 사모 교회와 같은 고립된 신앙 공동체의 숫자가 점차 줄어가고 있기 때문에, 더 이상 고립된 지역은 선교학적 반전과 이해의 최우선적 고려대상이 되지 않을 것이다. 오히려 시대의 흐름에 따라, 복잡성과 다원주의로 점철된 도시 공동체들이 선교의 최우선적 관심대상이 되어야 할 것이다. 이때 앞서 언급한 네 개의 지평들에 대한 이해를 가지고 있는 외부인들과 지역 지도자들의 협력을 통해 많은 이슈들을 해결해 갈 수 있을 것이다. 그렇게 함으로써 서로로부터 많은 것을 배울 수 있을 것이다. 진공상태에서 신학이 발전된 적은 결코 없다. 영원히 존속하는 신학도 없다. 사실, 신학은 항상 일시적인 것이었고, 자신들이 아는 것을 다음 세대에 전달하는 어떤 특정 세대와 상관성을 갖는 것이었다. 다음 세대는 그들 세대와 상관성을 갖는 이슈들에 대해 고민해야 하기 때문에, 이전 세대가 가지고 있던 신학과는 다른 양상을 보이는 새로운 신학들을 발전시킨다. 이런 현상은 성도의 공동체 내에 도입된 해석학적 나선구조로 보일 수 있다. 이런 과정은 예수께서 신앙 공동체에게 부여하시는 고차원적 소명(high calling)으로, 이 소명이 해당 신앙 공동체를 이끌어 간다. 복음전달자들과 더불어서, 신앙 공동체에 속한 구성원들은 복음을 이해하고 복음의 내용을 해당 공동체가 속한 지역 공동체 내에서 상황화시켜야 한다. 이 과정은 성도들 자신들로 하여금 그들이 속한 문화적 환경 속에서 하나님을 알아가는 것을 포함하는 것이다.

만일 하나님의 말씀이 최초 수신자들에게 유익을 주는 것이었다면, 그 말씀은 현재 세계에서 살아가고 있는 사람들에게도 유익을 줄 수 있다. 신학이란, 사람들로 하여금 하나님과의 관계로 들어가게 하기 위해 함께 작용하는 네 개의 지평들의 이음새(articulation)다. 텍스트 그 자체는 말씀의 근원이 아니라는 사실을 기억하라. 근원은 하나님이시며, 하나님과의 관계가 창조의 목적이다. 정경의 목적은, 우리가 영원히 하나님을 즐거워하게 될 새 예루살렘 안에서 새 하늘과 새 땅을 재창조하는 것이다(계 21:3-4). 그렇다면 성도의 공동체는 기독교 공동체의 다른 지체들 뿐 아니라 온 세상을 향해 의도하고 계신 의미를 드러내시고자 하시는 하나님께 사용될 수 있다.

2. 상황과 신학이 복음전달가능성을 확신한다

우리가 논의한 네 개의 지평에 관한 해석학은 복음전달이 진행되는 모든 상황을 통합하는 해석학이다. 이 모델은 어떤 특정한 철학적 관점이나 신학적 관점, 또는 특정한 하나의 전통 속에 갇혀 있기보다는, 복음전달 과정에서 상호작용하는 모든 참여 요소들을 자유롭게 하고, 그렇게 함으로써 책임 있고 세부적 논의가 가능할 뿐 아니라 지속적 신학의 발전을 강조한다. 성경적 지평들을 지금 현재의 자리로 가져옴을 통해 신학화 과정을 발생시키고, 그렇게 함으로써 이미 오래 전에 있었던 이야기들에 새로운 빛을 비춰준다. 어떤 특정한 사람들 내에서 발생하는 신학화(theologizing)는 지속적인 과정이다. 이는 하나님의 진리가 고양될 것임을 확신할 수 있는 방법이다.

이러한 접근방법은 상황화를 넘어서는 것이다. 상황화가 "지역화" 또는 "문화화"(inculturation)를 표상하는 캐치프레이즈가 되었으나, 네 개의 지평 접근방법은 미래 세대를 위한 통찰력을 발전시키기 위해 인간 경험의 모든 것을 설명하고자 시도한다. 이 과정은 신약성경의 저자들이 구약성경에서 드러나는 관심사들을 그들의 처한 환경에 적용했던 예에 근거한다. 상황화는 특정한 시간대 안에서 우리가 지평 III과 지평 IV라고 부르는 것 사이에서 발생하는 역동적 관계를 강조한다. 우리는 전 세계 모든 지역에서 삶을 영위해 나가고 있는 수용자들이 그들이 속한 상황 속에서 하나님을 알아가는 방법에 대한 더 나은 통찰을 얻도록 돕기 위해, 성경적 지평들 안에서 전해진 다양한 진리를 지평 III과 지평 IV와 동일한 차원으로 다루는 방식에 대해 모색했다. 우리의 목표는, 하나님의 의도하심이 모든 사람들에게 명확하고 적절하게 전해져서 그들 스스로가 자신들을 위한 하나님의 메시지를 확실히 붙잡도록 하고, 그들이 그 붙잡은 것을 가능한 외부로부터의 영향을 최소화한 가운데서 그들이 살아가는 환경에 적용하도록 하는 방법들을 모색하는 것이다. 오늘날 하나님의 현존하심과 사람들에 대한 하나님의 관심이 매우 다양한 방식으로 표현되고 있기 때문에(비록 정경의 발전과정을 통해 그렇게 되기는 했지만), 하나님과 더불어 관계를 맺고자 하는 특정인들의 필요에 대한 이해는, 그들로 하여금 하나님을 알 수 있도록 돕는 방식으로 발전되고 있다. 상황화는 복음전달자의 행위를 강조한다. 우리는 수신자들이 하나님께서 그들을 위해 의도하신 의미를 이해하는 것의 가치를 강조한다. 복음전달 가능성에 대한 언어학적, 그리고 문화적 기준들에 대한 평가를 통해 얻어지는 지역적 이해를 적용하지 않는다면 메시지는 수신자들과 아무런 상관성이 없는 것으로 취급될 것이고, 따라서 수신자들은 해당 메시지를 자신들을 위한 것으로 이해하고자 하는 어떠한 노력도 경주하지 않을 것이다.

  복음전달자들은 전달 과정을 따라야 하고 메시지가 상관성 있는 것으로 인식되어 사람들을 격려하여 그들의 이해가 저자(궁극적으로 하나님)가 기대하는 바에 일치하도록 해야 한다. 이런 유력한 이해가 없다면, 복음전달 자체가 원래 의도했던 영향력을 발휘하도록 하기보다는, 현대 수용자들을 강요하여 그들이 이슈로 삼는 것들(그들이 처한 상황으로부터 유래한 관심사들)을 텍스트에 적용하도록 강요하게 된다. 만일 메시지가 상황에 대한 관심과 저자의 의도에 대한 아무런 관심도 갖지 않는 상태에서 제시된다면, 그 결과는 혼합주의 또는 이단적인 것으로 드러나게 될 가능성이 농후하다. 이를 피하기 위해 복음전달자들은 가능한 범주 내에서, 저자의 의도를 해석하여(deconstruct) 그 의도가 담고 있는 메시지를 수용자들이 상관성을 가질 수 있는 방식으로 제시해야 한다. 저자가 품고 있는 다양한 가정, 담화 형식 그리고 최초로 복음전달이 발생했던 당시의 언어와 문화에 대한 이해는 복음전달자가 새로운 수용자들에게 전달할 내용의 핵심이 무엇이 되어야 할지를 결정하는 데 도움을 줄 것이다. 이런 배경이 없다면 수용자들은 그들의 텍스트에 대해 개념적으로 갖고 있는(conceptual text) 이해가 바른 것이라고 간주하게 될 것이고, 결과적으로 정작 텍스트가 말하고자 하는 바는 "들으려" 하지 않을 것이다. 그렇기 때문에 복음전달자들은 성경이 의도한 메시지가 사실로 이해될 수 있도록 가능한 모든 수단을 사용해야 한다. 한 마디로 하자면, 메시지가 '상관성'을 갖게 하라는 것이다. 오직 그렇게 할 때라야, 하나님의 말씀이 새로운 상황으로 파고 들어가 그 안에서 살아가고 있는 사람들의 삶을 변화시킬 수 있을 것이다. 물론 각각의 반응은 천차만별일 것이다. 왜냐하면 각각의 반응들은 각기 다른 가정들, 어떤 구체적 상황과 부합되는 기대치들 그리고 개인적인 경험들에 직접적인 영향을 받기 때문이다. 간단하게 말하자면, 반응은 개인적이고 인식적인 환경뿐만 아니라 집단적 환경의 결과이기도 하다.

그렇다면 복음을 전달하는 사람들은 성경 텍스트에 귀를 기울여야 할 뿐 아니라, 성경 텍스트가 형성된 환경 속에서 살았던 사람들에게도 관심을 기울여야 한다. 복음전달자들이 자신이 사역의 대상으로 섬기는 사람들에게 관심을 기울이다가 성경이 드러내고자 하는 것들을 발견하는 일들이 간혹 발생한다. 루스 레인하드(Ruth Leinhard)는 최근에 박사학위 논문을 마쳤는데, 그녀는 논문에서 차드 공화국(Chad)의 다바(the Daba)족과 바나(the Bana)족 교회를 떠나는 사람들이 그 이면에 품고 있던 교회를 떠나는 근본적 이유에 대해 썼다. 그녀의 연구는 다바와 바나족들의 생활 속에 존재하는 수치와 죄책감에 대한 이슈들을 이해하는 것으로 시작했다. 놀랍게도, 그녀의 연구가 드러낸 것은 명예와 조화의 회복이 갖는 것의 중요성이었다. 다바족과 바나족의 문화는 조화가 깨진 후 구성원들을 공동체로 회복시키는 데 대한 메커니즘을 갖고 있었다. 불행하게도 "정의 지향적 성향"을 지닌 외부인들이 가져온 서구적 관점에 기초해서 세워진 교회는, 성경에 그에 대한 수많은 증거들이 존재하고 있음에도 불구하고, 회복 메커니즘을 갖추고 있지 못했다. 그녀의 연구를 통해, 레인하드는 성경에 드러나고 있는 명예 지향성에 대한 새로운 이해를 갖게 되었다. 그렇게 함으로써 하나님을 이해하는 데 있어 그녀의 문화적 배경인 스위스 문화가 이해하는 것과는 상당히 다른 방식의 이해를 가질 수 있게 되었다. 그녀의 연구를 통해, 레인하드는 다바족과 바나족 교회가 그들을 온전히 돌보시며 그들의 필요를 채우시고자 하시는 하나님에 대한 새로운 이해를 갖도록 도왔다.

다바족과 바나족 교회 구성원들은 성경이 조화에 대한 그들의 필요에 대해 언급하고 있음을 이해하게 되었습니다. 그들은 자신들이 속한 문화와 교회 안에서, 수치와 고립에 대한 문제로 어려움을 겪고 있었습니다. 이제 성경은 이런 문제들에 대해 답변을 갖고 있으며, 성경의 메시지가 그들의 삶을 다르게 만들고 그들의 문화에 변혁을 일으킨다는 사실을 깨닫게 되었습니다. 사실, 하나님께서는 수치와 부조화가 만연한 문화 속에 명예와 조화를 가져오십니다. 이를 신중하게 받아들이는 교회는 조화와 평안 속에서 살아갈 뿐만 아니라, 성경에서 드러나고 있는 하나님의 의지를 그들의 삶 속에서 구체화할 수 있게 됩니다. 사람들이 그들의 언어로 번역된 하나님의 말씀을 읽을 때마다, 그들의 문화가 그들에게 이미 가르친 것-죄는 파괴적인 세력이고 하나님과 다른 사람들과의 관계는 회복될 필요가 있다-을 이해하게 될 것입니다…마지막으로, 다바족과 바나족은 이제 성경에 기초하고 동시에 그들의 필요에 부응하는 회복에 대한 그들의 신학을 만들어가기 위해 성경의 메시지를 사용할 필요가 있습니다. 그들은 이 일을 할 수 있습니다. 왜냐하면 이제 그들은 그들이 말하고 이해하는 언어를 통해 성경을 읽을 수 있기 때문입니다. 그들 손에 있는 성경은 그들로 하여금 그들의 문화와 성경에 대해 깊이 숙고할 수 있게 합니다. 그렇다면 그 결과는 성도의 공동체 안에서 조화로운 상호작용을 일으키는 교회의 출현이 될 것입니다…이 연구는 또한 내 자신의 문화와 신앙이 어떻게 서로 뒤엉켜 있는지, 그리고 내가 얼마나 쉽사리 나의 문화적 안경을 통해 성경을 읽어왔는지를 보여주었습니다. 동시에 이 연구는 하나님이 얼마나 위대한 분이신지를 보여주었습니다. 그분은 모든 문화에 다가가실 수 있는 분이십니다(Leinhard, 2001: 241-243).

우리는 이런 통찰력에 대해 감사하면서 기꺼이 배우고자 하는 마음을 가져야 하며, 어떤 특정한 지평에 대한 이해 속에 갇혀 있지 말아야 할 것이다. 하나님께서는 우리가 상황화의 범주를 넘어서서, 인간이 처한 조건 안에서 당신의 의사를 전달하시고자 하시는 하나님에 대한 더 광범위한 인식으로 나가기를 원하신다. 지역화되고 상황화되는 것은 중요하다. 그러나 세상 모든 곳에서 살아가고 있는 성도들과 관계를 맺고 계시는 하나님에 대한 이해는 복음을 전달하는 과정에 있어 중요한 요소다.

이 책을 통해 우리는 상황-성경이 기록되었던 상황에 속한 저자와 수용자들이 소유하고 있던 문화적 관심 뿐만 아니라 현대인들에 대한 관심들-과 밀접하게 연관되어 있는 텍스트에 관한 이슈들과 신학적 이슈들에 대해 주목했다. 우리의 목적은, 사람들로 하여금 그들이 처한 지역적 상황 속에서 신학적으로 사고할 수 있도록 하기 위해 지금까지 우리가 논의해 온 내용들을 연결할 수 있도록 하면서, 동시에 지역교회가 이천년 교회사를 통해 습득된 정보를 접할 수 있도록 하는 것이다. 우리는 전통적 틀을 깨뜨리고, 우리가 논의한 해석학적 과정의 범주 내에서 사람들에게 자유를 주고자 시도했다. 그렇게 함으로써 그들 자신을 드러내고 그들이 소유하고 있는 관점을 통해 하나님을 안다는 것이 의미하는 것이 무엇인지에 대한 우리의 이해를 증진시키고자 했다. 이 목적을 위해, 우리는 하나님의 말씀의 원천에 대해 충실하고, 상황에 대한 이해를 갖고, 수용자들의 마음과 생각과 상관성을 갖는 복음전달을 위한 몇 가지 기본 규칙들을 제시하는 것으로 결론을 내리고자 한다. 이들 기본 규칙들은 우리가 논의한 모든 내용들에 대한 요약일 뿐 아니라, 우리가 살아가고 있는 이 혼란스러운 세상 속에서 지속적이고 열정적으로 복음을 선포하도록 격려하는 수단이 될 것이다.

3. 복음전달을 위한 기본규칙

우리가 살아가고 있는 이 세상 안에서 하나님의 말씀을 전하는 것과 관련한 이슈들에 대한 이해의 배경으로 우리가 이 책에서 제시하고 있는 정보와 함께,

이제 우리는 상관성 있는 복음전달을 위한 몇 가지 기본규칙들을 제시하고자 한다. 이 규칙들은 모든 상황에 적용될 수 있는 일반원리들이다.

1) 성경적 진리에 기초한 복음전달

복음전달을 위한 첫 번째 기본규칙은 해석학적 공동체를 건설하는 데 필수적인 성경적 초점과 해당 공동체 내에 존재하는 문화적 표현들에 대한 성경적 비평(critique)에 대해 확신하는 것이다. 효과적인 복음전달은 성경적 비평에서 나온다. 사실, 그러한 비평은 사람들이 이천년의 세월 동안 겪어 온 신앙과 문화 사이의 갈등에서 유래한 실재들로서, 교회의 전통에서 유래할 수 있다. 기독교 전통은 그 전통이 전 세계로 확산되어 나가는 과정에서 드러난 바, 여전히 완성을 향해 나아가는 교회의 충만함(the developing fullness of the church)을 보여준다. 그로 인해 결과된 대화는 하나님께서 이미 다른 사람들에게 전해 주신 전 문화적인(pancultural), 혹은 인간적 이슈들에 관한 성경적 진리에 대한 다양한 아이디어의 교환을 제공한다. 그러므로 새로운 보편성(catholicity)은 교회가 "교회 자신과 변화된 환경 하에서 진행되고 있는 교회의 선교를 이해하는 것으로부터 나온 진일보된 신학체계"를 제공한다(Schreiter, 1997: 127).

그러나 하나님의 말씀은 확신도 제공하지만 비평도 한다. 특정 문화 안에는 수많은 현세지향적인 요소들이 존재한다. 단지 그런 문화적 기준에 맞추어 사는 것은 비도덕적이고, 과용적인 것이며, 해당 문화가 요구하는 것을 반영하는 삶에 불과하다. 그런 식의 삶은 지속적으로 변화하는 경제적, 사회적, 정치적 그리고 종교적 구조에 영향을 받고 있는 상황 속에서 생존하는 것에 불과하다. 하나님께서는 생존의 한가운데서 사람들에 대해 확정해 주신다. 사람들은 종종 그들의 삶과 유사한 모습이 성경 텍스트 안에서 발생했음에 대해 알게 된다. 이를 통해 사람들은 자신들의 삶의 모습을 하나님께서 확정해 주신다고 여겨 흥분하기도 한다. 이러한 확증은 동일한 진리에 찬동하는 다른 사람들 뿐 아니라, 자신들도 하나님의 진리와 연결되어 있다는 확신을 제공해 준다. 전 지구적 상호작용(global interaction)은 수많은 인간관계에 대한 확증과 복음이 인간의 삶을 변혁시킬 때 드러나는 인간적 잘못을 비평하는 것에 대한 필요를 야기한다. 이것이 링겐펠터가 아담의 타락이 유래한 결과의 영향으로부터 벗어나 모든 문화 속에서 살아가고 있는 사람들의 삶 속에 변혁을 일으킬 방법을 모색하면서 찾았던 목적이다(Lingernfelter, 1998). 하나님의 진리는 하나님의 의도를 반영하지 않는 문화적 편견들로부터 사람들을 자유롭게 하는 효과적인 복음전달의 핵심이다. 이런 인식은 복음을 수용하는 사람들로 하여금 그들이 속한 문화적 상황 속에서 진리를 표현하고 적절한 조정을 하도록 허용함으로써, 성령께서 그들의 삶을 변혁시켜 하나님께서 그들에게 기대하시는 삶으로 더욱 가깝게 접근하도록 할 것이다. 이것이 역동적인 신학(theology at work)이며, 이는 항상 성경 텍스트와 연결되어 있어야 한다. 성경은 모든 기독교 전통을 위한 원문 텍스트(source-text)이며, 이것을 기초로 하여 미래의 세대들이 새로운 신학을 정립해 나갈 수 있다.

2) 확정된 결과물이 아니라 지속적으로 진행되는 과정인 복음전달

효과적인 복음전달을 위한 두 번째 기본적 규칙은, 복음전달을 하나의 과정으로 인식하는 것을 포함한다. 수많은 사람들이 복음전달을 마지막 결과물-어떤 특정 장소에서 복음은 그에 걸맞는 특정 형태를 취해야만 한다-로 생각한다. 성실하고, 적절하며, 상관성 있는 복음을 제시하는 복음전달자는 이런 식의 함정에 빠지지 않는다. 우리는 하나님께서는 사람을 가장 소중히 여기신다는 것에 대한 이해로 시작되는 과정을 다루고 있다. 지금 우리가 사용하고 있는 시제가 현재시제임에 주목하라. 우리가 현재시제를 사용하는 이유는, 메시지가 우리가 지평 I과 지평 II라고 불렀던 정경 안에 담겨져 있는 것이기는 하지만, 메시지가 제시될 때 모든 수용자들이 영향을 받는다는 사실을 강조하기 위해서다. 텍스트가 지평 IV의 영역으로 소개될 때 뭔가 새로운 일이 발생한다. 우리는 핵심 은유들(the key metaphors) 또는 세계관에 관한 주제들(worldview themes)을 발견하고 텍스트와 새로운 상황 사이의 연결고리에 대해 고려해야 한다. 이를 위해 복음전달자의 관점(지평 III) 또한 고려되어야 한다. 또한 이 관점은 세계관과 세계관이 갖는 가정들에 비추어 이해되어야 한다. 세계관과 세계관이 갖는 가정들은 성경 텍스트가 현대적 상황들과 상관성을 형성할 때 영향을 끼친다.

이 책 전체를 통해 초점의 대상이 되는 신학적, 의사소통론적 그리고 문화적 이슈들은 복음을 적절히 전달하는 과정을 제시한다. 최종 산물은 위대한 설교나 성경 번역, 심지어는 교회의 탄생도 아니다. 최종 산물은 하나님과 관계를 맺는, 즉 그리스도의 이미지에 순응하는 사람들인 성도들이다. 이를 이루어내는 과정은 성경적 주제들, 가치들 그리고 통찰력들을 취하고, 그것들을 수용자들의 주제들, 가치들 그리고 통찰력들에 일치시키는 일을 포함한다. 그렇게 함으로써 하나님께서 의도하신 바를 수용자들이 속한 환경 안에서 전달할 수 있는 방법을 모색할 수 있다. 이는 하나님의 진리와 문화적 진리 사이에서 지속적인 대화를 가능하게 하고, 문화의 변화와 복잡한 세상 속에서 사람들끼리 맺어가는 국제관계에 대한 인식과 상관성의 필요에 대해 주의를 기울이는 과정이다.

3) 상관성의 원리에 기초하는 복음전달

복음전달을 위한 세 번째 기본적 규칙은 언어학적 그리고 문화적 상관성이 신학적 상관성의 발전에 중요하다는 사실을 인식하는 것이다. 복음은 특정 문화 속에 존재하는 교회에게 의미를 주어야 하는데, 이는 교회의 성장을 위해 중요하다. 상관성은 특정 문화 안에 존재하는 교회에 의미를 줄 필요가 있음을 암시한다. 사람들이 하나님의 말씀을 받았을 때 말씀을 이해하고자 하는 동기를 함께 부여받게 될 것이고, 그 결과 자신들이 수용한 말씀을 그들이 이미 알고 있는 지식과 연관지으려 할 것이다. 이때 하나님의 진리(God's truth)는 그들이 속한 문화 속에 존재하는 진리들(the truths)과 결합될 것이다. 수용자들이 소유하고 있는 지식은 모든 새로운 지식을 걸러낼 뿐 아니라 진리를 가장한 비진리(hocus pocus)가 아닌 진리를 드러내는 이해로 이끄는 격자(grid)를 제공한다.

복음의 제시는 샤논과 위버의 코드 모델에 기초한 형식과 의미에 대한 것이 아니다. 그보다 복음의 제시는 사람들로 하여금 하나님의 형상대로 창조된 존재들로서 그들이 이미 알고 있는 것들을 이해하고 평가하도록 하는 것이다. 그들이 소유하고 있는 "공통" 지식 때문에, 그들은 전체 피조물과 더불어 교제를 나누고자 하시는 하나님의 의도가 무엇인지에 대해 추정하게 된다. 성경은 기록된 문서이기 때문에 무제한으로 전달될 수 있는 것이 아니다. 또한 복음전달은 하나님의 의도를 사람들이 가정하는 것과 상호작용하게 한 결과다. 과거에 우리가 겪었던 좌절은 이러한 상호작용이 다른 해석들을 양산해 내는 경우가 너무 잦았다는 데서 유래한다. 주해 원리들과 코드 모델에 기초해 볼 때, 이런 해석들은 성경에 기록된 단어들 이면에 존재하는 아이디어들이 아닌 해당 단어들 그 자체에만 초점을 맞춘 결과로 양산되었다. 해석학적 원리들과 해석학적 나선구조에 대한 인식에 기초하여 우리가 이 책 전체를 통해 지적하고자 하는 것은, 세상 모든 곳에 존재하는 모든 사람들에게 하나님의 메시지에 대한 새로운 통찰을 제공하기 위해 다양한 상황들로부터 도출되는 다양한 해석들이 존재한다는 사실이다. 초점은 하나님께서 사람들로 하여금 이해하기 원하시는 것이 무엇이냐는 것과 그 이해가 특정한 사람들에게 주어졌을 때 하나님과의 관계가 어떤 영향을 미칠 것이냐에 맞추어져 있다. 어떤 특정한 상황에 대해 상관성을 가져야만 한다는 것은 말씀이 새로운 성육신이 되어야 한다는 것을 암시한다.

말씀은 이미 알려져 있는 것과 상관성을 맺어야 한다. 그렇게 함으로써 사람들은 그들이 이미 알고 있는 것(그들 문화 속에 내재되어 있는 진리들, 일반은총-역주)을 그들이 알지 못하는 것(하나님의 진리, 특별은총-역주)에 연결시킬 수 있게 된다. 새로운 수용자들이 속한 세계는 우리 모두에게 새로운 안경과 새로운 관점을 제공해 준다. 새로운 안경과 관점을 통해, 우리는 이미 존재하고 있으나 아직까지 발견되지 않았던 진리의 다양한 측면들을 읽을 수 있게 될 것이다.

4) 문화 변화에 영향을 미치는 복음전달

복음전달을 위한 네 번째 기본규칙은 변화와 관련된다. 모든 사회에 속한 사람들은 결단코 변화를 멈추지 않는다. 내부와 외부로부터의 압력이 지속적으로 공동체에 가해지기 때문에, 외부적으로 표현되는 행위들 뿐 아니라 해당 문화가 강조하는 신념들과 가치들의 지속적 조정이 불가피하다. 성실하고, 적절하고, 상관성 있는 복음전달은 토착성에 대한 오랜 질문들을 살짝 고치는 것이 아니다. 복음전달자들은 지역상황과 전 세계에 퍼져 있는 기독교인들이 직면하는 전 지구적인 신학적 주제들 모두를 신중하게 다루어야 한다. 그렇게 함으로써, 복음전달자들은 사람들에게 필요한 것들을 갖추게 하여 그 사람들로 하여금 하나님과 그들의 관계에 대해 결정을 내리도록 하는 데 초점을 맞추게 될 것이다.

복음전달자들은 하나님에 대해 수용자들이 이미 알고 있는 것들에 대해 이해하고, 하나님께서 이미 말씀하신 것을 통해 제시된 하나님의 의도하심을 지속적으로 반복해 줌으로써, 사람들이 하나님께 초점을 맞출 수 있게 도울 수 있다. 이를 통해, 하나님께서는 사람들이 살아가는 환경 안으로 들어가서 성령의 능력을 통해 신실한 응답을 불러내신다. 신실한 응답은 예수에 대한 태도를 바꿀 것을 장려한다. 이는 결과적으로 사람들이 그들이 살아가는 상황 속에서 그들의 삶을 살아가는 방식에 영향을 미친다.

성도들이 그들을 둘러싸고 있는 환경, 더 나아가서는 세계와 상호작용할 때 교회는 양분을 공급하는 성소 역할을 제공한다. 특정한 상황 속에 처해 있는 성도의 공동체는 신앙 공동체와 신앙 공동체를 둘러싸고 있는 주변 사회가 변화를 겪을 때 완충제 역할을 할 수 있을 것이다. 많은 교회들이 복음의 순수성(integrity)을 유지하면서도 문화적 전통을 지켜내 왔다. 러시아 연방(the Confederation of Russian States) 내 러시아 정교회가 이에 대한 한 가지 예가 된다. 1990년대 초반 급격한 변화가 사회를 휩쓸고 지나갈 때, 사람들은 안정감과 전통의 보전을 위해 교회로 눈을 돌렸다. 이미 주목해 보았듯이, 변화에 대한 이슈의 다른 측면은 성경적 비평과 연관되어 있다. 성경적 비평은 교회가 기독교 진리에 의거하여 사회에 대한 책임을 지고자 하는 경우에도 적용된다. 신앙 공동체가 소속된 상황에 대해 더 큰 영향력을 끼치면 끼칠수록, 신앙 공동체는 하나님께서 의도하시는 의도에 대한 그들 공동체의 이해를 더 많이 나눌 필요가 있다. 이것이 전체 교회로 하여금 해석학적 나선구조에 참여하도록 요구하며, 이는 우리를 복음전달의 선교적 성격(the missional nature of communication)으로 이끌어 간다.

5) 선교가 곧 복음전달

복음전달을 위한 기본 규칙들 중 마지막 규칙은 교회의 선교사적 성격(missionary nature)과 관련되어 있다. 복음에 대한 근본적인 이해와 그 결과로 특정한 사람들 속에서 드러나는 신학적 발전과 더불어, 이 과정은 다른 문화적 상황과 문화유형에 속한 사람들에게 이전 어느 때보다 광범위한 범위의 영향을 양산해 낼 수 있다. 더욱이 파송 공동체가 다른 이들에게 영향을 끼칠 뿐 아니라, 새로운 공동체의 이해에 의해 그들이 소유하고 있던 성경에 대한 이해를 재평가하고 기존 신학의 조정을 야기하도록 하는 영향을 받게 될 때, 파송하는 성도의 공동체(sending community of believers)가 받는 축복은 가늠을 할 수 없을 정도로 크다. 지역 공동체가 선교사적 교회가 되기 위해 그들이 속한 지경 너머로 복음을 선포하는 것에 대해 의도적일 필요가 있다(비록 문화, 언어 또는 거리에 의해 그 범위가 한정되기는 하지만). 이것이 밴 엥겐 교수가 그의 책 『하나님의 선교적 사람들』(God's Missionary People, 1991)에서 지적하고 있는 것이다.

4. 하나님의 진리(God's Truth)인가 아니면 진리를 교묘하게 가장한 비진리(Hocus Pocus)인가?

사람으로서 우리는 우리가 보유하고 있는 문화적 편견에 부합하는 신학적 질문들을 다루고자 하는 경향이 있다. 심지어는 그런 우리의 성향에 대해 인식하지 못하면서도, 하나님께서 최초로 당신이 의도하는 바를 말씀하신 환경, 즉 성경이 기록된 상황에 대해 규정지으려는(factor out) 성향이 있다. 다른 한편, 우리는 기술의 발전으로 거리와 시간을 단축시킨 결과로 나타난 글로벌화 현상으로 인해, 우리가 속한 상황의 범주를 넘어선 세계에 대한 다양한 정보를 접하게 되었다.

효과적인 복음전달의 한 가지 결과로, 만일 우리가 수용자들이 살아가고 있는 상황 속에서 복음의 메시지를 상황화하고 신학화하기를 기대한다면, 전달된 메시지가 필요한 배경(성경적, 역사적, 신학적)과 수용자들에게 의미를 줄 수 있는 정보를 제공해 주는 것이라야 한다. 팀을 이루어 접근하는 접근방법은 상관성 있는 성경에 관한 전문적 지식(신학적으로 훈련받은 외부인들에 의해 제공된 원문 텍스트에 관한 상세한 내용)과 수용자들의 필요와 관심사의 핵심을 구성하는 이슈들에 대한 이해(복음전달 원리들을 자신들이 속한 환경에 적용할 수 있도록 훈련받은 내부인들)를 결합시킨다. 가능한 범위 내에서 외부인들은 이 과정의 진행을 권면하고 가능하도록 할 수 있다. 그러나 외부인들은 결코 결과를 산출하는 주체가 되어서는 안 된다.

복음전달자들인 우리는 우리 자신이 품고 있는 선입견들을 제거할 수 없을 뿐더러, 그렇게 하려 해서도 안 된다. 왜냐하면 문화로부터 자유로운 복음전달 자체가 불가능하기 때문이다. 이 책 전체를 통해 논의하는 내용의 기초가 되는 해석학적 과정은, 우리로 하여금 복음에 대한 특정한 이해로부터 도출되는 편견들을 인식하도록 한다. 그러나 우리는 그러한 편견들이 부당한 방식으로 신학화 과정(지역적인 신학화 과정이든 전 지구적인 신학화 과정이든)에 영향을 끼치지 않도록 의식적인 노력을 기울여야 한다. 서로 상호작용하는 네 가지 지평에 대한 민감성과 계속적인 신학적 숙고에 대한 의식이 성도들을 하나님의 말씀의 더 깊은 차원으로 이끌 것이다. 이러한 움직임이야말로 복음전달 과정의 핵심적 요소다. 사람들이 다른 사람들에게 복음을 전하고자 하는 목적을 가지고 다가갈 때, 그들 자신도 다른 사람들에게 영향을 받으며 모든 인간을 향하신 하나님의 의도하심에 대해 더 많은 것을 배우게 된다. 각각의 지평은 특정한 시간과 공간에 성육신하신 하나님의 기대를 반영한다. 하나님의 말씀은 결단코 완성되지 않았다. 하나님의 말씀은 그 말씀이 전해지는 환경과 상관성을 갖는 새롭고 효과적인 방식을 통해 끊임없이 전달된다. 이는 우주의 창조주이시고, 전능자이시며, 섭리주되시는 하나님을 반영한다.

이 책의 공동 저자인 찰스 밴 엥겐 박사는 페드로 오딜론과 그가 치아파스의 고산지대에 세운 농촌 공동체를 통해 새로운 통찰력을 얻었다. 밴 엥겐 박사가 하나님의 말씀에 대해 그 사람들에게 설명할 때, 그는 하나님과의 관계 속에 존재하는 사람의 안녕(wellbeing)과 유익(interest)에 대한 새로운 이해를 얻었다. 그의 청중들이 제기한 질문들은 밴 엥겐 박사로 하여금 새로운 방식으로 성경적 지평에 대해 숙고하도록 하는 관점을 제공해 주었다. 이 관점은 그가 예전에 결코 생각하지 못했던 반응들을 촉발시켰다. 이 과정은 밴 엥겐 박사의 사고 과정과 신학화 과정에도 영향을 주었다. 이 과정은 그로 하여금 "진리에 대한, 진리 안에 존재하는 그리고 진리로 향해 나아가는(in, of, and on the way) 신학과 선교"에 대한 새로운 이해를 발전시킬 수 있도록 했다. 이는 새로운 환경 속에서 새로운 대면을 발견할 때까지는 상상할 수 없는 방식을 통해 복음을 전달하는 상관성의 신학(a theology of relevance)이다. 새로운 이해는 더 많은 정보를 산출해 내고 성도들을 가르칠 뿐만 아니라 하나님과의 새로운 관계를 형성한다.

우리는 히브리서에 등장하는 송영으로 이 책을 마감하려 한다. 이 송영은 이 책을 쓰는 목적을 요약해 준다. 우리는 진리를 가장한 비진리를 피하는 방법을 모색했다. 우리는 하나님께서 원하시는 것이 모든 인간 존재들이 이해하고 삶을 온전히 하는 데 적용할 수 있는 진리이기 때문에, 그 진리를 제시할 수 있는 방법들에 대해 모색했다. 이런 이해의 결과는 하나님께 연결되고자 하는 열망이 되어야 할 것이다. 이는 세상 모든 곳에 거하는 모든 사람들을 위해 복음을 전달하시는 하나님의 목적이 무엇인지 확실히 하는 것을 통해 가능하다. 하나님께서 알려주시는 바에 따라 살아가는 것은 수많은 표현들을 양산해 낼 것이다. 이들 중 일부는 단순하고 일부는 매우 복잡할 것이다. 그러나 우리들 인간이 처한 조건에 대한 메시지는 다음과 같다. "모든 선한 일에 너희를 온전케 하사 자기 뜻을 행하게 하시고, 그 앞에 즐거운 것을 예수 그리스도로 말미암아 우리 속에 이루시기를 원하노라. 영광이 그에게 세세 무궁토록 있을지어다 아멘"(히 13:21).

NOTE

1) 1996년에 있었던 성경신학에 관한 아서 글라서 석좌교수(the Arthur F. Glasser Chair

of Biblical Theology) 취임연설에서 찰스 밴 엥겐 박사가 발표했던 내용을 인용한 것이다.
2) 하쉬베누(Hashivenu) 포럼 III, 2월호 4-6, 2001, 파사데나, 캘리포니아.

Communicating God's Word in a Complex World

부록 I
해석학에 대한 성경적 일례: 예수, "하나님의 어린양"

우리가 성경을 읽을 때, 성경이 전하는 바 내용을 우리가 현재 처해 있는 상황과 관련 없이 이해하지 않는다. 성경의 내용은 상황 속에 경험되는 것으로 우리에게 다가온다. 성경은 마치 사람들의 삶과는 전혀 상관없는 것처럼, 마치 하늘에서 이 세상에 떨어진 것처럼 다가오지 않는다. 하나님의 계시는 항상 사람이라는 중개자(성경 저자들과 수용자들 모두)와 그가 속한 문화를 통해 전달된다. 따라서 성경 텍스트는 신적 저자와 인간 저자라는 이중 저작적 특징을 갖는다. 신약성경 저자들이 구약성경을 사용할 때, 신약성경 저자들(결과적으로 그들도 성경의 저자가 되었지만)이 구약성경의 내용을 이해하고 사용한 것과 구약성경 저자들이 원래 기록하고 의도했던 것 사이에는 연속성과 비연속성이 동시에 존재했다. 이와 같은 연속성/비연속성 변증법은, 우리가 새로운 정경을 만들어 내지 않으면서도 성령의 인도하심 속에서 우리 나름대로 성경을 해석할 수 있도록 어느 정도의 유연성을 확보하는 데 대한 근거를 제공해준다.

계시의 역사에 대해 살펴보고자 할 때, 우리는 제2장에서 논의했던 정경성의 문제로 돌아가게 된다. 우리는 하나님의 백성들이다. 그러므로 우리는 역사적 계시와 연속석상에 있을 뿐 아니라, 동시에 우리가 삶을 영위하고 있는 삶의 정황과 연결되어 있다. 우리에게 상관성 있는 해석의 자유와 여지가 있는 동시에, 우리를 성경과 한 데 묶어줄 해석학적 실타래가 존재함에 틀림없다. 성경에 대한 우리의 이해가 정경의 일부로 추가될 수는 없지만, 성경이 우리가 삶을 살아가는 현재와 상관성을 맺는 것을 가능케 하는 심층적 의미에 대한 새로운 발견이 될 수는 있다. 즉 계시는 동일한 것이되, 그에 대한 이해는 새로운 것일 수 있는 것이다. "내가 너의 하나님이 될 것이고, 너는 나의 백성이 될 것이며, 내가 너희 중에 거할 것이다"라는 언약은, 인류 역사 전체를 통해 참된 "고래의" 진리이지만, 이 진리는 항상 "새로운" 형식을 통해 드러났다.[1] 우리의 소명은 우리가 있기 전에 존재했던 기독교인들의 이해에 "새로운" 이해를 보태는 것이지, 신약성경에 기록되어 있는 계시에 새로운 계시를 보태는 것이 아니다.

우리는 요한복음에 대한 연구를 통해 이 같은 과정이 실제로 발생하고 있음을 목도할 수 있다. 이 복음서를 읽으면서, 복음전달자들은 모든 차원에서 복음을 적절히 선포하기 위해 요한복음을 이해하는 방법을 모색한다. 복음전달자들은 신중한 주해와 사려 깊은 해석, 그리고 교리의 역사적 발전에 대한 의식적인 인식에 대해 제시할 필요가 있다. 이를 통해 동일한 복음에 대한 새로운 이해가 드러나게 되기 때문이다. 헬라어 단어 하나하나가 갖는 표층적 차원의 의미에 대해서는 신약신학사전을 통해 얼마든지 찾아볼 수 있을 것이다. 그러나 동일한 헬라어 단어들이 가지고 있는 심층적 차원의 의미는, 오직 전체 텍스트에 대한 담화분석을 통해서만 얻어질 수 있다. 담화분석은 단어들이 담화구조 내에 존재하는 다른 요소들과 어떻게 병치되어 있는지를 연구하는 분석방법이다. 다른 말로 하자면, 담화분석은 각각의 단어가 해당 단어가 속한 맥락 속에서 갖는 의미를 이해하는 분석방법이다.[2]

예를 들면, 우리는 요한복음의 저자가 예수께 적용했던 핵심 은유인 "하나님의 어린양"을 살펴봄으로써, 이 책이 주장하는 해석학적 과정에 대한 예를 들어볼 수 있다. 세례 요한이 예수를 보고 성경의 감동하심을 받아, "보라! 하나님의 어린양을 보라!"(요 1:29)고 선포했을 때, 아마도 자신이 말하고 있는 바에 대해서 완전히 이해하고 있지는 못했을 것이다. 그 당시 세례 요한은 십자가와 부활에 대한 이해를 갖고 있지 못했다. 세례 요한이 생각한 것은 무엇이었을까? 그리고 세례 요한이 의미했던 것에 대해 이 복음서의 저자인 전도자 요한이 생각한 것은 무엇이었을까? 그리고 세례 요한이 말한 것을 들은 사람들은 세례 요한이 무슨 말을 하고 있다고 생각했을까? 사도 요한이 이 복음서를 써 보낸 기독교인들은 이 복음서를 읽으면서 세례 요한이 하고 있는 말이 무엇이라고 생각했을까?

1. 성경적 해석학이 발생하는 상황들

　이에 대한 해답을 찾는 연구는 구약성경에서 드러나는 근본 은유로 돌아가는 것에서부터 시작할 수 있다. 여기서는 초점이 희생(sacrifice)에 맞추어져 있기 때문에, 우리는 아브라함이 이삭을 제물로 드리려 했던 사건(창 22:6)과 유월절(출 12-13장) 사건을 살펴보고 난 후, 광야에서 발생한 모세 사건에 대해 살펴보고자 한다. 모세가 근본 은유와 관련하여 행한 일은 무엇인가? 모세는 성막을 세웠는데, 성막은 희생제사를 중심으로 한 제사장 구조, 다양한 의식, 그리고 다양한 종류의 축제를 통해 온전한 의미를 부여받았다. 도대체 모세가 희생 제사에 대한 아이디어를 얻은 근원은 무엇이었을까? 당시 모세가 마므레 상수리나무(아브람 개인에게는 거룩한 장소가 되었던) 아래서 하나님께 예배를 드리기 위해 단을 쌓았던 아브람의 이야기에 대해 알고 있었을까? 우리가 이와 같은 제-제시(re-presentation) 과정을 따라가다 보면, 세례 요한을 이해하기 위해서는 근본 은유들로 돌아가야 한다는 것과 희생과 예배가 등장하는 성경 속의 다양한 상황이라는 렌즈를 통해 그것을 봐야 한다는 것을 인식하기 시작하게 된다. 신약성경의 저자들은 구약성경의 근본 은유들에 대해 잘 알고 있었다.

　이 과정은, 희생의 상징으로서 어린양이 하나님께서 어떤 분이시고 그리스도께서 십자가상에서 하신 일들이 무엇인가를 이해하는 데 핵심이 되는 이유에 대한 더욱 명쾌한 그림을 제공해 준다. 세례 요한, 그리고 전도자 요한과 그가 속했던 믿음의 공동체가 삶을 영위해 가던 상황이라는 시공(time-space)을 통해 이해되었던 것은, 오늘 우리가 읽고 있는 담화에 대한 의미를 제공하는 데 필수적인 신학적 배경과 성경적 배경을 제공해 준다.

　헬라화된 유대주의적 상황은, 예수께서 부활 승천하시고 난 이후 시기에 존재했고, 사도적 서술의 사고형식에(결과적으로는 다양한 상황에 다양한 모양으로 존재해 온 교회사 전체에) 영향을 미쳤다(Walls, 1996을 참조할 것). 부활과 승천 그리고 성령강림절 후에 예수를 믿고 따르던 무리는, 예수를 구원 역사의 연속석상에 위치시키고 그 전에 발생했던 일들에 대해 그들만이 소유하고 있던 새로운 것을 더함으로써(kainos) "보라 하나님의 어린양이다"라는 말이 의미하는 바가 무엇인지에 대해 이해하기 시작했다. 성령강림절 사건이후, 사람들은 세례 요한이 한 말을 돌아보고 그가 언급한 내용들을 정경의 전체 담화 속에서 이해할 수 있었다. 그렇게 하자, 전체는 부분을 합한 것보다 더 큰 의미를 부여해 준다. 따라서 구약성경은 메시아를 이해하는 기반이 될 뿐 아니라, 그렇게 되어야만 한다. 신약성경과 구약성경 모두는 교회신학의 근본이 되는, 드러났으나 여전히 감추어져 있는 하나님(God's revealed hiddenness)을 반영한다.

2. 현대 해석학의 상황

우리가 현대의 수용자들에게 "하나님의 어린양"을 전할 수 있는 방법은 무엇인가? 하나님께서 그리스도를 통해 이루신 일을 제시하고자 하는 상황 속에 존재하는 근본적 은유들에 대한 비교연구로부터 시작해야 한다. "하나님의 어린양"에 대한 "번역"은 전체 의미론적 언어-시공을 통해 반영된 모든 의미는 새로운 상황 속에서 종합적으로 나타난다-에 대한 해석을 요구한다. 그렇게 함으로써 우리는 예수 그리스도 안에서 주어진 특별계시를 보전하게 된다. 그러나 그 특별계시는 이미 이전에 주어진 계시들과 연관되어 있다. 그리스도의 제자들로서 우리는 히브리적 관점과 헬라적 관점에서 방출된 이해에 대해 예전 세대들이 품고 있던 이해에서 그 의미를 끌어내는 그리스도의 희생을 받아들인다. 어떤 의미에서, 오늘날 우리가 살아가고 있는 이 세상에서 발생하는 일들은 아브라함으로부터 모세에 이르기까지의 전환기간, 그리고 세례 요한으로부터 사도 바울에 이르기까지의 전환기간 동안에 발생했던 것과 다르지 않다.

현대 복음전달자들은 성경이 의도하는 의미를 사회문화적 변동(shift)의 와중에서 살아가고 있는 새로운 수용자들에게 적절한 방식을 통해 선포하기 위해, 이와 같은 해석학적 과정을 따를 수 있을 것이다. 성경이 의도하는 의미는, 텍스트와 현재 하나님의 진리가 전달되고 있는 새로운 상황 사이에 존재하는 연관성 뿐 아니라, 텍스트가 품고 있는 의도도 명확하게 한다. 사람들은 동일한 명제와 단어를 사용할 수 있을 것이다. 그러나 그들이 사용하는 방식과 그들이 부과하는 의미는 그들이 이해하는 상황의 여건에 따라 달라질 수 있다. 의미는 항상 상황에 민감하다.

  초기 성경 번역가들, 그리고 일반적으로 복음을 전달하는 사람들은, 상황에 의존하는 의도된 의미에 대한 담화 차원의 의미론적 연어를 제시하기보다는, 단어에 대한 주석학적 결과들을 제시하는 경향이 있었다. 라민 사네(1989)는 기독교와 이슬람의 차이점을 지적하면서, 성경은 무한적으로 번역이 가능하다는 사실을 강조했다. 번역 가능성은 곧 의사소통 가능성을 의미한다. 사네는 역사학자로서 이 말을 했지만, 그가 한 말은 참으로 신학을 하는 것이 의미하는 바에 대해 정확히 지적하는 것에 다름 아니다. 성경은 무한히 번역 가능하다. 왜냐하면 번역된 것은 일련의 오랜 역사와 특정 상황을 반영하는 다양한 표지, 근본 은유들 그리고 예수 그리스도를 가리키는 의미를 품고 있기 때문이다.

  현대 수용자들은 (사모인들이 그랬던 것처럼) 희생과 "하나님의 어린양"에 대한 개념을 이해하기가 쉽지 않을 것이다. 그러나 성경 저자들이 이 개념을 제시했던 방식을 살펴봄으로써, 그 의미를 풍성케 하기 위한 목적으로 이전 시대에 제시되었던 것들과 더불어 성경적 은유에 대한 새로운 이해를 발견할 수 있을 것이다. 그리고 각각의 현대적 상황이 새로운 수용자들로 하여금 새로운 방식을 통해 의미를 이해하도록 한 방식들을 주목해 봄으로써, 우리가 이제까지 결코 알지 못했던 새로운 이해를 제공하는 새로운 상황에서 유래한 뉘앙스를 얻을 수 있을 것이다. 그러므로 우리는 해석학적 나선구조에 대해 어느 정도 상세한 이해가 필요하다. 결과적으로 해석학적 나선구조는 네 가지 지평들에 대한 적절한 발전과 적용으로 우리를 인도해 줄 것이다.

  이것이 성경신학이 발전하는 방식이다. 그러나 이는 현재 텍스트가 처해 있는 특정한 상황 속에서 그 텍스트를 읽는 것으로 시작한다. 우리가 의미의 발전 과정(단어, 주제, 책 전체 또는 전체를 구성하는 책들의 집합으로서의 성경)을 하나씩 따라갈 때, 그 각각이 수용자들에게 끼친 영향에 주목할 수 있다. 해석 과정은 네 가지 지평들—구약성경과 수용자들, 신약성경의 사도들과 새로이 세워진 교회로 대표되는 그들의 수용자들, 선교적 교회들 그리고 하나님의 진리를 상대적이고 다원주의적 수용자들의 요구로 새롭게 일어나고 있는 후기 현대적 교회 안에서 제시하는 현대의 복음전달자들—하나하나를 모두 필요로 한다. 이 얼마나 놀라운 역사이며, 복음전달에 관한 놀라운 사명인가!

NOTE

1) 신약성경이 '네오스' (neos)와 '카이노스' (kainos)를 다양하게 사용하고 있는 것에 대한 용례는, 밴 엥겐, 1996b: 71-89에서 발전시킨 내용과 이 책 제1장에서 다룬 내용을 보라.
2) 우리는 형식/의미를 구분하는 것을 피하고자 한다. 왜냐하면 이러한 언어학적 구분은 텍스트를 이해하는 데 핵심적인 거시적 차원의 이슈들을 무시하기 때문이다. 우리는 지혜와 이해에 관한 문제를 이해하고자 한다. 사실 이는 성경 원저자들이 자신들이 속해 있던 역사적 입장에서는 기대할 수 없었던 하나님의 의도하심에 대한 더욱 심층적인 이해를 의미한다. 돌이켜보면 우리는 새로운 방식을 통해 이 점에 대해 이해할 수 있다. 신약성경 저자들은 구약성경을 이해할 때 이런 방식으로 이해했다. 신약성경 저자들은 이러한 방식을 그들의 관점과 상황에 적용했다. 이와 동일한 일들이 복음이 새로운 수용자들의 토양 속에 뿌리를 내릴 때 발생하고 있다. 새로운 수용자들은 다른 문화적 상황에서 온 복음전달자들이 전혀 이해할 수 없는 새로운 점들을 발견하곤 한다. 바로 이 점 때문에 해석학적 나선구조가 하나님께서 말씀하신 것을 살펴봄을 통해 하나님께서 의도하신 바를 이해하는 일에 적용될 수 있다. 따라서 우리는 새로운 이해를 얻을 수 있다. 왜냐하면 하나님께서는 새롭고 흥분되는 방식으로 반응하는 새로운 상황과 수용자들 속에서 드러나시기 때문이다.

부록 II
적절한 복음전달을 위한 담화분석

개략적으로 말하자면, 담화분석은 텍스트가 갖고 있는 주제 구조가 무엇인지를 확인할 목적으로 텍스트를 위에서 아래로(from the top down) 다루어 가는 과정이다. 어떤 메시지를 전달하고자 하는 복음전달자는 그들이 의도하는 바를 가능한 범위 안에서 확실히 전달하기 위하여, 그들이 제시하고자 하는 바-그들이 전달하고자 하는 방식에는 명확한 논리가 존재한다-를 준비한다. 그 메시지를 전달받은 사람들은 제시구조에 근거하여 다양한 추론을 만들어 낸다. 따라서 담화에 대한 분석은, 텍스트(성경적 또는 다른 것들, 구전적 또는 문서적)의 전반적 구조가 되는 큰 그림을 제공한다. 그렇게 함으로써 큰 그림의 부분들을 제시하게 되고, 어떤 특정 메시지를 가장 잘 전달하기 위해 그것들이 어떻게 구성되었는가를 보여준다(Culy, 1989).

"담화분석"에 대한 정의는 매우 다양하다. 이 정의들은, 일반적으로 볼 때 좀 더 큰 텍스트의 일부분을 구성하는 하나의 문장, 혹은 그보다 좀더 단위가 큰 텍스트를 하나의 의사전달 단위로 강조하는 것이거나(Callow, 1974: 11), 아니면 하나의 텍스트 전체가 갖는 전반적 성격과 해당 텍스트가 전달되는 좀더 넓은 의미에서의 문화적 혹은 언어적 상황에 초점을 맞추는 것이다(Longacre, 1977: 18).[1] 간단하게 말하자면, 담화에 대한 개념은 다소 "모호하고"(Stubbs, 1983: 1), 연구의 초점을 맞추고 있는 하부 분야가 무엇이냐에 따라 상당한 정도의 변화에 대해 개방적이다. 예컨대 철학적인 분야에 초점을 맞춘 것도 있고(Grice, 1975; Wittgenstein, 1953), 구조언어학에 초점을 맞춘 것도 있으며(Haliday, 1978, 1989), 텍스트 언어학에 초점을 맞춘 것도 있고(deBeaugrande and Dressler, 1981), 담화에 대한 민족지학에 초점을 맞춘 것(Tyler, 1978)도 있다. 각자의 초점에도 불구하고 이슈가 되는 것은, 의사전달자들이 다양한 스타일 또는 장르를 통해 그들이 전하고자 하는 메시지를 형성한다는 것이다. 캐스린 캘로우(Kathleen Callow)는 다음과 같은 내용에 주목했다.

따라서 동일한 내용에 대한 대안적 방식들을 접하는 번역자는 다음과 같은 네 가지 범주들을 갖는다. 아니, 번역자는 이 네 가지 범주들을 설정한다. 우리는 이들 중 가장 적합한 한 가지를 선택하여 적용할 수 있다.[2] 적절성에 대한 이 네 가지 범주는, 집단화(관련 발언이 전체로서의 담화 안에서 하나의 단위로 작용하는 더 큰 범위의 집단 속에 맞춰 들어가는 방식); 일체성(발언된 말의 범주 안에 언급되어 있는 참여자들과 사건들이 담화 안에 이미 언급되어 있는 다른 참여자들, 그리고 다른 사건들과 관계를 맺는 방식); 정보구조(발언된 말이 얼마나 많은 정보를 전달하는가? 그리고 어떤 종류의 정보를 전달하는가?); 그리고 중요도(발언된 말이 동일한 담화 내 다른 발언들에 비해 얼마나 중요한가?)이다(Callow, 1974: 11).

캘로우는 적절성에 대한 이들 범주를 담화에 관한 그녀의 저서를 구성하는 장을 배치하는 데 사용했다. 모든 의사전달은 의사전달자가 의도한 의사를 전달할 목적에서 다양한 방식으로 집단화될 수 있다. 그렇다면 담화 내에 존재하는 단위들은 의사전달자들로 하여금 텍스트에 관한 본질적인 아이디어들, 그리고 의사전달의 상관성과 응집성을 보여주는 데 필수적인 관계들을 개발시킬 수 있게 한다. 이 논의 전체에 포괄되어 있는 것은, 담화가 "번역되어" 전달될 문화적 환경이 소유한 본질에 대한 설득력 뿐 아니라, 담화가 최초로 전달되어졌던 상황에 대한 이해의 필요에 대한 것이다. 간단하게 말하자면, 의사전달은 텍스트가 속한 상황에 대한 설명이다(Shaw, 1989). 지면의 제약 때문에, 우리는 담화분석에 관한 모든 상세 내용에 대해 세밀하게 논의하지는 않을 것이다. 그보다 우리는 독자들로 하여금 담화분석의 주요원리들에 대한 이해의 중요함을 인지하도록 할 것이다. 독자들은 담화분석에 대한 주요원리들을 이해함으로써, 텍스트에 녹아져 있는 메시지를 효과적으로 전달하는 것의 가치를 알게 될 것이다.

1. 담화 장르

장르는 우리, 즉 독자가 기대하는 것들을 통제하고 이해의 발생을 가능케 하는 의미로 구성되어진다…장르는 주어진 텍스트의 문학적 맥락을 제공하고, 그렇게 함으로써 텍스트가 의미하는 바와 또한 텍스트가 다루는 방식을 부분적으로 규정한다…따라서 장르는 독자로 하여금 텍스트가 담고 있는 의미가 무엇인지를 해석하게 하고, 텍스트 안에서, 그리고 텍스트가 조성하는 진리에 관한 주장들이 어떤 것인지를 인식할 수 있도록 한다(Vanhoozer, 1986: 80).

모든 의사전달자들은 의사전달의 목적을 갖고 있게 마련이다. 캘로우는 자신의 저서 『사람과 메시지』(Man and Message, 1970: 322이하) 초안에서, 모든 의사전달은 세 가지 기본적 기능-"관념적"(ideational) 또는 내용 지향적(content-oriented), "사람 상호간"(interpersonal) 또는 사회적 상호작용(social interaction), "텍스트적"(textual) 또는 담화 지향적(discourse-oriented)-을 포함한다는 사실에 주목함으로써 홀리데이(Halliday)의 견해를 따른다. 후에(1998), 그녀는 관념에 영향을 주기 위한 의사전달, 감정에 영향을 주기 위한 의사전달, 또는 행위의 변화를 초래하기 위한 의사전달 과정에서 드러나는 저자의 "취지"를 강조하기 위해 이 견해를 재편했다. 더욱이 라슨은 의사전달자들이 "지향하는 목적에 부합하는 의사를 전달하기 위해 담화의 종류를 선택할 것"이라는 것에 주목한다(Larson, 1984: 365). 따라서 만일 어떤 의사전달자가 하나의 이야기를 전달하는 데 관심을 기울인다면, 시간 구분(time line)이 중요해지며, 구분된 개별 단위들은 담론이 포함하는 사건들이 초래한 결과를 전하기 위해 하나의 시간 구조 안에서 구조화된다. 빵을 굽는 방법에 대해 말하면서 빵 굽는 시간의 흐름에 따른 결과에 관해 설명하는 것은, 사람들 앞에 내놓을 만한 디저트를 제공하는 것으로 귀결되는 행위에 영향을 끼치는 적절한 설명을 제공하는 것이다. 비크만 등은 시간의 흐름에 따른 결과와 "규정"(행위에 영향을 끼치도록 고안된)의 병치가 의사전달적 의도를 반영하는 매트릭스를 형성하는 방식에 대해 설명한다(Beekman et at., 1981: 38). 그림

II.1에서 매트릭스에 반영되어 있는 우선적 장르를 제시했다. 그리고 이어서 각 주요 유형에 대한 짤막한 설명을 덧붙였다. 비록 다양한 종류의 하부유형들이 존재하는 것은 사실이지만, 그림 II.1에서 제시하고 있는 네 개의 담화유형은, 사람들이 시도하는 의사전달을 포괄하며 거의 모든 종류의 사회언어학적 맥락에 적용된다. 우리는 각 장르에 대한 정의를 내리기 위해, 라슨이 작성한 의사전달을 위한 목적을 사용한다.

	비 설명적인	설명적인
시간의 흐름에 따르는	내러티브 (사건에 대한 서술)	과정에 따른 (무언가를 하는 방법에 대한 설명)
시간의 흐름에 따르지 않는	해설적인 (어떤 실례/주제에 대해 설명하거나 논쟁하는)	교훈적인 (어떤 행위과정을 촉구하는)

비크만 등., 1981: 38에 기초하여 작성됨

그림 II.1. 담화 장르의 네 가지 우선적 유형

1) 내러티브 담화

시간의 흐름에 따르고(chronological) 비설명적인(nonprescriptive) 담화는 본질적으로 어떤 줄거리를 포함할 수도 있지만 그렇지 않을 수도 있는 일련의 사건들에 대해 서술하는 것으로, 이를 내러티브 담화라 한다.

2) 해설적 담화

시간의 흐름에 구애받지 않고 비설명적인 담화를 사용할 때, 의사전달자는 어떤 정보를 설명하거나, 규명하거나, 해석하거나 또는 제공하기 위한 목적으로 메시지를 편성한다. 이런 해설은 저자의 주제를 발전시키고, 제기될 수 있는 반론을 예상하고 그에 반증을 가하기 위해 요점을 간결하게 요약해서 설명한다.

3) 과정적 담화

시간의 흐름에 따르고 설명적인 담화는 어떤 목표를 달성하기 위해 고안된 지침을 준다. 그렇게 함으로써 저자는 메시지를 받는 사람들이 어떤 특정한 과정을 따라 정해진 목적을 달성할 것을 희망한다.

4) 교훈적 담화

시간의 흐름에 구애받지 않고 설명적인 담화는 어떤 행위 과정을 설명함으로써 사람들의 행위에 영향을 끼치고자 한다. 이 담화는 사람들로 하여금 저자가 의도하는 바를 따라 어떤 행위의 변화를 수반할 행동을 발생시키려 한다는 특징이 있다.

2. 스키마(SCHEMA): 담화 분할

각 장르는 저자가 품고 있는 서로 다른 의도를 제시하는 데 사용되기 때문에, 각기 다양한 의사전달방식을 구성한다. 이 과정에서, 각 담화를 구성하는 다양한 단위의 분할이 발생하게 된다. 존 터기는 이를 "스키마"(John Tuggy, 1992), 또는 "단락구성"(paragraph pattering, 2003)이라 부른다. 터기는 어떤 특정 저자가 특정한 의도를 전달하기 위해 정보를 구성하는 방식을 보여주기 위해 스키마를 사용한다. 각 스키마는 담화를 서론과 본론, 그리고 결론의 세 가지 포괄적 부분들 혹은 범주들로 나눈다. 서론은 저자의 의중(저자가 전달하고자 하는 의도)을 설정하고, 수용자들로 하여금 논제의 기본적 내용과/또는 담화의 주제를 이해하게 함으로써, 수용자들과의 관계를 발전시키는 역할을 한다. 담화의 본론은 메시지를 전달하는 부분으로, 다양한 종류의 의사전달 방식들, 스타일 그리고 구조들을 사용하여 수용자들에게 그 내용을 이해시키고자 한다. 마지막으로, 결론은 담화의 종결을 나타낸다. 다른 장르를 사용하여 아이디어들을 제공하기 위해서는 다른 구조가 필요하기 때문에, 스키마의 최우선적 초점은 담화의 본론에 맞추어져 있다. 텍스트의 본론은 일단의 필수 불가결한 요소들과 선택적으로 삽입과 삭제가 가능한 요소들을 포함하는데, 이 요소들은 아이디어들을 제시하고, 감정에 영향을 끼치고, 행위의 변화를 초래하기 위한 어떤 특정한 의사전달 목적에 따라 자료를 분류하는 데 이용된다. 그렇다면 이런 요소들은 수용자들에게 담화의 내용을 전달하고, 수용자들로 하여금 저자가 전달하고자 하는 의도에 부합하는 추정을 만들어 내도록 하는 데 핵심적인 것들로 여겨진다. 예를 들면, 내러티브는 서술하는 이야기에 대한 논리적 근거(rationale)를 분명히 드러내는 일련의 에피소드들이 통합된 형태로 제시된다. 반면 교훈적 담화는 수용자들의 행위를 유발할 목적으로 구성된다. 우리는 담화 중에서 각 장르의 본론 부분을 구성하는 이들 부분들에 대해서 살펴보고자 한다.

담화를 분화하는 과정의 핵심은 각 장르 내에서 이런 분화를 일으키는 대조적인 논리적 근거(the contrastive rationale)이다. 따라서 내러티브 텍스트는 인물들과 그들의 행동들, 시간적 구분, 공간적 이동에 따른 구분 그리고 그 외에도 종종 에피소드 내 변화를 표시하는 다른 범주들에 기초해서 분화된다. 다른 한편으로 해설적 텍스트는 논쟁을 위한 논리를 드러내고, 주제가 제시하고자 하는 추론을 지지하는 데 필요한 증거를 제시하기 위한 목적에 따라 분화된다. 그렇다면 특정 텍스트의 다양한 부분들 간의 관계는 스키마를 반영하게 될 것이고, 어떤 특정 장르를 사용하는 저자의 의도를 강화하는 원인이 될 것이다.

1) 내러티브 담화

　내러티브 담화는 비설명적이긴 하지만 시간의 흐름에 따라 구성된 일련의 사건들을 열거한다. 초점은 하나의 이야기를 말하는 것에 있거나, 어떤 일이 발생했으며, 누가 그 사건에 관련되어 있고, 언제 발생했으며, 어디에서 어떤 행위로 발생했는가-이 모든 것은 전형적으로 특정한 시간과 장소라는 상황 속에서 발생할 수밖에 없다-에 대한 정보를 제공하는 데 맞추어져 있다. 텍스트들은 전형적으로 일인칭 형식이고, 경험적으로 담화자 지향적이다. 그렇지 않으면, 다른 사람들의 행동을 상세히 설명하는 삼인칭 형식을 취한다. 텍스트의 본론은 내러티브가 제공하는 정보의 핵심적 내용으로 인식되는 일련의 필수 요소들-오리엔테이션, 일련의 에피소드들 그리고 상관성 있는 방식을 통해 정보를 요약해주는 피날레-을 포함하고 있다. 결과적으로 이들 필수 요소들이 선택적이기는 하지만 담화자로 하여금 상당 부분의 창의성을 가지고 아이디어들을 발전시킬 수 있게 하는 요소들을 포함하고 있다. 이 세상에 존재하는 거의 대부분 사회에 속한 이야기 화자들(storytellers)은 사람들의 관심을 사로잡고 이야기를 엮어내기 위해 이런 요소들을 최대한도로 활용한다. 화자들은 자신들의 이야기를 듣는 청취자들을 자신들의 이야기 속으로 몰입시킬 뿐 아니라, 최고의 영사기에 견줄 만한 그래픽과 음향효과를 내도록 청취자들을 이야기 과정에 참여시키기도 한다. 터기의 논의에 근거한 내러티브 담화에 대한 일반화된 스키마는 다음과 같다.

```
+ 오리엔테이션
     ± 서론
     ± 배경
     ± 주제의 요약
+ 에피소드 (수는 정해져 있지 않음)
     ± 배경
     ± 문제
     ± 해결
     ± 결과
+ 피날레
     ± 주제/교훈/효과
```

각각의 요소는 텍스트에 포함되어 있는 각기 다른 부분들을 대표하고, 각각의 부분들은 텍스트에 포함되어 있는 다른 부분들과의 자극-반응이라는 의미론적 관계들의 중요성에 의존하고 있다. 내러티브 장르가 출현 인물들 간에 나누어지는 상당 정도의 대화(또는 현답)를 포함하고 있는 경우가 종종 있는데, 이는 담화자로 하여금 이야기 속의 인물들을 통해 정보를 전달할 수 있도록 하기 위함이다(룻기의 경우를 참조하라).

2) 해설적 담화

해설적 장르를 사용하는 담화자는 시간의 흐름에 구애받지 않고 비설명적인 논리적 제시-입증하거나 반증하기 위한 주제 또는 가정-를 통해 정보를 설명하거나, 규정하거나, 해석하거나, 또는 해당 정보를 제공하고자 한다. 의사전달자들은 논리적 전거를 제시하는 구조화된 진술들을 통해 자신들이 설정한 주제들을 강조하고 그들의 관점에 대한 이해를 확신하기 위해 이 장르를 이용하곤 한다. 의사전달자들은 왜 어떤 일이 그러한가에 대한 그들의 설명에 초점을 맞추거나, 어떤 특정한 논점에 일치하는 설명을 제공한다. 해설적 장르의 본문에 대한 일반적 스키마는 다음과 같다.

+ 주제
+ 증거
± 추정/간단한 요약

해설적 텍스트의 이러한 요소들을 한 데 묶어두기 위한 관계들은 논리와 설명을 강조한다. 포괄적인-특정한, 원인-결과, 이유-결론. 모든 종류의 교과서들, 편집된 책들, 에세이들 그리고 논쟁들이 이 종류의 담화에 포함된다(로마서의 경우를 참조하라).

3) 과정에 따른 담화

과정에 따른 텍스트들은 의사전달자들로 하여금 어떤 특정한 목표나 결과를 달성할 수 있도록 하기 위해 고안된 지침을 제공한다. 이 장르는 시간의 흐름에 따라, 즉 어떤 특정한 목표를 현실화되도록 하는 행동을 설명하는 데 필요한 순서에 따라 정보를 제시한다. 과정에 따른 담화의 본론에 대한 일반적 스키마는 다음과 같다.

+ 오리엔테이션
+ 과정에 따른 단계들
+ 성취/목표

이와 같은 텍스트 안에 존재하는 부분들 간의 관계는, 논리적 근거를 제공하는 적절한 과정, 수단-목적 그리고 정확한 결과를 장담하도록 하는 수단-결과를 확실하게 하는 명령들을 강조한다(눅 10:1-10의 경우를 참조하라).

4) 교훈적 담화

마지막으로 교훈적 담화는 저자로 하여금 논리적으로 구조화된 정보를 이인칭 명령형으로 제시할 수 있도록 하는데, 이 명령은 특정 주제를 적절하게 제시할 수 있도록 고안된 것이다. 이는 종종 텍스트의 서론 부분이나 앞부분에 제시되어 있다. 해설적 담화의 경우처럼, 이 유형을 통한 제시가 갖는 힘은 특정한 반응을 촉구하는 정보의 논리적 흐름(시간의 흐름에 따른 결과들을 의존하기보다는)에 근거하고 있다. 이런 형태의 담화는 수용자들에게 어떤 일이 이루어져야만 하고 그 이유가 무엇이라는 것에 대해 이야기한다. 그리고 저자가 호소하는 것에 대해 수용자들로 하여금 반응하도록 고안된 일반화된 스키마에 기초하고 있다.

+ 기초/주제
± 긴장의 확산
± 설득(Enablement)
+ 호소
± 평가

가장 최우선적 관계는 이유-권고(빌레몬서의 경우를 참조하라)에 그 초점을 맞추고 있다.

　각각의 장르가 각기 독립적인 면모를 보여주는 것이 사실이기는 하지만, 하나의 담화 내에 존재하는 일반적인 의사전달의 흐름 속에는 좀더 광범위한 텍스트의 틀 안에서 다양한 장르들이 상당 부분 삽입되어 있는 경우가 종종 발생한다. 어떤 텍스트는 복수의 의도를 전달하기 위해 의사전달 과정에서 다양한 접근방식들을 채용할 수 있다. 예를 들면, 하나의 이야기는 어떤 특정한 교훈 또는 목적을 전달하면서 동시에 재미를 전달할 수도 있다. 수많은 비유가 이러한 형식을 취한다. 그 결과 교훈적 장르가 내러티브 모드에 통합되기도 한다. 따라서 어떤 텍스트 안에는 단지 하나의 장르로 규명되는 것을 넘어서는 광범위하고 다양한 의미론적 관계들이 존재할 수 있다. 예를 들면, 이러한 관계들은 단지 하나의 이야기를 넘어서는 다양한 신호들(signals)을 수용자에게 전달하는 데 필요하다. 수용자들은 저자가 의도한 바와 일치하는 추론들을 창출하기 위해 특정 메시지의 내용을 이해해야 한다.

장르	인칭	시간	중요요소	관계구조
내러티브	일인칭/삼인칭	과거(진술들)	주요 사건들	이야기/정보 경계선 (자극-반응)
해설적	삼인칭	(진술들)	주제들	논리/이성 (원인-결과)
과정에 따른	이인칭/삼인칭	현재(명령들)	과정에 따른	과정 (단계들-목표)
교훈적	이인칭	(명령들)	권고들	행동 (이유-권고)

라슨의 책에서 각색하여 적용 (Larson 1984: 366)

그림 II.2. 네 가지 최우선 장르의 특징들

우리는 주요 담화 장르의 특징들을 제시하기 위해, 라슨의 패턴을 요약하여 그림 Ⅱ.2에 제시했다(Larson 1984: 366). 이는 만일 독자들의 목적이 그들이 속한 상황 속에서 성경 텍스트를 분석하는 것이라면, 더 상세한 설명의 필요가 있음을 강조한다. 우리의 목적은, 독자들이 담화를 좀더 신중하게 취급할 것과 이런 원리들을 활용하여 그들이 전하는 메시지가 더욱 적절한 선포가 되도록 구조화 하는 것의 중요성을 환기시켜 주는 것이다.

텍스트에 대한 포괄적이고도 거시적 관점을 견지하는 이와 같은 개요는, 텍스트 안에 존재하는 소규모 요소들 간의 관계를 평가하는 명제적 분석을 활용하는 철저하고 미시적인 관점에 의해 보완되어야 한다. 담화와 명제적 분석은 모든 담화를 이해하는 데 본질적이다. 이런 방식을 통해 최초의 의사전달자들(성경을 기록한 저자들-역주)에게는 낯선 상황 안에서 살아가며 다양한 언어들을 사용하고 있는 사람들은, 최초의 의사전달자들이 다른 사람들에게 이해시키고자 의도한 것에 대해 평가할 수 있다.

그렇다면 개요의 수단으로서 담화분석은 텍스트의 일반적 성격이 무엇인지를 결정하는 것을 포함한다. 어떤 특정한 메시지를 전달하기 위해 저자가 사용하는 장르는 무엇이었는가? 그리고 그 선택이 의사전달의 의도와 관련하여 우리에게 말하는 것은 무엇인가? 저자는 메시지를 구성하고 장르를 선택함으로써 포함하는 정보를 전달하기 위해, 특정 담화 속에 존재하는 어떤 단위들을 사용하는가? 응집성을 반영하기 위해 저자는 어떤 방식으로 정보를 구성하는가? 텍스트의 어떤 부분들이 다른 부분들에 비해 더 특출한가? 그리고 그 특출한 부분들은 메시지의 내용을 채우고 그 내용을 흥미롭게 하는 좀더 광범위한 텍스트에 의해 그 타당성이 인정되는 근본적인 내용을 전달하는가? 이런 질문들에 대한 답변들은 담화와 그 담화를 흐르는 정보의 흐름(말로 된 것이든 글로 기록된 것이든)에 관한 이해를 제공한다. 정보의 흐름은 전혀 다른 상황 속에서 효과적이고/또는 상관성 있는 의사전달이라는 목적을 달성하기 위해 적절한 스타일과 구조를 재구성하여 사용할 수 있다. 텍스트 안에 존재하는 이러한 거시적 요소들은 정보에 대한 철저한 비교구성에 의해 보완된다. 그렇게 함으로써 전체 의사전달이 다른 사회언어적 시공 속에서 이해할 만한 방식으로 제시될 수 있다(위클리프 성경번역회가 각각의 신약성경을 위해 만든 상세하고 자세한 『의미론적 구조분석』〈Semantic Structural Analysis〉을 참조하라).

3. "재-의사전달": 하나의 담화 아니면 두 개의 담화?

앤소니 핌(Anthony Pym 192: 2)은 해석학적 반응을 요구하는 실질적인 질문을 제기했다. "출처 텍스트(a source text)와 그에 상응하는 표적 텍스트(target text)는 하나 또는 두 개의 담화를 형성하거나 입증해야 하는가?"(29). 이 질문에 대한 답변은 의사전달을 위해 중요하다. 왜냐하면 이 답변은 전혀 다른 문화와 언어 속에 존재하는 전환의 한정들(limits of transfer)을 이해하도록 하기 때문이다. 하나의 개념으로서의 담화가 의사전달의 전달자 측으로만 한정되어야 하는 것인가? 아니면, 다양한 시공 속에서 형성된 각각의 구조를 초월하고 모든 인류를 고려 대상으로 삼는 아이디어들에 대한 "재-의사전달"(recommunication)을 확신하는 것에 초점을 맞춰야 하는 것인가?[3] 성격상 철학적이지만, 우리가 주의를 기울여야 하는 대상은 질문에 답하기 위해 텍스트를 구조화하는 상황 뿐 아니라 텍스트의 성격과 그 구조와 같은 의사전달의 어용론(pragmatics)이다.

우리는 언어학적 구조 이면으로 나아가 담화를 형성하는 문화적 상황에 대한 평가를 기대해야 한다. 모든 문화유형은 각기 다르며, 그 주변을 둘러싸고 있는 세계를 다르게 구성한다. 왜냐하면 어느 정도까지, 그 구성을 위한 논리적 근거가 다르기 때문이다(제6장을 참조하라). 그렇다면 담화는 특정한 의사소통을 통해 세상을 범주화하고 특정한 의도를 나타내기 위해 정보를 전하는 저자의 시도에 대한 숙고다. 메시지는 그 의도를 강조하기 위해 구조화된다. 만일 수용자들이 그 구조를 공유하지 않는다거나 그들이 사용하는 구조가 그 목적하는 바를 전달하지 못한다면, 저자의 의도는 이해될 수 없을 것이고, 문화충격과 같이, 잘못된 의사소통이라는 결과를 초래하는 오해가 있게 될 것이다. 핌 자신의 반응이 그가 제기한 질문이 만들어낸 딜레마를 보여준다.

만일 출처 텍스트와 표적 텍스트가 동일한 담화 속에 있음으로 인해 서로 등가적이라면, 번역은 예측 가능한 일(a banal phenomenon)이 될 것이다. 그리고 만일 출처 텍스트와 표적 텍스트가 다른 언어에 속해 있음으로 해서 서로 다른 담화에 속해 있다면, 번역은 상당히 어려운 현상(unthinkable phenomenon)이 될 것이다.

이 딜레마를 감소시킬 유일한 방법은, 번역을 담화가 하나의 문화적 환경에서 다른 문화적 환경으로 확대될 수 있는 능동적인 움직임으로 간주하는 것이다. 그렇다면 담화에 관해 번역 이론이 알아야 하는 것은, 그러한 확대에 포함되는 어려움과 성공의 상대적 정도, 그리고 번역 과정에서 겪을 수밖에 없는 변형의 정도다. 여기에서 번역은 상호문화적(intercultural) 담화분석에 대한 중요성을 발견하는 과정이 될 수 있을 것이다 (Pym, 1992:35).

다행히 비크만 등이 제시한 네 가지 담화유형의 일반적 성격은 인류가 소유하는 상당 정도의 공통성을 반영한다. 각 유형 내에 존재하는 분화된 구조(the segmented structure)를 구성하는 것의 좋은 점은, 구성을 통해 다른 것들 간의 조정을 위한 필요 정도를 예상할 수 있다는 것이다. 우리는 특정 문화유형에 속한 문화들을 가로지르는 번역이 문화적 유형을 가로지르는 번역에 비해 더욱 의사소통 가능성이 높다고 생각할 수 있다. 그러나 여전히 남아 있는 의문은 특정 텍스트의 번역이 동일한 담화인가 아니면 다른 담화인가에 대한 것이다. 이에 대한 대답은 지평들 간의 거리 또는 불연속성에 대해 우리가 다루었던 해석학적 발전으로부터 부분적으로 얻을 수 있다(그림 4.10을 보라). 그 차이가 의사소통이 발생했을 때 기대치 못했을 정도로 많은 시간, 공간, 언어적 그리고 문화적 기대들로 나타날 때, 현대 상황에 속한 사람들은 출처 상황을 알아챌 수 없게 된다. 그런 경우, 두 개의 담화를 다루게 될 것이고, 따라서 두 담화 사이를 연결하는 의사전달자의 기술이 혹독한 시험대에 오르게 될 것이다. 번역 이론과 문화 이론 중 어느 하나만 가지고는 이 딜레마를 해결할 수 없다. 그러나 두 가지 이론을 함께 적용할 때, 즉 인간의 공통성에 대한 이해와 네 가지 지평 해석에 대한 적용에 비추어 볼 때, 우리는 해결의 기미를 향해 나갈 수 있을 것이다.

하나님의 형상대로 창조하심을 입어 하나님을 알고자 하는 열망을 공통적으로 소유하고 있는 인류의 공통점이 이 의문에 답변하는 데 핵심적이다. 성령의 비추심으로, 하나님께서는 모든 사람들을 당신께로 이끄신다(요 12:32). 그리고 말씀의 능력을 통해(텍스트와 성육신 모두) 사람들로 하여금 그들과 상관성이 있는 상황 속에서 말씀의 가치를 이해할 수 있게 한다. 의사전달자는 의사소통 상황을 위한 의도와 의미를 평가함을 통해 텍스트를 분석하고 난 후, 그 이해를 새로운 청취자에게 전달할 방법을 모색한다. 반대로, 청취자는 동일한 분석에 대한 해석학적 과정, 의미의 해체 그리고 이해를 온전히 하기 위해 그들이 속해 있는 상황에 대한 적용을 경험해야 한다(이것이 상관성 이론의 본질이다). 텍스트는 동일하다. 텍스트는 기록된 하나님의 말씀이다. 그러나 다른 상황 속에서 해당 텍스트에 대한 특정한 이해와 적용은 더욱 깊어지고 해당 상황 속에서 살아가는 사람들과 다른 모든 사람들을 위한 하나님의 의도하심에 대한 이해가 확대된다. 해석학적 나선구조는 특정한 의사전달 상황 안에서 지속적이고 날로 향상되는 인식이 존재한다는 사실을 확증해 준다. 그러나 언어와 문화적 장벽을 가로질러 새로운 상황 속에서 하나님의 말씀을 통해 얻게 되는 새로운 통찰력은 의사소통 과정 뿐만 아니라 그 결과를 통해서 하나님의 의도하심에 대한 더 큰 이해를 가능하게 한다.

그러므로 이슈는 포함된 담화의 수에 대한 것이 아니라 어떤 특정한 메시지의 내용을 수용하는 사람들이 그 내용을 원래 의도했던 것에 비추어 이해하는 방식에 대한 것이다. 메시지를 전달하기 위해 선택한 장르는, 청취자의 기대치들-정보의 전달, 특정 주제나 아이디어에 대한 논쟁, 새로운 통찰력을 창출하기 위한 과정에 대한 묘사 또는 특정 행동 과정의 촉구-뿐 아니라 저자의 의도를 반영한다. 성경은 이 모든 것과 그 이상의 것을 포괄하고 있다. 성경 텍스트(하나님의 말씀)의 내용이, 시·공간적으로 특정한 다양한 상황에 의사를 전달하는 동시에, 재-의사전달 과정을 통해 인간 이해의 범주 안에서 해당 의사가 확대 전달되도록 하는 언어학적 구조와 문화적 구조는 어떻게 구성되었는가? 이제 담화 텍스트는 사람들을 하나님을 아는 것에 대한 새로운 차원으로 사람들을 이끌어갈 잠재력을 소유하고 있다. 텍스트의 궁극적 저자되시는 분과의 관계를 맺는 것은 사람들로 하여금 인간됨 그 이상의 차원을 맛볼 수 있게 해

주고, 그들이 말하고 행동하는 것 안에서 진정한 인간이 되도록 한다(고전 3:17).

NOTE

1) 이 주제에 대한 더 많은 문헌자료들이 존재하지만, 이 책에서는 다루지 않고자 한다. 우리의 목적은, 담화분석이 무엇인지에 대해 설명하고 난 후 담화분석을 해석학적 과정에 적용시키는 것의 중요성에 대한 기본적인 인식을 제공하는 것이다. 이러한 인식을 갖게 되면, 한편으로는 저자의 의도를 이해하는 중요한 도구가 될 수 있고, 다른 한편으로는 저자가 의도한 동일한 메시지를 저자와 무관한 새로운 상황에 전달하는 데 중요한 도구가 될 수 있다. 이 주제에 대한 중요한 개요는 나이다와 타버의 책(Nida and Taber, 1981)에서 발견할 수 있다. 나이다와 타버는 1970년대와 1980년대에 걸쳐 담화분석을 번역원리에 적용시키는 일을 시작했다. 그 외에도 존 비크만 등이 공저한 책도 동일한 공헌을 했다(John Beekman, 1981. 이 책은 여러 차례에 걸쳐 재판되었다). 존 비크만과 존 캘로우가 공저한 전략적 저작인 『하나님 말씀 번역하기』(Translating the Word of God, John Beekman and John Callow)에 대해 캐스린 캘로우가 그녀의 저서(Kathleen Callow, 1974)를 통해 제공한 도움도 큰 공헌을 했다. 캐더린 반웰(Katherine Barnwell, 1980)의 저작은 영어 사용자들을 위해 쓰인 중요한 책이다. 마일드레드 라슨의 저작 『의미에 기초한 번역』(Meaning based Translation, Mildred Larson, 1984)도 이에 관해 종종 인용되는 책이다. 조셉 그라임의 저서 『담화의 씨줄과 날줄』(The Thread of Discourse, Joseph Grime, 1976)도 중요한 통찰력을 제공해 준다. 그리고 로버트 롱에이커의 저서도 이 분야에 중대한 공헌을 했을 뿐 아니라, 이후에도 중요한 문헌들을 지속적으로 발간하고 있는 『번역과 텍스트 언어학 저널』(The Journal Translation and Textlinguistics)을 탄생시키는 계기를 제공했다. 이외에도 이 분야에 전략적 공헌을 한 학자들로는 타일러(Tyler, 1978, 사회언어학적 관점에서 텍스트를 다루었다), 스텁스(Stubbs, 1983), 브라운과 율(Brown and Yule, 1984) 그리고 『담화분석하기』(Analyzing Discourse, Brown, 2003)라는 책을 저술하고 있는 브라운과 핌(Pym, 1992) 등이 있다.

2) 캘로우는 "번역자"라는 용어를 사용하고 있다. 그러나 이 책 전체를 관통하는 우리의 목적이 단순한 번역 이상의 것으로 그 내용이 더 광범위하기 때문에, 우리는 독자들이 "의사

전달자들"로 읽어줄 것을 권장하는 바이다. 왜냐하면 목적과 과정은 본질적으로 동일하기 때문이다.

3) 우리는 "재-의사전달"(recommunication) 개념에 대한 글렌 로저스(Glenn Rogers, 2002)의 통찰력에 감사한다. 비록 "번역"과 유사하기는 하지만, 이 아이디어는 이 책 전체를 통해 우리가 활용했던 의사전달 개념을 전하는 것이다. 의사전달은 모든 상황 속에서 발생하는 것이며, 어떤 특정한 시간과 장소에서 살아가는 사람들로 하여금 다른 시간과 장소 안에서 발생했던 담화 상황을 이해할 수 있도록 하기 위해 전달되는 메시지를 확인하는 것에 대한 숙고다.

참고문헌

Addai, W. 1999. Metaphor, Values, and Ethno-Leadership: A Missiological Study with Implications for Christian Leadership in Ghana. Ph.D. Dissertation. Fuller Theological Seminary.

Alaichamy, Christeena. 1997. Communicative Translation: Theory and Principles for Application to Cross Cultural Translation in India. Ph.D. Dissertation. Fuller Theological Seminary.

Alaichamy, Paul. 1997. Intermediate Language Translation Aids: An Experiment in the Indian Context. Ph.D. Dissertation. Fuller Theological Seminary.

Bailey, K. E. 1983. *Poet and Peasant and Through Peasant Eyes: A Litrary-Cultural Approach to the Parables in Luke.* Grand Rapids, Mich.: Eerdmans.

Bailey, S. 2002. Communication Strategies for Christian Witness among the Lowland Lao Informed by Worldview Themes in Khwan Rituals. Ph.D. Dissertation. Fuller Theological Seminary.

Barbour, I. G. 1974. *Myths, Modals, and Paradigms: A Comparative Study in science and Religion.* New York: Harper & Row.

Barnett, H. G. 1953. *Innovation: The Basis of Cultural Change.* New York: McGrow-Hill.

Barnwell, K. 1980. *Introduction to Semantics and Translation.* Horsley's

Green, Eng.: Summer Institute of Linguistics.

Barth, Christoph. 1991. *God with Us: A Theological Introduction to the Old Testament.* Grand Rapids, Mich.: Eerdmans.

Barth, Karl. 1958. *Church Dogmatics.* 13 volumes. Edinburgh, Eng.: T and T Clark.

Bediako, K. 1995. *Christianity in Africa: The Renewal of a Non-Western Religion.* Maryknoll, N. Y.: Orbis Books.

Beekman, J., and J. Callow. 1974. *Translating the Word of God.* Grand Rapids, Mich.: Zondervan.

Beekman, J., J. Callow, and M. Kopesec. 1981. *The Semantic Structure of Written Communication.* Dallas, Tex.: Summer Institute of Linguistics.

Benedict, R. 1934. *Patterns of Culture.* Boston: Houghton Mifflin.

Berger, P. L. 1969. *The Sacred Canopy: Elements of a Sociological a theory of Religion.* Garden City, N. Y.: Doubleday.

Berger, P. L., B. Berger, and H. Kellner.1973. *The Homeless Mind: Modernization and Consciousness.* New York: Random House.

Berkhof, H. 1979. *Christian Faith: An Introduction to the Study of the Faith.* Grand Rapids, Mich.: Eerdmans.

_____ . 1985. *Introduction to the Study of Dogmatics.* Grand Rapids, Mich.: Eerdmans.

Berkhof, Hendrikus, and P. A. Potter. 1964. *Key Words of the Gospel: Biblical Studies Delivered at the Mexico Meeting of the World Council of Churches commission on World Mission and Evangelism.* London: SCM Press.

Berkhof, Louis. 1932. *Reformed Dogmatic.* Grand Rapids, Mich.: Eerdmans.

Berkouwer, G. C. 1956. *General Revelation.* Grand Rapids, Mich.: Eedermans.

_____ . 1965. *The Second Vertical Council and the New Catholicism.* L. B. Smedes, trans. Grand Rapids, Mich.: Eedrmans.

____. 1975. *Holy Scripture*. Grand Rapids, Mich.: Eerdmans.

Berlo, D. K. 1960. *Process of Communication*. New York: Holt, Rinehart and Winston.

Blass, R. 1990. *Relevance Relation in Discourse: A Study with Special Reference to Sissala*. Cambridge, Eng.: Cambridge University Press.

Bleidher, Josef. 1980. *Contemporary Hermeneutics: Hermeneutics as Method, Philosophy, and Critique*. London: Routledge & Kegan Paul.

Boff, C. 1987. *Theology and Praxis: Epistemological Foundations*. Maryknoll, N. Y.: Orbis Books.

Boff, L., and C. Boff. 1987. *Intruducting Liberation Theology*. Maryknoll, N. Y.: Orbis Books

Bosch, D.J. 1991. *Transforming Mission: Paradigm Shifts in Theology of Miaaion*. Maryknoll, N. Y.: Orbis Book.

Brewster, E. L., and E. S. Brewster. 1982. *Bonding and the Missionary Task*. Pasadena, Calif.: Lingua House.

Brown, 2000. *Enhanced Brown-Driver-Briggs Hebrew and English Lexicon*. Bellingham, Wash.: Logos Research Systems.

Brown. G., and G. Yule. Discourse Analysis. Cambridge, Eng.: Cambridge University Press.

Bruce, F. F. 1990. *The Epistle to the Hebrews. Revised edition*. The New International Commentary on the New Testament. Grand Rapids, Mich.: Eerdmans. (Originally Published in 1964.)

Brunner, Emil. 1950. *The Christian Doctrine of God. Philadelphia.*: Westminster.

Burling, R. 1965. "Cognition and Componential Analysis: God's Truth or Hocus Pocus." *American Anthropologist* 66:20-28.

Bush, F.1992."Images of Israel: The People of God in the Torah." *In Studies in Old Testament Theology*, R. L. Hubbard, Jr.et al., eds. Waco, Tex.: Word. Pp. 99-115.

Bush, F. W. 1996. *Ruth, Esther.* Word Biblical Commentary, vol.9. Dallas, Tex.: Word Books.

Cahill, T. 1998. *The Gifts of the Jews: How a Tribe of Desert Nomads Changed the Way Everyone Thinks and Feels.* New York: Nan A. Talese.

Caird, G. G. 1980. *The Language and Imagery of the Bible.* Philadelphia: Westminster.

Callow, K. 1974. *Discourse Considerations in Translating the Word of God.* Grand Rapids, Mich.: Zondervan.

____ . 1998. *Man and Message: A Guide to Meaning-Based Text Analysis.* Lanham, Md.: University Press of America.

Calvin, J. 1960. *Institutes of the Christian Religion.* Vol. I. F. L. Battles, trans. Philadelphia: Westminster. Pp. 78-81.

Carson, D. A. 1984. *Biblical Interpretation and the Church: The Problem of Contextulizion.* Nashville, Tenn.: Thomas Nelson.

Chiles, B. S. 1979. *Introduction to the Old Testament as Scripture.* Philadelphia: Fortress Press.

____ . 1984. *The New Testament as Canon.* Valley Forge, Penn." Trinity Press.

Chomsky, N. 1057. Syntatic Structures. The Hague: Mouton.

Clinton, J. R. 1977. *Interpreting the Scriptures: Figures and Idioms.* Pasadena, Calif.: Barnabas Resources.

Cook, Guillermo. 1985. *The Expectation of the Poor: Latin American Basic Ecclesial Communities in Protestant Perspective.* Maryknoll, N. Y.:Orbis Books.

Costas, J. S. 1976. *Theology of Crossroads in Contemporary Latin America.* Amsterdam: Rodopi.

Croatto, J. S. 1973. *Liberación y Libertad: Pautas Hermenéuticas.* Buenos Aires: Ediciones Mundo Nuevo.

_____. 1987. *Biblical Hermenéutics: Toward A Theory of Reading as the Production of Meaning.* Maryknoll, N. Y.: Orbis Books. (Originally published as *Hermenéutica biblica: Para una teoría de la lectura como producción sentido.* Buenos Aires: Asociación Ediciones la Aurora, 1984.)

Cross, F. M. 1973. *Canaanite Myth and Hebrew Epic Essays in the History of the Religion of Israel.* Cambridge, Mass.: Harvard University Press.

Culy, M. M. 1989. "The Top Down Approach & Translation." Notes on Translation 7:28-51.

deBeaugrande, R., and W. Dressler. 1981. *Introduction to Text Linguistics.* London: Longman.

Deibler, E., ed. Semantic and Structural Analyses. A series of analytical commentaries on the Greek text of New Testament books. Dallsa, Tex.: Summer Institute of Linguistics Publications.

Dilley, R. 1999. *The Problem of Context.* Oxford, Eng.: Berghahn Books.

Dye, T. W. 1980. *The Bible Translation Strategy.* Dallas, Tex.: Wycliffe Bible Translators.

Elà J. M. 1988. *My Faith as an African.* J. Pairman-Brown and S. Perry, trans. Maryknoll, N. Y.: Orbis Books.

Engle, J. F., and W. A. Dyrness. 2000. *Changing the Mind of Missions: Where Have We Gone Wrong?* Downers Grove, Ill.: InterVarsity Press.

Escobar, S. E. 1987. *La Fe Evangélica y las Teologías de la Liberación.* El Paso, Tex.: Casa Bautista.

Fee, G. 1993. *New Testament Exegesis: A Handbook for Students and Pasters.* Louisville, Ky.: Westminster/John Knox.

Ferm, D. 1986. *Third World Liberation Theologies: An Introductory Survey.* Maryknoll, N. Y.: Orbis Books.

Fernando, A. 1986. "Missionaries Still Needed - But of a Special Kind." *Evangelical Missions Quarterly* 24:18-25.

Flannery, A. P. 1975. *Vatican Council* (2nd: 1972-1965). Grand Rapids, Mich.: Eerdmans.

Gadamer, H. G. 1975. *Truth and Method.* New York: Seabury Press.

_____. 1976. *Philosophical Hermeneutics.* David Linge, trans. Berkeley: University of California Press.

García, I. 1987. *Justice in Latin American Theology of Liberation.* Atlanta, Ga.: John Knox.

Gibbs, E. 2000. *Church Next: Quantum Changes in How We Do Ministry.* Downers Grove, Ill.: InterVarsity Press.

Gibellini, R., ed. 1979. *Frontiers of Theology in Latin America..* Maryknoll, N. Y.: Orbis Books.

Gilliland, D. S., ed. 1989a. *The Word Among Us: Contextualizing Theology for Mission Today.* Dallas, Tex.: Word.

_____. 1989b. "Contextual Theology as Incarnational Mission." In *The Word Among Us.* D. S. Gillialnand, ed Dallas, Tex.: Word. Pp. 9-31.

_____. 1989c. "New Testament Contextualization: Continuity and Particularity in Paul' s Theology." In The Word Among Us. D. S. Gilliland, ed. Dallas, Tex.: Word. Pp.52-73.

Glasser, A. F. 1989. "Old Testament Contextualization: Revelation and Its Environment.: In *The Word Among Us.* D. S. Gilliland, ed. Dallas, Tex.: Word. Pp.32-51.

_____. 1992. Kingdom and Mission: A Biblical Study of the Kingdom of God and the World Mission of His People. Course Syllabus. Pasadena, Calif.: Fuller Theological Seminary. (This has been rewritten and republished as Arthur Glasser, with Charles Van Engen, Dean Gilliland and Shawn Redford, *Announcing the Kingdom: The Story of God' s Mission in the Bible.* Grand Rapids, Mich.: Baker Book House, 2002.)

Goodenough, W. H. 1957. "Cultural Anthropology and Linguistics." *Report of the Seventh Annual Round Table Meeting on Linguistics and Language Study.* Monograph Series on Languages and Linguistics, no. 9.

Paul Garvin, ed Washington, D. C.: Georgetown University Press. Pp. 167-173.

_____. 1965. "Rethinking 'Status' and 'Role'." In *The Relevance of Models for Social Anthropology*. Association of Social Anthropology, Monograph 1. London: Tavistock. Pp. 1-24.

Gottwald, N. K. 1979. *The Tribes of Yahweh: A Sociology of the Religion of Liberated Israel, 1250-1050 B. C.* Maryknoll, N. Y.: Orbis Books.

Green, G. L. 2001. *Context and Communication.* Unpublished ms. Wheaton, Ill.: Wheaton College.

Grenz, S. J. 1996. *A Primer on Postmodernism.* Grand Rapids, Mich.: Eerdmans. Syntax and Semantics. Vol. 3. Speech Acts. New York: Academic Press. Pp. 43-58.

_____. 1989. *Studies in the Way of Words.* Cambridge, Mass.: Harvard University Press.

Grimes, J. E. 1976. *The Thread of Discourse.* The Hague: Mouton.

Grudem, W. 1994. *Systematic Theology: An Introduction to Biblical Doctrine.* Grand Rapids, Mich.: Zondervan.

Guder, D., ed. 1998. *Missional Church: A Vision for the Sending of the Church in North America.* Grand Rapids, Mich.: Eerdmans.

Gutierrez, G. 1974. *A Theology of Liberation.* Maryknoll, N. Y.: Orbis Books.

Gutt, E. A. 1991. *Translation and Relevance: Cognition and Context.* Oxford, Eng.: Basil Blackwell.

_____. 1992. *Relevance Theory: A Guide to Successful Communication in Translation.* Dallas, Tex.: Summer Institute of Linguistics.

Haight, R. 1985. *An Alternative Vision: An Interpretation of Liberation Theology.* New York: Paulist.

Hall, E. T. 1959. *The Silent Language.* New York: Doubleday.

Halliday, M. A. K. 1970. "Language Structure and Language Function." In

New Horizons in Linguistics. J. Lyons, ed harmondsworth, Eng.: Penguin Books.

_____. 1978. *Language as Social Semiotic: The Social Interpretation of Language and Meaning.* London: Arnold.

_____. 1989. *Spoken and Written Language.* Oxford: Oxford University Press.

Hays, Richard B. 1989. *Echoes of Scripture in the Writings of Paul.* New Haven, Conn.: Yale University Press.

Hesselgrave, D. J., ed 1978. *Theology and Mission.* Grand Rapids, Mich.: Baker Book House.

Hesselgrave, D. J., and E. Rommen. 1989. *Contextualization: Meanings, Methods, and Models.* Grand Rapids. Mich: Baker Book House.

Hiebert, P. G. 1982. "Bicultural Bridge." *Mission Focus* 10: 1-6.

_____.1982b. "The Flaw of the Excluded Middle." *Missiology* 10, no. 1: 35-47.

_____. 1983. *Cultural Anthropology.* 2nd edition. Grand Rapids, Mich.: Baker Book House.

_____. 1985. *Anthropological Insights for Missionaries.* Grands Rapids, Mich.: Baker Book House.

_____. 1987. "Critical Contextualization." *International Bulletin of Missionary Research* 11, no. 3: 104-112.

_____. 1989a. "Metatheology: The Step Beyond Contextualization." *Reflection and Projection: Missiology at the Threshold of 2001.* H. Kasdorf and K. Muller, eds. Bad Liebenzell, Ger.: Verlag der Liebenzeller Mission.

_____.1989b. "Form and Meaning in Contextualization of the Gospel." in *The Word Among Us.* D. S. Gilliland, ed. Dallas, Tex.: Word. Pp. 101-120.

_____. 1994. *Anthropological Reflections on Missiological Issues.* Grand Rapids, Mich.: Baker Book House.

Hiebert, P. G., and R. D. Shaw. 1995. "Contextualizing the Power and the Glory." International Journal of Frontier Missions 12: 155-160.

Hiebert, P. G., R. D. Shaw, and T. T¬nou. 1999. *Understanding Folk Religion: A Christian Response to Popular Beliefs and Practices.* Grand Rapids, Mich.: Baker Book House.

Hill, H. 2003. Communicating Context in the Adioukrou Bible Translation in COte d' Ivoire: Enlarging the Mutual gnitive Environment. Ph.D. Dissertation, Fuller Theological Seminary.

Hirsch, E. D. 1967. *Validity in Interpretation.* New Haven, Conn.: Yale University Press.

Hoekendijk, J. C. 1952. "The Church in Missionary Thinking." *International Review of Missions* 41, no. 163 (April): 324-336.

Howard, R. J. 1982. *Three Faces of Hermeneutics.* Berkeley: University of California Press

Hubbard, D. A. 1989. *Hosea: An Introduction and Commentary.* Old Testament. Tyndale Commentary Series, vol. 229. Downers Grove, Ill.: InterVarsity Press.

Hubbard, R. L. Jr., R. K. Johnston, and R. Meye. 1992. *Studies in Old Testament Theology: Historical and Contemporary Images of God and God's People.* Dallas, Tex.: Word.

Humboldt, W. von. 2000. *On Language: On the Diversity of Human Language Construction and Its Influence on the Mental Development of the Human Species.* Peter Heath, trans. Cambridge: Cambridge University Press. (Originally published in German, 1836.)

Kaiser, W., and M. Silva. 1994. *An Introduction to Biblical Hermeneutics: The Search for Meaning.* Grand Rapids, Mich.: Zondervan.

Kearney, M. 1984. World View. Novato, Calif.: Chandler and Sharp.

Kessing R. M. 1989. "Exotic Readings of Cultural Texts." *Current Anthropology* 30:459-479.

Kim, S. Y. 1982. *The Origin of Paul's Gospel.* Grand Rapids, Mich.: Eerdmans.

____. 2001. *Paul and the New Perspective: Second Thoughts on the Origin of Paul's Gospel.* Grand Rapids, Mich.: Eerdmans.

Kinser, M. 2001. "Scripture As Inspired, Canonical Tradition." Hashivenu Forum III. February 4-6, 2001. Pasadena. Calif.

Kraft, C. H. 1979. *Christianity in Culture: A Study in Dynamic Biblical Theologizing in Cross-Cultural Perspective.* Maryknoll, N. Y.: Orbis Books.

____. 1989. *Christianity with Power: Your Worldview and Your Experience with the Supernatural.* Ann Arbor, mich.: Servant.

____. 1991. *Communication Theory for Christian Witness.* Revised edition. Maryknoll, N. Y.: Orbis Books. (Originally Published in 1983).

____. 1990. "Allegiance, Truth, and Power Encounter in Christian Witness." In *Pentecost, Mission, and Ecumenism's Essays on Intercultural Theology.* J. A. B. Jongeneel, ed. New York: Peter Lang. Pp. 215-30.

____. 1996. *Anthropology for Christian Witness.* Maryknoll: Orbis Books.

Kuhn, T. S. 1962. *The Structure of Scientific Revolutions.* Chicago: university of Chicago Press.

____. 1977. *The Essential Tension: Selected Studies in Scientific Tradition and Change.* Chicago: University of Chicago Press.

Kung, H., and D. Tracy, eds. 1989. *Paradigm Change In Theology: A Symposium for the Future.* New Work: Crossrodad.

LaHaye, T., and J. B. Jenkins. 2000. *Left Behind.* A Book series based on the Book of Revelation. Wheaton, Ill.: Tyndale House.

Lakatos, I. 1978. *Methodology of Scientific Research Programmes.* Cambridge, Mass.: Cambridge University Press.

Lakoff, G., and M. Johnson. 1979. *Metaphors We Live By.* Chicago: University of Chicago Press.

_____. 1999. *Philosophy of the Flesh: The Embodied Mind and Its Challenge to Western Thought.* New York: Basic Books.

Larson, M. L. 1984. *Meaning Based Translation: A Guide to Cross-Language Equivalence.* Lanham, Md.: University Press of America.

La Sor, W. S., D. A. Hubbard, and F. W. Bush. 1983. *Old Testament Survey.* Grand Rapids, Mich.: Eerdmans.

Lienhard, R. 2001. Deeply shamed and Restored: Biblical Guidelines for Re-Establishing Harmony among the Daba and Bana. Ph.D. Dissertation. Fuller Theological Seminary.

Lingenfelter, S. 1992. *Transforming Culture.* Grand Rapids, Mich.: Baker Book House.

_____. 1998. *Agents of Transformation.* Grand Rapids, Mich.: Baker Book House.

Lingenfelter, S., and M. Mayers, 1986. *Ministering Cross-Culturally: An Incarnational Model for Personal Relationships.* Grand Rapids, Mich.: Baker Book House.

Longacre, R. E. 1977. "A Discourse Manifesto." *Notes on Linguistics* 4:17-29.

_____. 1983. *The Grammar of Discourse: Topics in Language and Linguistics.* New York: Plenum Press.

Lundin, R., A. C. Thiselton, and C. Walhout. 1985. *The Responsibility of Hermeneutics.* Grand Rapids, Mich.: Eerdmans.

_____. 1999. *The Promise of hermeneutics.* Grand Rapids, Mich.: Eerdmans.

Malinowski, B. 1922. *Argonauts of the Western Pacific.* New York: Dutton.

Malphurs, A. 1999. *Doing Church: A Biblical Guide for Leading Ministries Through Change.* Grand Rapids, Mich.: Kregel.

Martin, R. P. 1977. "Approaches to New Testament Exegesis." In *New Testament Interpretation: Essays on Principles and Methods.* I. H. Marshall, ed. Grand Rapids, Mich.: Eerdmans. Pp. 220-251.

Maslow, A. 1954. *Motivation and Personality.* New York: harper & Row.

Mayers, M. K. 1982. *The Basic Values: A Model of Cognitive Styles for Analyzing Human Behavior.* La Mirada, Calif.: Biola University.

____. 1987. Christianity Confronts Culture: A Strategy for Cross-Cultural Evangelism. Grand Rapids, Mich.: Zondervan. (originally published in 1974.)

McCallum, D., ed. 1996. *The Death of Truth.* Minneapolis: Bethany House.

McCluhan, H. M. and Q. Fiore. 1967. *The Medium is the Message.* New York: Bantam Books.

McElhanon, K. A. 2000. "Symbols, Symbolism." In *Evangelical Dictionary of World Missions.* A. S. Moreau, ed. Grand Rapids, Mich.: Baker Book house. Pp. 923-924.

Meeks, W. A. 1983. *The First Urban Christians: The Social World of the Apostle Paul.* New Haven, Conn.: Yale University Press.

Middleton, J. R., and B. J. Walsh. 1995. *Truth Is Stranger Than it Used to Be: Biblical Faith in a Postmodern Age.* Downers Grove, Ill.: InterVarsity Press.

Miguez Bonino, J. 1975. *Revolutionary Theology Comes of Age.* London: SPCK.

Mueller-Vollmer, K., ed. 1985. *The Hermeneutics Reader.* New York: Continuum.

Muller, R. A. 1991. *The Study of Theology: From Biblical Interpretation to Contemporary Formulation.* Grand Rapids, Mich.: Zondervan.

Murphy, N. 1990. *Theology in the Age of Scientific Reasoning.* Ithaca, N. Y.: Cornell University Press.

____. 1997. *Anglo-American Postmodernity: Philosophical Perspectives on Science, Relifion, and Ethics.* Boulder, Colo.: Westview Press.

Newbigin, L. 1979. "Context and Conversion." *International Review of Mission* 68, no.271: 301-312.

_____. 1989. *The Gospel in a Pluralist Society.* Grand Rapids, Mich.: Eerdmans.

Nida, E. A. 1952. God' s Word in Man' s Language. New York: Harper & Brothers.

_____. 1964. *Toward a Science of Translation.* London: Tavistock.

Nida, E. A., and C. R. Taber. 1981. *The Theory and Practice of Translation.* 2nd edition. Leiden, Ger.: E. J. Brill. (Originally published in 1969.)

Nishioka, Y. 1995. Rice and Bread: Metaphorical Construction of Reality - Toward a New Approach to World View. Ph.D. Dissertation. Fuller Theological Seminary.

_____. 1998. "Worldview Methodology in Mission Theology: A Comparison between Kraft' s and Hiebert' s Approaches. *Missiology* 26:457-476.

Niyang, S. J. 1997. Vernacular Scripture Evangelism in the Multi-Lingual Context of Northern Nigeria: Application of Sociolinguistic Theory to Scripture Promotion. Ph.D. Dissertation. Fuller Theological Seminary.

Noth, M. 1960. "The 'Re-Resentation' of the Old Testament Proclamation." In *Essays on Old Testament Hermeneutics.* C. Westermann, ed. Richmond, Va.: John Knox. Pp.76-88.

Olson, B. 1978. *Bruchko.* Carol Stream, Ill.: Creation House.

Osborne, G. R. 1991. *The Hermeneutical Spiral* : A Comprehensice Introduction to Biblical Interpretation. Downers Grove, Ill.: InterVarsity Press.

_____. 1995. *Crucial Questions about the Bible.* Grand Rapids, Mich.: Baker Book house.

Osborne, K. B. 1970. "A Christian Graveyard Cult in the New Guinea Highlands." *Practical Anthropology.* 17:10-15.

Padilla, C. R. 1985. *Mission Between the Times: Essays on the Kingdom.* Grand Rapids, Mich.: Eerdmans.

Peterson, E. H., ed. 1994. *Stories For the Christian Year.* By the Chrysostom

Society. New York: Collier Books.

Phillips, J. B. 1953. *Your God Is Too Small.* New York: McMillan.

Pierce, C. S. 1955. *Philosophical Writings of Pierce.* J. Buchler, ed. New York: Dover. (Originally published in 1940.)

Piker, K. L. 1967. *Language in Relation to a Unified Theory of the Strucutre of Human Behavior.* The Hague: Mouton.

Poythress, Vern S. 1988. *Science and Hermeneutics.* Grand Rapids, Mich.: Zondervan.

Pym, A. 1991. *Translation and Text Transfer:* An Essay on the Principles of Intercultural Communication. Frankfurt, New York: Peter Lang.

____. 1992. "Limits and Frustrations of Discourse Analysis in Translation Theory." *Fremdsprachen* 2/3 (1991): 27-35.

Redfield, R. 1953. *The Primitive World and Its Transformation.* Ithaca, N.Y.:Cornell University Press.

Richardson, D. 1974. *Peach Child.* Glendale, Calif.: G. L. Regal Books.

Ricoeur, P. 1976. *Interpretation Theory: Discourse and the Surplus of Meaning.* Fort Worth: Texas Christian University Press.

____. 1979. "What is Text?" In P. Ricoeur, *Hermeneutics and the Human Sciences.* J. B. Thompson, trans. New York: Cambridge University Press. Pp. 145-164.

____. 1991. "Imagination in Discourse and in Action" In P. Ricoeur, *From Text to Action: Essays in Hermeneutics II.* K. Blamey and J. B. Thompson, trans. Evanston, Ill.: Northwestern University Press. Pp.168-187.

Rogers, G. 2002. Communicating the Meta-Theme of God's Relationship to all Human Beings. Ph.D. Dissertation. Fuller Theological Seminary.

Rountree, S. 2001. Testing Scripture Translation for Comprehension Testing. Ph.D. Dissertation. Fuller Theological Seminary.

Rumph, J. 1996. *Stories from the Front Lines: Power Evangelism in Today's*

World. Grand Rapids, Mich.: Chosen books.

Ryan, D. 1969. "Christianity, Cargo Cults, and Politics among the Toaripi of Papua," Oceania 40:114ff.

Sanders, A. 1988. Learning Styles in Melanesia: Toward the Use and Implications of Kolb's Model for National Translator Training. Ph.D. Dissertation. Fuller Theological Seminary.

Sanneh, L. 1989. *Translating the Message: The Missionary Impact on Culture.* Maryknoll, N. Y.: Orbis Books.

Saussure, F. de. 1959. *Course in General Linguistics.* Wade Baskin, trans. New York: Philosophical Library. (Originally published in French, 1915.)

Schreiter, R. J. 1985. *Constructing Local Theologies.* Maryknoll, N. Y.:Orbis Books.

____. 1997. *The New Catholicity: Theology between the Global and the Local.* Maryknoll, N. Y.: Orbis Books.

Searle, J. 1969. *Speech Acts.* London: Cambridge University Press.

Segundo, J. L. 1976. *The Liberation of Theology.* Maryknoll, N. Y.: Orbis Books.

____. 1985. *Theology and The Church.* London: Winston.

Service, E. R. 1962. *Primitive Social Organization.* New York: Random House.

Shannon, C., and W. Weaver. 1949. *Mathematical Theory of Communication.* Urbana: University of Illinois Press.

Shaw, R. D. 1981."Every Person a Shaman." *Missiology* 9:159-165.

____. 1986." The Good, The Bad, and The Human." In *WorldView*:A Reader, I. Grant, ed. Classroom reader. Pasadena, Calif: Fuller Theological Seminary.

____. 1988. *Transculturation: The Cultural Factor in Translation and Other Communication Tasks.* Pasadena, Calif.: William Carey Library.

_____. 1989. "The Context of Text." In *The Word Among Us*. D. S. Gilliland, ed. Pp. 141-150. Dallas, Tex.: Word.

_____. 1990a. "Culture and Evangelism: A Model for Missiological Strategy." *Missiology* 18: 292-304.

_____. 1990b. *Kandila: Samo Ceremonialism and Interpersonal Relationships*. Ann Arbor: University of Michigan Press.

_____. 1994. "Transculturation: Perspective, Process, and Prospect. *Notes On Translation* 8:44-50.

_____. 1996. *From Longhouse to Village: Samo Social Change*. Dallas, Tex.: Harcourt Brace.

Shenk, W. R. 1999. *Changing Frontiers of Mission*. Maryknoll, N. Y.: Orbis Books.

Shorter, A. 1989. *Toward a Theology of Inculturation*. Maryknoll, N. Y.: Orbis Books.

Slack, Jim. 1990. *Evangelism among People who Learn Best by Oral Tradition: The Storying or Chronological Bible Communication Method*. Foreign Mission Board, Southern Baptist Convention.

Smith, E. 1930. *In The Mother Tongue*. London: British and Foreign Bible Society.

Sobrino, Jon. 1984. *The True Church and the Poor*. Maryknoll, N. Y.: Orbis Books.

Sperber, D., and D. Wilson. 1986. *Relevance: Communication and Cognition*. Cambridge, Mass.: Harvard University Press. 2nd edition. Oxford, Eng.:Blackwell, 1995.

Spykman, Gordon, et al. 1988. *Let My People Live: Faith and Struggle in Central America*. Grand Rapids, Mich.: Eerdmans.

Stott, J. R. 1996. *Guard the Truth: The Message of I Timothy and Titus*. Downers Grove, Ⅲ.: InterVarsity Press.

Stralen, J. 1977. *Search for Salvation*. Adelaide, So. Australia: Lutheran

House.

Stubbs, M. 1983. *Discourse Analysis: The Sociolinguistic Analysis of Natural Language.* Oxford, Eng.: Basil Blackwell.

Sweet, L. 2000. *Post-Modern Pilgrims: First Century Passion for the Twenty-First Century World.* Nashville, Tenn.: Broadman and Homan Publishers.

Taber, C. R., ed. 1978. "Is There More than One Way to Do Theology?" *Gospel in Context* 1:4-10.

Thiselton, A. C. 1980. *The Two Horizon: New Testament Hermeneutics and Philosophical Description with Special Reference to Heidegger, Bultmann, Gadamer, and Wittgenstein.* Grand Rapids, Mich.: Eerdmans.

_____ . 1992. *New Horizons in Hermeneutics: The Theory and Practice of Transforming Biblical Readings.* Grand Rapids, Mich.: Zondervan.

Tink, F. L. 1994. From Order to Harmony: Toward a New Hermeneutic for Urban Mission. Ph.D. Dissertation. Fuller Theological Seminary.

Tippett, A. R. 1971. *People Movements in Southern Polynesia.* Chicago: Moody Press.

_____ . 1975. *Solomon Islands Christianity.* Pasadena, Calif.: William Carey Library. (Originally published in 1967, London: Lutterworth Press.)

Tuggy, J. C. 1992. "Semantic Paragraph Patterns. A Fundamental Communication Concept and Interpretive Tool." In D. A. Black, ed *Linguistics and New Testament Interpretation.* Nashville, Tenn.: Broadman. Pp. 45-67.

Tyler, S. A. 1978. *The Said and the Unsaid: Mind, Meaning, and Culture.* New York: Academic Press.

Tuggy, J. C. and E. W. Deibler. 2003. "Theoretical Basis of SSAs." Unpublished ms.

Turner, H. W. 1989. *Religious Movements in Primal Societies.* Elkhart, Ind.: Mission Focus Publications.

Van Engen, C. 1989. "The New Covenant: Knowing God in Context." In *The Word Among Us*. D. S. Gilliland, ed. Dallas, Tex.: Word. Pp. 74-100.

____ . 1991. *God's Missionary People: Rethinking the Purpose of the Local Church*. Grand Rapids, Mich.: Baker Book House.

____ . 1994. "Constructiong a Theology of Mission for the City." In *God So Loved the City*. C. Van Engen and J. Tiersma, eds. Monrovia, Calif.: MARC. Pp. 241-270.

____ . 1996a. "The Gospel Story: Mission of, in, and on the Way." Installation address. Arthur F. Glasser Chair of Biblical Theology of Mission. Fuller Theological Seminary.

____ . 1996b. *Mission On The Way: Issues in Mission Theology*. Grand Rapids, Mich.: Baker Book House.

____ . 1996c. : The New Covenant: Mission Theology in Context" In *Mission On The Way: Issues in Mission Theology*. Grand Rapids, Mich.: Baker book House. Pp.71-89.

Van Engen, C., and J. Tiersma, ed. 1994. *God So Loves the City: Seeking a Theology for Urban Mission*. Monrovia, Calif.: MARC.

Van Grootheest, D. 1996. Relevance Theory and Bible Translation: An Exploratory Study. M. A. Thesis. Free university of Amsterdam.

Vanhoozer, k. J. 1986. "The Semantics of Biblical Literature: Truth and Scripture's Diverse Literary Forms." In *Hermeneutics, Authority*, and Canon. D. A. Carson and J. D. Woodbridge, eds. Grand Rapids, Mich.: Academie Books. Pp. 53-103.

Vidales, Raul. 1979. "Methodological Issues in Liberation Theology." In *Frontiers of Theology in Latin America*. Rosino Gibellini, ed. Maryknoll, N. Y.: Orbis Books. Pp. 34-57.

Waard, J. de, and E. A. Nida. 1986. *From One Language to Another: Functional Equivalence in Bible Translating*. Nashville, Tenn.: Thomas Nelson.

Wagner, C. P. 1983. *On the crest of the Wave*. Glendale, Calif.: Regal Books.

Walls, A. F. 1996. *The missionary Movement in Christian history: Studies in the Transmission of Faith.* Maryknoll, N. Y.: Orbis Books.

Walsh, B. J., and J. R. Middleton. 1984. *The Transforming Vision: Shaping a Christian World View.* Downers Grove, Ill.: InterVarsity Press.

Weber, O. 1981. *Foundations of Dogmatics.* D. L. Guder, trans. Grand Rapids, Mich.: Eerdmans.

Westermann, Claus, ed. 1960. *Essays on Old Testament Hermeneutics.* Richmond, Va.: John Knox Press.

Wilson, D., and T. Matsui. 1998. "Recent Approaches to Bridging: Truth, Coherence, Relevance." *UCL Working Papers in Linguistics* 10:1-28.

Winter, R. 1974. "The Highes Priority: Cross-Cultural Evangelism." *Let the Earth Hear His Voice.* J. D. Douglas, ed. Minneapolis: World Wide. Pp. 213-225.

____. 1984. "Unreached Peoples: The Development of the Concept." In Reaching the Unreached: The Old-New Challenge. H. M. Conn, ed Phillipburg, N. J.: Presbyterian and Reformed Publishing. Pp. 17-44.

Wittgenstein, L. 1953. *Philosophical Investigations.* Oxford, Eng.: Blackwell.

Communicating God's Word in a Complex World

저자소개

다니엘 쇼우(R. Daniel Shaw) 박사는 선교사였던 스탠 쇼우(Stan Shaw)와 로렐 쇼우(Laurel Shaw) 부부의 아들로 태어났다. 그는 남인도와 필리핀 남부 지역에서 성장했다. 이런 성장 배경은 원주민들에 대한 그의 관심에 역동적 영향을 끼쳤고, 궁극적으로 인류학 석사와 박사과정을 밟도록 했다. 이와 같은 그의 관심과 더불어 모든 민족들이 "주의 말씀을 들어야 한다"는 그의 열정은 그와 그의 아내로 하여금 SIL(Summer Institute of Linguistics)에서 훈련받도록 했고, 1967년 위클리프 성경번역 선교회에 참여하도록 했다. 오리건 포틀랜드(Portland, Oregon)에 자리잡은 신학교(Western Seminary)에서 신학을 공부한 뒤, 쇼우 박사 가족은 파푸아뉴기니로 가서 1969년부터 1981년까지 사모인들(the Samo)과 더불어 살면서 그들을 섬겼다. 그곳에서 쇼우 박사는 사모인들에게 하나님의 말씀을 제공하기 위해 그들의 언어와 문화를 배웠다. 또한 그 시기 동안 쇼우 박사는 SIL을 위해 국제인류학 컨설턴트로 섬기면서 수많은 인류학 워크숍을 인도하고 오스트레일리아 전체 지역에서 진행되고 있던 성경번역자들을 도왔다. 1981년 쇼우 박사는 번역프로그램을 개발하기 위한 목적으로 풀러신학교 세계선교대학원의 교수로 초빙되었다. 열 권이 넘는 저서들과, 수많은 논문들의 저자 혹은 공동 저자이기도 한 그는, 현재 인류학회에 정기적으로 참석하며 전문적 내용에 대해 발표하고 있다.

찰스 밴 엥겐(Charles Van Engen) 박사는 멕시코의 치아파스(Chiapas,

Mexico)에서 태어나 성장했다. 그의 부모인 개롤드 밴 엥겐(Garold Van Engen) 목사와 루스 밴 엥겐(Ruth Van Engen)은 1943년부터 1978년까지 멕시코로 파송된 RCA(Reformed Church of America)교단의 선교사였다. 1973년에 풀러신학교를 졸업한 밴 엥겐 박사는 RCA교단에서 목사 안수를 받고, 아내 진(Jean)과 함께 1973년부터 1985년까지 RCA교단의 파송을 받고 NPCM(the National Presbyterian Church of Mexico)를 섬겼다. 치아파스에서 사역하는 동안 밴 엥겐 박사는 신학교육, 전도, 청소년사역, 캠핑사역, 난민구제사역 등에 참여했다. 1981년 그는 요하네스 버르카일(Johannes Verkuyl) 교수 밑에서 화란의 암스테르담 소재 자유대학(Free University)에서 선교학 박사학위를 받았다. 1985년부터 1988년까지 미시간의 홀랜드(Holland, Michigan)에 있는 WTS(Western Theological Seminary)에서 선교학을 가르친 후, 밴 엥겐 박사는 풀러신학교 세계선교대학원 교수로 섬기고 있다. 1997년, 밴 엥겐 박사는 성경신학과 선교 분야 아서 글라서(Arthur Glasser) 석좌교수에 취임했다. 그는 적어도 열두 권 이상의 저서들과 각종 논문의 저자 혹은 공동저자이다.

기독교 복음전달론
Communicating God's Word in a Complex World

2007년 9월 10일 초판 발행

지은이 | 다니엘 쇼우, 찰스 밴 엥겐 지음
옮긴이 | 이 대 헌

펴낸곳 | 사) 기독교문서선교회
등록 | 제16~25호(1980. 1. 18)
주소 | 서울시 서초구 방배동 983-2
전화 | 02) 586-8761~3(본사) 031) 923-8762~3(영업부)
팩스 | 02) 523-0131(본사) 031) 923-8761(영업부)
홈페이지 | www.clcbook.com
이메일 | clc@clcbook.com

ISBN 978-89-341-0973-0(93230)
* 낙장 · 파본은 교환해 드립니다.